● 国际商务系列教材

跨国公司经营与管理

关雪凌　罗来军 等◎编

→ KUAGUO GONGSI JINGYING YU GUANLI

中国人民大学出版社
·北京·

总　序

2010年5月，国务院学位委员会第27次会议决定在我国新增国际商务专业硕士学位，中国人民大学经济学院作为首批设立了“国际商务”专业硕士学位的教学单位，成为研究生教育改革的重要实验基地。

长期以来，中国的研究生教育以学术学位教育为主，即按照学术研究的要求培养学术研究人才，研究生的就业取向多集中在教学、科研岗位。随着我国的经济与社会发展，这种单一的学术型培养目标越来越不适应社会对多样化人才的需要，社会对高层次应用型人才的需求越来越旺盛，于是，专业硕士学位就应运而生。专业学位的学生就业取向定位在各类实际应用部门。专业学位教育旨在应用和实践教育，注重培养学生的应用性、开发性研究与设计能力，以满足特定社会职业对专业应用型人才的需求。在美国、欧洲，专业学位教育已经非常普遍，例如，美国比较常见的有74种专业硕士学位，55种专业博士学位，10种第一职业学位，庞大的专业学位体系覆盖了几乎所有社会职业，使研究生教育具有更加广泛的社会适应性。

国际商务专业的培养目标是适应复杂国际经济、政治、文化环境，培养通晓现代商务基础理论，具备完善的国际商务知识体系，熟练掌握现代国际商务实践技能，有较强的外语交流能力、国际商务分析与决策能力的应用型、复合型、职业型的高级商务专门人才。

那么，如何培养应用型、复合型、职业型的高级商务专门人才呢？

首先，培养应用型人才，需要我们坚持能力为重培养方式。过去的学术型学位教育注重基础、注重理论，而专业学位的人才培养模式以职业所需的知识体系来组织课程，教学过程的实践性尤为突出，目标是使学生成为可用的人才。国际商务的应用型人才应具备如下能力：发现、阐述、分析和解决国际商务活动中的问题的能力；在国际团队中跨文化交流、合作与谈判的能力；把握国际经济贸易金融环境、洞悉商务机会的能力；使用国际通用的方法与工具分析问题的能力等。

其次，培养复合型国际商务人才，需要我们以职业所需的知识体系来组织课程，完善学生职业发展所需要的知识结构，并将职业实践与专业学习结合起来。国际商务是跨国界的商务活动，从内容上，它包括贸易、投资、金融等各领域。具体讲，围绕跨国界的商务活动，需要掌握国际市场、国际战略、资源配置、经营管理、市场营销、如何遵守国际规则、如何适应不同国家政治和文化环境等诸多知识，只有掌握这些知识才能成为复合型的国际商务人才。

再次，培养职业型人才，专业学位的培养目标着眼于提高人的职业能力、职业伦理、职业精神，更好地胜任职业工作。例如，一个优秀的国际商务职业人员要有建立和维护商务人际网络、建立和谐关系的能力，要熟悉企业文化，有道德感和社会责任感，有职业的精神面貌，更要有职业的奋斗精神和开拓创新精神。

最后，我们还要强调国际商务专业学位培养的是高级的精英商务人才，而这主要体现在人才的国际化培养定位上。具备国际化的视野、国际化的思维，了解国际规则和法律，熟练使用外语这些都是对学生的基本要求。

尽管过去我们在培养国际贸易、世界经济等相关专业的研究生方面积累了比较多的经验，但国际商务专业学位毕竟刚刚设立，应用型学位与学术型学位研究生的培养有比较大的差异，我们必须跳出过去的学术型研究生的培养路子，探索一种适应新的培养目标的培育模式。中国人民大学经济学院作为我国经济学类研究生的重要培育基地，理应为探索一条既与国际接轨又适合国内需求的中高级实用性国际商务专业人才的培养路子。为此，我院成立了以杜厚文教授为主任并有多位相关专业的国内著名学者、政府官员、企业家参与的国际商务学术委员会，深入讨论国际商务专业学位研究生的培养模式。大家一致认为，尽快编写出一套适应新的培养目标的国际商务教材至关重要。于是，以我院国际经济系为主体，组织教师就如何编写出国际商务系列教材召开多次研讨会，力争在取得基本共识的基础上，把专业学位特征的教育思想体现在系列教材的设计、写作与编辑之中。

中国人民大学经济学院推出的国际商务系列教材具有如下特点：

第一，系统性。该系列教材系统覆盖了国际商务所需的知识体系，涉及国际经济、国际贸易、国际金融、国际商务、跨国公司管理、国际规则运用、跨文化沟通、市场营销等各个方面。

第二，突出了案例教学的特点。教材选用了大量具有国际背景的前沿性的案例，能够帮助学生了解国际商务的现实环境，并通过案例学习获得职业感觉和应用能力。

第三，具有创新性，突显了中国人民大学经济学院的知识产权特色。在教材编写过程中，我们多次讨论什么是国际商务教学的一般要求、一般规律，如何能将中国人民大学经济学院长期沉淀下来的知识优势融入这一般规律中，在国际商务的培养中创立人民大学特色。而今，呈现在读者面前的这套系列教材，凝聚了我们的思想和创新。

从 2010 年 5 月国家批准国际商务学位建设起的短短一年多的时间里，我们推出了这套系列教材。一方面这套及时出版的系列教材可以为刚刚起步的国际商务专业学位研究生的培养提供一个可供选择的教材蓝本，为同行之间的交流提供一个参照和渠道；另一方面，我们不得不承认，在这么短的时间内推出一套全新的教材体系，无论是时间上还是我们的知识水平上都可能使得我们的这套教材存在着这样或那样的不足。我们诚恳地希望同行们批评指正，以便我们在再版这套教材时吸收来自各方面的意见，把教材修订得更好。

我们这套系列教材得到了中国人民大学经济学院的“985”项目与“211”项目的资助，这套教材也是我院“中国经济学”学科建设子项目的成果之一。同时，中国人民大学出版社在国际商务系列教材的编写过程中自始至终给予了很大的支持，在此我们表示感谢！国际商务专业学位是个新生事物，让我们共同努力，让这个新生事物能像雨后春笋一样破土而出，茁壮成长！

杨瑞龙

2011 年 8 月 19 日于中国人民大学明德楼

前 言

第二次世界大战以后，随着世界经济的恢复和发展，发达资本主义国家的跨国公司迅速成长。进入 20 世纪 90 年代以来，随着经济全球化的发展，跨国公司的经营环境发生了重大变化，同时发展中国家的跨国公司也逐渐成长起来。

作为推动经济全球化的主要力量，跨国公司被誉为“世界经济增长的引擎”，这意味着跨国公司在世界经济中扮演着重要的角色。1990 年，全球共有跨国公司 3.5 万家，海外分支机构 15 万家。到 2010 年，全球大约 8.2 万家跨国公司控制着 81 万家外国子公司。这些跨国公司国外子公司的出口估计占全世界商品和服务出口总量的 1/3，其全球雇员人数超过 8 000 万人。跨国公司通过国际投资行为，依其价值链增值方向进行全球区位的选择，以构筑起一体化的国际生产体系，从而促进了资本、人力和技术等生产要素在全球范围的流动和配置，突破了国际贸易加强国际经济联系的传统架构。跨国公司对世界经济、东道国经济和母国经济都产生了重要影响。

改革开放 30 多年来，中国采取了一系列积极利用外资的重要政策措施，致力于为外资营造良好的投资环境，特别是 2010 年国务院发布了《关于进一步做好利用外资工作的若干意见》，明确提出外商投资企业已成为我国国民经济的重要组成部分，并且推出了一系列优化利用外资结构、扩大开放领域、促进利用外资方式多样化的创新举措。在良好的政策环境支持下，2010 年中国吸收外商直接投资平稳较快回升，首次突破 1 000 亿美元，达到 1 057 亿美元，同比增长 17.4%，创造了新的纪录。可以说，目前中国通过对外开放来吸引外资，已经与外商投资企业实现了互利共赢的局面。外资企业在中国市场上实现快速发展的同时，也给中国带来了先进的管理理念，促进了中国的产业升级、技术创新和可持续发展。

近年来，中国对外投资也表现出迅猛发展的势头。2010 年中国境内投资者共对

129 个国家的 3 129 家企业进行了直接投资，累计实现非金融类的对外投资达到 590 亿美元，同比增长了 36.3%，对外投资再创历史新高。在中国对外投资迅速发展的同时，涌现出一批中国本土的跨国公司。这些跨国公司在对外投资中完善了自己的产业链，在全球范围内整合了资源，从而大大提升了竞争力。2003 年，中国大陆（不包括台湾）只有 11 家公司进入《财富》世界 500 强排行榜，此后连年上升。2011 年，进入《财富》世界 500 强排行榜的中国大陆（不包括台湾）企业达到 61 家，比上一年增加了 15 家公司，这是中国上榜公司数量连续第 8 年上升。不过，美国的上榜公司仍是最多的，达到 133 家。这说明中国本土的跨国公司要想在全球配置资源，还有漫长的路途。因此，探索跨国公司的成长轨迹，了解跨国公司的经营策略与管理经验，无论是对中国企业的经营者、政府相关政策的制定者，还是对国际商务研究者和工作者都具有重要的意义。

在经济全球化时代，相比以往任何时候，我们更需要将全球视野、设计和规划企业的全球战略以及进行跨国运作的能力结合起来。鉴于跨国公司在中国经济发展中的重要作用以及中国本土跨国公司的迅速发展，为培养高水平的国际商务人才，编者在充分借鉴国内外研究成果的基础上，编写了这本《跨国公司经营与管理》。本书具有两个突出特点：第一，结构安排更加合理。在概述跨国公司的含义与特征、分析跨国公司形成与发展及其在世界经济中的地位与作用的基础上，依次介绍了跨国公司的经营环境和投资决策，分析了跨国公司的战略管理、组织管理、营销管理、人力资源管理、财务管理、文化管理和合资子公司管理。第二，案例应用更加突出。本书在一些章末安排了“应用案例”，其中的案例经过了精心选择与设计，使学生能够加深对相关知识的理解与应用。

本书由关雪凌和罗来军共同编写。其中，关雪凌编写了第一、二、三、四、五章，罗来军编写了第六、七、八、九、十章。此外，王亮亮、苗永旺、丁振辉、崔星、许晶婧、王曲圆、陈紫光、霍然、周莹承担了大量的资料收集和案例整理工作。

特别需要指出的是，本书是在借鉴国内外众多专家、学者和业内人士研究成果及实践经验的基础上完成的，我们在此表示深深的谢意！

由于编者知识水平的局限，书中疏漏和不足之处在所难免，恳请广大读者批评指正，以便进一步修订完善。

编者

2012 年 3 月

CONTENTS

目　录

第一章

跨国公司概述

本章提要

跨国公司的历史最早可以追溯到19世纪60年代。第二次世界大战以后，随着世界经济的恢复和发展，发达资本主义国家的跨国公司得到迅速发展。进入20世纪90年代以来，发展中国家的跨国公司也逐渐成长起来。作为推动经济全球化的主要力量，跨国公司在世界经济中的地位和作用日益重要。本章概述跨国公司的含义、类型与特征，分析跨国公司的形成、发展及其在世界经济中的地位与作用。

关键术语　跨国公司　跨国指数　跨国公司内部贸易

第一节　跨国公司的含义、类型与特征

跨国公司是第二次世界大战以后迅速发展起来的一种国际企业组织形式。长期以来，国际组织、研究机构和学者对于这种进行跨国生产经营的企业有不同的称谓。根据不同的标准，跨国公司可分为不同的类型。但是，无论什么类型的跨国公司，与国内企业相比，仍具有一些共同特征。

一、跨国公司的名称变迁

长期以来，人们对从事跨国生产经营活动的企业实体有不同的称谓，最常见的有四种，即国际公司（international corporation）、多国公司（multinational corporation）、全球公司（global corporation）和跨国公司（transnational corporation）。多

国公司一词最早是由美国田纳西河管理局局长莱尔索尔提出的。20世纪50年代末，莱尔索尔在卡内基工业大学的一次大会上针对从事跨国生产经营的企业指出，这种公司已不是单一国家的企业，而是多国的公司（multinational corporation）。不久，美国《商业周刊》出版了一期有关多国公司的专辑，因而多国公司这个概念便逐渐流行起来。1965年，美国哈佛大学建立了一个由美国、英国等国经济学家组成的多国公司研究中心。该中心对美国和西欧国家的跨国公司进行了大规模的调查和专门研究，并汇编了许多系统资料。在该中心出版和发表的许多有关跨国公司问题的专著与论文中，均使用了 multinational corporation 一词。

在20世纪70年代初，联合国经济与社会理事会也开始进行跨国公司问题的研究。1973年，在该理事会提交的一份题为《世界发展中的多国公司》的报告中，也采用了 multinational corporation 的称谓。但是，由于 multinational corporation 在拉丁美洲一体化文件中专指由安第斯条约组织成员国联合创办和经营的公司，因此，为避免引起歧义，在以后的联合国有关组织的文件中就一律使用 transnational corporation 来称呼这类企业。随着跨国公司在世界经济中的地位和作用日益重要，1974年联合国经济及社会理事会组成一个专家小组，对跨国公司的性质和活动及其对世界经济的影响进行评估。在此基础上，联合国一致同意建立一个政府间跨国公司委员会和跨国公司中心。此后，跨国公司（transnational corporations，TNCs）成为联合国文件的统一名称。目前。联合国有关跨国公司的工作由联合国贸易和发展会议（UNCTAD）主持。

“多国企业”这一名称通常被西方学者所使用，是指该企业在许多国家从事经营活动；“国际公司”常用于企业界，它与“多国公司”、“跨国公司”等名称可以通用，有人认为国际公司特指母公司的国际部或地区部（international or regional division）；“国际企业”一词流行于中国的港、澳、台地区。“全球公司”、“世界公司”和“宇宙公司”常常是通用的，它们都以全球竞争环境为出发点制定企业经营战略，其业务面向全球，实施全球取向（global orientation）。

二、跨国公司的判断标准

1974年，尽管联合国统一了跨国公司的名称，但关于跨国公司的定义和划分标准仍然是见仁见智。对于符合什么样条件的企业才能称为跨国公司，学术界存在不同的标准和尺度。归纳起来，大致有以下三种判断标准，即结构标准、业绩标准和行为标准。

（一）结构标准

结构标准分为地区结构标准、所有权结构标准和股权结构标准。其中，地区结构标准强调企业跨国经营的地理区域，一般将在两个或两个以上国家从事经营活动的企业称为跨国公司。然而，哈佛大学的多国公司研究中心认为，必须在6个以上的国家设有子公司或附属企业才算是真正的跨国公司。所有权结构标准强调所有权的多国性，它将资产所有权被两国或两国以上所有者拥有的公司称为跨国公司。股权结构标准强调企业拥有国外企业的股份比例，认为企业拥有国外企业股份的多少，关系到能否将国外企业视为子公司。关于股份比例，不同国家有不同规定。例如，日本规定为25%以上，美国规定为10%以上，加拿大规定为50%以上。一般来说，企业拥有某国外企业的股份越多，则企业对该国外企业的控制力就越强。

（二）业绩标准

业绩标准也称跨国程度标准，是以企业的全球经营业绩状况来界定企业是否为跨国公司，通常以国外资产在企业总资产、总销售额在国外销售额、国外雇员人数在总雇员人数以及国外利润在总利润中所占的比重为判断标准。目前，一些国际组织的文献中常用跨国指数（transnationality index，TNI）衡量企业的跨国程度或国际参与程度。

$$跨国指数=\frac{\frac{国外资产}{总资产}+\frac{国外销售额}{总销售额}+\frac{国外雇员人数}{总雇员}}{3}\times 100\%$$

联合国贸易和发展会议在《1998 年世界投资报告》中指出，该指数所依据的理论框架是以国外活动与本国活动的二分法为基础的，并有助于评估跨国公司的活动和利益介入本国或外国经济的程度。联合国贸易和发展会议《2007 年世界投资报告》显示，2005 年世界 100 家最大跨国公司的跨国指数平均为 54.7%，其中有些企业的跨国指数为 80%～98%，这些企业主要分布在食品与饮料、电信以及传媒等行业。

（三）行为标准

“行为”是指企业在经营和决策时的心态、思维方法和策略取向。作为从事跨国生产经营的企业，其最高领导层的决策行为不是片面的或带有歧视性的，而是公平地对待和处理世界各地所面临的机遇和挑战，只有这样才能使企业的经营具有世界性、跨国性。一般来说，企业从国内走向国外，直接定位于全面的国际导向，其价值观念和行为方式一般都会经历三个阶段：第一阶段是母国取向，是指以母国为中心进行决策，在经营中也优先考虑母国企业的利益，并经常照搬母国的一套经营方式，海外机构的主管仍由母国派遣。第二阶段为东道国取向，即决策权较前者分散和下放，不再集中于母国总部，在经营中考虑母国利益，也兼顾国外当地企业的利益，企业业绩以当地环境和条件为基础。第三阶段为世界取向，即从全球竞争环境出发进行决策，在经营中要求母国企业与海外企业相互依存、相互协作，无论是母公司还是海外公司都要服从全球范围内的整体利益，考核业绩的标准也是面向全球，对母国职工和东道国职工同等重视。

（四）联合国关于跨国公司的定义

上述结构标准、业绩标准和行为标准都从某个特定方面说明了跨国公司的含义。经过多年的热烈争论，在 1983 年联合国跨国公司中心发表的《世界发展中的跨国公司》报告中，世界主要国家对跨国公司定义的三个基本要素取得了一致意见，它们是：第一，跨国公司是指一个工商企业，组成这个企业的实体在两个或两个以上的国家经营业务，而不论其采取何种法律形式经营，也不论其在哪一经济部门从事经营活动。第二，这种企业在一个中央决策体系下做出企业经营决策，因而具有共同的政策，该政策反映企业的全球战略目标。第三，这种企业通过参股或其他方式形成关系，使其中一个实体或几个实体对其他的实体有可能实施重大影响，并与其他实体分享资源、信息和分担责任。

1986 年联合国《跨国公司行为守则》中对跨国公司的定义是："本守则中使用的跨国公司一词系指在两国或更多国家之间组成的公营、私营或混合所有制的企业实体，不论此等实体的法律形式和活动领域如何，该企业在一个决策体系下运营，通过一个或一个以上的决策中心使企业内部协调一致的政策和共同的战略得以实现；该企业中各个实体通过所有权或其他方式结合在一起，从而使其中的一个或多个实体得以对其他实体的活动施行有效的影响，特别是与别的实体分享知识、资源和分担责任。"这一定义是对 1983 年联合国跨国公司中心发表的《世界发展中的跨国公司》中提出的跨国公司定义的进一步规范化。

在对跨国公司三要素取得共识的基础上，自 20 世纪 80 年代以来，邓宁（John H. Dunning）、巴克利（Peter J. Buckley）、卡森（Mark C. Casson）等提出一种新的观点，即一个国际公司未必一定通过拥有海外股份而成为跨国公司，通过租赁和管理合同形式，同样可以成为跨国公司。因此，他们认为，某些形式的纯对外贸易（租赁、特许、管理合同）劳务公司，虽然没有传统定义所要求的海外股份或控制权，仍可以视为跨国公司。

进入 21 世纪以来，在科技高速发展和国际分工不断深化的条件下，跨国公司是利用其资金、技术、管理和组织机构等方面的优势，通过对外直接投资，在世界各地设立分支机构，形成全球性的生产、销售、研发和经营一体化网络的一种现代国际企业形式。

三、跨国公司的类型

从不同的角度，跨国公司可被划分成不同的类型，主要有如下几种：

（1）按法律形式划分，跨国公司可分为总分公司型和母子公司型。总分公司型的组织模式，适用于银行与保险等金融企业的跨国经营；母子公司型的组织模式，则比较适合工业企业。

（2）按经营项目的重点划分，跨国公司可分为资源开发型跨国公司、加工制造型跨国公司和服务型跨国公司。资源开发型跨国公司主要以采矿业、石油开发业和种植业为主；加工制造型跨国公司主要从事最终产品和中间产品的制造，如金属制品、钢材、机械、运输设备和电信设备等；服务型跨国公司是指从事非物质产品生产，在贸易、金融、运输、通信、旅游、房地产、保险、广告、管理咨询、会计法律服务、信息等行业和领域内从事经营活动，提供各种服务的跨国公司。

（3）按决策机构的策略取向划分，跨国公司可分为民族中心型跨国公司、民族多元型跨国公司、全球战略型跨国公司。民族中心型跨国公司的所有决策主要考虑母公司的权益；民族多元型跨国公司的决策以众多子公司的权益为主；全球战略型跨国公司的决策以公司的全球利益为主，这种类型的决策较为合理，目前为大多数跨国公司所采用。

(4) 按公司内部的经营结构划分，跨国公司可分为横向型跨国公司、垂直型跨国公司和混合型跨国公司。横向型跨国公司多数是产品单一的专业性跨国公司，在该类型公司内部没有多少专业分工，母子公司基本上都制造同类型的产品或经营同类型的业务；垂直型跨国公司是指公司内部母公司和子公司之间以及子公司相互之间分别制造同一产品的不同零部件，或从事不同工序的生产，通过公司内部的产品转移，将整个生产过程相互衔接起来；混合型跨国公司一般是经营产品多样化的跨国公司，根据各产品的生产特点，母公司与子公司、子公司与子公司之间有的是垂直型分工，有的是横向型分工。

(5) 按生产经营的空间分布范围划分，跨国公司可分为区域型跨国公司和全球型跨国公司。区域型跨国公司的活动范围主要局限在特定区域；全球型跨国公司则以整个世界市场作为其生产经营活动的空间。

(6) 按跨国公司诞生的早晚和企业开展跨国经营时间的先后，跨国公司可分为先发型跨国公司和后发型跨国公司两类。先发型跨国公司是在国际范围内一个行业中最早开展国际化经营的企业，并且企业的核心技术基本上是自己研究开发的。这类跨国公司的典型代表是欧洲和美国的跨国公司。后发型跨国公司是后来者，企业开始进行国际化经营时，国际市场中该行业内已充满了跨国公司。另外，企业的一些核心技术主要是从外国引进的。这类跨国公司主要以韩国、新加坡和中国等国家或地区的跨国公司为代表。

四、跨国公司的特征

世界上的跨国公司种类各异，有从事制造业的跨国公司，也有从事服务业的跨国公司；有规模巨大的跨国公司，也有数以万计的中小型跨国公司；有发达国家的跨国公司，也有发展中国家的跨国公司。但无论什么类型的跨国公司，与国内企业相比，它们一般都具有以下特征。

(一) 战略目标全球化

具有全球战略目标是当代跨国公司区别于国内企业的一个重要特征。尽管跨国公司一开始都是在母国立足，把它作为向东道国扩张的基地，但母国并不是跨国公司最终的目标市场。跨国公司的目标是全球市场、全球资源，它以世界经济发展作为其发展的基础，以在世界范围内获取最大利润为追求，以在世界经济中的地位和所占全球市场份额为自己的成就。跨国公司在全球范围内有效配置生产力，充分利用世界各地的比较优势，以实现公司整体利益最大化。根据全球战略目标，跨国公司在进行决策时，总是从全局出发，而不是考虑某一子公司或分公司一时一地的得失；总公司在评价子公司或分公司的业绩时，主要考虑其对总公司的贡献程度，而不一定是其自身的盈利多少。跨国公司关心的不仅是公司目前的经营状况，而且更关注公司未来的发展。也就是说，它所追求的是长期的、最大的整体利益。例如，跨国公司使用的“交叉补贴”，即以甲产品或地区的盈利补贴乙产品或地区的亏损，达到整体利益最大化。跨国公司在实现全球化战略目标的过程中，必定要有资源（商品、服务、资本、技术等要素）跨越国界的转移，因此，跨国公司在指导各个业务环节、协调国外分支机构的经营活动时，要有“全球思维”和“全球心态”。

（二）生产经营国际化

跨国公司实现全球战略目标的一个重要途径是生产经营国际化。跨国公司为了获取资源、占领市场、保持垄断优势等，在信息技术成果的支持下，依靠其强大的资本、技术、管理和组织优势，利用东道国的区位优势在世界各地投资设立分支机构，进行国际化的经营。通过商品和服务的生产与交换，跨国公司作为世界经济的微观主体强化了国家之间的联系，把每一个拥有比较优势的国家纳入到跨国公司的版图中，融入庞大的世界市场中。跨国公司将国外子公司和分支机构转变为利用全球资源、为全球市场制造产品和提供服务的国际生产体系，实现了跨国公司的产品在一个国家设计，产品的零部件在其他一些国家生产，然后再运到另一个国家组装。此时的产品是真正意义上的国际产品，它采用最先进的技术设计，利用最廉价的劳动力和原材料，是由最熟练的工人生产的最好的产品。

（三）要素转让内部化

跨国公司的经营不仅要涉及国内经营中必须面临的各种环境因素，更为重要的是，它还必须面临东道国环境因素的差异和国际环境因素的变化。例如，跨国经营涉及不同的主权国家，处于大相径庭的各种政治、法律、经济和文化条件之下。为了避免由于外部市场的不确定性而导致的公司经营成本的提高和生产效率的降低，跨国公司往往建立内部化的市场以取代外部市场，主要表现为商品贸易、资本转移、研究与开发和科技成果的转让等方面的内部化。从商品贸易来看，由于内部交易成本低于外部交易成本，同时为了避税，跨国公司内部贸易占国际贸易的比重越来越高。从技术转移来看，跨国公司转移到国外的技术主要流向其拥有多数或全部股权的国外子公司。

（四）内部管理一体化

跨国公司虽然分支机构众多，遍布全球，但诸如制定价格、生产计划、投资计划、研究与开发计划和利润分配等重大决策均由母（总）公司制定，各分支机构执行。而指导总公司做出决策的是跨国公司的全球战略，即将所有的分公司、子公司视为一个整体，以全球的观点而不是地区观点来考虑问题。因此，跨国公司在全球范围内整体长远利益的最大化是其制定政策的出发点和归宿。一切业务经营主要根据整个公司在全球范围内获得最大利益、市场情况和总的发展做出决策，所考虑的不是一时一地的得失，而是全球市场规模。因此，跨国公司在内部管理上实行一体化战略，主要包括生产一体化、营销一体化、技术一体化、采购一体化，把投资、科研、生产、销售和服务等经营活动进行一体化部署，以达到管理成本更低、管理效率更高的目的。一体化的管理，保证了生产企业的合理分布，避免了重复生产和销售，保障了跨国公司的整体利益。

第二节 跨国公司的形成、发展与作用

资本输出的扩大，尤其是对外直接投资的增长是跨国公司产生和发展的前提。现代意义上的跨国公司历史最早可以追溯到19世纪60年代。第二次世界大战以后，随着世界经济的恢复和发展，跨国公司得到迅速发展。进入20世纪90年代以后，作为推动经济全球化的主要力量，跨国公司在世界经济中的地位和作用日益重要。

一、早期跨国公司的兴起（19世纪60年代至1913年）

跨国公司的形成与资本主义国家在19世纪以前的海外殖民扩张以及资本和商品输出有直接关系。因此，跨国公司的萌芽最早可追溯到公元16世纪末17世纪初的特许公司（charted company）。当时的特许公司享有王室赋予的某种特权，业务规模较大，以贸易和航运业为主，后来逐步扩大到金融业，业务区域范围拓展至各海外殖民地。著名的特许公司有东印度公司、英国皇家非洲公司、英国哈得孙湾公司、荷兰东印度公司以及英资汇丰银行，但它们并不是真正意义上的跨国公司，因为其主要业务集中在国际贸易领域，而不是以国际直接投资和跨国生产及经营为主要活动。

现代意义上的跨国公司出现于19世纪60年代，始于德国的拜耳化学公司。1865年，该公司投资购买了美国纽约州爱尔班尼的苯胺工厂股票，不久后将其吞并为自己的工厂。1866年，瑞典的阿尔弗雷德·诺贝尔在德国汉堡开办了一家炸药工厂。1867年，美国胜家缝纫机公司在苏格兰设立了制造厂，以较低价格在苏格兰生产，再以此为基地供应欧洲和其他地区市场。1880年，胜家缝纫机公司又在伦敦设立了一家庞大的销售机构，负责亚洲、非洲、南美洲一部分及欧洲大部分的销售业务。此后，帝国化学公司、联合利华公司、爱迪生电气公司、雀巢公司等也先后开始了跨国生产和经营。19世纪末20世纪初，越来越多的企业纷纷进行对外直接投资，在海外设立制造厂及销售机构，进行跨国经营。在此期间出现了至今仍有很大影响力的巨型跨国公司，包括美孚石油公司、福特汽车公司、通用电气公司、西屋公司、西门子公司以及英荷壳牌公司等。

从19世纪末到第一次世界大战之前，跨国投资主体只局限在少数几个资本主义强国。1913年，资本主义各国对外投资总额为440亿美元，其中英国为183亿美元，法国为87亿美元，德国为56亿美元，美国为35亿美元。投资地区大多是殖民地、半殖民地和其他经济落后的国家，这种纵向的垄断资本跨国投资占当时各国对外投资总额的70%。投资行业主要集中于铁路、矿业等，殖民地、半殖民地国家和经济落后国家的矿产资源成为直接投资的首要目标。以美国为例，在第一次世界大战前夕，美国在矿业上的投资额占其对外投资总额的27%。

二、跨国公司的缓慢发展阶段（1914—1945年）

两次世界大战期间，由于受到战争的影响，跨国公司总体上发展缓慢。在这一时期，跨国公司的发展呈现如下特点：

第一，跨国投资的来源国别结构发生较大变化。在这一时期，很多西欧国家的跨国公司发展缓慢，而美国的跨国公司却有了长足发展。主要原因是，两次世界大战导致欧洲一些参战国出售部分海外投资企业，而发生于1920—1921年、1929—1933年以及1937—1938年的三次经济危机进一步限制了欧洲主要资本输出国的跨国经营活动。据统计，全世界对外投资额从1913年的440亿美元增至1938年的530亿美元。欧洲主要资本输出国的对外直接投资在全球直接投资中所占比重由1914年的76%降至1938年的63%。而同一时期，美国所占比重则由18%上升为28%。同时，美国还大举向英国的势力范围渗透，1922年在加拿大的外国投资中，美资已超过英资，在拉美的外国投资中，美资所占比重也接近英资。第一次世界大战结束后，美国还趁机进入德国，控制了德国的汽车、石油和有色金属等行业。据统计，1913年美国187家制造业大公司在海外的分支机构有116家，1919年、1929年和1939年分别增至180家、467家和715家。到1938年，美国对外直接投资增至73亿美元，占世界对外直接投资总额的27.7%，仅次于英国（39.6%），居世界第二位。

第二，跨国投资的部门结构发生转变。美国的跨国公司在这方面的变化最为明显。第一次世界大战前夕，美国在国外的制造业直接投资占其对外投资总额的18%，只相当于其对外第一产业直接投资的33%，但到1940年第二次世界大战开始不久，美国在海外制造业中的直接投资已达到19.3亿美元，居单个行业的首位。据统计，美、英及其他主要欧洲国家的制造业跨国公司在两次世界大战之间共建立了1 400多家国外子公司，是各行业中建立子公司数量最多的。

第三，大型跨国公司奠定国际化基础。可以说，20世纪最重要的支柱产业和最大的跨国公司主要是在这个时期奠定其国际化基础的。大量垄断资本的海外分支机构在这一时期涌现，相对于1914年前有了惊人的增长。据统计，1914年前主要资本主义国家在海外建立的子公司为349家，其中美国为122家，英国为60家，欧洲大陆国家为167家；而1914—1938年间主要资本主义国家的海外子公司猛增到1 441家，其中美国785家，英国244家，欧洲大陆国家412家。美国通用汽车公司、福特汽车公司向最重要的海外市场——欧洲的扩张就是在那时实现的。跨国公司之间展开了激烈的竞争，如化学工业方面的帝国化学公司康采恩在国际市场上和德国的法本公司展开了激烈的争夺；英伊石油公司、英荷壳牌公司两家大石油公司在1939年控制了中东石油生产的76%，成为美孚石油公司的最大竞争对手。

第四，由纵向直接投资向横向直接投资转变。在英国工业革命后形成的垂直分工体系下，资本主义国家的海外投资呈纵向型，即投资区域仍主要分布在殖民地和经济落后国家。第二次产业革命后，主要资本主义国家之间的水平分工开始出现，对外直接投资开始部分地在这些国家之间横向进行。

三、跨国公司的恢复和发展阶段（1945 年至 20 世纪 80 年代末）

第二次世界大战使美国的经济实力得到极大提升。美国的许多私人企业趁欧洲等国战后恢复的机会和美国军事、经济援助向全球的扩张，纷纷在海外投资设立分支机构。进入 20 世纪 60 年代以后，随着西欧各国和日本的恢复，一些新兴的大企业也开始对美国进行直接投资。同时，广大发展中国家实现政治经济独立后，也在不断地谋求经济发展，借助其丰厚的自然资源、巨大的市场潜力以及优惠的利用外资政策，吸引了不少跨国公司的投资。在这一时期，跨国公司的发展具有以下特点。

第一，跨国公司的数量急剧增长，规模日益扩大。第二次世界大战之后，随着国家间实力的变化、国际分工的细化和市场国际化程度的加深，国际直接投资的规模急剧上升，跨国公司的全球化经营得到了迅猛发展。以 14 个发达国家为母国的跨国公司为例，从 1969 年的 7 000 多家发展到 1990 年的近 24 000 家。据联合国贸发会议统计，20 世纪 90 年代初，全球跨国公司的母公司约有 37 000 家，它们在国外控制的分支机构约有 170 000 家。与此同时，跨国公司的规模也急剧扩大，出现了一些巨型的跨国公司。据联合国贸发会议统计，1990 年 100 家最大的跨国公司的对外直接投资约占世界投资总量的 1/3。

第二，投资来源国多元化，美、日、西欧的三足鼎立格局形成。20 世纪 70 年代后，日本和西欧国家跨国公司的发展打破了战后初期美国跨国公司一统天下的单极化格局，投资来源国多元化。20 世纪 80 年代以后，形成了美国、日本和西欧的三足鼎立态势。根据 1990 年的统计，世界最大的 100 家非金融类跨国公司中，有 3/4 来自美国、日本、德国、法国和英国。其中，美国有 27 家，占国外资产的 1/3；英、法、德三国共 33 家，日本 12 家。同时，美国、日本和西欧国家之间的横向投资超过了其对发展中国家的纵向投资，主要原因在于发达国家战后经济的迅速增长为企业提供了大量的市场机会；同时，原来许多殖民地国家的独立、国有化等使跨国公司认为在发展中国家的投资风险有所增加。

第三，跨国投资部门转向制造业和服务业，第一产业比重减少。第二次世界大战前夕，各国在铁路、矿产资源行业的直接投资虽然有所下降，但数量一直占据着首位，比重约为直接投资总额的 1/2，而制造业的直接投资仅为 1/4。第二次世界大战之后，这种格局发生了很大的变化。以美国为例，1950 年美国对国外制造业的直接投资占其全部对外直接投资的比重为 32.5%，1960 年为 34.7%，1970 年为 41.3%，1980 年为 41.7%，1985 年为 41.1%，而在传统的第一产业直接投资领域，以上年份比重的变化依次为 38.3%、43.3%、35.7%、25%、25.1%。德国、日本、英国等主要对外投资国在第二产业的投资比重也显著高于第一、三产业。20 世纪 80 年代以后，伴随着发达国家的产业结构调整，服务业跨国投资发展迅猛。美国服务业对外直接投资的比重从 1970 年的 12%上升到 1985 年的 28.35%，其他国家也有类似的趋势。根据德国、日本、美国跨国公司部门的分布情况，1990 年服务业子公司占其总数的 60%左右，而制造业只占 36%，初级产品所占的比重更小。

第四，跨国公司国际投资行为日益多样化。为了适应日趋复杂的国际市场和激烈的国际竞争环境，越来越多的企业在制定和实施跨国经营战略时，从全球市场角度配置资源，跨国公司的国际投资行为日益多样化。除了常见的股权安排形式（独资经营和合资经营方式）外，合作生产、技术转让、分包、许可证生产、特许专营等非股权安排形式正得到广泛运用。跨国公司国际投资多样化是跨国公司经营战略转变和组织结构演化的必然要求，也是跨国公司在世界经济中日益趋于主导地位的重要体现。

四、20世纪90年代以后跨国公司发展的新趋势

进入20世纪90年代后，在世界市场趋于统一、贸易自由化和金融自由化进一步发展以及信息技术进步的综合作用下，跨国公司得到了前所未有的大发展。随着经济全球化浪潮的兴起，跨国公司既对经济全球化起到了推波助澜的作用，也借助经济全球化浪潮使自己更快地走向世界。与此同时，跨国公司的发展也不可避免地融入了这一时代的特点。

（一）跨国公司的跨国程度不断加深

跨国指数是用来衡量一个跨国公司跨国程度的主要指标之一，它是由一个跨国公司的国外资产与总资产、国外销售额与总销售额和国外雇员与总雇员三个比率的均值构成的。跨国指数越高，表明海外企业相对于母国企业的地位越重要。根据联合国贸易和发展会议编制的全球最大100家跨国公司的资料，在1991—2000年间，世界最大的100家大型跨国公司平均跨国指数由51%增长到56%。在2004—2008年间，这一跨国指数由57%增加到62%。尽管受到2008年金融危机的影响，这一跨国指数仍保持在2007年的水平。可见，世界最大的100家大型跨国公司的跨国程度在不断加深。从全球最大100家跨国公司从事的行业特点来看，与近些年全球对外直接投资总的趋势有所不同，其行业的分布仍以制造业为主。1990—2000年间，世界最大的100家大型跨国公司的行业分布基本保持稳定，在汽车、电子、石油、医药、食品饮料行业的跨国公司数量占到跨国公司总量的一半以上。从国际化程度来看，前100家跨国公司中涉及医药、电信、食品和饮料产业的企业国际化程度往往高于从事汽车、石油和公用事业的跨国公司。

（二）跨国并购成为跨国公司对外直接投资的主要方式

20世纪90年代以来，跨国公司之间的竞争异常激烈。跨国公司为了分摊创新成本，获取技术资产的所有权，提高企业国际竞争力，抢占全球市场份额和取得规模经济，在全球范围内掀起了新一轮的跨国并购浪潮，其发展速度之快和规模之大是前所未有的，其主要特点如下：

第一，跨国并购发展十分迅速。随着经济全球化的快速发展，全球并购（包括跨国并购和国内并购）发展十分迅速，1987—2008年跨国并购数量以年均12%的速度增长，1987年的跨国并购数量约为1 187次，到2008年则增加到9 654次。1987—2008年的跨国并购总额年均增长率也达到19%左右，从1987年的972亿美元增加到2008年的12 050亿美元；跨国并购总额占世界GDP的比重从1987年的5.84%上升

到2007年的31%。全球并购中跨国并购的增长尤为引人注目。1990年跨国并购总额为2 014亿美元，到2007年全球跨国并购总额便达到17 003亿美元。从跨国并购交易数量上看，2007年达到历史顶峰，约有10 633宗跨国并购交易。

第二，大型跨国并购日益突出。20世纪90年代以来，随着科技创新的加快，对全球技术领先者（主要是跨国公司）的竞争压力日益增大，通过与其他跨国公司合并来提高企业的竞争力已经成为共识，因此并购的规模越来越大。并购金额超过10亿美元的并购称为大型跨国并购。1995年大型跨国并购为31件，1996年上升到45件，1997年达58件，到2008年上升为251件，约占全年跨国并购总额的68%。大型跨国并购主要以英国和美国为主，在1998年的89件大型跨国并购案中，英国和美国就占了63件。从地区跨国并购情况来看，欧盟、美国仍然是跨国并购集中的区域，2008年欧盟和美国的跨国并购约占全球跨国并购总量的2/3。

第三，跨国并购的行业范围非常广泛。20世纪90年代以来的跨国并购浪潮几乎席卷了所有行业，包括正在失去比较优势或生产能力过剩、需求不足的传统工业（如汽车、能源、钢铁、食品饮料、烟草等），研究费用较高、风险较大的高新技术产业（医药、生物化学、电信、计算机等）和高度发展的第三产业（如金融服务）。

（三）跨国公司战略联盟成为跨国公司的重要发展模式

跨国公司战略联盟是指两个或两个以上的跨国公司为实现某一战略目标而建立的互相协作、互为补充的合作关系。随着经济全球化和区域经济一体化的发展，跨国公司为了保持和发展自己的生存空间，纷纷组织跨国联盟。应该说，跨国联盟是世界经济全球化高度发展的产物，是各国经济活动国际化的表现。跨国联盟主要有三类：一是合并式联盟。这种联盟主要指两个以上的跨国公司出于对整个世界市场的预期和公司自身总体经营目标的意愿，采取一种长期性合作与联盟的经营行为方式。二是互补式联盟。这种联盟通常是将各自优势的方面联合起来，既发挥各自的优势，又与联盟伙伴密切配合，共同以最佳服务来满足客户的需求。三是项目式联盟。这种联盟通常是跨国公司为获取高附加值及高科技领域发展而采取单个项目或多个项目合作的形式。20世纪90年代以来，跨国公司战略联盟表现出鲜明的特征：

第一，战略联盟的合作是全方位的。战略联盟在组织形式上不断创新，一些大公司通过合资、承包、协议等形式，把多个中小跨国公司联合起来，以提高在全球范围内的竞争能力；还有一些企业采取公司群的形式，把相关跨国公司联合起来，互相利用优势，扩大业务活动，以合作求发展。

第二，跨国联盟主要集中在高新技术行业。许多跨国公司在生产、销售、研究与开发以及原材料供应等方面进行密切合作，广泛结成联盟，以求得更大的生存和发展空间。目前，战略联盟主要集中在汽车、航空、电子、石油等高技术密集型产业。

第三，由产品联盟发展成以技术合作为主要内容的知识联盟。20世纪90年代以来，随着知识经济的发展，特别是竞争的日益激烈，企业的竞争不仅取决于生产成本和产品质量，更重要的是企业的创新能力。因此，跨国公司的战略联盟更多地表现为技术开发和研究共享的知识型战略联盟。知识型联盟加强了跨国公司之间的技术交流，使它们能各自保持市场竞争优势，提高了企业的核心竞争能力。

第四，战略联盟由简单粗放型向集约型发展。简单粗放型的战略联盟主要指跨国公司为了扩大企业规模和扩展企业生产价值链而进行的联盟，这种联盟主要发生在跨国公司的生产扩张阶段。20 世纪 90 年代后，随着经济全球化的发展，特别是国际竞争的加剧，这种简单粗放型的战略联盟已经不适应世界生产力发展的需要。跨国公司为保持其核心竞争能力，把生产链上自己不具有核心竞争优势的环节外包给自己的联盟企业，于是就产生了以完善跨国公司生产链、提高各生产环节效率为主要目标的集约型战略联盟。

（四）研发国际化成为跨国公司增强持续竞争力的重要工具

当代激烈的国际市场竞争实质上是新产品和新技术的竞争。谁拥有了先进的新技术，谁就能缩短产品生命周期，不断推出个性化产品，从而占领和扩大市场份额，在竞争中取胜。因此，跨国公司往往把新技术的研发作为取胜的重要策略和企业持续发展的举措。跨国公司逐渐投入巨额资金开发新技术，同时又控制和垄断着新技术。20 世纪 90 年代以来，随着经济全球化的发展和国际竞争的日益加剧，跨国公司研究与开发的国际化也呈现出许多新特点。

第一，区位选择具有前瞻性和战略性。与生产性直接投资不同，以技术创新为主要目标的跨国科研投资更多地考虑东道国的科研条件和高新技术产品市场的销售前景，因为巨额的研究与开发投资只有在消费需求旺盛、消费潜力巨大的市场上才能获得可观的投资回报。因此，跨国公司研究与开发的区位总是选择在经济发展前景好、市场潜力大的国家和地区，对研究与开发的投资具有前瞻性与战略性。

第二，研究与开发注重追求产业与知识的聚集效应。由于产品生命周期日益缩短，跨国公司研究与开发的国际化不仅要注重研究与开发的商业化，更要注重研究与开发的知识储备和可持续发展，因此，发达国家跨国公司的海外研究与开发多选择在有雄厚经济实力、人才集中、信息密集、有完善的科研基础服务设施、著名大学集中、相关产业高度密集的地区，主要目的是追求产业聚集经济效应，从而分享知识技术的外溢性，保持创新能力的更新，降低研究与开发的前期成本，保持技术水平在行业中居全球领先地位。

第三，不同行业研究与开发的国际化发展水平不同。目前，跨国公司的研究与开发主要集中在电子、通信、制药、汽车制造、化工、航空航天等技术难度较大、研制周期长的高新技术领域内。

第四，吸引东道国的技术人才成为跨国公司海外科研开发的重要工作。跨国公司在进行跨国研究与开发中，往往大量招聘东道国高素质的技术工作人员、工程师、科学家和经验丰富的管理人员，用以从事高新技术产业的开发和企业的经营决策。因此，跨国公司海外科研部门中本地科研人员、管理人员的数量大幅度增加。

（五）本土化战略成为跨国公司在东道国立足的重要基础

跨国公司在国外建立分支机构时，必须充分考虑各地的具体条件并加以比较、选择，以保证子公司在最有利的条件和最适宜的环境得到更好的发展。这些条件包括当地经济发展的实际情况及其前景，市场潜力，政治的安定和社会的稳定，资源的供应，当地的规章制度和政策，以及其对外关系的发展情况等等。因此，跨国公司选某国或某地时，必须通过自身的努力，以适应这个新的环境。跨国公司在当地建立子公司，或与当地公司组建战略联盟，或与当地企业发展分包制与供应制关系，应充分考虑当地特有的优势，以获取更大的区位优势。现在，本土化战略已经成为跨国公司在东道国立足的重要基础。

（六）发展中国家的跨国公司取得长足进步

进入20世纪90年代以来，随着发展中国家经济实力的不断增强，尤其是东南亚、拉丁美洲一批新兴工业化国家的兴起，发展中国家跨国公司也取得了长足的进步，它们日益成为世界经济领域不容忽视的重要竞争力量。1992年，发展中国家跨国公司数量仅占全球跨国公司总数的2%，而2008年这一指标已上升至28%。这反映出发展中国家经济的发展和企业的实力。

五、跨国公司在世界经济中的地位和作用

跨国公司被誉为“世界经济增长的引擎”，这意味着跨国公司在世界经济中扮演着重要的角色。1990年全球跨国公司3.5万家，海外分支机构15万家。到2008年，全球大约8.2万家跨国公司控制着81万家外国子公司。这些跨国公司国外子公司的出口估计占全世界商品和服务出口总量的1/3，其全球雇员人数超过8 000万人。跨国公司通过国际投资行为，依其价值链增值方向进行全球区位的选择以构筑起一体化的国际生产体系，从而促进了资本、人力和技术等生产要素在全球范围的流动和配置，突破了国际贸易加强国际经济联系的传统架构。跨国公司对世界经济、东道国经济和母国经济都产生了重要影响。

（一）跨国公司对世界经济的作用

作为世界经济的微观主体，跨国公司经济体在世界经济中的地位日益突出。跨国公司在世界范围内的经济扩张，特别是20世纪90年代以来的跨国并购，不断改变着国际经济分工关系，推动着经济全球化的发展。跨国公司对世界经济的作用体现在以下几个方面：

第一，促进了国际分工的深化和细化。跨国公司通过对外直接投资，把分支机构所在国家纳入到全球分工体系中，将各类产品生产配置于全球范围内资源禀赋最有利的区位上，充分发挥资源要素的比较优势，从而在全球范围内降低成本、提高生产效率。一方面，跨国公司依靠其生产专业化和分工协作的成熟发展，将生产的国际分工深入到产品并且细化到不同工序，在不同国家分别生产某一产品的零部件，然后集中进行组装，形成了国家间的产业内甚至产品内分工；另一方面，跨国公司将生产的国际分工内部化，使之成为跨国公司内部母公司与子公司之间以及子公司与子公司之间的专业化分工体系。总之，跨国公司促进了国际分工的深化和细化，构筑起全球生产体系。

第二，促进了国际贸易特别是公司内贸易的发展。跨国公司构筑的全球生产体系

扩大了国际贸易流量，由跨国公司引起的国际贸易在世界贸易中所占的比重越来越大。同时，跨国公司的对外直接投资伴随着机器设备、原材料和零部件等大量商品的输出和输入，也会带动国际贸易的发展。此外，跨国公司创造了企业内部的贸易，即跨国公司在母子公司之间、子公司之间进行原材料、中间产品、生产技术和设备的跨国流动。跨国公司母公司与子公司之间、子公司与子公司之间的内部贸易约占跨国公司贸易总额的50%～60%，其内部贸易与外部贸易的总和占到全球贸易总额的80%。从跨国公司对外直接投资的产业结构与地区分布变化看，对国际贸易的商品结构也产生了重大影响。从20世纪90年代起，跨国公司的对外直接投资从制造业逐步向服务业倾斜，并因此推动了全球服务贸易的发展。

第三，促进了资本的国际流动。跨国公司的对外直接投资活动始终伴随着大量的资金流动和资本流动，自身拥有的巨额自有资金和外部资金、生产资本和借贷资本构成了国际资本流动的主体。同时，为维持跨国公司的正常运转和内部贸易的正常进行，母公司与子公司之间、子公司与子公司之间大量的资金调拨、利润汇出和转移等业务的频繁高效发生，再加上跨国公司内部各子公司之间、子公司与母公司之间的商品与服务交易、技术使用和管理费用的偿付以及借贷、结算等活动，会使国际资本流动速度加快、规模扩大。此外，跨国并购浪潮促进了国际资本证券化，规模庞大的跨国并购交易刺激了股权资本的相互渗透，使各类股票和债券的国际发行比重逐年上升。国际资本的证券化，意味着国际资本市场更加一体化，国际资本流动会进一步发展壮大。

第四，促进了技术创新和技术转让。跨国公司要在国际竞争中保持和扩大其垄断优势，就需要不断进行大规模的研究与开发，将新技术用于新产品，提高产品竞争力。大型跨国公司在研究与开发上往往投入巨额资金。20世纪70年代以来，通过非股权安排建立战略技术联盟的形式在跨国公司之间盛行，其目的在于共同研究与开发，降低研究与开发成本，分散风险，实现技术共享。此外，尽管跨国公司的研究与开发活动主要集中于母国，但面对技术进步和激烈的竞争，跨国公司研究与开发活动有不断分散化的趋势。跨国公司致力于在最有利的区位安排其研究与开发活动，并将技术优势实现内部共享，以保持整个公司系统创新的活力和内部化的整体竞争优势。在技术转移过程中的溢出效应使跨国公司承担了主要的技术传播者的职责。

（二）跨国公司对东道国的作用

跨国公司对东道国经济有积极的促进作用，主要表现在以下几个方面：

第一，跨国公司投资有助于东道国的资本形成。对东道国来说，跨国公司的直接投资带来了新的设施，增加了东道国的资本存量，扩大了生产和就业。有关统计表明，国际直接投资在国内资本形成中的比例，从1980年的2.3%提高到1998年的11.1%；国际直接投资在私人资本形成中的比重，从1980年的3.4%提高到1998年的13.9%。通过购买和私营化而进行的国际直接投资是发达国家中较为普遍的国际投资形式，这对东道国企业的资产重组及产业结构的调整起到间接的推动作用。

第二，跨国公司有利于东道国企业增强竞争力，加快结构调整，进行产业结构升级。对吸引外资的东道国，跨国公司不仅对国内资源进行补充，提高东道国的生产能力，同时也扩大了东道国产品的销售市场。跨国公司拓展了新的产业空间，如果没有跨国公司的投资，单纯依靠民族企业或现有的产业，许多发展中国家是不可能引进这些新产业或创新其经营方式的。

第三，跨国公司能够促进东道国的技术进步。吸收国际直接投资是获取新技术和先进技术、技能的主要途径。涉及组建研究与开发分支机构的外国直接投资可以增强东道国技术发明的能力，跨国公司的技术溢出效应和外在效应还会对东道国技术进步产生间接影响。

第四，跨国公司能够推动东道国的制度创新。跨国公司的分支机构虽然设在东道国，但其生产管理、产品标准、价格制定等都按照国际标准来运作，这会促使东道国的产品质量、技术标准等向国际标准靠拢。同时，跨国公司管理的"外溢效应"和生产经营、竞争、管理技术的示范效应，可以刺激和带动东道国企业改善经营状况和运行机制，然后通过不同产业和企业之间的关联效应，使先进的管理知识一层层地传递。

当然，跨国公司给东道国带来积极影响的同时，也带来许多消极影响。这种消极影响包括政治、经济、文化等方面的制度冲突，尤其是借助于技术控制的经济控制，有可能对东道国的经济安全和国家安全构成威胁。对此，东道国要维护好国家主权和国家安全，应制定正确的应对措施，积极化解风险，扬长避短，趋利避害。

（三）跨国公司对母国的作用

一方面，跨国公司的对外直接投资有利于母国扩大市场，增强企业的竞争力。跨国公司对外直接投资不仅通过国际贸易，还通过国外分支机构的销售来增强母公司占领国际市场的能力。同时，跨国公司在企业内部的贸易网络也将跨国公司的生产纳入全球网络体系中，使每一子公司均能优先获得体系内其他子公司的资源和市场。跨国公司内部贸易带来的交易成本降低能够产生与国际贸易、规模经济相同的效应。另一方面，跨国公司的对外直接投资会带动母国经济增长。跨国公司的对外投资使母国边际报酬相对低下的过剩资本和成熟技术通过对外转移获得更大收益，这些收益又可以通过利润汇回和转移价格等方式回到国内，改善国际收支状况，使这些回流资金投入到技术创新和新产品的研究与开发以及生产领域中去，最终改变母国的产业结构，实现产业结构的升级，进而促进国内的经济增长，因此能从根本上有利于母国的经济发展。

■第三节　应用案例

案例 1

沃尔玛的崛起之路

如果有人问美国的大众文化是什么？答案可能一时间很难统一。但是，如果接着问最能代表美国大众文化的公司有哪几个？那么下面几个公司肯定榜上有名：黄色M的麦当劳，红色波浪的可口可乐，还有蓝色格调的沃尔玛。如果自然界的三原色是所有色彩的基础，那么这三家企业一定能很好地诠释美国的大众文化。如果问美国企业、德国企业和中国企业各有什么特点，美国企业一做就大、德国企业一做就好、中国企业一做就多，这既是笑话也是真话。在《福布斯》评出的世界500强企业名单中，沃尔玛连续多年占据世界第一。作为一家典型的跨国公司，沃尔玛能在短短的60年时间内发展成为世界第一大公司，颇耐人寻味。据统计，全球各地每一秒钟便有330人光临沃尔玛，沃尔玛2010年全球销售额高达4 218.49亿美元，几乎和中国台湾的GDP差不多，比世界500强第二名的壳牌石油多436.97亿美元，相当于多出了一个英特尔公司。

作为世界上最大的私人雇主和世界上最大的连锁零售商，沃尔玛由山姆·沃尔顿于1962年在阿肯色州的罗杰斯城建立。目前，沃尔玛的总部位于阿肯色州的本顿维尔，美国前总统克林顿在1979—1992年期间曾任阿肯色州州长，是沃尔玛一路成长的最佳见证人。纵观沃尔玛的发展历程，大致可以分为四个阶段：

小镇起家 (1940—1962年)	区域称霸 (1962—1980年)	美国第一 (1981—1990年)	世界最大 (1991年至今)
•1940年山姆·沃尔顿开始零售业生涯 •1945年山姆拥有第一家杂货店 •1951年山姆在本顿维尔东山再起 •20世纪50年代美国折扣百货业开始发展 •1962年沃尔玛诞生	•20世纪60年代行业竞争激烈，夹缝中求生 •70年代中期行业危机，逆市扩张 •1972年公司上市 •1980年，营业额突破10亿美元，区域第一	•80年代美国零售业竞争激烈，沃尔玛收购扩张 •1983年第一次并购，之后通过并购进军全国 •1990年成为第一大零售商	•1991年进入墨西哥，开始国际化历程 •2006年从德国和韩国撤出 •2002年起连续雄踞《财富》世界500强首位，仅2009年屈居壳牌和埃克森美孚之后

40多年来，沃尔玛一路发展。目前，沃尔玛在全球15个国家开设了8 445家门店，其中美国4 364家，在墨西哥、加拿大、巴西、阿根廷、中国、英国、日本、哥斯达黎加、萨尔瓦多、危地马拉、洪都拉斯、尼加拉瓜、智利、印度等国开设了4 081家商场。雇员超过200万，其中美国超过140万，其他地区加起来超过68.3万。1996年4月20日，沃尔玛在中国的第一家购物广场在深圳开张，迈开了其在中国经营的第一步。时任沃尔玛总裁的格拉斯造访中国时表示，中国是地球上唯一一个能再创1 000亿美元业绩的国家，沃尔玛也是为数不多的把中国总部放在除北京和上海之外的大型国际跨国公司。目前，沃尔玛在中国共有284家门店，其中沃尔玛购物广场172家，山姆会员商店4家，沃尔玛社区店2家，惠选商店2家。而在大本营的美国，有沃尔玛商店804家，沃尔玛购物广场2 767家，山姆会员商店605家，沃尔玛社区店182家。经过40多年的发展，沃尔玛已经从当时的乡村小店发展到如今的零售巨擘，2008年营业收入是1968年营业收入的18 776倍，具体见下表：

年份	营业收入（亿美元）	利润（亿美元）	门面数
1968	2 137	61	27
1978	90 030	2 945	229
1988	2 064 900	83 722	1 364
1998	13 052 200	439 700	3 591
2008	40 124 400	1 340 000	7 873

资料来源：彭剑锋：《从乡村小店到世界零售巨头——全方位剖析沃尔玛》，北京，机械工业出版社，2010。

从1991年开始进军海外市场，沃尔玛在跨国公司的国际化道路上只能算是小学生，但无论是从员工数量还是门店数量，以及销售额等指标看，沃尔玛的国际化指数表明沃尔玛已经是一家实实在在的跨国公司。沃尔玛的海外发展历程正是一部跨国公司国际化发展的生动写照，从较早进入的墨西哥，到新兴的中国市场，沃尔玛既收获了巨大的成功，也遭遇过沉重的挫折。沃尔玛较早进入的海外市场是加拿大和墨西哥，这两个国家给了沃尔玛很好的回报，特别是墨西哥，沃尔玛和墨西哥的合资公司沃尔墨（Walmex）的净利润甚至高于沃尔玛在本土的平均利润，是沃尔玛最好的海外分公司。然而，接下来同属拉美的巴西和阿根廷则给了沃尔玛当头棒喝，在运营了多年之后，2003年巴西和阿根廷加起来的销售额只有可怜的5亿美元，远远没能复制其在美国的辉煌。同样让沃尔玛难受的是在德国的业务，德国拥有8 000万人口，是欧洲最大的经济体，拥有稳定和人数众多的中产阶层，完全符合沃尔玛选择海外市场的条件。然而，由于强大的和教条主义的工会组织，严苛的政府法令，高昂的劳动力成本，沃尔玛发现其在德国的利润率只有1%，而在英国却达到6%～8%。即使对于以薄利多销为理念的沃尔玛而言，这样低的利润率也令人难以接受。因此，2006年沃尔玛最终退出了德国市场。如前所述，沃尔玛在英国的业务好得多，与当地的合作商阿斯达合并以来，每个月的销售额增长率都能保持不错的增长水平。亚洲作为世界上人口最多的大洲，拥有难以估量的市场潜力，自然是像沃尔玛这样的跨国公司关注的焦点。1992年，沃尔玛通过收购华堂进入日本市场。而后，沃尔玛于1996年进入中国，在深圳开设了第一家沃尔玛购物广场和山姆会员商店。

除了经营的国际化，对跨国公司而言，全球采购、全球生产、全球销售更加重要。现在，无论你去哪里的沃尔玛，琳琅满目的商品正是其全球采购的结晶。在任何一家沃尔玛，你都看到产自中国的衣服鞋帽和家用电器，泰国的扇贝和三种虾，日本的数码相机和动漫影碟，爱尔兰的格绒围巾，瑞典的木质沙发。得益于全球采购，在与供应商议价时沃尔玛更能掌握主动权，更能为消费者提供低廉的价格，更能吸引更多的顾客，这正是沃尔玛50年来一直秉持并实践的理念。与国际化同样重要的是本土化，沃尔玛在这一点上曾经遇到过挫折，以至于选择退出当地市场，现在沃尔玛正把本土化当做其海外经营的一条根本准则。沃尔玛的本土化措施主要包括商品本土化、卖场本土化、人才本土化和供货本土化。在英国沃尔玛的店中，自有品牌食品占销售总额的一半以上，由于亚洲妇女更青睐白皙的皮肤，亚洲沃尔玛店里美白面膜和精华素之类的产品远远超过其他地方。为了满足亚洲人对品牌的满足感，沃尔玛在亚洲通过店中店的形式相应地开设了品牌专柜，而不是按照商品种类进行归置，这也与它在美国有很大不同。在一个国家开设一家分店之前，沃尔玛会花很大的力气对其主管以上人员进行系统的培训。沃尔玛认为，管理人员的配备是其开分店的一个必要条件，沃尔玛总是埋怨在中国的发展速度由于人员配备跟不上而大打折扣。随着近几年本土化人才逐渐成长，沃尔玛在中国的发展速度令人瞩目。目前，在墨西哥的分店里，大概90%的商品是墨西哥的，只有10%产自美国；而在中国的分店里，本土产品的比重更高，但是为了表现沃尔玛是一家正宗的美国公司，可能在某个角落一定会有进口产品的专柜，这或许就是沃尔玛坚持的本土化和国际化的统一吧。

案例 2

百年西门子

西门子是世界上最大的机电类公司之一——事实上，已经没有办法给西门子定一个完整的范围概括它的业务范围。从小小的助听器到火力发电，从不起眼的开关到飞驰的磁悬浮，西门子的业务几乎涵盖了人类生产活动的大部分领域。从1847年恩斯特·维尔纳·冯·西门子建立西门子公司到今天，西门子已经在世界工业的舞台上走过了164个年头；同样是在1847年，伟大的发明家爱迪生出生，电话的发明者贝尔出生，1847年可能注定是一个为科技而准备的年代。2011年度西门子在世界500强中排名第47位，营业额1 026.57亿美元，是世界第三大电子、电器设备制造商（三星和日立分列第一位、第二位），目前西门子集团在190个国家和地区雇用员工40.5万人。①

西门子的创始人恩斯特·维尔纳·冯·西门子（Ernst Werner von Siemens）是电动机、发电机、有轨电车和指南针式电报机的发明人，并改进过海底电缆、提出了平炉炼钢法以及革新了炼钢工艺，完全称得上是卓越的工程师类型的企业家，在德国人的名字里能加上“冯”往往代表其贵族的身份，但维尔纳其实出生在贫寒之家，德皇弗里德里希三世为表彰其杰出贡献，特赐其“冯”字称号。维尔纳的这种对科技探索永不止步的精神已经成为了西门子160多年一直秉持的企业理念。西门子的全球研发机构拥有大约32 000名研究与开发人员，研究与开发人员数量占公司总人数的8%。西门子一直致力于保持和进一步提升市场领导地位，因而西门子不断进行创新，所以西门子是全球最具创新性的公司之一。2009年，西门子共申请了4 000项国际专利，是德国和欧洲申请专利最多的公司之一。

西门子总部位于柏林和慕尼黑，是一家有着纯粹德国血统的制造业公司，纯正的德国血统为西门子打上了严谨、细致和高质的烙印，在尖端制造业领域有着非同凡响的影响力和品牌号召力。然而，西门子80%的销售额却来自国外，是一家完全国际化的德国公司。西门子的全球业务划分为三大业务领域：工业、能源与医疗。它们既相互独立又相互支持（见下图），为西门子的国际化道路奠定了坚实的基础：

（1）西门子工业下属的六个业务集团：①工业自动化集团提供标准产品和系统解

① 引自http：//w1.siemens.com.cn/pdf/Siemens-worldwide _ cn.pdf。

决方案；②驱动技术集团提供电子制造解决方案以及面向整套电力系列的标准系统；③楼宇科技集团既是服务提供商也是产品和系统制造商；④欧司朗（OSRAM）照明的产品组合包括各种光源产品和光电半导体光源；⑤工业解决方案集团是工业领域的系统与解决方案集成商；⑥交通集团为客运和货运、交通管理、邮政自动化和机场物流提供整合的解决方案。

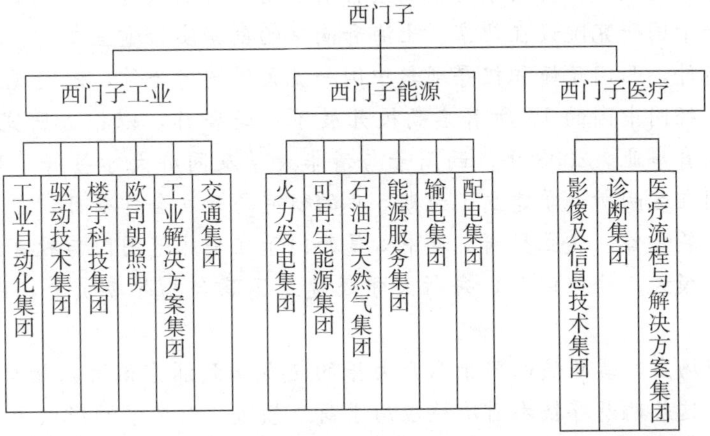

（2）西门子能源是为整个能源转换链提供全面解决方案的世界领先供应商，也为工业（特别是石油和天然气行业）用户提供全面系统的解决方案，同样有6个子集团：①火力发电集团为化石燃料发电提供高效的产品和解决方案；②可再生能源集团主要为风能和太阳能市场提供产品和解决方案；③石油与天然气集团为客户提供用于石油天然气开采、运输和加工的系列产品与解决方案；④能源服务集团为整座电厂和旋转设备提供综合性服务；⑤输电集团是高压领域的领先产品与解决方案供应商；⑥配电集团通过智能网络系统提高了能源系统的效率。该集团提供创新的中压设备和系统、能源自动化高效解决方案以及电力系统和网络的服务。

（3）西门子医疗向医疗行业提供创新产品、完整解决方案以及服务与咨询。西门子医疗是西门子集团内部最低调的产业，然而，西门子医疗产品在各个病理治疗领域均有不俗的表现，西门子还是全球创新型助听器市场上的领军企业。

西门子还拥有两家双方各持股50%的合资企业：与诺基亚在电信领域合资创建的诺基亚—西门子通信网络公司（即所称的“诺西集团”，中国华为集团2011年曾在美国诉摩托罗拉向诺西集团转移华为与摩托罗拉合资公司中的华为自主知识产权部分，被认为是中国企业合理保护自身知识产权的典型案例）和与博世在家电领域合资创建的博世—西门子家用电器集团。

西门子是较早进入中国的跨国公司之一。1872年，西门子向中国出口了第一台指针式电报机，现在在颐和园里还能看到西门子的这台古董电报机，除了上述三大业务外①，西门子在中国还有一块重要业务是家用及个人产品，包括家居电气安装系统、照明产品、白色家电、无绳电话，我们平时所用的西门子开关、西门子冰箱、西

---

① 引自 http：//w1. siemens. com. cn/pdf/Siemens-in-China _ cn. pdf。

门子无绳电话等都出自这个部门。西门子全资子公司欧司朗是2010年上海世博会照明全球合作伙伴。西门子电冰箱和西门子洗衣机是市场知名度最高的两大家电产品。除此之外，西门子家电在中国的其他产品还有西门子电热水器、厨房电器和洗碗机。在中国消费者的眼中，西门子的标签就代表着品质和保障，这也是西门子一直努力和标榜的方向。

在研究与开发领域，西门子与中国同样有良好的合作关系。目前，250多名研究人员在西门子中国研究院设在北京、上海和南京的创新实验室里工作。除在公司内部进行自主创新外，西门子还积极寻求与中国一流大学进行合作，以实现互利。迄今为止，西门子已经同中国的16所著名高校开展了广泛合作，以推进研究与开发活动、知识普及和教育事业。2008年，西门子与清华大学及同济大学签署了科研交流及框架协议，分别在这两所大学建立了为期5年的研究与开发合作项目，在双方互惠互利的技术领域开展合作。建立科研交流中心是西门子在全球范围内与教育机构之间构建的最高级合作模式。除此以外，每所大学还建立了联合指导委员会，以协助合作的开展。

在中国市场上，真正使西门子名声大振的是龙阳到浦东国际机场那条短短30公里的磁悬浮，这是磁悬浮技术首次被应用于商业领域，而技术的提供者正是本文的主角西门子。在中国高铁发展的历程中，西门子绝对是重要的参与者。除了磁悬浮外，有轨高速列车的技术原先在国际市场上主要有三种：一是日本新干线（川崎重工、日立）；二是法国的TGV（阿尔斯通）；三是德国的ICE（西门子）。然而，在中国高铁的建设浪潮中，西门子却初战不利。2004年中国首次启动高速列车采购项目招标，由于西门子与中国有长期的合作关系，加上其技术优势，本以为中国订单已是囊中之物，可惜在关键的技术转让问题上西门子态度强硬，最终颗粒无收，成全了阿尔斯通和日本、加拿大的企业。痛定思痛，在更换谈判代表后，2009年初，西门子获7.5亿欧元高铁列车订单，终于在中国高铁中占了一席之地。西门子表示“这笔交易能加强与‘世界最重要高速铁路市场’长久的合作关系”。2011年西门子携手中方财团（中国南车牵头）一起竞标沙特高铁项目，这意味着百年老店西门子已经学会了如何与一个日益崛起的新兴大国打交道，如何积极地参与中国现代化建设的进程，分享中国经济发展给跨国公司带来的利益。正如西门子自己说的那样：“竞争，做不了对手就做伙伴！”

本章小结

1. 跨国公司是第二次世界大战以后迅速发展起来的一种国际企业组织形式。长期以来，国际组织、研究机构和学者对其有不同的称谓，最常见的有国际公司、多国公司、全球公司和跨国公司。对于符合什么条件的企业才能被称为跨国公司，学术界存在不同的标准和尺度，主要包括结构标准、业绩标准和行为标准。从不同的角度，跨国公司可被划分成不同的类型。与国内企业相比，跨国公司具有战略目标全球化、生产经营国际化、要素转让内部化、内部管理一体化的特征。

2. 现代意义上的跨国公司历史最早可以追溯到19世纪60年代，经历了两次世界大战期间的缓慢发展和第二次世界大战以后的迅速发展。进入 20 世纪 90 年代后，在世界市场趋于统一、贸易自由化和金融自由化进一步发展以及信息技术进步的综合作用下，跨国公司得到了前所未有的大发展。

3. 跨国公司被誉为“世界经济增长的引擎”，这意味着跨国公司在世界经济中扮演着重要的角色。跨国公司通过国际投资行为，依其价值链增值方向进行全球区位的选择，以构筑起一体化的国际生产体系，从而促进了资本、人力和技术等生产要素在全球范围的流动和配置，突破了国际贸易加强国际经济联系的传统架构。跨国公司对世界经济、东道国经济和母国经济都产生了重要影响。

复习与思考题

1. 简述跨国公司的定义标准。
2. 简述跨国公司的主要特征。
3. 试述跨国公司的形成与发展。
4. 试述 20 世纪 90 年代以来跨国公司的发展趋势。
5. 试述跨国公司在世界经济中的地位和作用。

第二章

跨国公司经营环境

本章提要

经营环境是指在一定时期内影响和决定企业生存发展并取得预期经济效益的各种因素的综合体。从国内企业发展到国际企业，从国内经营转变为跨国经营，企业活动的环境架构发生了很大变化。各种不确定性因素和风险的增加，是跨国公司经营中面临的最大困难和严峻挑战。经营环境是开展国际投资活动的外部条件，也是跨国公司国际投资赖以进行的前提。本章重点分析跨国公司经营的国际法律环境、东道国环境、商业伦理环境以及跨国公司的利益相关者。

关键术语			
	双边性投资条约	区域性跨国投资法规	全球性跨国投资法规
	东道国环境	商业伦理环境	跨国公司的利益相关者

■第一节　国际法律环境

由于跨国公司的生产经营活动超越了一国范围，必然首先受到国际法律法规的制约。第二次世界大战以后，随着跨国公司国际投资的不断扩大和深入发展，为了营造一个良好的投资环境和规范跨国公司的投资行为，一些国家开始共同探讨在跨国公司投资管理方面的合作事宜，一些区域性和国际性组织也采取措施协调其成员国间关于跨国公司投资行为的争议。根据法律法规制定主体的不同，管理跨国投资行为的国际法律法规可以分为双边性投资条约、区域性跨国投资法规和全球性跨国投资法规。

一、双边性投资条约

第二次世界大战后，随着发达国家跨国公司国际投资活动的不断扩展，无论是投资国还是东道国都发现，现有的国内立法已不能满足投资活动的需要。如何保护、促进外国投资行为，如何规范和预防非法外国投资活动摆上了各国的议事日程。国际投资的许多问题（国有化、争议的解决等）都需要两国在平等互利的基础上达成共识。因此，从 20 世纪 50 年代起，发达国家就致力于双边投资条约的签订。双边投资条约是指两国政府间签订的，以保护、促进和规范外国投资行为为目的的国际协议。从目前的情况来看，双边投资条约已成为加强国家间经济合作的最有效手段。

（一）双边投资条约的具体形式

目前，双边投资条约主要有三种形式：友好通商航海条约、投资保证协定以及促进和保护投资协定。

（1）友好通商航海条约（friendship，commerce and navigation treaties）。友好通商航海条约又称通商条约，是指全面规定缔约国之间经济、贸易关系并需要经过缔约国立法机构批准才能生效的国际条约。其内容涉及缔约国经济、贸易、航海等各个方面的问题，主要包括：关税的征收及海关手续的规定，船舶航行与使用港口的规定，缔约双方的公民和企业在对方国家所享受待遇的规定，有关知识产权保护的规定，进口商品征收国内捐税的规定，铁路运输和过境的规定，仲裁裁决的规定等。虽然条约涉及经济、贸易等各方面内容，但对投资的规定却比较抽象和原则化。世界第一个友好通商航海条约是美、法于 1778 年签订的，但是真正将海外私人投资经营的企业作为独立保护对象，以专门条款方式规定的是 1911 年的美、日条约。第二次世界大战后，尤其是 20 世纪 90 年代以来，经济全球化的趋势越来越明显，跨国公司进行海外投资的规模也呈现出不断增长的趋势。因此，对于友好通商航海条约来说，其内容也必须有所增加，这主要涉及外国人的待遇、财产保护和税收等问题。但是应该看到，友好通商航海条约并不能对复杂的国际投资问题做出充分、完全的规定。

（2）投资保证协定（investment guarantee agreement）。第二次世界大战后，美国企业的对外直接投资居发达国家之首。因此，针对当时的国际形势，美国首先实行海外投资保险制度。但是，如果没有东道国的同意与合作，美国投资保险机构的代位索赔权就无法实现。因此，除了与其他国家签订综合性的友好通商航海条约外，美国又与有关国家签订了专门的投资保证协定，后来发展到以签订双边投资保证协定为主。双边投资保证协定的核心在于，让对方缔约国正式确认本国国内的承保机构在有关的政治风险事故发生并依约向投保的海外投资者理赔之后，享有海外投资者向东道国政府索赔的代位索赔权和其他相关权利及地位。协定还规定了双方政府因索赔问题发生纠纷时的处理程序。美国已同 100 多个国家签订了双边投资保证协定，我国也于 1980 年以换文形式与美国签订了投资保证协定。

（3）促进和保护投资协定（agreement for promotion and protection of investment）。第二次世界大战后，随着联邦德国经济的迅速恢复，在增加对发达国家投资的同时，对发展中国家的投资增长也很快。这样，依靠友好通商航海条约的保护已很难满足日益增长的对外投资需求。于是，从20世纪50年代末开始，联邦德国及其他一些欧洲国家将传统的友好通商航海条约中有关保护外国投资的内容单独提取出来加以细化，并融合了美国式投资保证协定中有关投资保险、代位赔偿和争端解决的规定，与相关的国家签订了促进与保护投资的专门性双边协定。此类协定兼具友好通商航海条约与投资保证协定之长，是一种很好的保护国际投资的条约类型。

（二）双边投资条约的主要内容

双边投资条约的具体规定因国别差异而有所不同，但其基本内容大同小异，一般包括以下几个方面。

1. 受保护的投资者和投资

（1）受保护的投资者。双边投资条约通常规定，受保护的投资者包括自然人、法人或不具有法人资格的其他经济实体。对于自然人的确定，一般以国籍作为依据。例如，中、法关于促进与保护投资协定第3条中明确规定，投资者包括具有缔约任何一方国籍的自然人。而对于法人或其他实体的确定则有不同的标准：

第一，注册登记地标准。一些国家将在本国注册成立的实体视为本国投资者，予以保护。还有不少国家采取双重标准，要求法人或其他组织既要依本国法律设立，又要在本国有住所。例如，中、英协定第1条中规定，按英国法律设立或组建的公司、商号或社团都受到条约保护。而中国与奥地利的双边协定中规定，依照缔约一方的法律合法设立的、其住所在缔约一方领土内的法人，以及具有或不具有法人资格的组织或社团属于条约保护的投资者。

第二，资本控制与联系标准。根据资本控制标准，把由本国国民或法人控制的外国公司看做本国投资者，可以享受条约保护。联系标准主要出现在美国新的样本条约中。它规定，确定一个实体是否有权享有条约利益，取决于该实体是否与条约缔约一方有重要联系。对于由第三国国民所控制的实体，缔约一方有权拒绝给予对方注册公司以条约的保护。

（2）受保护的投资。基于对资本输入国国家主权的尊重，只有被缔约一方东道国所接受的投资才能受到条约的保护。条约规定的投资定义非常详细，通常包括以下几点：

第一，动产、不动产和任何其他财产权利，如抵押权、留置权或质权等。

第二，公司的股份、股票和债券或该公司财产中的权益，以及其他形式的参股。

第三，对金钱的请求权或通过合同具有经济价值的行为请求权。

第四，著作权、工业产权、工艺流程、专有技术和商誉。

第五，根据法律授予的特许权，包括勘探、提炼、开发自然资源的特许权。

2. 关于外国投资者的待遇标准

双边投资条约均要对投资者的待遇做出规定，常见的待遇标准有公平和公正待遇、国民待遇以及最惠国待遇。

（1）公平和公正待遇。美国的样本条约规定，投资在任何时候须给予公平和公正待遇（fair and equitable treatment），须享有充分的保护和安全，绝不得给予低于国际法要求的待遇。事实上，关于公平和公正待遇的概念及范围在理论和实践中一直是有争议的话题。争议的焦点在于，该待遇是否包含了所谓的国际最低标准。发达国家的学者一般认为，公平和公正待遇包括无差别待遇（东道国不应对一般外国人或特定国家的国民采取差别对待的行为）、国际最低标准和东道国保护外国财产的义务。但是，发展中国家否认国际最低标准属于公平和公正待遇的一部分。中国与外国签订的双边投资条约一般也包含公平和公正条款。

（2）国民待遇。在双边投资条约中，国民待遇是指外国投资者在东道国的投资财产、投资经营活动等方面的权益，应与东道国投资者享有同等待遇。但是，这种同等待遇受到一定程度的限制。它强调的是外国人与本国人法律地位上的平等，并非每个具体权利上的完全的、绝对的平等。事实上，任何一个国家都会对外国投资在投资领域、股权比例等方面给予一定的限制，这是合理的区别对待，不能视为歧视待遇。同样，一些发展中国家为了鼓励外国投资，赋予外国投资各种优惠待遇，同样不构成对国民待遇原则的违背。

（3）最惠国待遇。双边投资条约中的最惠国待遇，是指外国投资者在东道国关于投资财产及投资经营活动等方面的权益，与第三国在东道国的投资者享有同等的待遇，强调的是外国投资者与第三国投资者之间的平等待遇。

二、区域性跨国投资法规

20 世纪 50 年代末以来，为谋求风险成本、机会成本的最小化，一些地理位置相近的国家或地区间形成了一体化程度不同的区域经济合作组织。20 世纪 90 年代以来，随着经济全球化进程的不断深入以及由此所引致的矛盾冲突的日益凸现，尤其是近几年来世界经济的低迷和全球贸易保护主义的抬头，世界范围内的区域经济一体化正在呈现出强劲的发展势头。到目前为止，在世界范围内有重大影响的区域性经济一体化组织有欧盟、北美自由贸易区、东盟、中国—东盟自由贸易区等。在经济全球化时代，资本的跨国流动已经在世界范围内展开，这对区域经济一体化组织的职能提出了挑战。因此，为了实现区域内资本的自由流动或吸引区域外资本的更多流入，许多区域经济一体化组织都缔结了区域性的投资法规或条约。实践证明，这些法规或条约在规范跨国投资行为、稳定投资市场秩序等方面发挥着非常重要的作用。

（一）欧盟跨国资本管理法规

欧盟的前身是欧洲经济共同体。1957 年 3 月，比利时、荷兰、卢森堡、法国、联邦德国、意大利 6 国共同签订了《罗马条约》（即《欧洲经济共同体条约》），标志着世界经济中第一个按照市场经济原则建立起来的区域经济一体化组织的正式建立。《罗马条约》第 52 条、第 67 条规定：共同体成员应逐步废除对一成员国国民在其领土内营业自由和资本流动的限制，以及基于国籍、当事人的住址或投资的地方所施加的任何歧视性待遇。

1993 年 11 月，《马斯特里赫特条约》（即《欧洲联盟条约》，简称《马约》）的正式生效标志着欧洲联盟的正式诞生。《马约》在继承《欧洲经济共同体条约》中关于跨国投资规定的基础上，进一步对资本的跨国流动做出了规定。《马约》将原有的资本自由流动的原则扩大到非成员国与欧盟之间。同时，它还规定在下面几种情况下，资本跨国流动可以实行相对宽松的政策。

（1）各成员国可以基于投资者居住地和投资地不同而在税收方面采取差别待遇。

（2）各成员国可以基于公共政策和安全方面的考虑而采取合理的限制措施。

（3）各成员国可以出于行政管理和统计上的需要设置资本流动申报程序，并可以采取措施防止投资者违反法律或法规，尤其是违反有关税收和金融监管方面的法规。

（4）各成员国可以保留 1993 年 12 月 31 日前在其国内法和欧共体法规中对来自和流向非共同体成员国的跨国资本流动所规定的某些限制。

随着经济一体化程度的不断提高，欧盟的成员也在不断增加，从最初的 6 个成员国扩大到 27 个成员国。为进一步加强欧盟的竞争力，确保为投资者创造一个公平竞争的环境，继欧盟实行共同贸易政策之后，欧盟又开始布局共同投资政策。2009 年 12 月 1 日生效的《里斯本条约》将对外投资政策划入欧盟的职权范围，提出在欧盟层面上实行统一的对外投资政策。这意味着今后欧盟将作为一个整体与第三国缔结投资协定，从而提高谈判筹码。《里斯本条约》生效前，欧盟主要是在对外缔结贸易协定时涉及投资开放，而有关投资保护的内容则由成员国各自缔结的双边投资协定规定。在欧盟委员会 2010 年 7 月公布的两份文件中，一份是政策性文件，提出如何推进欧盟共同投资政策；另一份则是过渡性安排，规定欧盟成员国缔结的 1 200 多份双边投资协定在过渡期内依然有效，投资者的相关权益不会受到影响，但欧盟将逐个审查这些协议是否有与欧盟规定不符的内容；如有，将责令成员国重新谈判，并予以修改。

（二）《北美自由贸易协定》

《北美自由贸易协定》是在美国和加拿大 1989 年 1 月签署的《美、加自由贸易协定》基础上发展而来的。1989 年 8 月，美国和加拿大决定将自由贸易协定扩大到包括墨西哥在内的整个北美地区。美、加、墨三国于 1992 年 8 月 12 日签订了《北美自由贸易协定》，决定成立北美国家之间的经济贸易集团。1994 年 1 月 1 日，由这三国组成的北美自由贸易区开始运转。《北美自由贸易协定》广泛涉及美国、加拿大和墨西哥三国各个领域的贸易关系，主要涉及成员国内工业品、人员、劳务和资本的自由流动。《北美自由贸易协定》专门列出第十一章对投资问题做出规定。这十一章的框架及内容与一般双边性国际投资条约有许多相似之处，但附件中又规定了较多的例外（特别是在墨西哥方面）。例如，规定纯粹基于贸易合同而产生的货币请求权不包含在投资范围之内，成员国还应根据国际法给予外国投资者以“公正和公平的待遇”和“充分的保护与保障”等。

（三）中国—东盟投资协议

2010 年 1 月 1 日，经过 10 年努力，涵盖 19 亿人口、6 万亿美元国民生产总值、4.5 万亿美元贸易额的中国—东盟自由贸易区如期建成。这是中国与东盟对外商谈的第一个自贸区，也是由发展中国家建立的世界上最大的自由贸易区。2009 年 8 月，中国与东盟十国共同签署了《中国—东盟自由贸易区投资协议》，这标志着备受关注的中国—东盟自由贸易区建设的主要法律程序已经基本完成，从而确保中国—东盟自由贸易区于2010年如期建成。2010年1月1日，中国—东盟自由贸易区《投资协议》正式生效。

《投资协议》规定的“投资”，是指一方投资者根据另一缔约方相关法律、法规和政策在后者境内投入的各种资产，包括但不限于：动产、不动产及抵押、留置、质押等其他财产权利；股份、股票、法人债券及此类法人财产的利息；知识产权，包括关于版权、专利权和实用模型、工业设计、商标和服务商标、地理标识、集成电路设计、商名、贸易秘密、工艺流程、专有技术及商誉等权利；法律或依合同授予的商业特许经营权，包括自然资源的勘探、培育、开采或开发的特许权；金钱请求权或任何具有财务价值行为的给付请求权。此外，投资收益应被认做投资、投入或再投入资产发生任何形式上的变化，不影响其作为投资的性质。

此外，中国—东盟自由贸易区《投资协议》对投资的转移和利润汇回的要求，比其他中国自由贸易区的相关规定严格，主要表现在以下几个方面：

（1）转移应遵守各自外汇管理国内法律和法规所规定的相关程序，只要此类法律和法规不被用做规避成员本协议义务的手段。

（2）一成员在公平、非歧视和善意实施其与下列内容相关的法律法规基础上，可以阻止或延迟某一项转移：企业破产、丧失偿付能力或保护债权人权利；未履行东道方的关于证券、期货、期权或衍生产品交易的转移要求；未履行税收义务；刑事犯罪和犯罪所得的追缴；社会安全、公共退休或强制储蓄计划；依据司法判决或行政决定；与外商投资项目停业的劳动补偿相关的工人遣散费；必要时用于协助执法或金融管理机构的财务报告或转移备案记录。

（3）《投资协议》的任何规定不得影响各方作为国际货币基金组织成员在《国际货币基金协定》项下的权利和义务，包括采取符合《国际货币基金协定》的汇兑行动，但是一方不得对任何资本交易设置与其在本协议中具体承诺不一致的限制，但以下情形除外：依据第十一条（国际收支平衡保障措施）；应国际货币基金组织的要求；在特殊情形下，资本的流动导致相关成员严重的经济或金融动荡，或存在导致上述情况的威胁。

为促进中国—东盟的投资，中国政府出资100亿美元建立的中国—东盟投资合作基金和150亿美元的优惠信贷对泛北的合作意义深远。2010年3月，中国—东盟投资合作基金及基金管理机构正式成立并投入运营，首期10亿美元基金正式启动。同时，150亿美元对东盟优惠信贷正陆续投放。在中国—东盟自由贸易区的框架下，中国将通过积极推进大湄公河、泛北部湾合作，并参与东盟东部增长区等次区域经济合作，改善次区域内的基础设施建设，推进次区域内的贸易投资便利化，谋求与东盟国家之间的务实合作与共同发展。

应该看到，区域一体化的迅猛发展正在推动国际投资制度发生系统性变化，从而建立更加一致、平衡、有益发展、切实有效的国际投资制度。国际投资协定格局似乎正在通过以下方式进行整合：含有投资规定的广泛的诸边经济协定增加；努力创建区域（以南—南为主）投资区；欧盟内部国际投资能力转移；废除双边投资条约，以简化条约格局，消除与其他法律文书的不一致之处；许多国家做出努力，重新评估国际投资政策，以便修订双边投资条约范本、审查各自的条约网络及其对发展的影响，或声明废止条约，从而使投资政策更加符合发展考虑。此外，从最近的情况来看，所有条约，包括新的、重新谈判的条约和经修订的条约都表明，不论发达国家还是发展中国家的政府均设法通过澄清条约范围或具体义务的含义，更准确地拟定协议以保留国家的管制权。

三、全球性跨国投资法规

第二次世界大战以后，尤其是 20 世纪 70 年代以来，以跨国公司为主体的国际直接投资活动日趋频繁，直接投资对各国经济和国际贸易产生了重要的影响。与此同时，投资国和东道国以及投资者和东道国之间围绕着直接投资方面的矛盾与纠纷也不断增多。为减少矛盾与纠纷，为促进国际投资活动的健康发展，迫切需要加强国际投资领域的协调与合作。为此，国际社会在近几十年间做出了多方面的努力，世界银行、世界贸易组织、国际货币基金组织和联合国相关机构起草或制定了一些重要的规则和协议。

（一）世界银行的《关于解决国家与其他国家国民之间投资争端公约》

为协调国际直接投资关系，世界银行于 1965 年 3 月制定并通过了《关于解决国家与其他国家国民之间投资争端公约》（以下简称《ICSID 公约》或《华盛顿公约》）《ICSID 公约》于 1966 年 10 月 14 日正式生效，并根据该公约成立了“投资争端解决国际中心”（International Center for Settlement of Investment Disputes，ICSID，以下简称“国际中心”）。《ICSID 公约》及国际中心的目的在于使国际投资争端摆脱政治和外交领域，纳入正常法律秩序的范畴，运用国际专设仲裁机构和程序予以解决。

《ICSID 公约》除序言外，共十章七十五条，分别规定了《ICSID 公约》的宗旨和国际中心的组织机构、管辖权、调解及仲裁程序。《ICSID 公约》的宗旨是：创立一个旨在为解决国家和外国投资者之间的争议提供便利的机构；创建有助于促进相互信任的环境，从而鼓励国际资本更多地向那些希望引进外资的国家流入；排除投资者本国政府的介入，使投资争议的解决非政治化。

作为解决外国投资者同东道国政府间的投资争议提供调解与仲裁便利的常设机构，国际中心自开始运作以来受到国际社会的广泛关注。同时，《ICSID 公约》自颁布以来的影响力也逐渐扩大。40 多年来，随着国际社会各类成员间经济相互依赖关系的加深，加入《ICSID 公约》的国家逐渐增加。另外，目前各国签订的多个双边投资保护协定中，一半以上都规定将东道国与外国投资者的投资争议提交国际中心解决。目前，国际中心是世界上唯一解决投资争议的国际仲裁机构。中国于 1990 年 2 月 9 日签署了该公约，1992 年 7 月 1 日被正式批准加入。

（二）世界银行和国际货币基金组织的《关于外国直接投资的待遇准则》

尽管《ICSID 公约》为国际直接投资争端的解决开辟了新的调节和仲裁途径，但它仅涉及投资争端的解决问题，而对争端产生的原因以及国际直接投资其他方面的问题没有触及。因此，世界银行和国际货币基金组织共同征询了有关国家政府和国际组织（如国际法协会）的意见后，于 1992 年 9 月 21 日公布了《关于外国直接投资的待遇准则》（以下简称《准则》），并要求世界银行和国际货币基金组织的各会员国将《准则》作为指导针对外国投资的政府行为的一般原则。《准则》充分反映了发达国家的利益要求，偏重于对外国投资者的完全保护，其内容包括适用范围、外资入境批准、外资待遇、征收和补偿、争端解决五个方面。

需要指出的是，《准则》虽然只是一种非强制性的指导性文件，不具有法律约束力，但它却被视为普遍接受的国际标准发展进程中的重要一步，并可以补充双边投资条约，这必然会给国际惯例的发展带来直接影响。

（三）世界银行的《多边投资担保机构公约》

《多边投资担保机构公约》（Convention Establishing the Multilateral Investment Guarantee Agency，MIGA），简称《MIGA 公约》或《汉城公约》，1985 年 10 月 11 日在世界银行年会上通过，于 1988 年 4 月 12 日正式生效。根据该公约建立的多边投资担保机构属于世界银行集团的成员，但它同时又是独立的国际组织。该公约共十一章六十七条，主要涉及以下几个方面的内容：

（1）宗旨。公约第三条明确规定促进资本流向发展中国家，对投资的非商业性风险予以担保。

（2）机构地位。享有国际法主体资格，同时具备私法意义上的法人资格。

（3）机构的担保业务。只限于非商业性政治风险，具体分为货币汇兑险、征收险、违约险、战争和内乱险。

（4）规定合格的投资、合格的投资者和东道国条件。

（5）东道国主权控制的范围。

（6）争端解决。公约将争端分为三类：有关公约的解释和施行而产生的争端，机构与会员国之间的争端，有关被保险人或再保险人的争端，对于不同的争端应适用不同的程序解决。

《MIGA 公约》与设立多边投资担保机构的目的是鼓励成员国之间，尤其是向发展中国家成员国融通生产性投资，并致力于促进东道国和外国投资者间的相互了解和信任，为发达国家向发展中国家的海外私人投资提供担保，以加强国际合作。公约生效以后，通过多边投资担保机构对非商业性风险担保，对补充国家及区域性和私人担保的不足，对鼓励会员国之间特别是向发展中国家会员国融通生产性资金，发挥了一定的积极作用。中国于 1988 年 4 月 30 日向世界银行递交了对该公约的核准书，从而成为多边投资担保机构的创始会员国。

（四）联合国《跨国公司行动守则》

《跨国公司行动守则》（以下简称《守则》）是由联合国经济和社会理事会所属的跨国公司委员会于 1977 年 1 月正式起草的。在此以前已经指定有关组织（如联合国知名人士小组）着手研究，1982 年提交了有关《守则》的草案报告，但此后为修订

《守则》草案进行了为期十年的谈判。《守则》对于跨国公司的投资活动、待遇、政府间合作等做出了比较明确的规定。但是，由于发达国家和发展中国家对《守则》的内容、法律地位、国有化和补偿、国民待遇、国际法的适用等问题存在严重分歧，谈判没有取得实质性的进展。1992 年 4 月，跨国公司委员会召开了最后一次正式的年会，此后该委员会宣告撤销。由于最后一次年会对《守则》文本仍未能定案，同年 7 月 21—23 日，经过非正式磋商得出结论：现阶段不可能达成一致意见。从 1993 年起，有关跨国公司的事项移交给联合国贸易和发展会议处理，至今悬而未决。

《跨国公司行动守则》的制定是为了消除跨国公司经营活动的不利影响，对其活动和行为进行限制，同时也是为了促进跨国公司向积极的方面发展。它代表了国际社会为处理各国政府同跨国公司间所有问题所做的巨大努力，它要建立的是一个允许一切国家参加的全球性体制，其涵盖范围全面广泛，一旦正式通过，必将在跨国公司的国际管制中起到重要作用。

（五）世界贸易组织有关投资法规

由于以往国际直接投资协调的局限性，加之在关贸总协定的执行过程中出现了日益增多的与贸易有关的投资措施方面的争议，因此在关贸总协定的乌拉圭回合谈判中，将“与贸易有关的投资措施”列入谈判议题。1994 年，乌拉圭回合中达成了《与贸易有关的投资措施协议》（即 TRIMs 协议）、《服务贸易总协定》（即 GATS）和《与贸易有关的知识产权协议》（即 TRIPs 协议）三大协议，首次对与贸易有关的投资问题做出了重要的规定。

1.《与贸易有关的投资措施协议》的主要内容

（1）对东道国引进外资的限制做出规定，主要是东道国在引进外资过程中的限制规定和协议规定禁止使用的投资措施与理由。

东道国在引进外资过程中的限制规定包括：当地生产含量；贸易平衡要求；外汇平衡要求；外汇管制；国内销售要求；生产要求；出口实绩要求；产品授权要求；生产限制；技术转让要求；许可要求；汇款限制；当地股份要求等。

协议规定禁止使用的投资措施与理由包括：第一，不符合 1994 年关贸总协定第三条国民待遇原则的投资措施。具体包括：①当地成分（含量）要求。要求外商投资企业生产的最终产品中必须有一定比例的零部件是从东道国当地购买或者是当地生产的。②贸易（外汇）平衡要求。规定外商投资企业为进口而支出的外汇，不得超过该企业出口额的一定比例。第二，不符合 1994 年关贸总协定第十一条取消进口数量限制原则的投资措施。具体包括：①贸易（外汇）平衡要求。对外商投资企业的进口做出一般的限定，或规定不得超过该企业出口量或出口值的一定比例。②进口用汇限制。规定外商投资企业用于生产所需的进口额应限制在该企业所获得外汇的一定比例内。③国内销售要求。规定外商投资企业要有一定数量的产品在东道国销售，而不论采取何种形式实现这种要求。

（2）例外条款和发展中国家成员。首先，1994 年关贸总协定中的所有例外都可以视具体情况适用于该协议；其次，发展中国家成员可以享受特殊优惠。它们可以暂时自由地背离国民待遇和取消数量限制原则，但这种自由地背离应该是为了平衡外汇收支和扶植国内幼稚产业的发展等目的。

(3) 通知和过渡安排。世界贸易组织成员国应在建立世界贸易组织协议生效后90天内向该组织的货物贸易理事会通告它们正在实施的与该协议不相符的所有与贸易有关的投资措施，不仅包括其基本特征，还包括其一般的和具体的实施情况。上述措施要限期取消，这个期限（即过渡期）是：发达国家成员2年，发展中国家成员5年，最不发达国家成员7年。在建立世界贸易组织协议生效前180天内开始实施且与协议不符的投资措施不享受过渡期，应立即予以取消。

(4) 透明度要求。除必须遵守1994年关贸总协定第十条“贸易条例的公布和实施”以及分别于1979年和1994年通过的“关于通知、磋商、争端解决与监督”和“关于通知程序的部长决定”以外，每个成员方都应向世界贸易组织秘书处通告可以找到的与贸易有关投资措施的出版物，包括中央和地方各级政府所使用的相关出版物。但是，成员可以不公开有碍法律实施或对公共利益及特定企业的合法商业利益造成损害的信息。

(5) 建立与贸易有关的投资措施委员会。该委员会向世界贸易组织所有成员国开放。委员会应选举主席和副主席，每年至少召开一次会议，并可应任何成员方的请求而随时开会。该委员会的职责是：执行货物贸易理事会分配的任务，并向成员方提供与贸易有关的投资措施运行和执行中遇到的任何问题的咨询服务；同时，还负责监督与贸易有关的投资措施的运行和执行情况，并每年向货物贸易理事会报告这方面的情况。

(6) 磋商与争端解决。1994年关贸总协定第二十二条和第二十三条争议解决的程序与规则适用于与贸易有关的投资措施项下的协商与争议解决。

(7) 货物贸易理事会检查。在建立世界贸易组织协议生效5年内，货物贸易理事会将对协议的实施情况进行检查，并视具体情况提出修改建议，同时考虑该协议是否需要补充有关投资政策和竞争政策方面的规定。

2.《服务贸易总协定》(GATS)

GATS中与投资最相关的，是其第十六条（市场准入）的规定，即在市场准入方面，每一成员国给予其他成员国的服务及服务提供者的待遇，应不低于根据其承担义务计划表中所同意和规定的期限、限制和条件。

3.《与贸易有关的知识产权协议》

知识产权是可以用做投资的，因此对知识产权的保护，也有助于规范国际投资。TRIPs协议进一步提高了对知识产权的保护标准，并强调国民待遇和最惠国待遇原则，这必将极大地促进以知识产权为投资手段的国际投资的发展。

从发展趋势看，跨国公司国际投资的范围和规模不断扩大。目前，正在出现一种系统性演进，即一种更好地兼顾国家和投资者的权利和义务的制度趋于形成。随着新条约的缔结和仲裁裁决的不断增多，国际投资制度正在快速演变。2009年，共缔结了211项新的国际投资协定（82项双边投资条约、109项避免双重征税条约和20项其他国际投资协定）。截至2009年底，协定总数达到5 939个①。

① 参见联合国贸发会议：《2010年世界投资报告》。

总之，不同层次的国际投资协定在确保国际投资体系的可预见性、稳定性和透明度方面应发挥重要作用。政策制定者还应考虑通过切实有效的业务规定，加强国际投资协定对投资的促进作用。投资保险以及母国鼓励外向投资的其他措施充分证明了持续的国际合作可以发挥有益的作用。

■第二节　东道国环境

跨国公司进行对外投资时面临的东道国环境主要包括物质环境和社会环境两大类。物质环境也称投资的硬环境，是指由自然地理条件和基础设施结构组成的硬件条件。自然地理条件包括投资对象国的地理位置、资源状况、气候环境、人口数量等。基础设施包括港口条件、交通设施、通信系统、金融系统、能源供应、仓储设备、生活居住和其他附属设施等等。社会环境也称投资的软环境，是指对投资决策产生重大影响的人为社会因素，包括社会的安定、经济发展阶段和水平、法律法规的完善和健全、政局的稳定以及一国的生产能力、技术创新能力、人口素质等等。在跨国公司进行对外投资活动的初级阶段，物质环境往往是决定其投资决策的决定性因素，但随着世界经济的发展、全球化进程的加快和技术水平的提高，社会环境已逐渐成为跨国公司更为看重的决策因素。

一、自然环境

自然环境是指东道国（地区）的地理位置、气候条件、水文地质、自然资源、人口数量与结构以及环保状况等一系列要素的总和。它是跨国公司在东道国生存和发展的必要条件，特别是当东道国与母国自然环境相差较大时，自然环境将成为跨国公司进行对外投资活动时需要跨越的第一道门槛，在一定情况下将对投资活动起决定性作用。不同性质的投资项目对所要求的自然环境条件可能不一，比如酒类的生产对水质及空气条件，乃至空气中存活的微生物状况都有十分严格的要求，而钢铁、石油等资源型企业对资源的数量、品质也有相关的要求。不同类型的跨国企业所考虑的东道国自然环境大相径庭，比如矿石加工企业所考虑的主要是东道国是否有丰富的矿产资源以及开采的便利性等条件，而不大会考虑该国的人口数量、自然风光等因素；加工贸易型企业为了方便地将商品销往世界各地，往往将地理位置放在最重要的地位，不太会考虑该国自然资源是否丰富；跨国酒店集团在进行投资决策时必然将该国自然风光和气候条件当做首要的考虑因素。

自然环境是对跨国公司国际投资行为最直接、最原始的影响因素，会对跨国公司的投资决策产生重大影响。但是，随着科技的快速发展，通信、运输等成本大幅降低，而新能源的不断开发也使得自然资源在国际投资决策中的重要性大大下降。自然环境对跨国公司投资决策影响的作用途径发生了明显的改变，比如部分跨国公司在对外投资时甚至会考虑自然风光是否优越以使得员工获得惬意的工作环境，继而提高工作效率；有些制造业企业会为了追逐更优惠的税收政策和廉价的劳动力而将生产基地放在交通不是特别便利的非沿海地区，如富士康在四川成都投资设厂。

二、基础设施环境

基础设施是任何投资活动都必不可少的物质技术条件，它与自然环境一样属于投资环境的硬件方面。跨国公司想在东道国从事生产经营活动，必然要使用东道国的通信设施、能源及水热电供给、交通运输系统等。基础设施的基本作用在于为各类企业的生产经营活动提供服务，自然也包括对跨国公司提供相应的服务。它涉及的范围很广，按大口径可以分为生产基础设施和生活基础设施两部分，按职能可以细分为7个系统：①能源供应系统；②供水和排水系统；③交通系统；④通信系统；⑤仓储物流系统；⑥环境改善系统；⑦生活服务系统。各种系统有机结合，共同为企业的生产和经营活动服务，基础设施完善的国家可以为跨国公司提供良好的外部环境，反之会给企业带来不利的影响；完善的基础设施是跨国公司需要着重考虑的政府提供的公共品之一。基础设施状况也是一个国家物质文明和现代化的主要标志，是构成投资环境的必要因素，已成为跨国公司投资的重要决策变量之一。

三、经济环境

经济环境是指东道国的经济发展水平、经济体制及完善程度等等。国际投资作为一种经济活动，其目的和动机无非是为了获得廉价的生产要素，开拓新兴市场并提高企业利润率。这些目标和动机的实现必然受到东道国经济环境中各种要素的影响和制约。因此，经济环境是影响国际投资最重要的环境因素，主要包括以下内容。

1. 经济发展水平

东道国的经济发展水平主要涉及东道国的经济发展阶段、经济增长速度、经济发展协调性、产业结构合理性以及经济稳定性等因素。一般来说，经济发展水平只有跨越到一定阶段之后，才能吸引跨国公司投资，而东道国的经济发展水平也是跨国公司进行投资决策时首先考虑的目标，跨国公司对东道国经济发展水平的选择也因不同性质的投资行为而异。例如，市场导向型投资更看重较高的经济发展水平，而劳动力导向型投资更看重低廉的劳动力成本，在这样的国家，其经济发展水平一般处于一个相对较低的阶段。

2. 经济政策及连续性

东道国的经济政策主要是指东道国政府为实现其社会经济发展目标而采取的一系列政策。一国的经济政策一般包括宏观经济政策（如稳定物价、促进经济增长、充分就业、汇率稳定、国际收支平衡等）和微观经济政策（如企业扶持政策、信贷差异化、战略性产业政策等）。为达到这些经济目标，东道国政府会采取各种鼓励或限制措施，而东道国政府对跨国公司的招商引资政策一般都会服从于国内整体经济目标的实现，因此跨国公司在进行投资分析时必须考虑到东道国的经济政策是否有利于其在当地进行投资，只要不违背东道国的经济政策（如环境保护限制、产业发展政策等），东道国对跨国公司一般采取比较欢迎的态度。与此同时，跨国公司还需要考虑东道国对跨国公司的特殊政策，如跨国公司结汇和利润安排、国内企业参股限制、国内产业进入限制等等。另外，东道国经济政策的连续性也是跨国公司必须考虑的重要议题之一，连续的经济政策有利于跨国公司对东道国的经济环境做出整体的判断，朝令夕改往往使得跨国公司无所适从，并会因此受到巨大的损失。

3. 市场规模及潜力

东道国的市场环境对跨国公司的生存和发展至关重要，无论哪种类型的跨国公司，即使是劳动力导向的跨国公司，都希望在一个市场规模无限、潜力巨大的理想东道国进行投资。巨大的市场规模和蓬勃的发展潜力是众多跨国公司选择在中国进行投资的重要因素之一。巨大的市场规模有助于跨国公司商品的销售，而市场规模狭窄会使市场竞争异常激烈，降低跨国利润率，甚至将跨国公司挤出东道国市场。除了当前的市场规模，市场潜力也是跨国公司比较看重的另一个因素，是使跨国公司愿意深耕东道国市场，甚至牺牲暂时利润的重要因素。

4. 贸易及国际收支情况

对外贸易是一国参与国际分工和国际竞争的重要形式，东道国对外贸易的规模、产品结构、地区分布等对外贸易状况决定着该国经济的外向度和开放度，它们在很大程度上反映着一国投资环境中涉外经济因素的整体面貌。通过对一国贸易状况的了解，跨国公司投资者可以了解东道国经济发展在世界经济中的位置，而东道国比较欢迎进口替代型投资和能扩大其出口、优化其出口产品结构的投资。国际收支状况表明了一国同其他国家所有经济交易的状况，主要包括经常项目和资本项目。经常项目反映了一国与其他国家实际资源（商品、服务、生产要素报酬）的转移，而资本项目则记录一国与他国金融资产的转移，直接反映出一国参与国际直接投资和间接投资的状况以及其可支配的国际储备资产情况。一国涉外经济政策的调整往往与该国的国际收支平衡状况有很大的关系。因此，跨国公司投资者可以通过对东道国国际收支状况的调研预测该国潜在的投资条件，如贸易政策、外资政策、汇率变化趋势、利率变动趋势等。如果东道国一段时期内的国际收支出现较大逆差，这个国家近期极有可能采取对外商投资的税收优惠，使用贸易壁垒措施奖励出口、限制进口，调整汇率和国内利率以达到国际收支平衡的状态。上述政策都可能影响到外商在东道国的生产经营活动。

东道国积极吸引外资，其目的就是在更大的范围和程度上加入国际分工及国际市场交换。因此，东道国的对外贸易及国际收支情况能够很好地反映出经济外向度和开放度，应当引起跨国公司的高度重视。一般来说，东道国经济外向度越高，该国参与国际经济活动的能力越强，外资政策也趋于宽松，跨国公司也就越倾向于到该国进行国际投资。

5. 经济体制及完善程度

简单说来，经济体制就是东道国经济的协调机制，具体体现为东道国是采用市场经济、利用价格机制来解决经济活动中的问题，还是采用计划经济、利用行政机构命令来解决经济活动中的问题。目前，世界上的大部分国家普遍实施市场经济，以充分发挥企业在市场经济中的作用，用价格手段来调节经济活动。但是，当今也没有任何一个国家采取纯粹的市场经济，放弃政府对经济的干预，只是在政府干预的程度和广度上有所不同。

经济体制涉及国民经济的各个方面，如政府与企业的关系、生产要素的定价方式、劳动就业体制、商品流通体系及相关的法律和法规等。经济体制和市场体系是否完善，决定着跨国公司获得经营资源的难易程度和经营收益的高低。产品市场和要素市场越不完善，跨国投资者正常运行的难度就越大。经济体制对跨国公司的影响主要体现在两个方面：①投资国与东道国经济体制的相似程度，这反映了跨国公司调整的成本；②东道国经济体制的完善度，这反映了跨国运行的成本。一般来说，东道国与母国之间，经济体制越相近，相互间的投资越容易，也就是跨国公司的对外投资最倾向于与母国经济体制相近的东道国。经济体制越完善，越容易吸引跨国公司进行国际投资，因此东道国在改善投资环境的过程中，需要进一步完善经济体制，并将重点放在：①改进政府干预经济的手段；②改善国有企业的经营方式和股权结构；③推动生产要素市场和资本市场定价的市场化。

四、法律环境

在国际投资的诸多环境中，法律环境起着调整投资关系、解决投资纠纷、保障投资者利益、调节投资行为的重要作用。东道国对国际资本输出/入的态度、对国内外企业的国民待遇、对外贸经营活动的限制或鼓励，都是通过一定的法律形式表现出来的。法律环境主要是指东道国国内法律体系的完备性、法律执行的有效性、法律对待的公平性、法律体制的稳定性，有时也涉及东道国对双边和多边国际法律的承认、承诺和执行。

为了给跨国公司投资者提供充分的法律保护，以强化跨国公司的投资意愿、坚定投资信心，东道国政府必须不断健全法制，努力保持国内法律的相对稳定性，并寻求与国际法的契合，减少复杂的法律条文对跨国公司投资带来的消极影响。一般来说，与跨国公司投资决策和生产经营活动密切相关的主要法律有约束企业生产经营活动的《公司法》、干预垄断和不正当竞争的《反垄断法》、管制跨国公司外汇利润转移的《外汇管理法》等。跨国公司应该在仔细分析东道国法律法规的基础上，做出是否投资的决策，而一旦做出相应的决策就必须依照东道国国内法律的约束进行相应的生产和经营活动，以免发生因与东道国法律法规相冲突而导致的不必要损失。

五、政治环境

政治环境是跨国公司国际投资中涉及的最敏感因素，因为政治环境与东道国政府、政权、主权等国家核心利益紧密联系在一起，稍有不慎就会对跨国公司的海外经营和投资活动带来巨大的影响。反映东道国政治环境的因素有很多，既包括政治制度、政策的连续性和政局的稳定性，也包括东道国在国际事务中的地位、外交政策等一系列国际政治关系因素，上述因素在一定时期内又处于相互联系、相互影响、不断变化的过程中。

政治制度是指建立在东道国经济基础之上的上层建筑，包括国家政权的组织形式以及相关的政治、经济和文化等方面的制度。在一般情况下，政治制度的灵活性较差，违反东道国政治制度所付出的成本也较大，这是跨国公司最需要了解和掌握的政治环境。政治制度与经济体制密切相关，而经济体制又是影响跨国公司投资的最重要因素。政局的稳定性和政策的连续性是跨国公司在发展中国家进行投资环境选择时必须考虑的重要因素，部分发展中国家往往存在着政局不稳和政策缺乏连续性，这会对跨国公司的连续生产造成极大的负担。当政局更替时，新政局对跨国公司的不同态度，甚至敌视态度，对跨国公司更是致命的打击。这都是跨国公司进行投资环境分析时必须考虑的因素。

在大多数时候，跨国公司单纯的生产经营活动并不涉及东道国的政治行为，但跨国公司必须充分考虑诸如政局动荡、政党轮换、领导人更替等复杂的政治环境给生产经营和投资带来的负面影响。另外，跨国公司还要应对在生产经营和投资活动中可能出现的对东道国政治环境的不适应而带来的各种法律后果，如产品宣传中涉及东道国领土主权、国际纠纷，在生产过程中不适当使用东道国国旗、国歌等敏感性因素等。

六、文化环境

由于历史和环境的原因，世界各国都有其区别于别国的独特社会、文化背景，并且国与国之间因经济发展水平不同、宗教信仰不同、风情习俗不同而差异很大。这些差异必然影响东道国政府、组织、居民对跨国公司的态度。跨国公司必须因地制宜，随时调整企业的经营战略、组织结构、管理方式和企业文化，以适应东道国的社会文化习惯，从而取得良好的投资收益，这也是诸多跨国公司选择本土化经营的最直接原因之一。文化环境牵扯的范围更广，对跨国公司而言更不容易掌握，因此也需要跨国公司付出更大的努力以分析和适应东道国的社会环境。社会环境大致包括语言、宗教、价值观念、教育水平、传统习俗等，这些都会对跨国公司的环境分析产生巨大的影响。

语言是构成一国文化最基本的要素，也是跨国公司对外投资所面临的第一道难题，直接影响了跨国公司对外投资的沟通和效率。宗教是世界上部分国家或地区社会文化的精神基础，各种宗教之间，甚至同一种宗教不同教派之间对于教义的理解，对世俗行为的约束，对普世观念的涵盖均千差万别，从而直接影响了教徒乃至当地居民的生活习惯、消费偏好、购买动机等。跨国公司必须在充分考虑东道国宗教环境、尊重其宗教信仰的条件下才能顺利从事投资活动。价值观念是一国居民在长期的生产生活过程中自觉或不自觉形成的约定俗成的对周围事物的评价和看法，是决定大部分居民态度和行为的内在基础。价值观念一旦形成，在很长时间内具有稳定性，每一国和民族都会在长期的历史发展过程中积淀下来一些反映本民族特质的主导价值观念。充分了解并积极融入东道国主流价值观念有利于跨国公司做出合理的环境投资分析；反之，则会四处碰壁，最终只能无奈地退出东道国市场。教育水平直接关系到劳动者的素质和消费者偏好，同时也会影响人们的价值观念。较高的劳动者素质、丰富的劳动力资源对于提高跨国公司投资收益有着巨大的帮助。一般来说，一国居民受教育程度越高，接受新思想、新观念的能力和愿望越强烈，越利于形成开放的大国心态，从而间接有利于东道国投资环境的改善，有利于跨国公司的投资。

■第三节　商业伦理环境

在东道国的经营环境中，企业员工、消费者和竞争厂商代表着各种社会价值。为适应这种复杂的情况，跨国公司管理人员的行为模式非常重要。如果其行为符合东道国风俗，可能就会违背跨国公司的道德准则；如果在经营活动中严格遵守跨国公司的道德标准，可能就会违反东道国对道德行为的期望。在世界范围内，各个国家在法律、风俗和文化价值方面存在很大差异，跨国公司管理人员很难判断哪些属于“适当行为”。因此，一些主要的伦理问题使国际商业活动复杂化了。跨国公司在生产经营中面对的一些全球普遍的伦理问题（即商业伦理环境），主要包括以下几个方面。

一、性别和种族歧视

美国各种法令都禁止美国企业在性别、民族、宗教、雇用残疾人、开除和提升等方面的歧视，但现实中的歧视问题是很难解决的。在美国，传统上酬劳最低、不愿做的工作都交予印度人。实际上，歧视问题并不仅限于美国，澳大利亚土著人一直都是社会歧视和经济歧视的受害者。在东南亚和远东，有特殊伦理背景的雇员不会被提升。德国不授予土耳其工人公民权，尽管他们中的一些人是第二代德国公民。在俄罗斯，招聘广告经常指定未来雇员的年龄与性别。许多中东国家不允许女性从事商业，与中东企业谈判的公司会遇到任用女销售代表的问题。这些例子里的伦理问题就是外国企业是否应该尊重中东的价值观，只派男性去谈判销售交易，而剥夺女性拓展事业、为企业组织的目标出力的机会。

二、人权

20 世纪 90 年代跨国公司就开始注意到人权问题。很多新闻中描绘了一些跨国公司利用童工、低工资和虐待行为的故事。忽视人权问题虽然短期内增加了公司利润，却带来了长期的负面隐患。在这方面，跨国公司要面对更大的挑战。国际劳工组织估计，有 2.5 亿 5～14 岁的儿童在发展中国家工作（亚洲 61%，非洲 32%，拉美 7%）。尽管现在跨国公司比以前更加关注人权问题，但虐待仍广泛存在。跨国公司应当遵守相关法律，努力提高工人的生活质量。

三、价格歧视

国际商业中经常争论的另一个问题就是价格歧视。当一家企业对不同的顾客群体要价不同时，就会产生这个问题。如果价格差没有大规模地减少竞争或经证实是基于成本的原因，那么它们就是合法的。然而，在下列条件下价格歧视可能就是伦理问题，甚至非法：①该行为违反了任意一国的法律；②市场不能被划分为块；③分割市场的成本超过了从合法的价格歧视中获得的额外收入；④这种行为引起了消费者的不满。当市场被人为地分割成索价不同的子市场时，就会出现不公平。这种不公平无法用增加的成本来解释，所以就形成了一个伦理问题。在某些情况下，当法院认为价格政策大幅度地降低了竞争时，这些政策可能就会被判决为非法。

当公司将自己的产品销往国外，运输费、税款、关税和其他开支会增加产品的价格。然而，当提高的价格超过了这些新增开销费用，就会出现伦理问题，用这种方式增长价格有时会涉及敲诈。若在某一段时期，因极度短缺而对某种产品索取离谱的价钱，这就是敲诈。例如，当木材供应商对震后力图重建家园的受难者索要额外的费用时就涉及敲诈。

与此相反，当公司在国内市场销售时索要高价而在国外市场销售同等产品时价格低廉，甚至还不够支付出口产品的成本时，这种情况就是著名的倾销。如果倾销破坏了竞争或损害了他国的企业与工人的利益，那么它就是不道德的。

价格差、敲诈、倾销之所以构成伦理问题，主要是因为一些消费群体需要付出高于正常价格的钱购买产品。价格在国际营销中是个非常复杂的问题，因为关税、税收、海关税和文书工作会增加额外开支。不管怎样，公司应小心确定产品价格以弥补实际开销，赚取合理的利润，同时保持公平竞争。

四、行贿、受贿和《涉外腐败行为法》

在许多文化里，行贿（也称方便费）是一种可接受的商业行为。南美国家称之为打点；在中东、印度和巴基斯坦，上司支付的小费或赏金被广泛应用；德国人称它为润滑剂（schimengeld）；印度人称它为小信封（bustarella）。跨国公司应该意识到贿赂是个伦理问题，并且这种行为在一些国家比较盛行。

自 1977 年以来，美国《涉外腐败行为法》一直都禁止美国公司在国外为获取或保住生意而向外国政府官员支付酬金。违反《涉外腐败行为法》者将面临高达 200 万美元的罚金，同时公司的执行官还将面临最长达 5 年的监禁或 1 万美元的罚金，或两者并罚。该法案的目标就是要减少不道德和非法的付款、酬金或其他可以看做贿赂的交易形式。《涉外腐败行为法》把向政府官员行贿和小额“酬金”区分开来，前者是完全禁止的，而后者在一定程度上是合法的，即为了推动两国贸易的顺利发展，可以向职位相对较低的官员提供小额酬金。《涉外腐败行为法》根据付款的数量把非法贿赂和可以接受的感谢区别开来，由此设定了国际事务中的相关标准。绝大多数国家都没有贿赂方面的法律，而“酬金”在大部分文化中都是很普遍的。例如，在很多发展中国家，为了取得海外邮寄来的包裹，需要向海关官员支付小费或赠送某些小礼物，如一盒烟或一瓶进口酒等。根据《涉外腐败行为法》的规定，这种较小的酬金和其他类似的感谢都不能算做非法行为，主要是因为它们不能为提供礼物或进行支付的人创造任何商业优势。

五、有害产品

在工业发达国家，政府禁止出售一些被认为是有害的产品。然而，有些公司仍然在视这些产品为合法的国家继续销售。例如，许多新闻报道关注基因工程产品的安全，因为还没有长期的安全检查显示它们对人类、动物和环境无害。许多国家（包括日本、欧盟国家、澳大利亚和新西兰）已经要求标出基因工程食物产品。

另一个伦理问题涉及向不发达国家出口烟草产品。面临更为严厉的烟草法规和越来越多的证据显示吸烟可导致许多疾病及其他医学问题，美国国内的烟草业销售量正在下降，于是烟草公司极力地将香烟和其他烟草制品销往他国，特别是不发达国家。20 世纪 90 年代末，美国烟草出口额超过了 2 000 亿美元，几乎是 1982 年出口额（736 亿美元）的 3 倍。现在，海外烟草制品的销售量已超过美国国内销售量。由此产生的伦理问题就是，烟草公司是否有意将在它们国内被认为是有害的产品销往其他国家？

将废料倾倒于不发达国家也是一个伦理问题，特别是很多时候那些国家并不知道废物的成分。尽管非洲和拉丁美洲一直禁止废料交易，但中国没有这方面的规定。有些中国公司购买垃圾是为获取其中残留的金属、塑料和其他有用的材料。只需使用廉价劳动力，它们就能够有利可图。

有时，由于文盲、不卫生条件或文化价值的关系，在一些国家无害的产品在另一些国家变成了对消费者有害的产品。例如，20 世纪 70 年代中期至末期，雀巢公司推出的产品中包括婴儿食品。这些食品用做喂养婴儿的辅助食品，并已验证只要使用方法得当就会很安全。当该公司将它的产品引入非洲国家作为母乳的代用品时，当地的母亲们很快接纳了这种产品。然而，随着时间的推移，婴儿死亡率急剧上升。调查人员发现，由于高文盲率，许多母亲未能按照说明正确使用婴儿食品。此外，用于与粉状食品混合的水通常是不安全的，并且一些贫穷的母亲为了节省钱还稀释那些粉状食品，这又降低了哺育的营养值。同时，由于其激进地推销这种婴儿食品，雀巢受到了进一步的指责。该公司曾用所谓的乳品护士怂恿那些母亲不要用母乳，说那种方式很原始，进而推销雀巢的婴儿食品取而代之。在各国际机构的强大压力和消费群体的联合抵制下，雀巢同意停止推销婴儿食品。此外，它还修改了它的产品标签和教导材料，以指出不正确使用婴儿食品的危险性和母乳的优越性。然而，一段时间后，该公司又恢复了以前的状态，而后世界卫生组织在 1996 年再次发起联合抵制。所以，即便一般而言是安全的，当营销者事先没有精确地估测外国市场或没有对在某些市场上与其产品相关联的卫生健康问题做出充分的反应时，经过充分检验的产品也能带来伦理问题。

六、污染

尽管在环境破坏方面，许多违法和违反伦理的行为牵涉的范围存在国别界限，但对这些破坏行为的后果却是鞭长莫及的。所以，许多公司正致力于创设环境职责标准。例如，Deiphi 自动系统公司是一家为运输业、远程通信、航空业和重型设备业提供零部件和系统技术的企业，在国际同行中居于领先地位。该公司一直致力于保护人类健康、自然资源和全球环境的事业。Deiphi 的环境设计工序要求团队在开始生产以前评估产品设计、材料和制造过程对环境的影响。Delphi 是一家先进的制造厂商，其产品可减少喷射物，提高燃料效率。目前，Delphi 正在努力达到 ISO 14001 标准，这是一项对设备配有的系统可有效管理和减少环境效应的全球认证标准。对环境有负面影响的产品，其他公司或者对其进行修正，或者停产停销。例如，经检验证明 Scotchguard 不能在环境中降解后，3M 公司宣布自愿停止生产这种有 40 年历史的产品，尽管该产品在过去可带来 3 亿美元的销售额。

为了保护空气和水的质量，一些国家采用法律措施打击污染企业。例如，在墨西哥，企业如果没有减少污染物的排放或在烟雾污染告急时期拒绝让质检人员入内，就会面临法律制裁。在其他情况下，企业以外的组织，如绿色和平组织会对进行环境破坏活动的国家发出警告。绿色和平组织曾指控以色列违反国际公约，向地中海倾倒有毒废料。然而，在一些国家，有些组织通过群体游说提高了可允许的污染标准。例如，澳大利亚提高了污染的排放标准。2010 年，澳大利亚来自能源消耗与制造业方面的人均污染排放量由以前的 21 吨/人上升到 26 吨/人，这使澳大利亚成为世界上最大的温室气体污染国。

为使企业组织在全球繁荣发展，所有的国家都应认识到，许多控制污染的努力都会有一段回报相对较低的时期，但对盈利却有长期的良好效果；相反，危害环境的行为要付出健康与金钱的双重代价。

■第四节　跨国公司的利益相关者

利益相关者是对企业产生影响的或者受企业行为影响的任何团体和个人。事实上，跨国公司的使命与目标是公司主要利益相关者的利益与权力均衡的结果。因此，权力与利益相关者分析是跨国公司经营环境分析的重要组成部分，跨国公司战略的制定与实施同其各利益相关者的利益与权力的均衡密不可分。

与单纯的一国企业相比，从利益相关者的构成来看，跨国公司对外直接投资所涉及的主要利益相关者的构成与一般企业基本相同，主要是东道国政府、跨国公司母公司、东道国投资者、东道国下属公司经理、东道国的员工以及与跨国公司对外直接投资相关的债权人、供应者与购买者、社会公众等。但是，跨国公司的利益格局有所变化，东道国政府与跨国公司母公司成为利益格局中两大主要的利益主体，它们两者之间的利益追求、矛盾与冲突以及各自权利大小与均衡成为研究跨国公司利益格局的主要内容。

一、东道国政府

除税收目标外，东道国政府对跨国公司直接投资还有诸多利益追求，主要表现在以下几个方面：

第一，获取国际直接投资。跨国公司由于规模巨大及其他特殊的优势，可为东道国带来巨大的投资。这些投资资金可能从跨国公司内部得到，也可能从各种外部资本市场或金融机构中取得。通过这些不同途径所提供的资金，有助于填补东道国的投资和国内储蓄之间的缺口。除了直接投资外，跨国公司在提供资本方面，还可能有间接的积极影响。跨国公司可能通过为当地资本市场提供有吸引力的投资机会而调动当地的储蓄，如果没有跨国公司的生产经营活动，这些储蓄可能闲置着，或者用于非生产性活动。此外，国际直接投资可能刺激来自跨国公司母国和国际机构的官方援助。

第二，引进先进技术。就东道国（特别是发展中国家东道国）而言，国内技术往往比较落后，而通过自主研究与开发来发展新技术，不论成功与否，耗费巨大。因此，东道国可以通过采用外国投资者已有技术，绕过有风险的发明和革新阶段，减少投入成本，这主要是通过跨国公司直接投资在东道国的技术扩散效应而实现的。技术扩散包括技术转让与技术外溢两种形式。技术转让是指东道国企业从跨国公司的技术转让中直接获得技术。跨国公司的技术转让对东道国是否有利，首先取决于技术转让的条件（包括转让价格和供给方法），这直接影响转让技术对东道国的经济利益；也取决于转让技术与有关产品的先进性与适用性如何；还取决于转让技术对东道国技术水平的长远影响，如消化吸收情况怎样、国产化水平如何等。然而，诸多研究表明，多数技术扩散是通过技术外溢的方式实现的。所谓技术外溢是指通过技术的非自愿扩散，促进了东道国技术和生产力水平的提高，是跨国公司投资对东道国经济产生正效应的一种表现。溢出渠道主要包括：①东道国企业以供应商的身份（即后向关联）和外商高质量产品的用户身份（即前向关联），与跨国公司形成一种长期性交易关系，从而可获得外商较全面的技术支持，以及售后服务和技术性培训，这对于东道国企业改进工艺、提高生产技术水平、加强新产品开发、提高国内企业的活力，都有着十分积极的意义。②受雇于跨国公司的东道国员工，一旦流入东道国国内企业，也会将在跨国公司所掌握的技术和管理知识传播出去。③在有效的竞争机制下，跨国公司的进入会对东道国企业产生示范效应，通过模仿和改进，东道国企业可以实现“干中学”式的技术进步，进而实现技术创新。

第三，学习管理经验。跨国公司提供的外国管理人员和管理技术会给东道国带来重要的利益。管理人员和管理技术都是东道国缺少的要素。具有经营能力的企业家和熟练管理人员的进入，将有助于促进当地企业家经营能力的提高。同时，跨国公司对东道国的供应者和竞争对手，还可能起到有利的示范作用。但是，如果跨国公司子公司内的管理人员和高度熟练的职位都由母国人员担任，或者跨国公司对东道国人员的培训较少，则管理经验资源的转移作用就小得多。

第四，贸易与国际收支。这是两个独立但又相关的问题。跨国公司的投资除可以减轻东道国外汇不足的压力外，跨国公司全球统一调配的销售网还可扩大东道国的对外贸易。换言之，东道国吸收国际直接投资，可以通过扩大出口或替代进口的商品和服务实现增加外汇方面的收益。当然，跨国公司对东道国国际收支的影响因素是多方面的，除了对东道国的国际贸易产生的正效应外，就东道国国际收支中的资本项目看，东道国虽能从跨国公司的创始资本流入中得到明显的利益，但这只是一次性的影响，随之而来的则是国际收支经常项目上不断支付给母公司的红利、利息和特许费以及行政管理费等。

第五，创造劳动就业。在发展中国家创造就业机会是经济发展的一个重要目标。随着跨国公司在东道国生产经营活动的进行，对东道国的就业问题会产生一定的影响。一方面，跨国公司资本的投入无疑会增加东道国的就业人数，而且最直接的是跨国公司子公司购买中间产品对东道国就业的间接影响；另一方面，也可能由于跨国公司所转移的技术对东道国所拥有的要素不适用而没有创造足够的就业机会。

第六，优化企业运行机制。发达国家跨国公司对发展中国家直接投资可能会优化企业的运行机制，这种作用在跨国公司并购国有企业中更为显著。跨国公司适应市场的产权结构与运行机制能够有效地提升国有企业的质量，而这一作用仅靠国有企业自身是难以实现的。东道国政府作为利益相关者之一要参与跨国投资的利益分配，为了能够实现上述利益，可能会对跨国公司的投资给予多种保护与优惠，如贸易保护、金融支持、税收优惠等。但是，东道国政府在期望获得上述利益的同时，也必须防范可能带来的风险，最主要的风险是东道国引进外资后经济安全受到的威胁和风险。例如，跨国公司对东道国的产业、市场与股权控制，对外开放可能导致的金融风险，以及自然资源的安全受到威胁等。所以，东道国政府在期望实现自己利益的同时，也要对跨国公司的行为进行干预，以防范可能带来的各种风险。干预一般可分为三类：①金融干预，包括可用的外汇额度限制、利润汇回限制、出口比例要求、硬通货清偿手段要求、价格控制和研究与开发比例要求等；②股权干预，包括股权限制、单方面重新谈判要求、强迫合资要求等；③经营干预，包括当地增加值最低限制、当地市场份额限制、原材料来源中当地市场所占比例、限制雇用外国人等。

二、跨国公司母公司

东道国的区位优势是跨国公司母公司利益追求的主要目标。这些优势包括以下几个方面：

第一，市场购销因素。东道国市场规模、市场增长、发展阶段以及当地竞争程度等特征，会对跨国公司直接投资的决策产生影响。尤其是在东道国贸易壁垒较高的情况下，一张“当地制造”的标签将有助于避开进入障碍，从而进入东道国。

第二，劳动成本。国际劳动力市场的不完全性可能导致各国工资成本的差别。在这种情况下，特别是当技术已经标准化的时候，跨国公司就可能把生产活动转移到劳动力成本较低的发展中国家。

第三，获得原材料。对特殊原材料的需求，可能是影响跨国公司选择国外采掘、加工或生产活动地点的特殊因素。另外，原材料获取的成本高低也是跨国公司选择东道国的一个重要指标。

第四，实现全球资源最佳配置。在经济全球化进程中，跨国公司投资的区位选择是以优化其产业链、价值链和供应链为目标的，前述的各种区位因素都被纳入跨国公司全球分工体系的安排中。同样，在期望实现上述利益的同时，跨国公司也必须防范在东道国投资可能遭受的政治与经济风险，面对东道国政府在金融、股权、经营等方面对跨国公司的各种干预，跨国公司也往往采用对东道国的产业、市场与股权加以控制等手段，以防范政治与经济风险。

三、东道国的投资者

跨国公司在东道国投资可以建立分公司，也可以建立子公司。子公司可以是全资子公司，也可以是合资企业。分公司与全资子公司的投资者自然只是跨国公司母公司一家，而合资企业的投资者则一般涉及东道国的投资者（也有的投资者在第三国）。企业股东的利益追求主要体现在对企业资本收益的分配份额上，按照股份公司的一般规则，资本所得的份额以股东的投资份额为依据，所以控股权就成为各方股东争夺的主要目标。

四、公司经理与员工

跨国公司在东道国下属公司的经理与员工的利益追求与一般企业基本一样。经理阶层往往将企业销售额、企业市场占有率、企业稳定增长率等作为自己追求的主要目标，而企业员工的主要利益追求是工资收入最大化与稳定的就业。不同点则表现在两个方面：一是这些经理和员工可能具有不同国籍，也可能受其各自母公司利益的约束；二是跨国投资可能给东道国带来不利于资本而有利于劳动的分配，因而跨国公司的直接投资更有利于实现企业员工的利益。

■第五节　应用案例

案例1

安达信，拿什么拯救你

“胜人者有力，自胜者强”（老子），这句话就是说战胜别人靠的是力量，而战胜自己才能算是真正的强者。这句话说起来容易做起来却难，即使是对一些知名跨国公司而言何尝不是如此。过度膨胀的欲望，难以抗拒的诱惑，加上经营者的目光短视和投机心理的作祟，曾经辉煌一时的安达信，终于被自身的贪欲和商业伦理道德的沉沦所击垮，当初的审计帝国“分崩离析而不能守也”，命运之多舛令人深思。

安达信（Andersen）是由美国西北大学教授阿瑟·安德森（Arthur Andersen）于1913年和普华（Price Waterhouse）会计师事务所的克拉伦斯·德莱尼（Clarence Delaney）在芝加哥创建的。成立后不久，安达信便在会计领域初展头角，成为一家知名的会计师事务所。彼时安德森深信，会计师的角色不应该只是最后的审查，也要进行最初的把关。随后，安达信对传统的会计制度发起了挑战，将审计纳入了公司的运营，并以自己“诚信”的服务信念，迅速将公司发展壮大。早在1914年，一家芝加哥铁路公司要求安达信认可其一笔有争议的交易，以达到降低费用、提高收益的目的。当时，安达信尚不满周岁，且正值28岁的安德森缺少现金支付工资。但是，他却坚决地回绝了该公司的要求，并正告：即使倾美国全部之财富，也难以诱我让步。其结果不难设想，安达信立刻失去了一个审计客户。然而，数月后该铁路公司就陷入了破产。安德森为安达信赢得了作为一个会计师应有的声望，也成为安达信早期发展历史上不得不提的重要一笔，为日后安达信的发展打上了"诚信"的烙印。

1947年1月安德森去世，他的学生伦纳德·斯帕切克（Leonard Spacek）继承了他的衣钵，1947—1963年安达信公司得到了全球性的发展——在短短20年里，公司收入从1950年的800万美元变成了20年后的1.3亿美元。斯帕切克还直接参与并创立了5家位于欧洲的全球性分公司，这也是安达信首次拥有自己的全球性分公司并开始向它的顶点迈进。在斯帕切克掌管公司期间，安达信继续保持了其保护公众利益的姿态，发扬光大了阿瑟·安德森开创的"诚信高于利润"的传统。在20世纪60年代，安达信扩张到了全球32个地区。70年代在伊利诺伊州查理斯市成立全球培训中心，1972年开始在亚洲开拓业务，并开设了中国香港分公司和新加坡分公司；1979年成为全球最大的会计服务公司；1987年正式进入中国市场。自20世纪90年代以来，与普华永道（PWC）、毕马威（KPMG）、安永（E. Y）和德勤（D. T）一道成为世界最大的五家会计师事务所，俗称"五大"。2000年，安达信在84个国家和地区拥有8.5万名员工，营业收入超过90亿美元。

然而，就是这样的在业界享有盛誉的知名跨国公司也终因经不住物质利益的诱惑，逐步放松了对自身商业伦理道德的要求，渐渐走上了没落的不归路。在安达信的发展历史上，安达信会计（Arthur Andersen）与安达信咨询（Andersen Consulting，后改称Accenture，埃森哲）的分手严重削弱了安达信的整体实力。在经历了痛苦的分手之后，安达信在全球五大会计师事务所当中由排名第一降至最末。同期也是安达信商业伦理道德逐步沦丧的过程，从1993年起，安达信就因卷入多起会计丑闻而接二连三地受到美国证券交易委员会（Securities and Exchange Commission，SEC）的调查，其中比较重要的有：①1996年的韦斯特管理公司虚报合同案。韦斯特管理公司的财务报表对公司1992—1996年的收入虚报多达10亿美元。美国证券交易委员会发现安达信的审计报告极不真实，而且有误导作用。②1997年的阳光公司（Sunbeam）破产案。阳光公司被指伪造销售额、利润和开支。在其合伙人已发出信号的前提下，安达信仍旧认可了阳光公司存有疑点的财务报表。最终，阳光公司宣布破产，安达信与股东庭外和解，赔偿1.1亿美元。③垃圾处理公司（Waste Management Inc.）破产案。安达信在1992—1996年期间"明知故犯"和"不顾后果"地为美国垃圾处理公司提供虚假、具有误导性的审计报告，把该公司的收入虚报了14.3亿美元。2001年6月，华盛顿联邦法庭以"欺骗及伪造账目"罪判处安达信罚款700万美元。在五大会计师事务所中，安达信因审计问题与集团诉讼股东达成的和解次数和金额是最多的。

然而，安然（Enron）的轰然倒塌则成为压死安达信的最后一根稻草。自1985年以来，安达信一直为安然公司做外部审计，同时还提供内部审计和咨询工作。2001年，安然公司付给它的5 200万美元报酬中有一半以上的收入是用来支付咨询服务的，当这种咨询甚至包括为其财务弄虚作假提供便利时，一家会计公司引以为傲的客观性已经荡然无存了。在安达信的帮助和默认下，1997—2001 年安然虚构利润 5.86 亿美元，并隐藏了数亿美元的债务。SEC 调查发现，安然公司的雇员中居然有 100 多位来自安达信，包括首席会计师和财务总监等高级职员，而在董事会中，有一半的董事与安达信有着直接或间接的联系。与此同时，安达信的休斯敦事务所从 2001 年 10 月 23 日开始的两个星期中销毁了数千页安然公司的文件，而公司在 10 月 17 日就已得知 SEC 在对安然公司的财务状况进行调查，直到 11 月 8 日收到 SEC 的传票后才停止销毁文件。在初步调查的基础上，司法部于 3 月 14 日对安达信提起刑事诉讼，罪名是妨碍司法公正，理由是该公司在安然丑闻事发后毁掉了相关文件和电脑记录，从而开创了美国历史上第一起大型会计行受到刑事调查的案例。就在安达信还在苦苦挣扎的时候，令安达信雪上加霜的是，2002 年 6 月 25 日美国第二大长途电话服务商——世界通信公司爆出惊人丑闻，该公司虚构近 38 亿美元盈余，而为世界通信公司做账目审计的恰恰又是安达信！世界通信公司的丑闻彻底地将安达信推向了万劫不复的境地，再想翻身已经难上加难了。

在众多丑闻的影响下，安达信主要客户纷纷“用脚投票”，弃安达信而去。在这些客户中，包括全球最大的制药商默克（Merck）公司、德尔塔（Delta）航空公司和住房信贷公司，这些都是与安达信有着 30 多年合作历史的企业。而安达信的海外成员单位也纷纷各谋出路、另投他主：2002 年 3 月 21 日安达信（中国香港和中国内地）宣布加盟普华永道，安达信（加拿大）宣布与普华永道进行合并谈判；安达信（俄罗斯、新西兰、新加坡、菲律宾、中国台湾）宣布并入安永；安达信（日本、泰国、德国和澳大利亚）等并入毕马威；安达信（英国、瑞典、荷兰）并入德勤。“大树底下好乘凉”立马变成“树倒猢狲散”，只可惜百年老店毁于一旦。

案例 2

大超市输给了便利店

家乐福（Carrefour）于 1959 年由法国的傅里叶和德弗雷家族创建，是大卖场业态的首创者，欧洲第一大零售商，仅次于沃尔玛的世界第二大国际化零售连锁集团。目前，家乐福拥有 11 000 多家营运零售单位，业务范围遍及世界 30 个国家和地区。家乐福的主要经营业态是大型超市、超市以及折扣店。此外，家乐福还在一些国家发展了便利店和会员制量贩店。2004 年集团税后销售额增至 726.68 亿欧元，员工总数超过 43 万人；2011 年世界 500 强排名第 32 名，营业额 1 202.97 亿美元。1995 年 12 月，家乐福在北京开设了中国首个规模最大的购物超级广场，北京创益佳店。此后三年，家乐福分别在上海、天津和重庆开设了门店，成为中国市场零售领域的领跑者。家乐福的成功在于其首创的大卖场业态发展模式，这种模式在欧洲和美国，以及包括中国在内的许多亚洲市场获得了巨大的成功，以至以折扣店起家的沃尔玛也随之效仿。所谓成也萧何，败也萧何，家乐福的大卖场模式在日本却遇到了空前的阻力，以致不得不最终退出日本市场。

1996 年，家乐福进入中国香港市场，当时在中国内地和中国台湾，家乐福已经占据了一定的市场份额。不幸的是，金融危机冲击后的中国香港，经济一度滑坡，工商财政、民众消费需求也有所减弱。家乐福一直致力推广的“大型超级市场”的概念不能如期见效，市场份额扩展速度也不尽如人意。在中国香港苦苦经营了 3 年之后，家乐福宣布关闭在中国香港的 4 家店面，退出中国香港市场。

在中国香港市场受挫之后，家乐福瞄上了盲点市场——日本，家乐福的竞争对手也一直在这个市场外徘徊，寻找进入的途径。2000 年 12 月，家乐福在日本的第一家大型超市开业，营业面积达 3 万多平方米，销售的商品超过 6 万种，是东京及其周边地区规模最大的卖场。当时，日本媒体惊呼：“毁灭日本流通业的巨大外资超市登陆。”家乐福也同样乐观地估计，2002 年要开 4 家店，2003 年开 6 家店，预计在开了 15 家店后就会盈利。然而，在对大卖场短暂的好奇心过后，日本消费者又开始回到了便利店中购物，家乐福的大卖场陷入了惨淡经营的境地。

2005 年 3 月 10 日，家乐福发布公告，宣布与日本零售巨头永旺（Aeon Jusco）结成战略合作伙伴关系，永旺接管家乐福在日本的业务。四年前，当家乐福谨慎而又雄心勃勃地进入日本市场时，一定不会料到如今从日本市场无奈退出的结局。

家乐福在日本经营不善的主要原因在于日本市场的特殊性。与大卖场相比，日本人更偏好便利店，低价格的产品并不能激起他们的购买欲望。所以，靠低价战略在世界范围内所向披靡的家乐福到了日本显得无从盈利。无独有偶，沃尔玛在日本面临着同样的尴尬。2002 年，沃尔玛通过购买日本西友百货 6%的股份进入日本市场。然而，沃尔玛在全球通行的天天低价的理念在日本失灵了，2004 年沃尔玛在日本的业务亏损达 1.19 亿美元。

事实上，从 20 世纪 80 年代开始，日本的大超市时代就由盛转衰了。日本主要以中产阶级为消费主体，人们往往把低价等同于低质量，因此品种齐全、价格低廉的大卖场无法与价格细分程度较高的专卖店竞争。在低价格商战中，日本国民确实收益不少，但他们不仅追求价廉，他们更重视的是物美。而家乐福的商品中，不仅真正的法国货很少，而且日本国内厂家的货也不是很多，因此在日本国民当中产生了一种不安感，致使购物欲望减了一半。

再加上日本的家庭采购习惯与欧美相差巨大，欧美人喜欢大包装，一买一大堆，然后放冰箱里吃一个星期，但是日本人喜欢每天购买，最多每两天购买一次，基本上都是由家庭主妇去周围的便利店购买，大卖场对她们的吸引力不大。这种购物习惯与日本消费者的饮食、工作习惯都有直接的联系，日本消费者偏爱生吃食物，这就要求产品足够新鲜，因此只有周围的便利店能满足他们的要求。

与此同时，日本的零售业也异常发达。日本的便利店从 1969 年建立第一家 My Shop 后，经 20 世纪 70 年代末到 80 年代的高速发展，到 1997 年底时，全日本的便利店铺已达 50 121 家，平均年增长率为 47.18%。如最著名 7-11 店从 1974 年创建，到 1998 年底已达到 7 780 家，1997 年的销售额为 17 409 亿日元，利润达到 1 121 亿日元。虽然日本有众多的消费人口和富足的消费实力，但对许多虎视眈眈的国际连锁企业而言，它依然是块烫嘴的肥肉；在没有做好充足准备工作的条件下就贸然进军日本市场，到最后只能吞下自己酿的苦果。

对于像家乐福这样出售6万余种商品的大型超市来讲，能否与当地的工业品制造业、农产品、水产品批发业联手是至关重要的。家乐福首先没有选择一个合适的战略伙伴，没有进入已经相当稳固的日本交易网，可以说是单枪匹马闯入日本市场，结果在进货渠道上栽了跟头。家乐福并没有实现85%商品直接进货的计划，其直接进货比例大概只有55%，而这直接导致了它的盈利能力受到限制。

在日本企业文化中，高、中、低层的各级管理者之间，关于某个经营决策有一个经常性的切磋协商过程。这一过程是从下至上、从上至下反复多次，最终确定后再贯彻执行。因此，在本土企业里，各个岗位提出的合理化建议都会得到重视，甚至鼓励员工多提建议。在日本的八家家乐福超市中，有七家超市是法国人当家，实行完全彻底地从上到下的指令式管理方式。如果有人提出建议，法国经营者不太会重视，因此各个岗位上的本土员工很少去提改善建议。家乐福对日本国民的消费意识、消费行动、企业文化了解得还不够深，是家乐福最终退出日本市场的主要原因。

购物的不方便也是家乐福没有考虑到的。家乐福幕张超市在二楼逾万平方米的售货大厅内摆放了近6万种商品，这些商品被分为家电区、图书区、玩具区、厨房用具区等等。每个商品架的高度完全按照欧美消费者的体型设计，给日本消费者取高处的商品带来了麻烦。此外，只在出口设收款处，当下班或者节假日人流量大时排队交款会耽误很长时间，很多双职工家庭就不愿意去家乐福采购商品。去那里的大多数家庭只是为了图个新鲜，而没有长期购物的愿望。

另外，家乐福在进入日本市场时并没有考虑到政府对零售业发展的规划问题，日本在进入2000年以后开始有意控制大型购物中心及超市的数量。1990—2000年平均每年新增加的大型购物中心、大型超市为106家，而2001—2004年平均只增加了51家。家乐福按计划预计在2003年要建13家大型超市，但由于审批问题不得不重新修改扩张计划，因此它在2003年只建成了7家，而在它酝酿退出日本的2004年，也只不过才达到8家。卖场过少，导致家乐福的规模效益发挥不出来，限制了家乐福的盈利能力，最终不得不因为巨额的亏损而退出日本市场。

本章小结

1. 第二次世界大战以后，随着跨国公司国际投资的不断扩大和深入发展，为营造一个良好的投资环境和规范跨国公司的投资行为，一些国家开始共同探讨在跨国公司投资管理方面的合作事宜，一些区域性和国际性组织也采取措施协调其成员国之间关于跨国公司投资行为的争议。根据法律法规制定主体的不同，管理跨国投资行为的国际法律法规可以分为双边性投资条约、区域性跨国投资法规和全球性跨国投资法规。

2. 跨国公司进行对外投资时面临的东道国环境主要包括物质环境和社会环境两大类。物质环境是指由自然地理条件和基础设施结构组成的硬件条件。其中，自然地理条件包括投资对象国的地理位置、资源状况、气候环境、人口数量等；基础设施包括港口条件、交通设施、通信系统、金融系统、能源供应、仓储设备、生活居住和其他附属设施等等。社会环境是指对投资决策产生重大影响的人为社会因素，包括社会的安定性、经济发展阶段和水平、法律法规的完善和健全、政局的稳定，以及一国的生产能力、技术创新能力、人口素质等等。

3. 跨国公司在生产经营中面对的商业伦理环境日益引起高度关注，主要包括性别和种族歧视，人权问题，价格歧视，行贿、受贿和《涉外腐败行为法》，有害产品和污染等。

4. 跨国公司的利益相关者是对企业产生影响的或者受企业行为影响的任何团体和个人，主要是东道国政府、跨国公司母公司、东道国投资者、东道国下属公司经理、东道国的员工以及与跨国公司对外直接投资相关的债权人、供应者与购买者、社会公众等。其中，东道国政府与跨国公司母公司成为利益格局中两大主要的利益主体。

复习与思考题

1. 试述世界贸易组织有关投资的法规的主要内容。
2. 试述跨国公司经济环境的主要内容。
3. 如何认识跨国公司在生产经营中面对的商业伦理环境?
4. 跨国公司的利益相关者有哪些?

第三章

跨国公司投资决策

本章提要

跨国公司的投资决策关系到跨国公司全球经营的成败，而投资过程充满着主观决策与客观环境变化的矛盾，投资主体的主观决策与客观投资环境是存在差异的。因此，对投资环境的正确分析和评估，对投资项目进行充分的可行性研究，是学习和研究跨国公司经营与管理的重要内容。

关键术语				
	等级评分法	体制评价法	动态分析法	冷热比较法
	投资障碍分析法	三菱评价法	抽样评价法	投资项目可行性研究
	确定型决策	风险型决策		

■第一节　跨国公司投资环境评估

跨国公司的投资是在一定环境下进行的，由于各国政治、经济、法律、地理条件和文化不同，各国所面临的投资环境也不尽相同，因此在开展国际投资活动之前，对东道国进行投资环境评估，对于跨国公司防范投资风险、确保投资收益是十分必要的。20 世纪 60 年代以来，随着跨国公司直接投资活动的兴起，国际上出现了多种评估投资环境的方法，其中最有影响力的主要评估方法有：①等级评分法；②体制评价法；③动态分析法；④冷热比较法；⑤投资障碍分析法；⑥三菱评价法；⑦抽样评价法等。下面分别对上述方法进行简要阐述。

一、等级评分法（罗氏评分法）

等级评分法是由美国经济学家罗伯特·斯托鲍夫于 1969 年 9 月在《哈佛商业评论》杂志上发表的《怎样分析国外投资环境》一文中提出的，因此也称“罗氏评分法”。他对一国投资环境的一些主要因素，按对跨国公司投资者的重要性大小，确定不同的评分标准；再按各种因素对跨国公司投资者的利害程度，确定具体评分等级；然后将分数相加，作为对该国投资环境的总体评价。分数越高说明投资环境越好，分数越低说明投资环境越差，当分数低到一定程度时表明在当地的投资风险骤然加大。具体的评判内容和标准见表 3—1：

表 3—1　投资环境等级评分表

一、　资本抽回（capital repatriation）	0～12 分
1. 无限制	12
2. 有时间上的限制	8
3. 对资本有限制	6
4. 对资本和红利有限制	4
5. 限制繁多	2
6. 禁止资金抽回	0
二、　外商股权（foreign ownership allowed）	0～12 分
1. 准许并欢迎全部外资股权	12
2. 准许全部外资股权但不欢迎	10
3. 准许外资占大部分股权	8
4. 外资最多不得超过半数股权	6
5. 只准外资占小部分股权	4
6. 外资不得超过股权的 30%	2
7. 不准外资控制任何股权	0
三、　对外商的歧视和管制程度（discrimination and controls）	0～12 分
1. 外商与本国企业一视同仁	12
2. 对外商略有限制但无管制	10
3. 对外商有少许管制	8
4. 对外商有限制并有管制	6
5. 对外商有限制并严加管制	4
6. 对外商严加限制并严加管制	2
7. 对外商禁止投资	0
四、　货币稳定性（currency stability）	4～20 分
1. 完全自由兑换	20
2. 黑市与官价的差距小于 10%	18
3. 黑市与官价的差距为 10%～40%	14
4. 黑市与官价的差距为 40%～100%	8
5. 黑市与官价的差距为 100%以上	4

续前表

五、　政治稳定性（political stability）	0～12 分
1. 长期稳定	12
2. 稳定但因人而治	10
3. 内部分裂但政府掌权	8
4. 国内外有强大的反对力量	4
5. 有政变和动荡的可能	2
6. 不稳定，极可能政变和动荡	0
六、　给予关税保护的意愿（willingness to grant tariff protection）	2～8 分
1. 给予充分保护	8
2. 给予相当保护但以新工业为主	6
3. 给予少许保护但以新工业为主	4
4. 很少或不予保护	2
七、　当地资金的可供程度（availability of local capital）	0～10 分
1. 成熟的资本市场，有公开的证券交易所	10
2. 少许当地资本，有投机性的证券交易所	8
3. 当地资本有限，外来资本（世界银行贷款等）不多	6
4. 短期资本极其有限	4
5. 资本管制很严	2
6. 高度的资本外流	0
八、　近五年的通货膨胀率（annual inflation）	2～14 分
1. 小于 1%	14
2. 1%～3%	12
3. 3%～7%	10
4. 7%～10%	8
5. 10%～15%	6
6. 15%～35%	4
7. 35%以上	2
总计	8～100 分

从表中可以看出，罗伯特选取的因素都是对投资环境有直接影响的，投资决策者最为关心的因素。同时，它们均有较为具体的内容，评价时所需的资料既易于取得，又易于比较。在对具体环境的评价上，采用了简单累加计分的方法，使定性分析具有了一定的数量化内容，同时又不需要高深的数量知识，因而简便易行，一般的投资者都可以采用。在各项因素的分值确定上，他采取了区别对待的原则，在一定程度上体现了不同因素对投资环境作用的差异，反映了投资者对投资环境的一般看法。

等级评分法由于具有定量分析和对作用程度不同因素的逐项分析，所以深受投资者的欢迎，是使用较为普遍的一种投资环境评价方法，但其具体的评分内容和标准仍有不够完善之处。例如，在许多投资者看来，一国的政治稳定性是至关重要的因素，但该项仅被给予了 12 分的权重，而外汇黑市与官价差距小于 10%（有黑市存在就说明存在着外汇管制）却给予了 18 分的权重。该方法对于所得税税率的高低、基础设施的好坏等重要因素在评分时不予考虑的做法也是欠妥的。在具体的实际运用中，我们可以借鉴其基本做法，然后对具体的评分标准和应计分的因素加以调整。

二、体制评价法（闵氏评价法）

体制评价法是中国香港中文大学闵建蜀教授于 1987 年在“中国投资环境比较研究”研讨会上提出的，因此又称“闵氏评价法”。体制评价法是在罗氏等级评分法的基础上提出的一种改进的投资环境评价方法，它包括闵氏多因素评价法和闵氏要害因素评价法。这两种分析方法密切联系，同时有一定区别。

1. 闵氏多因素评价法

闵氏多因素评价法把影响投资环境的因素分成 11 个大类，每一大类因素（称主因素）由一组（2～4 个）子因素组成，具体内容见表 3—2：

表 3—2　　闵氏多因素评价法

主因素	子因素
1. 政治环境	政治稳定性；国有化可能性；当地政府的外资政策等
2. 经济环境	经济增长；物价水平等
3. 财务环境	资本与利润外调；汇率；融资的可能性等
4. 市场环境	市场规模；分销网点；营销的辅助机构；地理位置等
5. 基础设施	通信；交通运输；外部经济等
6. 技术条件	科技水平；适合工资的劳动生产力；专业人才的供应等
7. 辅助工业	辅助工业的发展水平、配套情况等
8. 法律制度	商法、劳工法、专利法等各项法律是否健全；执法是否公正等
9. 行政机构	机构的设置；办事程度；工作人员的素质等
10. 文化环境	当地社会是否接纳外资公司及对其的信任与合作程度；外资公司是否适应当地的社会风俗等
11. 竞争环境	当地竞争对手的强弱；同类产品进口额在当地市场所占份额等

根据闵氏多因素评价法，先对各主因素的子因素做出综合评价，再对各主因素做出优、良、中、可、差的判定，然后按下列公式计算投资环境总分：

$$\text{投资环境总分} = \sum W_i(5a_i + 4b_i + 3c_i + 2d_i + e_i) \qquad i=1,\ 2,\ \cdots,\ 11$$

式中，W_i 为跨国公司对第 i 类因素的权数，由跨国公司投资者按照其投资项目的性质、风险偏好性等主观赋予；a_i、b_i、c_i、d_i、e_i 是第 i 类因素被评为优、良、中、可、差的百分比。

投资环境总分的取值范围在 1～5 之间，越接近 5，说明投资环境越佳；反之，越接近 1，则说明投资环境越差。多因素评价法考虑的因素比较细致全面，由专家进行评分简便易行，但对各个因素的权重设定需要认真分析。

闵氏多因素评价法弥补了罗伯特等级评分法的缺陷，具有几个显著的优势：一是选择的投资环境比较全面，减少了片面性；二是明确区分了投资环境中各个子因素的优劣状况，提高了评价的客观性，使得最后的结果具有可比性；三是不仅全面考察了各主因素在投资环境中的地位和作用，还结合投资项目的性质及投资者自身的实际情况，灵活确定了各环境因素的权重，从而现实性更强。闵氏多因素评价法是对某国投资环境做总体性评估所采用的方法，它较少从具体投资项目的投资动机出发来考察投资环境。当投资者具有某种特定目标和要求时，采用这种方法就难以满足，此时需要用闵氏关键因素评价法。

2. 闵氏关键因素评价法

闵氏关键因素评价法从具体投资动机出发，在影响投资环境的一般因素中找出影响具体投资项目的关键因素，并对这些关键因素做出综合评价，然后按与闵氏多因素评价法相同的方法和步骤对投资环境进行评价打分。跨国公司投资者可以根据表3—3中所列的各项，通过对自身投资动机的研究，找出相应的影响投资环境的关键因素，按照闵氏多因素评价法进行评分。

表3—3　　闵氏关键因素评价表

投资动机	影响投资的关键因素
降低成本	1. 适合当地工资水平的劳动生产率 2. 土地费用 3. 原材料与元件价格 4. 运输成本
发展当地市场	1. 市场规模 2. 营销辅助机构 3. 文化环境 4. 地理位置 5. 运输条件 6. 通信条件
材料和元件供应	1. 资源 2. 当地货币汇率的变化 3. 当地的通货膨胀 4. 运输条件
风险分散	1. 政治稳定性 2. 国有化可能性 3. 货币汇率 4. 通货膨胀率
追随竞争者	1. 市场规模 2. 地理位置 3. 营销的辅助机构 4. 法律制度等
获得当地生产和管理技术	1. 科技发展水平 2. 劳动生产率

例如，一家跨国公司投资者到国外投资的动机是为了发展国外市场，那么在闵氏关键因素评价表中，与该目标密切相关的关键因素主要有：①市场规模；②营销辅助机构；③文化环境；④地理位置；⑤运输条件；⑥通信条件。如果其权重分别赋值为0.4、0.2、0.1、0.1、0.1、0.1，得分如表3—4所示。由此可以看出，在三个地方中，C的投资环境最优。

表3—4　　关键因素评分表

	市场规模	营销辅助机构	文化环境	地理位置	运输条件	通信条件	评分
	0.4	0.2	0.1	0.1	0.1	0.1	
A	8	5	6	4	4	5	6.1
B	7	6	5	4	6	4	5.9
C	9	6	6	5	3	4	6.6

闵氏多因素评价法与闵氏关键因素评价法互为补充，运用闵氏评价法既可以得到对投资环境的总体性评估结论，又能得到具体投资项目的专门评估结论，从而实现了一般与特殊的有机结合，不失为一种行之有效的投资环境评价方法。闵氏多因素评价法是对某国投资环境做一般性评估所采用的方法，它较少从具体投资项目的投资动机出发来考察投资环境。闵氏关键因素评价法与此不同，它从具体投资动机出发，从影响投资环境的一般因素中找出影响具体项目投资动机实现的关键因素，然后依据这些因素对某国投资环境做出评价，但它仍采用上述计算总分的公式来比较投资环境优劣。

三、动态分析法（道氏分析法）

动态分析法由美国经济学家S.T.施文蒂曼于1985年8月在我国杭州召开的“外资在发展中国家的作用”研讨会上提交的《跨国公司与东道国环境》一文中首次提出，主要介绍了美国道氏化学公司（以下简称道氏公司）根据其对外投资实践而总结的一整套投资环境评价方法，因此也称道氏分析法。

道氏公司认为，投资者在国外投资所面临的风险分为两类：一是正常企业风险或称竞争风险。例如，自己的竞争对手也许会产生出一种性能更好或价格更低的产品。这类风险存在于任何基本稳定的企业环境之中，它们是商品经济运行的必然结果。二是环境风险，即某些可以使企业所处环境本身发生变化的政治、经济及社会因素。这类因素往往会改变企业经营所遵循的规则和采取的方式，对投资者来说，这些变化的影响往往是不确定的，既可能是有利的，也可能是不利的。

据此，道氏公司把影响投资环境的诸因素按其形成的原因及作用范围的不同分为两部分：企业从事生产经营的业务条件和有可能引起这些条件变化的主要压力，这两部分又分别包括40项因素。在对这两部分的因素做出评估后，根据投资项目预测方案的比较，可以选择出具有良好投资环境的投资场所。道氏公司认为，投资环境不仅因国别而异，即使在同一国家也会因不同时期而发生变化，所以在评价投资环境时，不仅要看过去和现在，而且还要评估今后可能产生的变化，以便确定这些变化在一定时期内对投资活动的影响。道氏公司从这一角度出发，制定了一套投资环境动态分析方法，见表 3—5。

表 3—5 **道氏分析法**

企业业务条件	引起变化的主要压力	有利因素和假设的汇总	预测方案
评估以下因素： (1) 实际经济增长率。 (2) 能否获得当地资产。 (3) 价格控制。 (4) 基础设施。 (5) 利润汇出规定。 (6) 再投资自由。 (7) 劳动力技术水平。 (8) 劳动力稳定。 (9) 投资刺激。 (10) 对外国人态度。 ⋮	评估以下因素： (1) 国际收支结构及趋势。 (2) 被外界冲击时易受损害的程度。 (3) 经济增长相对于预期。 (4) 舆论界领袖观点的变化。 (5) 领导层的稳定性。 (6) 与邻国的关系。 (7) 恐怖主义。 (8) 经济和社会进步的平衡。 (9) 人口构成和人口趋势。 (10) 对外国人和外国投资的态度。 ⋮	对前两项进行评价后，从中挑出 8～10 个可使某国某个项目能获得成功的关键因素（这些关键因素将成为不断核查的指数或继续作为国家评估的基础）。	提出 4 套国家/项目预测方案： (1) 未来 7 年中关键因素造成的最可能方案。 (2) 如果情况比预期的好，会好多少。 (3) 如果情况比预期的糟，会如何糟。 (4) 会使公司“遭难”的方案。

表 3—5 中的第一栏是现在的情况；第二栏是评价社会、政治、经济条件对今后的投资环境可能产生的变化，这种变化既可能是有利的，也可能是不利的，还可能是中性的。跨国公司投资者先对这两部分因素做出评价后，从中挑选 8～10 个可使某国某个投资项目获得成功的关键因素，并将其作为评价的基础。最后，道氏公司认为盈利高峰一般为项目决策后 7 年，因而要对未来七年的环境变化做出评估并提出 4 套方案，如表格第四栏所示。

道氏评估法分为四个步骤：

第一步，评估影响企业业务条件的各个因素。

第二步，评估引起变化的各个主要压力因素。

第三步，在前两步的基础上，进行有利因素和假设条件的汇总，并从中指出 8～10 个能获得成功的关键因素。

第四步，在确定各关键因素及其假设条件后，提出四套项目预测方案。

第一套是根据未来 7 年各关键因素“最可能”的变化而提出的预测方案；第二套是假设各关键因素的变化比预期好而提出的“乐观”预测方案；第三套是假设各关键因素的变化比预期差而提出的“悲观”预测方案；第四套是各关键因素变化的最坏、可能导致公司“遭难”的预测方案。在各个预测方案提出之后，请专家对各个方案可能出现的概率进行预测，并将其作为决策的参考。

道氏公司的动态预测方法是根据自身投资经验总结出来的，它较为详尽地列出了影响跨国公司对外投资的影响因素，对跨国公司的对外投资有很重要的参考价值。当然，在具体使用此方法时可以根据不同情况、不同影响因素和不同时期而改变相应的内容，以便得到更符合实际情况的评价结果。

四、冷热比较法

美国经济学家伊西阿·利特瓦克（Isiah A. Litvak）和彼得·班廷（Peter M. Barting）根据他们对20世纪60年代后半期美国、加拿大工商界人士的调查资料，提出通过七种因素对各国投资环境进行综合、统一尺度的比较分析，从而提出了投资环境“冷热比较方法”。

投资环境冷热比较法是以“冷”、“热”因素来表述环境优劣的一种评价方法，即把各个因素和资料加以分析，得出“冷”、“热”的评价。该方法把一国投资环境归结为七大因素：

（1）政治稳定性。它是指东道国有一个由社会各阶层代表组成的、被广大群众所拥护的政府。该政府能够鼓励和促进企业发展，创造出良好的适宜企业长期经营的环境。当一国政治稳定性高时，这一因素为“热”因素。

（2）市场机会。如果东道国市场尚未满足对外国投资生产的产品或服务的有效需求时，表明东道国市场的机会较大，为“热”因素。

（3）经济发展与成就。东道国的经济发展速度快、经济运行良好，则此项为“热”因素。

（4）文化一体化。东道国国内各阶层民众的相互关系、处世哲学、人生观和奋斗目标都要受传统文化的影响，东道国文化一体化程度高为“热”因素。

（5）法令阻碍。东道国的法律繁杂，并有意或无意地限制和阻碍外国企业的经营，将影响今后企业的投资环境。若法令阻碍大，为“冷”因素。

（6）实质性阻碍。东道国的自然条件（如地形、地理位置等）往往会对企业的有效经营产生阻碍。如实质性阻碍高，则为“冷”因素。

（7）地理及文化差距。这是指投资国和东道国两国之间距离遥远、文化迥异，社会观念、风俗习惯和语言上的差别妨碍了思想交流。如果地理及文化差距大，则为“冷”因素。

在上述七种因素的制约下，东道国的投资环境越好（即越热），外国投资者越倾向于在该国投资。在七种因素中，前四种因素的程度高称为“热”环境；而后三种因素则相反，其程度高称为“冷”环境，中等程度为中等环境。

从美国投资者的角度出发，运用投资环境冷热比较法对加拿大等九国的经营环境优劣做分析，见表3—6。

表3—6　　冷热比较法

国别		政治稳定性	市场机会	经济发展与成就	文化一体化	法令障碍	实质性阻碍	地理及文化差距
加拿大	热	大	大	大		小		小
					中		中	
	冷							

续前表

国别		政治稳定性	市场机会	经济发展与成就	文化一体化	法令障碍	实质性阻碍	地理及文化差距
加拿大	热	大	大	大	大		小	
						中		中
	冷							
日本	热	大	大	大	大			
							中	
	冷					大		大
希腊	热					小		
			中	中	中			
	冷	小					大	大
西班牙	热							
			中	中	中	中		
	冷	小					大	大
巴西	热							
			中		中			
	冷	小		小		大	大	大
南非	热							
			中	中		中		
	冷	小			小		大	大
印度	热							
		中	中		中			
	冷			小		大	大	大
埃及	热							
					中			
	冷	小	小	小		大	大	大

由表 3—6 可以看出，从加拿大、英国到埃及的情况反映了这 9 个国家的投资环境在美国跨国公司投资者心目中的冷热程度。冷热比较法是最早提出的一种较为系统的国际投资环境评价方法，其分析方法和结论为跨国公司投资者制定投资战略、选择东道国提供了重要的参考依据。但是，冷热比较法比较侧重于东道国客观因素的考察，缺乏对一些微观因素，如东道国的基础设施、资金情况、劳动力素质、价格等因素的评估和分析，而且冷热比较法的最初评价是站在美国跨国公司投资者的角度确定

的，不同的比较角度会得出不同的结论。

五、投资障碍分析法

投资障碍分析法是指依据潜在的阻碍国际投资运行因素的多少与程度来评价投资环境优劣的一种方法。其基本出发点是：如果在没有考虑优惠的情况下，一国的投资环境是可以接受的话，那么再加上优惠的因素那就更可以接受了。因此，判断一国的投资环境是否适合外国投资，只要考虑该国的投资阻碍因素就可以得出一个基本的结论，这也是符合企业竞争的一般原则。

投资障碍分析法要求投资者根据投资环境因素分析构架，分别列出阻碍对外直接投资的主要因素，并对潜在的东道国加以比较。其中，阻碍因素比较少的国家，就是投资环境比较好的国家。障碍投资的因素通常包括十个方面：

（1）政治障碍。例如，东道国的政治制度与母国不同，政局动荡、政治选择的变动、国内骚乱、内战、民族纠纷等。

（2）经济障碍。例如，国际收支赤字增大、外汇短缺、通货膨胀、货币币值不稳定及基础设施不良等。

（3）东道国资金融通困难。

（4）技术人员和熟练工人短缺。

（5）实施国有化政策与没收政策。

（6）对外国投资实行歧视政策。例如，禁止外资进入某些产业、对当地的股权比例要求过高、要求有当地人参与企业管理等限制外国人员的某些活动。

（7）对企业的干预过多。例如，实行物价管制、规定使用本地原材料。

（8）实行较多的进口限制。

（9）实行外汇管制和限制利润汇回。

（10）法律行政体制不完善。例如，投资法规不健全、没有完善的仲裁律师制度及行政效率低等。

投资障碍分析法是一种简单易行的、以定性分析为主的国际投资环境评估方法。投资障碍分析法的优点是能够迅速、便捷地对投资环境做出判断，并减少评估过程中的工作量和费用。但是，投资障碍分析法仅根据个别关键因素就做出判断，从而有时会使公司对投资环境的评估失去准确性，进而丢失一些好的投资机会。

六、三菱评价法

该评价方法是日本三菱综合研究所在1974年对欧洲做投资分析时，最早采用的投资环境评估方法。该方法通过对各国的经济条件、地理条件、劳工条件和奖励制度四项因素的比较评估，评价各国投资环境的优劣，并根据各因素对投资的重要性而赋予不同的权重，计算得出各国投资环境的优先顺序。

三菱评价法中将投资环境评价因素分为四类，即经济活动水准、地理条件、劳工条件和奖励制度，具体见表3—7。

表 3—7　　三菱评价法

评价因素	子因素	评价指标
经济活动水准	工业生产成长指数	工业生产成长率
	产业现代化指数	根据产业结构与工业先进国家产业结构现代化水准决定
地理条件	工厂用地条件	用地规模、价格、附带条件
	运输体系	公路、铁路、河川、海上运输及相关设施
劳工条件	薪资水准	直接薪资
		福利制度
		劳工素质
	确保劳动力	劳工人数的确保
		该地区失业率
奖励制度	奖励的获得	奖励的种类
		东道国政府引进外资的需要
		引进外资的税收优惠程度
	制度运用情况	奖励制度本身的弹性
		行政效率
		当地企业与工会对外的反应态度

（1）经济活动水准。根据东道国经济活动水准来衡量，并以工业生产成长指数（以工业生产成长率表示）和产业现代化指数（根据产业结构与工业先进国家产业结构现代化水准决定）作为衡量子因素。

（2）地理条件。这是与工厂位置选择有直接关联的要素，其衡量子因素为工厂用地条件（包括用地规模、价格、附带条件等）和运输体系（包括公路、铁路、河川、海上运输及相关设施）。

（3）劳工条件。这是指与劳动力成本相关联的评价，其衡量子因素为薪资水准（以直接薪资、福利制度和劳工素质做比较）和确保劳动力（包括劳工人数的确保和该地区失业率等）。

（4）奖励制度。以投资可能取得的奖励制度和运用的效率为评价，其衡量子因素为奖励的获得（包括奖励的种类、东道国政府引进外资的需要、引进外资的税收优惠程度等）和制度运用情况（包括奖励制度本身的弹性、行政效率和当地企业与工会对外的反应态度等）。

七、抽样评价法

抽样评价法是运用抽样调查的方法，随机抽取或选定若干不同类型的外资企业，先由调查者设计出有关的投资环境评价因素，再由外商投资企业的高级管理者对投资国的投资环境要素进行口头或书面评估，然后根据综合后的意见得出评价的方法。在具体评估时，通常采取调查问卷的形式。调查中将列出所有的重要投资因素及其评价标准，由被调查者根据本企业投资建设与生产经营的实际体会及其所掌握的有关资料和信息，逐项回答对投资国投资环境的基本看法。例如，1997 年美国科艺国际咨询公司与中国对外经济贸易部国际贸易研究所曾联合对中国投资环境做过抽样评估，调查对象是在中国投资的 36 家外资企业（包括合资企业），调查结果见表 3—8。表 3—8 中的百分数是该栏企业的平均数占被调查企业总数的比重。例如，将“一般”一栏所有企业数加总后平均，再除以企业总数 36 家，即可得出有 34.1%的外资企业认为中国投资环境“一般”。

表 3—8　　抽样评价法示例

	非常好	良好	一般	不佳
政策	8 家	14 家	14 家	0 家
法律	10 家	11 家	12 家	3 家
税收/制度措施	7 家	1 家	9 家	3 家
利息	8 家	10 家	16 家	2 家
劳资关系	11 家	18 家	7 家	0 家
劳动生产率	0 家	13 家	19 家	4 家
动力/水供应	0 家	7 家	20 家	9 家
运输/通信	0 家	3 家	9 家	24 家
劳动成本	13 家	15 家	5 家	3 家
市场发展/销售	7 家	11 家	12 家	6 家
人力资源	7 家	11 家	12 家	6 家
投资环境结论	17.9%	32.8%	34.1%	15.2%

抽样评价法的主要优点是简便易行，调查对象和项目可以根据投资需要进行合理选择，而且调查结果的汇总与评价也不困难，可以使调查人较快地掌握第一手信息资料。但是，抽样评价法的主要缺陷是评价结果往往带有被调查者的主观色彩，有可能使其与实际投资环境之间存在一定的差距。抽样评价法适于受资国进行优化投资环境时的自我投资环境评价。对于投资者而言，可通过抽样评价法来分析东道国的投资环境。

除了上述 7 种方法之外，国内外学者还开发出了分析国外投资环境的各种方法，如相似度法、国家风险评级法、综合评价法、层次分析法等等。近年来，随着各种数学方法在经济学研究中的广泛运用以及计算机技术的快速发展，对投资环境进行评价的新方法越来越多，并广泛地运用于各种投资环境评价的研究之中，而且具有较大的应用潜力，如数据包络分析法、熵值法、多元分析法、模糊综合评价法、灰色关联度分析法、神经网络法等等。但是，经济学基本都沿着上述几种方法进行开拓和延伸，本书不再展开。就所介绍的评价方法来看，尽管分析的侧重点和角度有所不同，在不同时期、不同环境下都有一定的合理性，但也都存在自己的缺点和不足。

（1）从评价角度方面看，投资环境评价方法大多是从投资者的角度出发来分析投资环境的，只有少数几个评价方法从投资者和受资者两方面来分析投资环境。然而，一种比较成熟的投资环境评价方法应该从投资者和受资者双方共同利益出发，这样才能更真实地反映投资环境优劣情况，才能为实际的投资项目提供可靠的指导依据。

（2）从主观程度方面看，在现行的投资环境评价方法中，除了个别方法外，其他方法基本上都是一个定性分析过程或主观打分的方法。这种评价方法得出的结果过多地依赖于个别专家对投资环境的主观评价，因而不可避免地影响到投资环境评价的准确性与可靠性。

第二节　跨国公司投资项目可行性研究

跨国公司通过对国外投资环境进行评估，可以对东道国宏观经济社会环境和项目投资环境有个基本了解。但是，为了更有效地对具体投资项目的收益性做出评判，跨国公司投资者还必须在进行国外投资环境评估的基础上，对项目在该投资环境下的可行性进行研究。

一、项目可行性研究的基本含义

跨国公司对外投资项目可行性研究就是跨国公司在国际投资活动中，从企业整体的角度出发，对拟投资建设项目的计划、设计、实施方案进行全面的技术经济论证和评价，从而确定投资项目未来发展的前景。这种论证和评价从正反两方面提出意见，为决策者选择项目及实施方案提供多方面的告诫，并力求客观、准确地将与项目执行有关的资源、技术、市场、财务、经济、社会等方面的数据资料和情况真实、完整地汇集、呈现于决策者面前，使其能够处于比较有利的地位，实事求是地做出正确、合适的决策，同时也为投资项目的执行和全面检查奠定良好的基础。

可行性研究的目的是为投资项目的决策提供科学的依据。可行性研究一般包括三个方面：机会研究、初步可行性研究和正式可行性研究（见表3—9）。进行可行性研究必须坚持以下基本原则：①客观、科学、公正；②综合评价，比较择优；③项目之间的可比性；④定量分析与定性分析相结合；⑤技术分析和经济分析相结合；⑥微观效益分析与宏观效益分析相结合。在此原则之上，人们还对可行性研究提出了专业性、科学性和时效性的要求。

表3—9　　可行性研究分类

	机会研究	初步可行性研究	正式可行性研究
工作性质	项目设想	项目初选	项目拟定
工作内容	选择投资方向	论证初选项目	详细分析项目
研究成果	项目投资建议	判明项目前途	编制项目可行性报告

续前表

	机会研究	初步可行性研究	正式可行性研究
成果作用	初步选择项目依据	进一步分析的依据	确定投资项目依据
准确度	±30%	±20%	±10%
费用占总投资的比重	0.1%～1%	0.25%～1.5%	0.2%～3%
工作所需时间	2～3个月	4～6个月	8～12个月

专业性是指可行性研究报告在论证项目的可行性时要涉及许多专业，通常要涉及基本建设、环境保护、市场预测、人员培训等方面的内容，所以需要各方面专业人员分别开展深入研究，再进行专业的综合分析。科学性是指内容要真实、完整、正确，研究目的要明确，指向明朗，研究过程要客观，要应用各种科学方法、科学推理得出明确的结论。可行性研究报告的结论要建立在定量数据和定性分析相结合的基础上。定量数据要根据科学技术和经济学原理，在调查研究的基础上计算出来，要具有科学根据，经得起时间考验。时效性是指调查报告反映投资项目中某些亟须认识的事物或某些亟须解决的问题，所以及时、迅速地写出可行性报告，才能实现其价值，发挥其作用。

二、项目可行性研究的内容

跨国公司选择对外投资，首先面对的就是国别甄选工作，然后再进行产品种类和投资机会的分析。项目可行性研究最重要的目的是分析跨国公司在海外投下一大笔资金以后，其预期的经营目的是否能够达到以及所计划的方法是否可行。不同类型、不同规模的跨国公司所进行的项目可行性研究不尽相同，但结合东道国投资环境可以大致分为以下内容。

（一）投资必要性、可能性研究

（1）项目是否符合行业规划，包括跨国企业自身长期发展和东道国产业规模。

（2）通过国际市场调查和预测，对产品市场供需情况及产品国际竞争力进行分析比较。

（3）对投资项目在本企业发展中的作用进行评估。

（4）拟投资规模经济性分析。

（二）建设条件评估

（1）资源是否丰富，以矿产资源为原料的项目，是否具备相关机构批准的资源储量、品位、开采价值的报告。

（2）工程地质、水文地质是否适合投资建厂。

（3）原材料、燃料、动力等供应是否有可靠来源，是否有供货协议。

（4）交通运输是否有保证，运输距离是否经济合理。

（5）协作配套项目是否落实。

(6) 环境保护是否有治理方案。

(7) 购进成套项目是否经过多方案比较，是否选择最优方案。

(8) 投资厂址选择是否合理。

(三) 技术评估

(1) 投资建设项目采用的工艺、技术、设备在经济合理条件下是否先进、适用，是否符合相关国家的技术发展政策，是否注意节约能源和原材料以获得最大效益。

(2) 购进的技术和设备是否符合投资实际，是否配套并进行多方案比较。

(3) 投资项目所采用的新工艺、新技术、新设备是否经过科学的试验和鉴定，检验原材料和测试产品质量的各种手段是否完备。

(4) 产品方案和资源利用是否合理，产品生产纲领和工艺、设备选择是否协调。

(5) 技术方案的综合评价。

(四) 项目经济数据的评估

(1) 投资估算。

(2) 生产规模及产品方案数据。

(3) 各项技术经济指标。

(4) 产品生产成本估算。

(5) 销售收入及税金估算。

(6) 利润预测。

(五) 投资项目财务评价

(1) 财务盈利能力分析。该分析主要计算全部投资回收期、投资利润率、投资利税率、资本金利率、财务净现值、财务净现值率、财务内部收益率等评价指标。

(2) 项目清偿能力分析。该分析主要计算借款偿还期、资产负债率、流动比率、速动比率等评价指标。

(3) 财务外汇效果分析。该分析主要计算财务外汇净现值、财务换汇成本等评价指标。

(六) 国民经济效益评价

(1) 国民经济盈利能力分析，即对经济内部收益率、经济净现值等指标进行计算分析。

(2) 经济外汇效果分析，即对经济外汇净现值、经济换汇成本等指标进行分析。

(3) 辅助经济效益分析，主要计算分析投资项目的就业效果和节能效果以及相关项目的经济效益。

(4) 对环境保护做一般评估。

(七) 不确定性分析

不确定性分析分别从企业经济评估和国民经济评估两个方面进行。

(1) 盈亏平衡点分析。

(2) 敏感性分析。

(3) 概率分析（即风险分析）。

(八) 总体评估

在以上各项评估的基础上，结合投资对象国的政治、经济和社会状况对投资项目进行总体评价。

另外，一种常用的投资可行性研究还可以依据产品生产的各个阶段，将可行性研究分成以下七个方面。

1. 制造可行性研究

制造可行性研究包括分析加工制造所需的各种条件、获得这些条件需要花费的成本以及生产出来的产品品质和数量。具体分析研究项目包括：①投资项目工程占用的土地面积及成本；②项目所需厂房等生产性和非生产性建筑面积及成本；③项目所需的各种投入品（机器设备、原材料、燃料等）的数量、品种及其成本；④各种专业人员（管理人员、技术人员和非技术人员）及其成本；⑤技术研究与项目开发及其成本。

2. 技术可行性研究

技术可行性研究分析企业是否具有技术能力来完成目标项目、企业所采用的技术先进程度如何以及技术的来源。项目的技术通常有三个来源：母公司、子公司和经由“技术许可”方式引进技术。一般来说，企业自行研究与开发一项技术需要花费的时间较长且费用昂贵，仿造他人产品会带来法律上的纠纷，经由技术许可则需要花费一笔可观的开支。总之，企业需要在技术可行性研究中，逐项分析它们的利弊，取利去弊，以求实效。

3. 销售可行性研究

销售可行性研究包括销售因素分析、销售策略分析和市场及价格预测等。

(1) 销售因素分析包括对消费者、未来产品用途、目前及将来竞争对手、未来上市可能出现的代用品以及对可能影响销售业绩的非经济因素的分析。

(2) 销售策略分析包括审议、确定未来的市场价格策略、未来产品的销售渠道策略、未来产品的外销策略、扩大产品销售的策略和未来产品的发展战略。

(3) 市场及价格预测包括预测市场的总需求量，可能达到的市场占有率，1～3年内、3～5年内产品的销售量和短、中、长期市场价格的波动趋势。

4. 利润可行性研究

利润可行性研究是指在进行生产和销售可行性研究之后，计算未来投资的收益率，即从投资收益的角度来衡量投资是否可行。在利润可行性研究中，是以生产可行性研究和销售可行性研究中的“收入”及“支出”为基础，编制今后几年的“损益表”。这种损益表表示一种流量，即收入、支出的流量，而非“存量”。该表记录公司在某一特定时间上，对某一项目的“损额”和“益额”的总额。益额和损额之差就是“净值”：若净值为正，则说明公司投资经营项目有利可图；反之，说明无利可图。

5. 财务可行性研究

(1) 财务可行性研究及步骤。财务可行性研究就是具体核算公司进行该项目投资从财务上看是否可行。通常说来，财务可行性研究分两步走：第一步，做出投资项目的“现金流量表”及“资金流程表”；第二步，根据表中的数据，分析投资项目资金来源是否有保障以及投资项目最终会给投资者带来多少现金收益。

（2）预测资金流动的重要性。在审议投资项目的过程中，资金流动的问题在投资项目评估中的重要性往往会被忽视，预测资金流动的重要性表现在以下几个方面：

1）必须区分投资项目的资金流动与公司资金流动的不同。

2）各国不同的通货膨胀率是影响投资选择以及资金流动的重要因素。

3）外汇汇率的变动可能改变国外附属公司的竞争地位。

4）通货膨胀的变动与外汇汇率的变动相比，可能会更大地影响附属公司与母公司之间流动资金的实际价值。

5）当地金融市场是否健全会直接影响外国公司在当地的筹资。

6）当地的课税制度、对资金的管理方法、金融市场及金融机构会影响投资资金流动。

7）政治风险会严重削弱外国公司的投资价值。

8）各方（东道国、母国和第三国）对投资项目会有不同的估价，投资项目的实际价值往往一时难以最终确定。

6. 投资环境的再分析

投资环境的再分析就是要在以上五个方面可行性研究的基础上，从总体上审议一下当初粗略甄选的国别是否可行。

7. 对各种风险的评估

任何投资都带有一定的风险，对投资风险程度的分析是做出投资决策的先决条件。在做了上述六个方面的可行性研究之后，再对复杂多变、竞争激烈的海外投资中可能出现的各种风险进行综合评估，估计它们对投资项目的影响程度。实际上，它是对投资方案的敏感性实验，倘若原投资方案风险过大，超出了投资者所能承受的限度，就用备选方案代替原方案。此外，有些国家的跨国公司按照规定或惯例，凡是新设立的投资项目都安排严密的反向论证制度。这种逆向反思是从相反的角度进行“不可行性研究”。如此正反论证，有利于缜密思考、权衡利弊，从而使投资决策更接近或符合客观实际。

三、项目可行性研究的程序

（一）组织安排

组织安排是项目评估工作的第一步，即组织力量、制订计划。

（二）收集资料

（1）为国际直接投资提供咨询服务的投资银行机构应收集这些资料数据，加以查证核实，并做进一步的分析研究。

（2）投资银行还应根据评估内容和分析要求，通过企业调查和项目调查，进一步收集必要的数据和资料。

（3）根据查证发现的问题和疑问，通过调查，进一步核实清楚。

（4）根据收集的大量资料，经加工整理、汇总归类，以供评估中的审查分析以及编制各种调查表和编写文字说明之用。

（三）审查分析

审查分析是在收集到必要的资料以后开始的，主要包括基本情况审查和财务分析两个方面。审查分析的具体内容包括：

（1）企业和项目概况审查。

（2）市场和规模分析。

（3）技术和设计分析。

（4）财务预测。

（5）财务效益分析。

（6）经济效益分析。

（四）编写报告

根据调查和分析结果，编写投资评估报告。评估报告要对可行性研究中提出的多种方案加以比较评估，肯定一种最优方案，并提出对投资项目的评估结论。评估报告要按规定程序送交企业最高投资决策机构审批。可行性研究报告的结论和建议应当简洁明了，给出明确的建议供决策者采用，并充分说明理由，切忌模棱两可；同时，也要给出对其他方案不建议的理由，供决策者参考。对实施项目过程中要加以注意和防范的问题也应明确指出，切忌刻意隐瞒任何可能出现的风险。

■第三节 跨国公司投资决策

在上述流程全部完成之后，在考察东道国投资环境和项目可行性分析的基础上，跨国公司投资者要做出投资或者不投资的最终决策。跨国公司的决策无非是两种方法：一是选优；二是去劣。所谓选优是指在全面衡量之后，从备选项中挑出最优选项，并据此做出决策。所谓去劣是指用排除法，按照最差、很差、较差、…的顺序逐个排除，直至剩下唯一选项，并据此做出决策。当然，若投资项目较复杂，用单一方法无法得出结论时往往融合两种方法，以做出最终决策。跨国公司投资决策的过程，实质上是跨国公司投资者最大限度地合理利用资本，为实现利润最大化和其全球战略服务的过程。

一、国外投资项目决策原则

跨国公司投资者在进行投资项目决策时，还应当遵循以下原则：

1. 投资价值最大化原则

在市场经济条件下，跨国公司投资者总是追求投资的利润最大化。市场的通则是利润和风险并存，投资收益总是利润和风险的综合体现。优秀的跨国公司总是善于控制其风险，并实现利润的最大化，其依赖的就是恰当的投资决策。恰当的投资决策就是要正确衡量收益增加和风险增长的得与失，尽可能地减少与控制风险，使投资效益最大化。

2. 科学决策原则

科学决策原则要求跨国公司投资者使用恰当的投资方法、成熟的投资理论、健全的投资体系，防止最高领导人的拍脑子决定。高度复杂的市场经济增加了投资决策的难度，要求投资者要有一套科学的决策程序和决策方法，要善于利用科学技术的迅速发展和投资理论的不断完善为跨国公司的投资决策服务，通过专家论证、头脑风暴、集体讨论等方式尽量做出科学决策。

3. 投资要素系统化原则

投资项目是与许多要素相关的，这些要素之间相互关联、彼此制约。进行投资决策时，必须系统地通盘考虑所有的必备要素，避免弃重就轻、主次颠倒。影响决策的必备要素有技术的可行性、建设条件、经济效益、建设周期、项目资金、资源状况、产品竞争力、对产业结构的影响以及今后的发展趋势等等。

4. 时效性原则

投资活动涉及大量的资金运转，项目投资决策时必须充分计算资金的时间价值、利用效率和回收周期等等。另外，投资活动的机会转瞬即逝，市场经济下企业之间的竞争如火如荼，这都决定了跨国公司在进行投资决策时必须考虑投资的时效性，要尽可能在最短的时间内做出相应的投资决策。

二、国外投资项目决策程序

科学的决策不仅要使用科学的分析方法和现代决策工具，还要遵循科学的决策程序。国际投资决策程序是指将国际投资的决策过程分解成若干个步骤，明确各个步骤的任务，按照一定的顺序和客观规律有计划、有步骤地进行。跨国公司进行国外投资项目决策时，一般会依照本公司的具体情况，并结合东道国环境和项目性质进行决策。总体而言，一个完整的国际投资决策程序包括以下几个步骤：

1. 确定国际投资决策目标

确定国际投资决策目标是整个决策过程的出发点，是科学决策的第一步。所谓决策目标是指在一定条件下决策者期望达到的理想状态。例如，在竞争条件下，跨国公司期望进行投资后的市场占有率、产品生产质量等等。如果确定的目标只有一个，则称为单目标变量决策；如果确定的目标有多个，则称为多目标变量决策。

2. 信息调查和资料收集

国际投资决策过程中的信息调查和资料收集这一环节必不可少。确定了国际投资决策目标之后，跨国公司投资者应首先根据投资目标调查了解目标市场所在国或地区的投资环境，收集这些国家或地区有关的经济信息、政策和法律法规等资料。跨国公司需要调研的具体内容包括国际经济、政治格局和发展趋势，掌握东道国对资金流出入的政策、对技术转让的有关政策及限制性规定；同时，准备市场调研的各种必需手段和物质条件，以便为下一环节做好准备。

3. 投资方案选择

投资方案选择包括相互联系的三个环节。首先，寻求可行的投资方案，就是针对已经确定的决策目标和所掌握的资料信息，制定出多套可行方案，以供选择。这些投资方案都必须使现有资源在全球范围内得到最合理充分地使用，同时每一种投资方案又必须是不同质的。其次，在可行性分析的基础上，对投资方案进行综合评价分析比较。由于各备选的可行性投资方案都在一定程度上存在区别，因而各投资方案在实施过程中产生的成本费用及社会、经济、政治效益必不相同，因此需要对各投资方案的综合效益进行整体评判和比较分析。最后，确定最佳投资方案。最佳投资方案的确定，将会最终落实为决策者的行动。在综合评价和分析的基础上，决策人员应当根据自己的国际投资经验，结合目标市场的投资环境和可行性分析报告，进行定性分析和定量分析，权衡各种利弊，最终确定最佳方案。最佳方案在一定时间内、一定条件下应当具有唯一确定性和相对稳定性，因为这将成为跨国公司比较正式的投资决策。

4. 编制投资计划

在所有上述步骤完成后，基本已经算是完成了决策的主要步骤，最后需要将决策的过程和结果通过编制投资计划的方式落实到跨国公司文件上。编制投资计划是跨国公司投资决策的综合体现，既是投资决策的直接结果，也是投资决策执行的依据。

5. 项目跟踪与执行

跨国公司投资决策者的有限理性决定了任何投资决策在其执行过程中都有可能出现偏差，因此，为了使投资决策结果与决策时的预期保持大体一致，必须在投资决策贯彻过程中建立科学的信息反馈系统，以便对投资决策进行跟踪和调查。

三、国外投资项目决策方法

随着科学技术的不断发展和跨国公司投资理论的不断完善，国际投资决策的方法越来越多，投资决策方法所涉及的理论依据也不断扩张，但总的来说，按照决策行为方式可以将国际投资决策分为硬决策和软决策两种方法，按照决策择优选择标准可以将国际投资决策分为确定型决策、风险型决策和不确定型决策三种。

（一）硬决策和软决策

1. 硬决策

硬决策法也称定量决策法，是利用数学原理和工具，借助于计算机，找出国际投资的决策目标和各影响因素之间的数量关系，建立各种决策模型或绘制各种决策图表，计算各投资方案下的效益期望值，以实现决策方案优选的目的。使用硬决策法可以使国际投资决策更为数量化和系统化，排除人为因素的干扰，但缺少对不确定因素的考虑，显得十分生硬，因此称为硬决策法。

2. 软决策

软决策法是与硬决策法相对应的一种决策方法，也称专家决策法。它的主要特点是充分发挥专家、决策人员的知识、智慧和经验，在经验判别的基础上，运用心理学、社会学、行为科学及其他有关学科的成果，对决策方案的内容进行综合分析和评价。由于国际市场和世界经济环境中存在诸多不确定性因素，因此在进行国际决策时，必须要考虑各种非变量化因素，对影响国际投资目标的各种因素除了进行定量计算方法之外，还要继续进行整体分析，从全局的角度衡量决策结果的有效性。软决策法就能满足这一要求，因为软决策法能充分反映决策者的思维和经验，充分考虑外界各种影响因素对决策目标的影响。

硬决策法和软决策法相结合，并始终贯穿于国际投资决策的全过程，才能使国际投资决策建立在科学、精确的基础上。

(二) 确定型决策、风险型决策和不确定型决策

1. 确定型决策

确定型决策是决策者在对未来发生的情况有明确把握条件下进行的决策，它的特点是自然状态下的单一性和确定性。其决策模型的结构是确定的，而各种条件和参数也是已知的，各种不同投资方案的损益值可以准确地计算出来。因此，确定型决策的准则是根据不同的决策内容、不同的决策目标采取不同的计算方法，比较已经计算出的各种方案的损益值，选择收益最大或损失最小的方案作为最优方案，即优选决策法。但是，国际投资决策中基本不存在确定型决策环境，因此也难以适用确定型决策。

2. 风险型决策

风险型决策也称随机决策，即对决策目标的客观条件做一个基本而随机的估计，而这种随机估计是建立在客观条件的多样化和不确定性上的。由于是风险型决策，系统各种状态的发生概率是通过统计资料得来的，或者凭借决策者的经验统计出来的，所以无论决策者选择哪种投资方案都有一定的风险。因此，风险型决策方案的选择不能直接采用最优原则，而应从整体上或最大可能性角度进行评选。风险型决策常用的准则有期望值准则、最大可能准则、机会均等准则和决策树分析准则等。一般常用的是决策树分析准则。

3. 不确定型决策

不确定型决策是指决策者在对未来将发生的情况完全没有把握的条件下进行的决策，其特点是客观条件的多样性及不确定性。由于是不确定型决策，因此系统状态中哪一种会发生，哪一种不会发生，事先不能肯定；同时，各种状态发生的概率也不清楚，所以不确定型决策在很大程度上取决于决策者的意志、胆略和偏好。对于相同的可供选择的备选方案，不同的决策者会选用不同的决策准则，确定不同的决策方案。不确定型决策主要有以下几种：

(1) 悲观决策准则。悲观决策准则是最保守的评选标准，其基本思想是“小中取大”，即在各方案中，选择在最不利状态下的最好方案作为决策方案。

(2) 乐观决策准则。乐观决策准则的基本思想是“大中取小”，即在各方案中，选择最有利状态下的最好方案作为决策方案。

(3) 最小最大化后悔准则。最小最大化后悔准则的基本思想是在选择决策方案时，在一个给定的状态下，使失去最好选择时的后悔程度最小。

(4) 折中准则。折中准则的基本思想是既不过于保守，也不过于乐观。其具体做法是根据历史资料分析和经验判断，确定一个折中系数 α，其取值范围为 $0<\alpha<1$，

然后以α和$1-\alpha$为权数，在极端保守和极端乐观之间取平衡。

综上所述，对于相同的若干个方案，根据不同的决策方法会有不同的决策结果。而决策方法的选择和相应的决策准则是决策者主观确定的，体现出决策者的经验和风险偏好等等。

■第四节　应用案例

案例1

大众与中国共成长

大众汽车公司是德国最年轻的、同时也是德国最大的汽车生产厂家，是世界汽车生产领域6+3格局的重要组成力量。2011年度世界500强中，大众汽车名列第13位，营业收入1 680.41亿美元，仅次于丰田，是世界第二大汽车制造商。

大众汽车是较早进入中国市场的汽车生产厂商之一，1984年大众汽车进入中国市场。大众汽车与中国政府最早的接触可追溯到1978年。中国政府在邓小平的领导之下，开始推行经济改革和开放政策，引进国外的资金和先进的科学技术，加速中国的现代化进程，提高国际竞争能力。大众汽车充分抓住了中国改革开放的历史机遇，积极开拓中国市场，为中国汽车工业的进步做出了一定的贡献，同时也充分享受到了中国现代化进程所带来的利益。目前，大众汽车在中国的市场占有率约为18.3%，是中国第一大汽车品牌，中国是大众在全球的第一大市场。

自1984年以来，大众汽车在中国的总投资额已超过60亿欧元，目前在中国共拥有14家企业。其中，最主要的是两家轿车合资企业。1984年，上海大众汽车成立，1990年又在长春签署了一汽与大众成立合资企业的协议（见下表）。2003年1月，大众汽车上海变速器合资企业建成投产，2004年又建立了两家生产最先进技术发动机的合资企业，分别于2006年和2007年开始投入生产。2007年7月，大众汽车中的捷达车型在成都一汽集团公司的生产基地投产。

大众中国合资企业

	上海大众	一汽大众
建立时间	1984年（1985年投产）	1990年（1991年投产）
地点	上海	吉林长春
车型	桑塔纳、桑塔纳3000、帕萨特领驭、途安、POLO尽情，POLO尽取、CROSS POLO	迈腾、速腾、高尔夫、新宝来、宝来经典、捷达
销售量	728 238辆	669 180辆（包括奥迪）
生产量	716 560辆	670 767辆

资料来源：http：//www. vgc. com. cn/cds/？menu _ uid＝391及国研网统计数据（http：//edu. drcnet. com. cn/DRCNet. Common. Web/docview. aspx？docId＝2415701&leafId＝17089&chnId＝4479）。

大众在中国的发展史可以粗略分为两个阶段，以2005年的战略调整为分界线，而这个调整源于2001年入世后中国融入全球化浪潮，汽车消费由官车“飞入寻常百姓家”，2000—2009年大众汽车完成了其在中国凤凰涅槃般的重生。自2005年打响“大众保卫战”，大众汽车先后在中国实施了“奥林匹克计划”、“2018”战略以及最新的“南方战略”，以期真正成为“大众”汽车。

自进入中国市场以后，大众集团在中国的发展可谓一帆风顺。2003年大众汽车在中国的销售量首次超过在德国的销售量，来自中国业务的利润占同期集团利润的20%，这也意味着这家欧洲最大的汽车制造商在德国以外地区的市场销售量超过了本土。大众汽车彼时雄心勃勃地表示要在两年内将全球销售量提高20%，其中增量的一半要在中国市场完成。然而，事与愿违，中国汽车工业在加入WTO之后遭遇了首次挫折，在2002年、2003年连续出现市场“井喷”行情之后，市场走势受一系列不利因素的影响急转直下，2004年和2005年大众汽车在中国遭遇“滑铁卢”，市场份额急剧下降，在中国市场的占有率由刚进入中国市场时的60%一路下滑到20%，大众中国面临着生死考验。

造成大众在中国市场被动的原因是多方面的：首先，长年以来大众都是中国汽车市场的大哥大，已经习惯了这种养尊处优的地位，对于市场发生的巨大变化不能及时做出改变。大众虽然很早就进入中国市场，但大众在中国的产品线相对单调，南北大众分别是桑塔纳和捷达两款车型打遍天下，对于市场的傲慢态度使得大众在推出新车型的速度上远远跟不上日、韩车企。其次，随着中国汽车市场的主导力量由公车消费向私车消费转变，大众没有在乎或者没能很好适应这种转变，大众的主力车型还是以商用车为主。在认识到市场的变化之后，大众虽然急匆匆地推出了POLO和高尔夫等车型，但市场反应平平，没有达到预期的效果。POLO是国内首款全球同步上市的车型，说明大众已经把最先进、最好的产品拿到了中国，但同样遇到了水土不服的问题。最后，大众汽车奉行的“技术至上、质量至上”的理念虽然为大众轿车赢得了良好的声誉，但面临日韩车系强有力的价格竞争时就显得措手不及，生产成本的居高不下是大众汽车另一个致命缺陷。

痛定思痛，2004年大众宣布成立大众汽车集团（中国），作为统一管理中国业务的一级组织机构，取代原亚太区，直接对大众汽车集团全球董事会负责。2005年10月，以成为2008年北京奥运会合作伙伴为契机，大众宣布推出奥林匹克计划，计划在2009年之前向中国引进9～12个车型，所有新产品的生产成本降低40%，并对销售网络进行调整，以减少库存、提高利润率。2006年第一季度，大众汽车在中国的销量同比增长了40%，再次成为大众汽车品牌在全球增长速度最快的地区，大众汽车集团（中国）因此将2006年称为“转折之年”。

借助奥运会东风，2008年大众汽车集团（中国）提前完成了“奥林匹克”计划，同时完成了销售量过百万的目标。2009年大众汽车全球销售量630多万辆，尽管只是同比增长1.3%，但在全球的市场份额上升至11.3%，创下了大众集团的新纪录。其中，中国市场增长强劲，全年销售量达134万辆，成为大众集团增长的主要动力引擎。

在大众汽车集团（中国）投资公司副总裁杨美虹看来，大众汽车和中国市场一起成长。作为30年前唯一承诺向中国提供技术转让，并以现金方式在中国设立合资企业的国际汽车制造商，大众汽车的眼光不可谓不前瞻。1988 年大众成立了“上海桑塔纳国产化共同体”，并说服它的全球供应商和合作伙伴在中国投资设厂生产汽车零部件，1996 年上海大众技术中心和试车场落成，大众汽车成为第一个对引进车型进行本土化适应性开发的汽车公司，并在此基础上推出完全本地开发的车型（朗逸、新宝来等）。2007 年大众又启动“中国供应商质量能力提高计划”，着力解决供应商在设计、生产、技术和工艺等方面遇到的困难，目前大众汽车车型的国产化率达到了85%。最近几年，大众还将众多的新产品和新技术第一时间引进中国。2010 年 5 月，大众汽车最新一代自动变速器 DSG 变速箱正式落户大连，这是大众集团除了德国本土之外唯一生产 DSG 变速箱的工厂。2010 年 4 月，大众宣布将在中国追加 16 亿欧元的投资，加上 2009 年已决定投资的 44 亿欧元，大众在华新投资总额将高达 60 亿欧元，已然接近 30 年投资总额。

不断顺应变化着的汽车消费市场，充分重视新兴市场潜力，并结合当地市场为当地消费者提供最优质的服务，这是一家优秀跨国公司必须具备的品质。大众汽车或许在这条道路上走了弯路，但是集大众之智慧必能使大众更上新的台阶。

案例 2

TCL 的海外并购之路

随着国内经济的发展，中国逐渐涌现出一批具有较强竞争力的本土企业，或为开拓海外市场，或为获得国外先进技术，或为树立品牌影响力，或兼而有之，一大批敢为天下先的中国企业纷纷迈出了跨国并购的第一步。但不幸的是，囿于国内企业相关经验和准备不足，大部分企业在海外并购的路上出现了这样或者那样的问题，仍有大量的工作要完善，需要通过失败的案例不断汲取教训，为下一轮的跨国并购做准备。本文的主角 TCL 就是这样一个或许带点失败英雄色彩的企业。

TCL 是中国最大的、全球性规模经营的消费类电子企业集团之一，TCL 分别是 The Creative Life 的首字母，既是企业的品牌，也是企业锐意追求的方向，意味创意感动生活。1999 年，公司开始了国际化经营的探索，通过一系列的兼并和并购不断地在中国企业国际化的道路上探索，是国内较早进入国际市场的企业之一。正如 TCL 董事长李东生所说的那样：“作为率先国际化的中国企业，TCL 没有任何可以借鉴的蓝本，在全球范围内探索着一条中国品牌从未走过的道路。”

2010 年，TCL 全球营业收入 518.7 亿元人民币，5 万多名员工遍布亚洲、美洲、欧洲、大洋洲等多个国家和地区。在全球 40 多个国家和地区设有销售机构，销售旗下 TCL、Thomson 等品牌彩电及 TCL、Alcatel 品牌手机。2010 年 TCL 在全球各地销售 746 万台液晶电视机，3 622 万部手机。TCL 集团旗下主力产业在中国、美国、法国、新加坡等国设有研究与开发总部和十几个研究与开发分部。在中国、波兰、墨西哥、泰国、越南等国拥有近 20 个制造加工基地①，是我国国际化程度较高的企业

① 引自：TCL 官网，http://www.tcl.com/index.php/News/about/id/143.html。

之一。2011年度《财富（中文）》杂志评出的中国企业500强中，集团下属三家企业——TCL集团、TCL多媒体科技和TCL通信科技均榜上有名，分别位列第67位、第148位和第360位。其中，以电视机为主营业务的TCL多媒体2010年亏损864万元，是集团中唯一亏损的部门。事实上，自TCL大规模海外并购以来，除2009年盈利外，TCL多媒体一直呈现亏损状态。TCL的海外并购到底"肿么了"?

TCL的海外并购之路始于2002年全资收购德国施耐德公司；紧接着，TCL于2003年与法国汤姆逊公司强强联合，重组彩电、DVD业务，缔造年产销量1 800万台的彩电企业；2004年，TCL收购阿尔卡特移动电话部门。一时间，国内媒体纷纷惊呼TCL的壮举，同时也纷纷对TCL的盈利前景表示质疑。不幸的是，TCL和汤姆逊合资公司的表现的确不尽如人意。TCL并购汤姆逊之后出现了巨额亏损，一下子击碎了TCL乐观的海外并购之路。此后，TCL的海外并购之路也戛然而止，这个案例的经验教训让人深思。

当时，TCL并购汤姆逊公司的基本情况是，2003年中国传统电视机市场已经基本达到饱和状态，总体产能过剩，部分厂家通过价格战的方式来争取扩大国内市场份额，市场竞争十分激烈，而向海外出口则面临着关税、贸易保护主义等问题，国内家电厂商面临着空前的压力，TCL也不例外。成立于1893年的法国汤姆逊公司是世界上最大的电子消费产品供应商之一，2001年的销售额达到105亿欧元；与此同时，汤姆逊公司具备年产780万台电视机的产能，拥有18%的北美市场和8%的欧洲市场，汤姆逊在彩电和彩管方面拥有34 000种专利，专利数量上仅次于IBM，这一点也是TCL十分看好和倚重的。但是，欧洲电子市场激烈的竞争使得这家老牌家电厂商的经营遇到了空前的困难，收入连年下降，亏损逐年增加。早在1999年汤姆逊公司就向TCL表达了合资的意向，彼时汤姆逊公司希望两家成立一家合资公司并由汤姆逊公司控股，但TCL考虑到自己的发展状况和控股要求没有接受。2003年，随着汤姆逊公司亏损加大，再次提出了合资的意向并同意放弃控股权，这次双方一拍即合。"汤姆逊这个机会是唯一的"，在李东生看来，汤姆逊是再好不过的合资伙伴，有品牌、生产线和研究与开发能力，在北美和欧洲的产业及市场结构比较好，并且有以专利为支撑的技术体系，与TCL正好可以形成互补。但是，汤姆逊公司意欲出售的彩电部门连续多年亏损，2003年的亏损总额高达17.32亿元人民币，而TCL的利润才7亿元人民币，尚不足其一半，对合资公司亏损的担忧是让李东生最头疼的地方。然而，这个诱惑又太大了，简直可以说是"千载难逢"。最终，李东生下定决心与汤姆逊公司合作成立合资公司。

此后，经过旷日持久的谈判，双方达成了一致协议。双方共同出资4.7亿欧元成立新公司TTE，其中TCL占67%，而汤姆逊占33%。成立合资公司之后，TTE一举在全球拥有10个工厂，5个研究与开发中心，29 000名雇员，成为世界第一大彩电制造商。然而，紧接着就出现了上文所说的TCL多媒体业务连年亏损的情况，以致不得不带上ST的帽子。到底是什么原因使得这看上去很美的"婚姻"立马出现了问题？单单是因为汤姆逊公司欧洲和北美彩电业务原先的亏损吗？恐怕不止于此，国际化人才不足和对新公司的整合能力欠缺可能才是TCL彩电业务出现巨额亏损的主要原因。

事实上，李东生已经认识到，收购之后如何整合资源、发挥协同效应是实现TTE扭亏的关键所在。但是，整合首先是文化、人员的整合，而对于欧美员工，中国的管理团队与他们有着文化上的巨大差异。比如，欧美员工是不会无薪超时加班的；而且，在体制上也有诸多需要融合的地方，如中国派去欧洲的管理层到底采取何种方式与原单位员工进行沟通、下达命令。TCL的高管层，大部分都是在中国国内市场“打江山”出身的，对国际市场的了解并不深，要一下子管理欧美团队，难度之大可想而知。TTE欧洲业务中心管理层的演变，反映了TCL缺乏国际化人才之痛。“2005年初，欧洲团队做出了当年1 000万美元的盈利预测，下半年他们严重偏离计划”，李东生今年在接受《第一财经日报》采访时曾说：“去年欧洲业务亏损接近8 000多万美元，TCL到2006年3月才得到确认。于是，今年六七月份，TCL果断地撤换了欧洲彩电业务的管理团队。”

最近，李东生在接受其他媒体采访时还坦言，当出现亏损时，TTE（欧洲）给出的理由是总部（中国）新品投放延迟。而总部后来发现，TTE（欧洲）所承担的前端销售周转太慢，亦是业绩恶化的原因之一。“互相推诿，但也各有责任，导致总部不清楚欧洲公司到底病在什么地方，很难采取有效的改革措施。”

另外，TCL决策层缺乏对并购国家相关法规的深入了解，如对劳工赔偿和程序上的了解。最近（2011年3月），TCL多媒体收到法国南特商业法庭对TTE（欧洲）重组诉讼案第一诉令初审判决，要求TCL集团、TCL多媒体及其4家全资子公司向TTE欧洲之法定清盘人赔偿2 310万欧元（约2.11亿元人民币），而TCL多媒体已于2010年度财务报表中对TTE诉讼计提预计负债1 000万欧元。TCL则认为2006—2007年TTE欧洲公司重组完全合理合法。TCL出于对股东和员工利益的保护，最终采取了可持续发展而非直接关闭破产的解决方案，以重组方式实现最优结果。TCL反对初审结果，并采取一切必要行动提起上诉争取驳回判决，同时也不排除与清算官谈判以达成双方均满意的和解方案。如果在并购时就能考虑到这些可能性，恐怕也不至于像今天这样被人倒打一耙。

毛泽东说过：“当路线确定了之后，干部就是第一位的。”因此，透过TCL并购汤姆逊彩电业务一案，国内企业在大胆走出去的同时一定要结合自身条件充分做好国际化人才储备和充分了解当地法律、商业文化，避免走更多的弯路和错路。

可能现在说这个并购案完全失败了为时尚早，但无论这个并购案的最终结果怎样，对于想要在全球市场占有一席之地的中国企业来说，这次经验是极其宝贵的。我们从李东生《鹰的重生》一文中也看到，TCL决策层正在卧薪尝胆，相信经过这次磨炼，TCL今后的国际化道路会更稳健。

本章小结

1. 一般来说，跨国公司国际投资决策大致包括投资环境评估和项目可行性研究两个先期步骤。在上述几个阶段完成的基础上，通过比较分析各潜在投资目的国的投资环境，并结合项目性质和特点做出最终的投资决策。

2. 20世纪60年代以来，随着跨国公司直接投资活动的兴起，国际上出现了多种评估投资环境的方法，其中最有影响的主要评估方法有：①等级评分法；②体制评价法；③动态分析法；④冷热比较法；⑤投资障碍分析法；⑥三菱评价法；⑦抽样评价法等。

3. 跨国公司对外投资项目可行性研究就是跨国公司在国际投资活动中，从企业整体的角度出发对拟投资建设项目的计划、设计、实施方案进行全面的技术经济论证和评价，从而确定投资项目未来发展的前景。进行可行性研究必须坚持以下基本原则：①客观、科学、公正；②综合评价，比较择优；③项目之间的可比性；④定量分析与定性分析相结合；⑤技术分析和经济分析相结合；⑥微观效益分析与宏观效益分析相结合。

复习与思考题

1. 简述跨国公司在进行对外投资时为什么要重视东道国投资环境。
2. 试述跨国公司国际投资环境的主要内容及注意事项。
3. 分别简述等级评分法和体制评价法的主要内容，并比较这两种方法的优缺点。
4. 试述跨国公司国际投资项目可行性研究的主要内容。
5. 如果你是某跨国公司决策者，你如何对本公司的国际投资进行决策？

第四章

跨国公司战略管理

本章提要

经济全球化和区域经济一体化的发展使跨国公司得以在全球范围内进行资源配置，合理的战略管理是跨国公司在全球范围内配置资源的基础。同时，战略管理也是跨国公司增强国际竞争力，延长企业生命力，不断适应社会环境、市场环境和其他环境变化的必要条件，是跨国公司基业长青的基础。本章介绍跨国公司战略及战略管理过程，分析跨国公司全球战略的主要特征与内容，阐述跨国公司组建国际战略联盟的原因、特征与类型，研究跨国公司的所有权策略和产品策略。

关键术语　跨国公司战略　全球战略　战略联盟　所有权策略　产品策略

第一节　战略及战略管理过程

为了求得企业的长期生存与发展，制定适应跨国公司自身发展的战略必不可少，对跨国公司战略层次和战略管理过程的深入认识有利于深化对跨国公司战略的理解。

一、跨国公司战略

为适应全球化经营的需要，跨国公司对战略问题日益重视。跨国公司战略的含义和特征被不断深化和拓展，战略层次也日益丰富和完善。

（一）跨国公司战略的含义和特征

跨国公司战略是一种特殊的企业战略，是指跨国公司在分析全球经营环境和内部条件的现状及其变化趋势的基础上，为了求得企业的长期生存与发展所做的整体性、长远性的谋划及其相应的政策。

跨国公司战略的特征大致可以概括为以下几点：

（1）总体性和跨国性。企业战略是企业发展的蓝图，制约和指导着企业的产业地位、总体规模、竞争能力、市场份额、收入和盈利增长率、投资回报率以及企业形象等方面。对跨国经营企业而言，其战略还具有全球特征，它所规定的是公司的全球行动，考虑的是世界市场和资源。

（2）长远性与稳定性。企业目标分为战略目标、长远目标和年度目标。跨国公司战略着眼于公司的战略目标和长远目标，不以短期经营成败为着眼点，而是谋求国际市场经营的长期发展。经验表明，跨国公司战略通常着眼于未来3～5年乃至更长远的目标。与企业目标的长远性相对应，企业战略往往比较稳定，一般不会进行重大调整。

（3）纲领性与指导性。企业战略规定跨国公司在全球的长远目标、发展方向和重点，以及所采取的行动方针、重大措施和基本步骤。该规定具有原则性、概括性，体现行动纲领的意义。跨国公司必须对其战略进行展开、分解和落实，才能变为具体的行动计划。

（4）抗争性和全局性。跨国公司制定的全球战略是与竞争对手抗衡的行动方案，与那些单纯为改善公司状况、增加经济效益、提高管理水平为目的的行动方案不同，战略目标是为了克敌制胜，赢得市场竞争的胜利。

（5）现实性与前瞻性。企业战略的制定以现有的主观因素和客观条件为基础，不应脱离现实可行的管理模式，应与企业现有的战术安排、策略方法、实施力量相结合。与此同时，科学的企业战略设计应具有前瞻性、创新性，以满足企业未来发展的需要。

（6）风险性与可变性。跨国公司的战略规划以对未来缜密细致的预测为基础，战略的制定需要借助想象与直觉等非理性思维，而不仅仅借助理性的思维和逻辑推理。制定战略所依据的环境总是处于不确定的、变化莫测的变动中，且其实施过程也会遇到种种风险和变数。因此，企业战略具有风险性。与跨国公司战略的风险性相适应，跨国公司应根据经营环境和自身能力的变化，对其进行适时、适度的修改。

（二）跨国公司战略的层次

按照企业的管理层次，跨国公司战略大致分为三个层次，即公司战略、经营战略和职能战略。各层次的战略都是跨国公司战略管理的重要组成部分，但各自的侧重点和影响范围有所不同。

1. 公司战略

公司战略又称总体战略，是由公司最高管理层制定的总体性战略，属于企业最高层次战略，主要涉及企业的组织结构和财务结构。公司战略的内容包括：

（1）有效调动各种资源，实现跨行业和跨国多样化经营。

（2）对下属公司进行资产重组，维持企业的长期竞争优势，改进整体经营绩效。

（3）确定投资重点，把公司的有限资源配置到最有发展潜力的业务中。

2. 经营战略

经营战略又称一般战略、竞争战略或基本战略，是由企业各业务单位的主管一级经理人员制定的战略。这些经理人员的主要任务是将公司战略所包含的企业目标、发展方向和措施具体化，形成本业务单位具体的竞争与经营战略。

经营战略的目标是在公司所经营的业务领域中确立或增强竞争优势。经营战略的制定必须考虑政府政策、产业发展、经济波动等外部因素。成功的经营战略侧重于在公司的核心能力基础上确立竞争优势。经营战略的目标要与公司战略目标保持一致。

3. 职能战略

职能战略又称职能层战略，是由各职能部门的经理负责制定的战略。由于指导公司的智能型活动，跨国公司的职能战略主要涉及新产品的开发战略、市场营销战略、融资战略、研究与开发战略、分销战略、人力资源战略和顾客服务战略等。职能战略的主要作用是支持经营战略和竞争对手的实施，它细分了经营战略，确定了管理职能活动和实现各职能部门业绩目标的计划。在制定职能战略时，各职能部门的经理需要相互沟通与合作，确保各职能战略相互协调并与经营战略保持一致，以调高组织效率。

二、跨国公司战略管理

跨国公司战略管理具有动态性、开放性、多层次性等特征，是跨国公司生产经营活动中必不可少的一个环节，具有重要意义。

（一）跨国公司战略管理的含义与特征

跨国公司战略管理可以定义为：跨国公司在面对错综复杂、竞争激烈的国际经营环境的同时，以企业自身经营条件为出发点所制定的具有全局性、长远性、导向性和灵活性的关于生产、营销、采购、财务及人才培养等活动的跨越国界的总体性规划，包括跨国经营总体目标的制定及其实现途径的选择。换句话说，跨国公司战略管理就是在全球竞争分析的基础上，确立跨国公司的战略模式、战略目标与经营方向，进行战略规划，并组织实施与控制的全过程。

跨国公司战略管理的特征如下：

（1）跨国公司战略管理是一个动态的过程。跨国公司的战略管理由战略分析、战略选择、战略实施等内容组成。各环节紧密联系，共同服务于公司的宗旨和总体战略目标。

（2）跨国公司战略管理是一个开放的过程。跨国经营企业的管理者必须超越企业内部职能管理和企业边界，将企业看做全球动荡环境中的一个开放系统，将管理重点由提高生产效率转向适应环境变化，对各种市场做出合理的选择、组合，并有效进入。

（3）跨国公司战略管理包含多个层次的内容。跨国公司战略管理有公司战略、经营战略和职能战略之分。尽管侧重不同，但都是跨国公司战略管理的重要组成部分。

（二）跨国公司战略管理的意义

跨国经营战略是为了以多国为基础来优化运作，而不是将跨国运作只看做多个相互独立的国别经营活动的简单组合，因而具有重要意义。

（1）为将各个子公司在全球范围内联系在一起提供手段，把各分支机构和子公司联结起来，加强公司的统一性、合作性和协调性，强化公司在世界市场上的整体功能，使各子公司围绕总体目标相互配合，步调一致地在全球范围内开展生产经营活动，取得既定的经济目标。

（2）为预计和应付环境变化提供途径，使企业接受变化、适应变化。具有长期性、预期性的经营战略使企业在不断变化的企业环境格局中看到机会，并通过使用各种创新手段适应和利用这些变化。

（3）为企业协调和整合各种各样而又分散在各国的业务提供工具。通过对资源利用和产品销售的全球统一调配，提高资金、技术、人力和物力的使用效率，使资源得到合理配置，获得来自全球的最大效益。

（4）经营战略为企业提供新的中枢管理，它提出未来结果的限定规模，使企业朝既定目标前进。

总之，跨国公司的经营战略是跨国公司在生产经营活动中必不可少的一个环节，它的积极指导作用是十分明显的。一个成功的跨国公司，必须有一套科学的、合理的，同时能适合自己客观环境和经营特色的公司战略。

三、跨国公司战略管理过程

跨国公司战略管理是一个动态过程，大致分为三个阶段，即战略制定、战略实施和战略控制。

（一）战略制定

跨国公司的战略制定主要包括企业内外部环境分析、确定企业的目标和使命以及选择经营战略三个方面。

1. 企业内外部环境分析

（1）企业外部环境分析。从宏观角度看，企业的宏观环境包括四个方面，即政治和法律环境、经济环境、社会文化与自然环境以及技术环境。从微观角度看，企业的微观环境主要包括产业环境和市场环境两个方面。产品生命周期、产业五种竞争力、产业内战略集群、成功关键因素等分析方法都是微观环境分析的重要工具。

（2）企业内部环境分析。企业内部环境分析涉及企业内部管理、市场营销能力、企业财务和其他内部因素。

第一，企业内部管理分析。企业内部管理包括计划、组织、激励、任用和控制五个职能领域。计划是从现在到未来的发展过程中对目标、实现目标的途径以及时间的选择和规定。组织是指在实现企业目标过程中有秩序和协调地使用企业的各种资源，其目的在于对企业各种活动和各种职位进行合理安排。激励是影响职工按企业要求去工作的过程。管理的激励职能包括领导、团体动力学、信息沟通和组织改变四个方面。任用又称人力资源管理或人事管理，主要涉及职工的招聘、任用、培训、调配、评价、奖罚和其他人事管理工作。控制包括所有旨在使计划与实际活动相一致的活动。

第二，市场营销能力分析。企业的市场营销能力分析是从企业的市场定位和市场营销组合两个方面来分析企业在市场营销方面的长处和弱点。市场定位是指企业高层管理者在制定新的战略之前必须回答的“谁是我们的顾客”这一问题。市场营销组合是指可用于影响市场需求和取得竞争优势的各种营销手段的组合，主要包括产品、价格、分销和促销等变量。

第三，企业财务分析。这是指企业财务管理人员如何管理企业资金，是否根据企业的战略要求决定资金的筹措方法和资金的分配，以及资金的运作和决定利润的分配。企业财务分析对象包括企业的清偿能力、债务—资本的比率、流动资本、利润率、资产利用率、股票的市场表现等内容。

第四，其他内部因素分析。这主要包括生产分析、研究与开发分析以及企业文化分析等方面。

2. 确定企业的目标和使命

目标是企业的目的点，规定着企业的发展方向和进程，通常以某些定性和定量标准、尺度或指标表示出来。目标对企业的基本作用包括：规定企业与环境的关系，协调决策与决策者为企业提供的运作绩效评估标准等。为了确定目标，公司制定战略时，首先考虑的是给公司定位，即弄清楚三个问题：我们是什么样的公司？我们应该是什么样的公司？我们将是什么样的公司？这实际上是要求弄清楚公司的产品、市场、顾客、服务和行动的总体方向，并在此基础上确定公司的总体目标。

一般来说，企业的总体目标可以分为两类：一是经济方面的，包括市场销售、活力、树立企业形象、发展、分配等；二是社会方面的，包括满足社会消费需要、增加税收、革新技术以影响社会、改造生产环境以净化社会、提供就业机会等。

跨国公司的使命所体现的特定经营哲学规范着企业的内在特性、指导原则和思想基础，规定了企业的职能，服务于跨国公司的全球运作，为企业制定了长远方向、基本目标和利润动机。公司使命需要不断修改和完善，这种修改和完善建立在随实践变化而对公司自身资源状况和公司利益相关者状况的综合考察基础之上。

3. 选择经营战略

选择经营战略并不是抽象地比较战略的优劣，而是从实际出发，考虑经营战略的适用条件，不同的适用条件需要采用不同的战略。

(1) 大中型企业的战略选择。大中型企业一般筹集资金的能力较强，能用巨大的销售额来提高市场份额，并能同时开拓国内外两个市场，甚至成为产业领先者。大中型企业在人才、技术、经营管理等方面具有优势，素质较高，创新能力较强。这类企业有可能实现多样化经营，提供多样化的产品和服务，这样既能提高盈利能力，又能分散经营风险，并增强适应市场变化的能力；同时，也有可能将小型企业吸引在自己周围，发挥专业化协作的优势。

（2）小型企业的战略选择。小型企业的经营特点与大中型企业正好相反，它们的资本少、筹资能力弱、经营规模小，在人才、技术、管理上缺乏优势。但是，小型企业的组织简单、决策较快、生产经营比较机动灵活。根据上述特点，小型企业可以采用的战略有集中化（即“小而专、小而精”）战略、寻找空白点战略、经营特色战略、高新科技战略、联合竞争战略以及承包经营战略。

（3）大小企业的结合战略。这种战略又称特许权经营战略。所谓特许权是指一家大企业选定若干家小企业，授予大企业产品、服务或品牌的经营权，并收取一定的特许费，但不损害小企业的独立自主权。

各业务单位为了实现企业的战略，还要在业务单位、产品和市场层次上制定各项具体的职能战略，如市场营销战略、财务战略、生产战略、人力资源战略等。这些职能战略是企业的总体战略在各业务单位、产品和市场层次上的具体化。在制定这些职能战略时，应明确各单位在企业战略规划中的地位，处理好各种职能之间以及各个部门之间的关系和矛盾。

（二）战略实施

战略制定后，企业必须将战略方案转变为战略行动，这一转变过程就是战略实施。战略实施就是提出具体的实施方案，制订行动计划，建立操作程序，将企业战略转化为实际行动并取得成效的过程。战略实施的第一步工作是制定短期目标，制定旨在实现这些目标和为经营决策提供指导的职能战略。第二步是分配公司资源，即在不同战略经营单位和职能区调配资本、人力资源、技术以及其他资源。第三步是设计适于执行公司战略中跨国经营战略的组织结构。第四步是关键人物领导战略实施，执行跨国公司战略的关键在于各海外机构或职能部门之间的组合和调配资源。

1. 短期目标

短期目标是为每个职能区、部门以及每个战略经营单位内的各单位而确定的目标，设计这些目标是为了改进作业效率，因而短期目标围绕着行动而展开。长、短期目标的重要区别在于衡量特点不同。虽然这两类目标都可定量化，但长期目标具有相对性和宽泛性。

2. 职能层战略与政策

战略与政策必须在财会、营销、人事、生产与作业、研究与开发等职能区加以制定和实施。这些职能区战略应与经营层目标和战略吻合。

职能层战略也称政策，它们通过在日常经营活动中为执行战略提供和运用某些方法而使经营战略得以运转，其特点是将战略思想转化为行动，并辨别和协调不同领域所采取的支持战略经营单位战略的行动，以提高跨国公司目标得以实现的可能性，从而为连接经营战略方案与其执行过程之间的行动提供了指导。

3. 资源调配

跨国公司用以调配的资源主要有三种，即人力、资金和固定资产。战略得以合理实施的标志是无资源浪费。在三类资源分配中，优秀人力资源应基于机器、厂房、技术、工艺和产品秘诀等的可供性予以首先分配。这些骨干想出新点子，经营层和职能层战略可对之加以利用。接下来，再将资金分配于各个经理提出的项目、战略上。

资源分配要注意平衡，不仅要求三类资源之间的平衡，而且要求不同项目、战略经营单位以及每个战略经营单位的各职能之间的平衡。只有优秀的战略家能想出良策，只有优秀的经理能实施优秀战略。因此，每个组织单位都需要优秀人才制定和执行战略。其他资源对实施战略也十分重要。跨国公司经理脑海里装着特定战略目标，高瞻远瞩，在各战略经营单位之间分配和转移关键资源。这些战略经营层次的公司用不同方法在其不同的功能区、部门、单位之间分配资源。此时，资金分配通常采取预算形式。问题在于，战略经营单位应该扩大生产能力，用更多的投资改进管理技术和职工培训。在资源有限的情况下，战略经营单位管理者应根据跨国公司经理们制定的指导原则确定哪种职能或业务在资产、资金和人力分配中有优先地位。

4. 组织结构

战略目标和意图要靠组织去完成和实现。战略实施中的重点是建立一个良好的组织结构。活动、职责以及与战略需要吻合的相互关系需要予以精心安排。未经筹划的组织结构有碍于结构与战略实施之间的协调，这将导致效率低下、沟通不畅和一盘散沙的行动。组织结构是以实现目的为手段，其自身不是目的，它是使管理业务规模多样化并促进战略成功的工具。

5. 人力资源管理

人力资源管理是委任关键领导人物和总经理。个人、群体和单位构成组织行动的基础，他们的行动效果决定着战略实施能否取得成功。有效地领导是促进和引导个人及群体努力迈向战略成功、目标实现的根本。

（三）战略控制

由于跨国公司经营活动在地理上的分散性、经营内容的多样性、经营过程的不确定性，因而跨国公司战略控制极为复杂和困难。

1. 跨国公司战略控制的内容

跨国公司全球战略控制包括战略控制、组织控制和操作控制三个层次。跨国公司战略控制的内容一般包括三种活动：一是监视、分析企业环境因素的变化，评价企业战略制定根据是否成立；二是测定企业表现，判断企业战略实施结果与预期的差异；三是采取必要的纠正行动，调整或修改企业的政策、具体战略、目标等战略管理的内容。

2. 跨国公司战略控制系统

战略控制系统是跨国公司战略控制的重要环节。建立战略控制系统包括以下四个步骤：

（1）建立绩效控制标准。从生产和市场营销角度看，这些控制标准包括销售水平、生产水平、质量标准、雇用水平、成本与收入、财务和收益等。

（2）评估实际绩效。对公司业务运作实际绩效的准确评估要求公司建立一种收集财务数据和非财务数据的系统。目前，跨国公司普遍采取数据自动记录系统，以使公司能够收集每日的生产和销售数据，并对数据进行处理与分析。

（3）将实际绩效与绩效标准相比较。这种比较有助于公司管理层确定实际绩效和绩效标准之间的差异及缺口，发现这种差异和缺口的性质与规模。

（4）战略修订。这是指采取正确的行动，以便对绩效差异做出正确的反映。跨国公司在对实际绩效和绩效标准进行对比的基础上，对相关信息进行重新分析与预测，并根据分析和预测的结果，对战略控制系统中的绩效标准进行修正。战略方案修改的原因多种多样，可能是战略的长期稳定性与战略环境多变性之间发生矛盾、战略方案本身不科学或执行有误等。其修改可能是局部修改、职能战略修改或总体战略修改。

■第二节　跨国公司的全球战略

自 20 世纪 90 年代以来，随着经济全球化的强劲发展，全球竞争日益加剧，许多跨国公司开始扬弃传统的市场战略和资源战略，相继宣布推行全球战略。

一、全球战略的含义与特征

跨国公司的全球战略有利于跨国公司提高对全球资源的配置效率、增强国际竞争力，有利于跨国公司对各种市场做出合理的选择、组合以及有效的进入。

（一）全球战略的含义

跨国公司的全球战略就是在正确的战略思想指导下，在科学分析国际经营环境和自身经营条件的基础上，为求得长期生存和发展而做出的总体、长远的谋略。具体地说，跨国公司的全球战略就是在经济活动中，以全球竞争的视野和思维方式，在考虑来自世界任何国家以及地区的激烈竞争和各种可能变化的环境时，要从全球、长远的角度出发，最合理地配置和使用各种有限资源，对各种市场做出合理的选择、组合以及有效的进入。从其制定要求看，全球战略就是从机遇和风险的角度来评价现在和未来的环境，评价公司现状的优势和劣势，进而选择和确定公司的全球、长远目标，制定和选择实现目标的行动方案。

（二）全球战略的特征

与其他战略相比，典型的跨国公司全球战略有以下五个基本特征。

1. 具有全球性思维的经理层

全球战略的真正含义在于将所有方面有机、统一地考虑。跨国公司由市场战略发展到全球战略，其实也是由民族经济和母国利益的“多国国内战略”向服务于全球范围内公司利益最大化的“无国境战略”转变，公司经理也就由民族经理转化为全球经理。全球性的思考就意味着在全球利益最大化目标的指导下，全球性地思考经营环境的变化、资金筹措、生产布局、营销措施以及企业的生存与发展问题。不仅母公司经理要全球性地思考，子公司经理也要全球性地思考，努力克服地方狭隘观念，全球性地思考本公司的生产经营、与母公司和其他子公司的关系以及服从全球战略等问题。总之，全球性思考是全球战略的灵魂，只有这样，才能统揽公司整体的、长期的利益。

2. 具有更大的风险性

面对全球竞争市场，跨越多种文化系统，在全球范围内配置资源，无疑充满着不确定性和变数。由于不易控制的因素增多，从而使全球战略经营决策的风险增大。由于全球战略的实施强调公司应着眼于长远利益和全局利益，牵一发而动全身，因而决策失误可能造成的损失比实施其他战略更大，所以跨国公司必须根据不断变化的情形适时调整经营战略。

3. 具有旺盛的创新能力

在当今经济全球化和知识经济的时代，知识不断更新，技术革新加速，市场竞争加剧，创新已经成为企业生存和发展的基本动力。全球行业通常表现为数家跨国公司垄断的寡占结构，竞争异常激烈，市场行情更是急速变化。不少名噪一时的跨国公司由于缺乏持久的创新能力，或销声匿迹，或陷入困境；相反，那些保持旺盛创新能力的企业成为了行业领头羊。创新不仅是推出新产品，而且包括新技术开发、新管理方法的运用、新制度的实施以及新市场的开拓等。旺盛的创新能力是跨国公司维持和获得全球竞争优势的动力源泉，是全球战略的本质要求。

4. 全球生产经营的专业化、标准化

全球战略要求跨国公司营造全球竞争优势，竞争优势意味着以最低的成本获得最好的技术和产品设计、制造和销售。实行市场战略，跨国公司在多个国家内进行生产销售，无法在世界范围实行专业化生产而获得规模经济。经济的全球化使跨国公司突破国界，把不同的生产经营环节转移到相对有利的国家和地区，从而进行规模化专业生产，以降低成本。例如，美国的朋蒂亚克·莱曼汽车的生产、设计部门在德国，发动机生产在澳大利亚，变速器生产在美国和加拿大，车身薄板的生产在日本，无线电设备的生产在新加坡，而电气设备与轮胎的生产则在韩国。差别化生产经营无疑会增加成本，而标准化生产经营可以降低成本，标准化有助于规模化专业生产，从而产生规模经济。

5. 组织结构网络化和柔性化

企业组织理论认为，结构随战略而变化，以保证战略目标的实现。全球结构的组织结构特点是网络化和柔性化。网络化和柔性化的组织结构有助于跨国公司获得全球竞争优势和全球效率最大化。跨国公司由资源战略进展到全球战略的过程，也是其一体化程度由简单一体化深化到综合一体化的过程。这样，跨国公司的海外子公司不再是独自存在或者只是与母公司进行垂直联系，而是在母公司的协调下，实行双向或多向的资源和信息交流与共享，形成一个网络系统。

二、全球战略的类型

根据不同标准，跨国公司全球战略可以分为不同类型。

（一）按战略涉及的空间划分

以战略涉及的空间为依据，可将全球战略分为本国中心战略、多元中心战略、区域中心战略和全球中心战略。

（1）本国中心战略。它是指企业以本国或本民族为中心制定国际化战略的倾向。企业对国外子公司或分支机构的管理是依照本国公司的模式进行的，国外子公司和分支机构无须独立的战略方案，它们统一实施总部的战略方案。其以母国和母公司的利益与文化价值标准为决策的根本指导，以集中决策为特点，以产品分部组织管理结构为主，旨在通过跨国公司高度一体化的全球活动来攫取全球竞争优势。典型的是组成全球性的若干产品集团，通过各个产品集团的经理，负责实现必要的全球一体化。

（2）多元中心战略。它是以一个地区为主，特别是从东道国的文化需要出发，主要的战略重点在于更好地适应东道国环境，更为注重东道国的反应。

（3）区域中心战略。它强调发展区域战略的重要性。企业根据区域国家（如欧盟国家）的环境特点制定相应的战略，使之能够满足该地区不同市场的需求。

（4）全球中心战略。全球中心战略是适用于全球性系统决策的方法，它把不同的子公司统一起来，通过全球商务网络实现盈利与合法性的平衡。它是一种将产品和地区结合起来的两维结构的双重管理体制，一维侧重适应性，另一维侧重一体化。这种战略模式是最具全球性的系统决策模式，公司决策是在公司各级部门和子公司的相互磋商中做出的，能够充分发挥各国人才的作用。

（二）按公司偏离战略起点的程度划分

以公司偏离战略起点的程度为依据，可将全球战略分为退却型战略、稳定型战略和发展型战略。

（1）退却型战略。退却型战略是采取从公司现有战略的基础起点往后倒退的战略。这种战略常用在经济不景气、国际需求市场紧缩、资源有限、产品滞销时期，即国际市场吸引力与公司营销能力均不足的时期。

退却型战略包括两种类型：一是以退为进，即在一定时期内从现有的地位和水平往后倒退，让出一部分甚至全部市场，等条件成熟后再大踏步前进；二是失败性的退却战略，即公司产品、市场失去吸引力且企业无力改变，被迫退却，比如产品进入淘汰期的企业就只能采取该种战略。

（2）稳定型战略。稳定型战略又称防御性战略，是指企业为了保障安全经营而在一定时期内对产品、技术和市场等采取以守为攻的方式，通过巩固市场、降低成本等来维持经营。

稳定型战略包括两种类型：一是积蓄力量等待大发展的战略，即积极防御战略；二是顶住压力、威胁，维持公司现状的战略，即消极防御战略。这种战略适用于外部环境和内部实力暂处劣势或相对稳定，没有明显优势和不利因素的企业。

（3）发展型战略。发展型战略又称进攻型战略，是指公司依靠自身的力量在现有基础水平上向更高级的方向发展的战略。它适用于经营处于优势地位的企业。发展型战略可以选择以下几种方向：

第一，单一经营战略。这种战略是集中公司的资源于某一种或几种产品或者服务上，以强化竞争能力并取得竞争优势。它使企业的经营方向明确、力量集中、管理简化，在社会需求日益增大的情况下，这种战略最能获得成功，是最常采取的发展战略之一。

第二，密集型战略。这种战略是指发展与公司现有产品或服务相似的新产品或新服务。当公司的生产和销售尚有发展潜力时，采取积极的措施，开辟新的业务领域，增加新的品种，使公司经营多样化，从而全面扩大生产和销售，提高公司适应环境的能力，减少风险和获得更多的发展机会。这是使新产品或新服务能继续利用公司原有的专门技能和技术、经验、生产线、销售渠道等的发展战略。

第三，一体化战略。这种战略是公司在产、购、销三方面实现一体化，使加工制造、原料供应和市场销售实行联合，从而扩大生产和销售的能力。其主要目的是提高企业的市场地位和保障企业竞争优势，适用于着眼长期战略利益、在整个行业中具有较强竞争力的企业。但是，由于其经营范围的扩大，对企业资源供应、投资规模、技术水平、管理水平、生产能力等方面的要求很高，一些企业难以适应。

第四，多样化战略。这是一种通过开发新产品、占领新市场来扩大经营范围的战略。其目的是提高企业竞争力和对市场需求的适应性，以期企业长期稳定发展。实施这种战略的跨国公司一般通过创建新厂或兼并别的企业，经营与公司业务没有联系或联系不大的跨行业业务，形成生产多种产品的综合体系。因此，它更适合那些规模大、资金雄厚、市场开拓能力强的大型企业。多样化战略有利于企业分散风险，有效利用经营资源，促进企业经营在生产、技术、市场上向有关联的领域发展，扩大经营范围。

（三）按战略成功的关键因素划分

以公司战略成功的关键因素为依据，可将全球战略分为低成本战略、差异化战略和重点战略。

（1）低成本战略。低成本战略包括价格求廉与数量求多战略。在这种战略中，成本与数量紧密相关。它的核心是使跨国公司的产品成本比竞争对手低，也就是在追求产量规模经济效益的基础上降低成本。通常的做法是严格控制一切费用支出，提高劳动效率，实行规模化生产。

（2）差异化战略。差异化战略是指跨国公司利用专利技术、管理方法和市场营销等方面的优势，提供与众不同的产品和服务，在产品设计、品牌质量、性能、企业形象、营销方式、产品售前售后的服务等方面寻求与竞争对手的差异化，形成自己的特色，以吸引顾客。这种战略的缺点是保持企业的特色要以增加成本为代价。

（3）重点战略。重点战略是指跨国公司将战略目标集中到国际市场上特定客户群体的特殊需求，或者特定产品和市场层面，以建立企业的竞争优势。重点战略的决策与国际市场的细分紧密相关，没有市场的细分，就无所谓重点与非重点。所以，重点战略决策的首要工作是对产品市场进行细分，找出对本公司最有利的细分市场。重点战略能够使公司集中自己的力量专门针对某类细分市场，比较容易取得成功。该战略适于那些资源和实力有限的中型企业。

（四）按战略是否符合主客观条件划分

以战略是否符合主客观条件为依据，可将全球战略分为保守型战略、可靠型战略和风险型战略。

(1) 保守型战略。这种战略没有充分发挥公司的潜力，所确定的战略目标和对策水平都低于企业经过努力能够达到的水平，因而实现目标的保险系数较大。

(2) 可靠型战略。这种战略所确定的目标与对策水平正好与企业经过努力所能达到的水平和地位相适应，条件充分、分析具体、决策正确、手段和措施到位，从而保障了企业的持续稳定发展。

(3) 风险型战略。这种战略所确定的目标与对策水平超过了企业经过努力所能达到的水平与地位，在与竞争者的抗衡中有一定的风险。决策的可靠程度不同，但一旦决策成功，就可以为公司带来巨大的"风险利益"。

三、全球战略的优点和缺点

(一) 全球战略的优点

全球战略的优点主要体现在以下四个方面：

1. 降低成本

全球战略降低成本的方法主要有以下几种：

(1) 将生产或其他经营活动放到两个或多个国家联合经营可以获得规模经济效益。例如，数字光盘唱机的大批量生产可以获得规模经济效益。

(2) 将制造或其他经营活动转移到低成本国家可以降低要素成本。这已成为近年来将制造业移往国外理所当然的动机。例如，在美国和墨西哥边境的墨西哥一侧积满了由美国公司建立、管理和使用墨西哥劳动力的制造厂。

(3) 集中生产是指减少产品的种类，从多数地方模式变成少数全球模式。显然，当一个工厂的产品种类减少时，产品的单位成本便会随之下降。这种产品种类的减少会降低由建厂、停工、额外存货和其他诸如此类因素所产生的成本。

(4) 可被利用的灵活性是指短期内将生产从一地转到另一地在某一给定的时间段内所获得的最低成本利益。道氏化学公司（Dow Chemical）采用了这种以最低成本生产化工产品的方法。该公司为此使用了一个测算在汇率、税率、交通运输和劳动力成本等因素上的国与国之间差别的线性规划模型。利用该模型可以推导出每个计划期各地区最佳的生产量组合。

(5) 提高议价能力是指通过一个可以在不同国家的多个生产场所自由转移生产的战略，从而极大地提高了一个公司与供应商、工人和东道国政府讨价还价的能力。自1992年单一欧洲市场形成以来，出现了允许公司不受约束地在国家间转移生产的情况，这受到了欧洲工会组织的极大关注。这种一体化生产战略在牺牲工会利益的情况下，大大提高了公司管理者的讨价还价能力。

2. 提高产品和项目质量

与其他战略相比，全球战略促使跨国公司将焦点集中在范围更小的产品和计划上。这种集中能够提高产品和计划的质量，原因是企业可以将财力、人力、物力等各种资源都集中在有限产品的生产、设计和研究与开发上，而不是将有限的资源过于分散化。这也是日本汽车工业成功的因素之一。

3. 扩大消费者的偏好

全球战略可以帮助跨国公司增强其产品的全球可得性、全球服务能力和全球认可，从而扩大消费者的偏好。软饮料和快餐业的跨国公司，如可口可乐公司和肯德基、麦当劳就是很好的例证。生产标准化工业品的跨国公司也可以通过世界范围内的熟悉与认同获得消费者的喜爱。

4. 增加竞争的手段

全球战略可以为跨国公司在对竞争者的进攻与防御中提供更多的选择。以美国大型医药公司 Becton Dickson 为例，它为阻止日本医药企业进入美国市场，决定在日本的后方选择三个新的市场，最后进入了中国香港、新加坡和菲律宾市场，并成功阻止了日本医药企业的进一步扩张。

（二）全球战略的缺点

由于协调工作的增加，各种传达活动和人员的增加，全球化会带来显著的管理成本。每种全球战略手段都有各自的缺陷。

（1）作为全球战略手段的市场参与可能招致的缺陷是，对一个市场过早或过多地承担了义务而没有考虑参与者的自身利益。20 世纪 80 年代以来，许多美国公司（如摩托罗拉公司）长期致力于向日本市场渗透，其目的大多是为了提高它们的全球竞争地位，而不是为了在日本赚钱。同样，20 世纪 90 年代以来，许多国外公司一直为在中国确立市场地位而努力奋斗，吸引它们趋之若鹜的是将来的回报。

（2）产品标准化可能会导致任何地方找不到一种可以充分满足顾客的产品。

（3）价值增值活动会加大这些活动与客户的距离并且可能降低敏感性和灵活性。此外，在不同国家所产生与获得的收入还存在着货币风险。

（4）一致性营销可能会削弱对地方顾客行为和营销环境的适应性。

（5）竞争策略一体化可能意味着在单个国家牺牲收入、利润或竞争地位。这种情况特别表现在，当一个全球化公司在一个国家的子公司被要求向一个全球竞争对手发起进攻以传达某种信号或将该竞争对手的资源从另一个国家转移出来的时候。为了支持摩托罗拉公司与其日本竞争对手的全球竞争，在整个 20 世纪八九十年代，摩托罗拉公司在日本的子公司一直扮演着上述角色。

四、全球战略的制定

跨国公司全球战略的制定包括全球战略的基本原则、全球战略的主要内容和全球战略的制定程序等几部分内容。

（一）制定全球战略的基本原则

跨国公司在制定全球经营战略时，遵循以下原则：

（1）公司战略目标应有现实性和长远性。公司选择的发展目标既要考虑内部资源条件和外部环境因素，又要展示经过努力可以实现的远景目标，使整个公司从上到下、从海内到海外都要有时间概念和任务指标。同时，战略设计对公司的未来发展目标做出了明确规划，具有前瞻性、创新性，以满足未来发展的需要。

（2）公司战略目标应系统化和合理化。制定公司发展目标时，应该使各个目标之间保持连贯性和一致性，尽量避免矛盾和利益得失，否则将失去其指导作用。战略规划应根据经营环境和自身能力的变化，对其进行适时和适度的修改。

（3）公司战略目标必须数量化和指标化。行之有效的公司发展目标不仅要有定性要求，还要有定量指标，这样既便于子公司贯彻执行，又便于母公司检查和考核。

（4）公司战略目标必须包含具体的政策和措施。战略目标所勾画出的公司前景，是要靠具体的政策和措施来实现的；同时，每项政策和措施又要反过来体现公司发展目标的利益和要求。

大多数公司往往是以利润作为最重要的目标。但是，我们不能简单地规定获取利润的指标，因为利润只是公司经营的结果，它并没有为公司指出前进方向，而其他各个具体目标完成的好坏会直接影响利润指标。衡量利润大小，主要由投资收益率、销售收益率和股份红利率来计算。它们的计算公式为：

$$投资收益率=\frac{纯利润}{全部资本}\times 100\%$$

$$销售收益率=\frac{纯利润}{总销售额}\times 100\%$$

$$股份红利率=\frac{纯利润}{全部股份}\times 100\%$$

（二）全球战略的主要内容

1. 确定全球战略规划的时间跨度

战略规划的时间过长或过短均有弊端。时间过长，会由于世界经济的急剧变化而失去意义；时间过短，又达不到战略指导的意义。通常说来，战略规划短则 3～5 年，长则 10 年或 20 年。战略规划中还应包含数量和质量的指标要求。首先，在战略规划的期限内，对全公司的任务、目标、增长策略、产品投资组合、研究与发展方向等方面，做出总体战略安排。其次，各部门或地区根据总体战略，结合各自情况，制定相应的战略大纲。最后，各附属公司制定具体的战术或工作计划。这样，整个公司从上到下既有时间指标，又有数量和质量指标，便于公司在管理中的控制和监督。

2. 对公司实现战略目标内部因素的分析

对公司内部因素的分析，目的在于了解自己的优点和缺点，在实际业务活动中扬长避短，始终保持竞争优势。对公司内部因素分析的主要项目包括管理水平、生产能力、市场营销、财务状况、研究与发展、对外部环境约束的应变能力等。

3. 对公司实现战略目标外部环境的分析

对公司外部环境的分析，目的在于了解在现有的国际环境下，当前和未来的市场机会和局限因素。对外部环境分析的主要项目包括对宏观经济形势、政治形势、工业发展、技术水平、法律制度、财务制度、竞争对手、销售渠道和目标市场等因素进行逐项和综合的分析。

4. 制定公司的战略发展目标

经过对公司内部因素和外部环境逐项及综合的分析和评估之后，明确了公司的现状和发展方向，然后在此基础上制定公司的战略发展目标。该战略发展目标应充分体现以下原则：发展目标要富有现实性和鼓动性；目标要求数量化和层次化；目标各部分要协调一致；要有保证目标实现的具体政策措施。

5. 拟定公司发展战略

公司发展的具体战略包括进入战略（进入国外市场的方式及程度）、市场选择战略、产品战略、所有权战略等。

6. 公司战略目标的实施

公司及时地按照生产量、销售量、利润量与生产成本等目标，检验实施效果，分析实施战略计划过程中发生偏差的原因，及时进行修正或改为实施应变计划等。

（三）全球战略的制定程序

跨国公司制定全球战略的标准程序分为 14 个步骤：

（1）确定战略目标的有效期。

（2）评估整个公司全球综合的竞争实力和在每个国家的竞争实力。

（3）预测目标期内每年对产品和服务的需求。

（4）确定竞争重点和总体策略。

（5）确定目标期内每年每个国家的销售指标。

（6）确定进行生产和开展其他经营活动的国家，以适应目标期内的销售指标。

（7）列出那些生产商具有潜在优势的国家。

（8）评估可供选择的生产地的投资金额和经营成本，测算从这些地方将产品输送到潜在市场所需的运输及关税费用。

（9）绘制目标期内公司的最佳布局及保障体系。

（10）预测所在国的风险。

（11）计划实现目标每年所需追加的投资金额。

（12）评测预期的现金流量及净现值。

（13）预测目标期内可达到的最高和最低的投资限度。

（14）及时调整投资计划和销售指标。

■第三节　跨国公司的国际战略联盟

跨国公司的国际战略联盟是由经济全球化导致的一场巨大而深刻的经济变革，是新的国际分工全球化发展的结果。它使得国际竞争在更高层次上、更大范围内，向更深的程度全面展开。计算机和网络技术的发展，为跨国公司战略联盟提供了技术基础。国际市场的网络垄断型态势，为跨国公司国际战略联盟奠定了产业基础，而国际反托拉斯的推广，则为跨国公司国际战略联盟的发展扫清了法律障碍。

一、国际战略联盟的含义及特征

为获得先进技术和管理经验，提高企业的经营价值，增强产品竞争力，减少市场准入风险及实现其他战略目标，跨国公司战略联盟的意义重大。

(一) 国际战略联盟的含义

国际战略联盟又称跨国战略联盟，是指两个或两个以上的跨国公司为实现某一战略目标而建立的合伙关系。这种战略联盟是通过外部合伙关系而非通过内部增值来提高企业的经营价值。这种合伙关系试图跨国利用与整合各成员的可供资源和经济实力，通过各种协议而结成利益同享、风险共担的松散型经济体联盟。它能发挥并加强成员的竞争优势，以便对新出现的技术变革和市场机遇做出反应。

一家跨国公司可以和一个或多个合作伙伴在几个不同的领域内结成联盟，同时又在其他领域内与之展开竞争。这样既可以避免通过外部扩张（即资产重组、兼并和收购）带来的两败俱伤，又可以避免债务增加、股权稀释、企业凝聚力降低等企业合并的后遗症，还避开了威胁企业生存的巨大风险，同时以最小的成本实现了最大的企业内部扩张和外部扩张。

目前，跨国联盟已经成为跨国公司进行技术合作和技术转让的一种新形式。由于技术（尤其是尖端技术）开发的高风险、高成本以及新产品的快速淘汰，越来越多的跨国公司与一些有相关技术优势的公司达成协议，组成战略联盟，共同承担技术的开发成本，获取新技术并更好地利用稀缺的技术人才。由此可见，战略联盟的目标主要是获得先进技术和管理经验，进入新市场，以及增强产品竞争力。这种跨国战略联盟主要集中在高新技术产业。

(二) 跨国公司国际战略联盟的主要特征

国际战略联盟与传统的国际合资经营合作方式有着本质区别，战略联盟对内可以起到整合内部资源、优化企业价值链的作用，对外可以作为远交近攻的策略。

1. 战略联盟合作形式具有较大的灵活性和随意性

战略联盟与合资经营企业在合作方式上完全不同：传统的合资经营企业是一个独立的经济实体，对于资金投入、资源的承担、管理结构和利润分享均有法律上的约束性协议规定，是一种股权式的紧密型结合；而新型的战略联盟各方签订的则是一种非约束性的“谅解备忘录”，是非股权式的松散“联姻”。联盟契约仅仅表明合作各方的共同战略目标以及在生产和销售方面协调行动，其共同目标的实现完全靠协商而非法定的权利与义务。联盟成员之间具有独立人格，法律地位平等，不是控制与反控制的关系，而是一种松散的合作伙伴关系，这种关系可以随时因外部因素的变化进行调整。

2. 跨国公司战略联盟实现了“柔性竞争”

战略联盟将来自不同国家、不同企业的不同所有者组合在一起，形成了“你中有我，我中有你”的关系。它是竞争对手的合作，在合作中竞争，改变了传统的竞争与合作对立的观念，形成了所谓的“柔性竞争”。加盟的各方都有自己的目的，以对方之长补己之短，防御性地分配市场，进攻型地开辟市场，从而提升加盟者的整体竞争力。

3. 跨国公司战略联盟实行全方位合作，组织结构创新

战略联盟不只局限于合资企业的相互参股、资本流动，还拓展到技术、市场、资金、人才、信息等方面的全方位合作。它把分散在各国的研究与开发、生产加工、市场营销及售后服务等环节上具有特定优势的不同企业联合起来，实行分工合作、优势互补、资源互用、利益共享。这样，加盟者既可以从对方获得各自所需，又确保各自的独立性。

4. 跨国公司战略联盟是一种深层次的合作形式

战略联盟是以技术、信息、知识共享为核心的利益共同体。战略联盟改变了以往企业单枪匹马自行研究与开发新技术、新工艺、新产品的传统做法，提升到共同研究与开发新技术，推出适应当地市场的个性化、优质化的产品和服务。这样以竞争而合作，靠合作来竞争，使战略联盟的层次更深，更具生命力。

二、国际战略联盟的类型

国际战略联盟根据不同的划分标准可以分为不同类型。

（一）根据在价值链上所处位置的划分

根据在价值链上所处位置的不同，战略联盟可以分为资源补缺型国际战略联盟、市场营销型国际战略联盟和联合研究与开发型国际战略联盟三种。

（1）资源补缺型国际战略联盟。它是指跨国公司以上游活动与对方的下游活动结成的国际战略联盟。这里有两种情形：一种是拥有独特技术的跨国公司，为了接近海外市场或利用对方的销售网络而结成的联盟。这类联盟在取得资源互补、风险共担、规模经济及协同经济等优势的同时，往往忽视自身核心能力的提高。另一种是跨国公司与用户的联合型国际战略联盟。通过这种方式，跨国公司将生产与消费、供给与需求联系起来。

（2）市场营销型国际战略联盟。这类联盟多流行于汽车、食品和服务业等领域，重在互相利用各自价值链体系中的下游环节，目的在于提高市场营销的效率和市场控制能力。这类联盟是抢占市场的有效手段，能够较好地适应多样化的市场需求。例如，福特汽车公司和马自达汽车公司的营销联盟，使福特汽车顺利进入壁垒森严的日本汽车市场，也使马自达汽车在美国占有一席之地。这种联盟的不足之处在于，这类联盟以降低环境的不确定性为目的，而不是致力于提高联盟各成员的核心能力，因而不能带来持久的竞争力。

（3）联合研究与开发型国际战略联盟。这是在研究与开发领域开展的国际合作。参与联盟的公司充分利用联盟的综合优势，共享开发资源，互相协调，共同开发新产品和新技术。日本松下公司与美国 Intel 公司共同开发 16M 的 DMM 技术，美国通用电气公司与日本三家公司共同开发原与法国斯素克玛公司共同开发的新一代发动机等

就属于联合研究与开发型国际战略联盟。

（二）根据主体地位不同的划分

根据主体地位的不同，可将国际战略联盟分为接受型国际战略联盟和互补型国际战略联盟两种。

（1）接受型国际战略联盟。它又称互惠联盟，多产生于差异性显著的公司之间，处于联盟的低级阶段。其目的是实现对一方市场的进入，而不是为了对付市场竞争，属于非对抗性的。发达国家的跨国公司通过转让技术和设备、发展中国家通过提供市场和劳动力等所结成的联盟就属于此种类型。

（2）互补型国际战略联盟。它是联盟的高级阶段，多出现于同行业、同等发展水平的跨国公司之间，其特征为强强联合。该联盟的出发点是取得优势互补，提高市场竞争力，以期在对抗性极强的市场竞争中立于不败之地，因而是一种对抗竞争导向型联盟。互补型国际战略联盟的成员多为发达国家企业。

三、跨国公司组建国际战略联盟的原因

随着国际市场竞争愈演愈烈，大公司为保持和发展生存空间，纷纷利用“联姻”的办法，弥补公司技术、市场和竞争力不足，增强公司的竞争力和生命力。

（一）技术互补是加速组建国际战略联盟的重要原因

跨国公司若要保持技术竞争优势，或从一种优势转向另一种优势，就必须加大研究与开发力度。但新技术、新产品的研究与开发费用较高，即便像跨国公司这样的大公司，独家企业也难以应付巨额的研究与开发费用，只得借助于“联姻”，互补和分享最新的知识、有效协调的产销网络和灵活转换产品结构的能力。

联盟合作伙伴的选择与联盟关系的确立是联盟成败的基础，选择合适的伙伴，是联盟和谐共生、长期合作的首要问题。成功的企业总结出了联盟伙伴的“3C”原则，即兼容性、贡献力、诚信度原则。兼容性要求成员从经营理念到操作处事要协调一致。贡献力是指各成员应全力以赴投入自己的核心竞争力。诚信度是指各成员对联盟种种承诺的兑现程度。然后，以此建立联盟的信任机制。

（二）组建国际联盟的外部原因

（1）应对日趋激烈的市场竞争。市场是企业生存和发展的必要条件，自20世纪70年代能源危机以来，世界经济持续走低，经济不景气、低速增长，许多耐用消费品市场饱和、竞争激烈，贸易保护主义抬头，这一切都增加了跨国公司进入市场的压力。

（2）应对市场需求结构的变化。世界市场消费需求结构发生变化，各种产品的差异性扩大，市场日益细分化，迫使各国跨国公司改变传统的大规模标准化产品生产的模式，逐步走向个性化、优质化和小批量化的生产模式。

（3）采用联盟方式有助于扩大市场份额。跨国公司为了确保现有市场和扩大潜

在市场份额，唯有走加盟的道路，促成优势互补，才能迅速加强自己的市场渗透能力。

(4) 企业跨国联合，增强企业竞争力。增强企业竞争力是促成跨国战略联盟的又一原因。过去，跨国公司用兼并的方法击败竞争对手，以增强经济实力。但有时对手的实力与自己旗鼓相当、不相上下，双方共同争夺某些资源和市场，又各不相让、正面厮杀，其结果是鱼死网破、两败俱伤。现在，跨国公司另辟蹊径，采用跨国联盟的方式，与昔日对手携手合作，在竞争中求发展。

总之，国际战略联盟成为跨国公司国际化经营的主要方式，其原因在于现代科技已将产品推向高技术化，使得一些大公司也望而却步；资源投入增加，提高了生产成本；产品生命周期缩短，要求加大研究与开发力度；消费水平的提高，迫使产品向高、精、尖方向发展；贸易保护主义加强，使得市场经营风险增长；汇率变动频繁，市场变化莫测；引进核心技术更加困难等等。这些因素都促进了国际战略联盟的兴起和发展。

四、国际战略联盟的形式和战略目标

公司契约式联盟、合作备忘录式联盟和国际协作式联盟是跨国公司战略联盟的主要形式。扩大技术交流、促进共同发展、缓解国际纠纷、避免过度竞争等是跨国公司的主要战略目标。

(一) 跨国公司国际战略联盟的形式

一家跨国公司根据其不同的战略意图和不同联盟伙伴所具有的特定比较优势，可以构成各种不同的联盟方式，主要有以下三种：

(1) 公司契约式联盟。它是通过契约规定各方的权利和义务，而不是按资金实力决定它们在联盟中的地位。常见的形式有技术互换协议、生产合作协议、许可证协议以及销售代理协议等。

(2) 合作备忘录式联盟。它是通过签订合作备忘录相互交流信息、提供技术咨询服务、交换特许权、介绍客户等，从而建立一种比契约形式更松散的合作关系。

(3) 国际协作式联盟。它是通过对合作各方的有效联系，迅速调动各方资源，分头开发高新技术项目。

(二) 跨国公司国际战略联盟的战略目标

跨国公司国际战略联盟能够促成扩大技术交流、促进共同开发、缓解国际纠纷和避免过分竞争等战略目标的实现。

(1) 扩大技术交流。各国不同的企业有其技术之长和技术之短，企业利用联盟方式，扩大技术交流，实现优势互补。成功的例子包括韩国三大汽车集团利用与美、日汽车公司联手，获得了先进的汽车制造技术，迅速发展为世界主要汽车生产国和出口国。

(2) 促进共同开发。科技发展已进入一个新技术开发费用越来越昂贵的阶段，促使企业利用各自技术优势，共同开发新产品，降低开发费用。美国福特汽车公司与日本马自达汽车公司联盟，发挥前者精密的设计能力和后者完美的工艺质量，两家公司联合开发的新型越野车曾成功地获得美国“汽车新潮”最佳奖。

（3）缓解国际纠纷。半导体工业在世界市场上竞争激烈，因技术使用权问题，公司间经常发生摩擦和纠纷。例如，意大利、法国合资经营企业SGS—汤姆孙电子公司起诉日本东芝公司侵权，日本公司为防止事态扩大并对其不利，主动提出签订半导体专利的相互特许交换协议，以避免矛盾激化。

（4）避免过分竞争。20世纪90年代，美、欧、日厂家在芯片生产上展开激烈竞争，大有不共戴天之势。为避免两败俱伤，美国国际商业机器公司（IBM）与德国西门子公司（Siemens）联合日本东芝公司，三方合作开发新一代的256兆位芯片。

上述所列举的实现战略联盟目标的成功案例，其共同点是，都努力提升联盟内的“三力”，以克服联盟组织体内的文化差异。这三力是妥协力、协同力和掌控力。联盟是企业间的战略合作，关键是要解决内部的文化冲突，要求不同企业的文化要培育妥协力，形成协同力，促成联盟体内的新掌控力。

目前，跨国公司战略联盟的发展趋势不可逆转，尽管公司加盟有利有弊，但权衡利弊，还是利大于弊。因此，西方经济学家用“与狼共舞”去形容联盟的相互关系。联盟若能使成员之间的差异和矛盾得到缓解及缩小，战略联盟就会得到巩固与发展；联盟若不能使成员之间的矛盾和冲突得到缓解及缩小，反而激化和扩大，联盟成员便可能甩掉旧的伙伴，去寻找新的伙伴，联盟就会因之而解体。

考察国际战略联盟成功的经验，联盟蜕变和联盟间实施相互并购，也是联盟关系的演变形式。联盟蜕变是指联盟目标实现后，联盟成员为更高、更新的目标组建新的盟约关系。联盟并购是指盟员间实施收购的经济行为，这就使原联盟组织从“外部一体化”向“内部一体化”演变。通常说来，这种并购发生在各方实力悬殊的情况下，从而改变了原联盟的性质。

■第四节　跨国公司的所有权策略

所有权策略是跨国公司全球战略的核心，企业的竞争优势、对控制权的要求、抗风险的能力和母国与东道国的文化差异等是影响跨国公司所有权策略的重要因素。

一、跨国公司所有权策略

所有权策略（即股权策略）是跨国公司通过对外直接投资，直接参与、控制海外企业生产经营活动的战略。股权战略的核心是股权参与度的选择问题。所谓股权参与度，即股份拥有的比例，是指母公司在境外直接投资企业中占有股权的份额。按照公司对国外企业所有权的不同，跨国公司对外直接投资的股权参与方式有四种类型。

（1）全部控股，即母公司拥有子公司股权的 95%以上。

（2）多数控股，即母公司拥有子公司股权的 50%～90%。

（3）对等控股，即母公司拥有子公司股权的 50%。

（4）少数控股，即母公司拥有子公司股权在 49%以下。

在这四种股权参与形式中，全部控股的经营又称独资经营，其他三种形式都可归为合资经营。

（一）独资经营

独资经营是指跨国公司在对外直接投资时，在东道国建立拥有全部股权的子公司的经营方式。跨国公司的母公司享有子公司的全部所有权和经营权，并独立承担企业经营的全部责任和风险。其目的在于把海外子公司牢牢控制住，以维持企业在技术垄断、经营诀窍、产品质量和商标信誉等方面的优势，保障公司整体利益的最大化。独资经营可以通过创建和收购的途径实现。

创建是指跨国公司通过对外直接投资，在国外建立新的企业，或对其他实际资产进行投资。收购是指跨国公司购买国外现有企业的股权，进而接管该企业。实施跨国收购战略的方式有横向收购、纵向收购和混合收购。横向收购是指对同一产业部门且产品属于同一产品市场的企业的收购；纵向收购是指对与企业的母、子公司在产品生产经营中有着前后联系的企业的收购；混合收购是指对与企业处于不同部门、不同市场且相互没有特定生产技术联系的企业的收购。一般而言，收购原有企业只是改变其所有权，对原有资产实行重组，而创建新企业需要大量的重建工作，投入大、周期长。因此，收购与创建相比，具有减少竞争对手、降低行业进入壁垒、节约企业资金和时间以及可充分利用被收购企业现有资源等优势。但是，它同时也会遇到在创建方式中不会出现的一些问题，诸如对被收购企业的价值评估难、与被收购企业的磨合期长、原有规模和选址的限制、原有契约的束缚等。

（二）合资经营

合资经营是指跨国公司与东道国企业共同投资、共同经营、共担风险、共享盈利的经营方式。合资经营是股权经营，因此其利益按照股权结构进行分配，责任和风险也按照股权结构分担。

合资经营关系建立的要素包括：第一，资本结构，即合资经营的资本规模、合资经营各方投资的比重和出资方式。第二，合资公司的组织管理，主要是要确定合资公司的管理组织结构、管理人员及其管理职责和待遇、合资各方对合资公司的责任和权限等事宜。第三，合资经营的主营业务方向和其他业务，包括主营业务的范围、产品的品牌和商标、内外销售比例和价格、原材料供应等。第四，合资公司的财务及利润分配，主要确定合资经营公司的财务制度，所涉及的内容主要包括公司财务会计的内容和方法、利润分配和提留的比重等。第五，合资经营期限，主要确定合资经营期限和合资经营期限内的股权转让原则及条件。第六，关于有争议问题的解决，通常要确定的是当合资各方就某些重大问题发生争议时，解决争议的方式。

独资经营与合资经营的优劣势比较见表 4—1。

表 4—1　　独资经营与合资经营的优劣势比较

经营方式	独资经营	合资经营
优势	完全的经营自主权 利于整体战略调整 对子公司拥有控制权 利于控制核心技术	容易进入东道国市场 利用当地合作者的资源优势 成本低、风险低
劣势	进入壁垒高 成本高、风险大	难以协调统一 不利于整体战略调整 技术投入受限

二、所有权与控制权

所有权与控制权问题涉及对公司所有权的选择、所有权与控制权的关系以及跨国公司采用弹性所有权的原因等问题。

(一) 对公司所有权的选择

在不同的国家里，对公司所有权的选择也不尽相同。有些国家制定政策和法令对外国子公司的所有权予以规定。例如印度和墨西哥，通常要求外国公司在合资企业里以少数股权参与，它们规定外资不得超过 50%，以保证东道国掌握主权。有些国家只限定外国公司的产品和技术，而参股可以讨价还价，可以独资经营，也可以多数参股。还有许多国家欢迎外资，给外国公司在所有权问题上留有相当大的选择余地。《中华人民共和国中外合资经营企业法》规定，外资最低不能低于 25%，高的则没有上限，即使全部是外资也可以。但是，外资的比例高好还是低好？这要看产品外销和内销的比例。如果外销比例大，可以高一点；如果主要是内销，企业外汇收入很少，外资比例就不宜过高。

(二) 所有权与控制权的关系

所有权与控制权是有联系的，股权持有者虽然可以通过持有股权多少来影响国外子公司的重大决策和重要人员的任命，但控制权远远超过这一范围。

东道国对外资公司的控制权还可以表现为：东道国政府通过对企业的宏观控制影响跨国公司子公司的决策，规定外国权益的最高限额和当地股东的最低限额、当地原料在产品中应占的比例、产品定价、转移定价、利润汇回比率、劳资关系、工人的解聘、外籍人员居住条例等。东道国政府的这些规定往往给外国子公司的独资经营带来种种不便。

跨国公司对国外子公司的控制权表现为，通过各种手段来影响国外子公司，如控制生产、工艺、技术和销售渠道，或掌握资金的来源及运用的手段，或选派经理人员，或在合资企业合同中规定外国公司享有少数否决权，或在董事会名额分配上处于优势地位，或把经营管理置于另行规定的经营合同之下等等。

（三）跨国公司采用弹性所有权的原因

以往很长一段时间里，许多跨国公司持有一种顽固的态度，即在任何时候、任何情况下，坚持百分之百的股权。但是，在新的情况下，很多跨国公司在所有权战略方面不再坚持独资经营，而是采取弹性策略。其主要原因是：

（1）随着合资企业经验的增长，无论是发达国家还是发展中国家的东道国政府，对要求增加企业所有权的压力越来越大。有的东道国的民族主义情绪日益高涨，有时合资经营成为唯一可以选择的进入市场的战略。

（2）跨国公司本身对合资企业的看法趋于更加灵活和实际。越来越多的跨国公司逐渐认识到在国际业务中所有权不等于控制权，关键是多国籍公司能在多大程度上掌握独占的地位，如技术、产品、管理和市场等，从而影响国外子公司的决策。

三、跨国公司所有权的决定因素

跨国公司的所有权决策是最高层次的决策，其核心就是对股权参与度的选择。影响跨国公司股权参与度的因素主要是企业的内部因素和外部因素。跨国公司的内部因素包括企业的竞争优势、对控制权的要求、抗风险的能力、跨国经营经验；外部因素包括母国与东道国的文化差异、东道国对外资的政策及法律等。

（一）内部因素

（1）企业的竞争优势。企业的竞争优势体现在产品、技术、成本、管理及市场营销等方面。如果跨国公司的产品或服务相对于东道国市场的竞争对手而言，拥有特别的优势或明显差异，那么该公司应选择独资经营。如果该公司能够很好地保护其产品或服务的竞争优势，那么股本比例也可适当放宽，采用较为灵活的股权参与形式；反之，则要采取对等或少数股权的合资经营方式。

（2）对控制权的要求。跨国公司母公司对子公司的控制权对于实现公司目标是非常重要的。如果目标是追求利润最大化、投资收益最大化，在这种情况下，跨国公司拥有对子公司的绝对控制权是至关重要的，因此要选择独资或拥有多数股权的合资经营方式。如果目标是扩展和占领当地市场，则适合采取合资经营方式。

（3）抗风险的能力。相对于合资经营方式，独资经营的风险程度更高。如果跨国公司实力雄厚，有较强的承担风险能力，且敢于冒风险，则可以选择独资经营方式；反之，则选择其他方式。

（4）跨国经营经验。跨国公司在拟进入的海外市场缺乏优势或者缺乏足够的跨国经营经验时，采用较低的股权参与形式进入海外市场较为有利。随着跨国经营经验的不断积累和将海外经营纳入全球统一体系能力的不断增强，跨国公司逐渐倾向于集中控制，此时的股权参与度选择应以多数占有和独资最为有利。

（二）外部环境因素

（1）母国与东道国的文化差异。文化差异对跨国公司的影响很大。两国的文化差异越大，对跨国公司经营管理的不确定性也就越大，所以跨国公司就会选择拥有少数股权的合资经营方式；反之，则会选择独资或拥有多数股权的合资经营方式。

（2）东道国对外资的政策及法律。跨国公司的所有权选择必须以东道国对外资的政策和法律规定为前提，比如对股权参与度的限制，不同股权参与形式下的税收政策、劳资政策、外汇管制措施等。一般来说，发达国家间的技术水平较为接近，企业间的相互投资较为普遍，所以对外资的政策和法律规定较为宽松，跨国公司的所有权选择多以独资或拥有多数股权为主。而发展中国家由于自身的发展水平和技术基础缺陷，对外资都有不同程度的限制，所以多以对等或少数股权的合资经营方式为主。

此外，跨国公司最高决策者的偏好、管理风格、东道国的人员素质、东道国是否有适宜的合作伙伴等众多因素，对所有权战略的选择也会造成一定影响。

四、跨国公司撤资的形式及原因

跨国公司从其全球战略出发，可能对某个投资市场追加投资、增加所有权，也可能对某一个投资市场减少投资、撤出股份。撤出投资是指一家跨国公司主动或被动地清理或出售全部或部分国外投资。通常有三种方式：一是出售资产；二是清算停业；三是被东道国征收。在这些方式中，有主动撤资也有被动撤资。主动撤资和被动撤资具有不同的意义。从企业经营角度看，撤出投资并非是“坏事”，它可能是外部经营环境、投资机会、经营意图和经营业绩的综合反映，它是全球经营的一项积极决策。统计数字表明，大多数公司的撤资行动是主动的。

跨国公司撤出投资的形式及其原因主要有：

1. 主动撤出投资

主动撤资的原因：总体的或长期的利润偏低；东道国生产调节和市场经营状况不佳；当地政府管制加强；合作伙伴关系恶化；企业经营业绩持续下滑；东道国外部环境恶化，企业无法再生存等等。

2. 进攻性的撤出投资

公司鉴于最初投资的运行情况，需要推行积极的合理化经营措施，往往必须放弃某地的投资，以便加强其他投资。造成这种撤资的原因是：公司经营计划的调整和加强；对公司资源和市场机遇的重新评估；公司重要业务受挫；管理阶层的经营思想和经营方法的调整等。这种撤资行动，就公司而言，是一种进攻性的战略，但东道国往往不能接受。

3. 有计划地撤走投资

在通常情况下，东道国接受外国公司投资前，要求其保证经过一定时间后才能放弃投资。这就是所谓的“计划放弃投资”或“协助实现国产化后撤出投资”。东道国的这种规定，也是市场准入和继续经营的先决条件。

4. 被动撤走投资

这主要是指由于东道国实行国有化或本地化而引起的征收或没收。这种情况主要发生在20世纪六七十年代，目前已大大减少。

总之，跨国公司追求的是利润，灵活多样的股权策略只是经营战略的灵活反应。

而不管采取何种股权合作形式，选择合适的合伙对象是合资企业的关键所在。据哈佛大学跨国公司中心的一项研究报告证实：国际合资企业的失败率达 30%～40%，失败的最大原因在于对合伙者的错误选择。若无合适的合伙对象及相应的法律保证，跨国公司就倾向于建立独资公司或实行契约式经营。同时，它之所以采取灵活变通的所有权策略：一是迫于世界政治经济形势的变化和同行业间竞争的加剧；二是由于跨国公司的发展、规模的扩大和管理水平的提高，使它有能力采取灵活的经营策略。

■第五节　跨国公司产品策略

市场和产品是跨国公司全球战略的重要组成部分。没有一家公司的产品能够永远保持其市场份额，专利有期限，竞争者会跟进，新的科技发展会迫使老产品“退休”。因此，每一家公司都应有一个能赶上市场需要的产品总体规划，国际化产品策略就是这样一种规划。

一、国际化产品策略的含义和形式

有效的国际化产品策略有利于跨国公司扩大世界市场份额，提升市场渗透率，提高经营绩效。目前，国际化产品策略已经成为跨国公司全球营销的关键内容。

（一）国际化产品策略

国际化产品策略是指公司进入新的产品经营状态的连续次序或路线。优良的产品策略能使所产出的产品满足市场的个性、优质、领先的要求。

跨国公司依靠先进的技术和控制技术的能力，占有市场的一定份额，而产品是其各项技术的组合。跨国经营产品策略有 8 种基本形态，见表 4—2。

表 4—2　跨国经营产品策略的基本形态

	国内开发	国外开发	国内生产	国外生产	国内市场	国外市场
1	√		√		√	
2	√			√	√	
3	√		√			√
4	√			√		√
5		√	√		√	
6		√		√	√	
7		√	√			√
8		√		√		√

跨国公司究竟采取八种基本形态中的哪一种，主要考虑的因素是：产品生产过程

的复杂程度；国外市场的需求；运输成本和关税税负等。

（二）国际化产品策略的基本内容

（1）提高产品的市场适应性。市场表示产品销售的地理区域，根据市场不同的要求和特色销售不同的产品，并采取不同的销售方式。

（2）提升产品技术的新颖性。产品代表了一定的技术或包含着一定的技术成分。产品技术的高低是决定企业能否有利可图的一个重要条件。为此，企业总是千方百计地开发新技术，推出新产品，占有更多的市场份额。

（3）实现产品生产的竞争性。根据市场的需求，不断进行技术改进和创新，使后继产品的数量和质量在国内外市场上具有更强的竞争力。

二、国际化产品与产品信息的市场营销策略

产品在市场营销中，通常采用五种不同的产品—信息传递策略。

1. 同一产品、同一信息传递策略

有些公司在市场营销中，不仅对产品采取标准化策略，而且对品牌名称、包装、分配、广告词句等亦采取标准化策略。例如，可口可乐、壳牌等。这种全球标准化策略的好处是可以大大节省生产成本、研制费用和广告销售费用，形成统一的全球性形象并可获得生产方面的规模经济，便于存货控制。其缺点是忽略了产品在不同市场上的不同需求。

2. 产品延展、信息传递适应的策略

有些从某一市场发展出来的产品，在其他市场上虽“转换用途”，但使用情况不变，信息广告词句、拓销主题仍适用。例如，作为交通工具的自行车与作为娱乐工具的自行车，其广告宣传词虽然不同，但推销的主题方向仍一致。公司实行这种策略，其好处是可以节省生产成本、研制费用、存货成本，只需略做广告宣传改动。

3. 产品适应信息传递延展的策略

为适应当地市场不同的使用情况，对有些产品的功能做适当修改，但产品的信息传递方式仍然不变。典型的例子是闻名世界的快餐麦当劳的汉堡包和炸薯条，它们具有统一的品质、统一的营销程序以及适应各地口味的特色。

4. 产品双重适应策略

多国籍公司根据各地市场不同的需求情况，采用完全适用当地情况的产品及产品信息传递策略。

5. 新产品发明策略

当产品的延展或适应策略都不发生作用时，公司应根据当地消费者的需要及支付能力生产和销售新的产品。这种策略的特点是因地制宜、适应性强。

三、国际化产品扩展策略

国际化产品扩展策略包括扩大产品销售的方法、扩大产品销售的新策略等主要内容。

（一）跨国公司扩大产品销售的方法

随着公司业务的扩大，跨国公司越来越重视产品扩展策略的研究，使公司在所选定的行业内，与对手展开有效竞争，不断淘汰旧产品、开发新产品、争夺市场。

跨国公司产品扩展的通用策略主要包括产品成本领先策略、产品差异化策略和产品集中经营策略三种。

（1）产品成本领先策略。产品成本领先是企业竞争经营中的基本策略。所谓产品成本领先策略也就是低成本策略，是企业持续发挥自身的资源优势，实现企业产品生产的规模化和标准化，降低生产成本，以最富有竞争性的价格击败对手。这种低成本策略能使跨国公司实现价格低廉、销量扩大的目标。

成本领先策略能使企业获得高于行业的平均利润，有效防御竞争对手的抗争，对抗强有力的买方，提高行业进入的障碍和有效应对来自替代品的竞争。

（2）产品差异化策略。产品差异化策略是指企业利用品牌优势向不同的市场提供不同的产品和服务，使其在行业范围内更具特色，可以给销售带来额外的加分，在市场竞争中占有优势地位。

（3）产品集中经营策略。产品集中经营策略是指在特定的目标市场对特定的客户进行有针对性的销售策略，使竞争对手略逊一筹。

（二）跨国公司扩大产品销售的新策略

1. 产品促销手段由内向外延伸

跨国公司将在母国销售的产品、营销方式原原本本地复制到国外市场上，这样既简单又方便，同时也能节省推销费用，因此可以降低成本。例如，可口可乐公司、百事可乐公司在世界市场上都采用与母国相似的促销手段，它们的广告和促销活动的主题也与母国基本一致，并都取得了比较满意的效果。

2. 产品延伸，促销手段改变

当某一产品在不同市场上销售、有不同的用途、满足不同的需要时，跨国公司销售这一产品便应采用不同的销售方式和不同的广告宣传手段。如自行车在发展中国家是作为交通工具使用，而在发达国家是作为娱乐器材，因此在这两个不同市场应采用不同的方法宣传自行车的不同用途。

3. 产品改变，促销手段不变

当一个产品在世界各国市场上的用途完全一样，但使用条件不同时，也可以采用统一的促销手段。如埃克森—美孚石油公司，按世界各国不同的气温条件，适当改变汽油配方，但广告宣传采用统一的标准化的主题内容，即“请把老虎装进你的油箱，你的车就会跑得像猛虎一样快”。这样的促销手段很成功。

4. 产品、促销手段的双重改变

当某一产品被用做某一特定的用途并且应用的环境条件不同时，产品和促销手段也随之变化，以适应市场的需要。例如节日的贺卡，在美国和欧洲市场上，对同一产品使用时略有差别，就应该采取不同的促销方法。美国人习惯用现成文字的贺卡，签名即可，因此美国推出的贺卡大多有祝词。欧洲人喜欢在空白的贺卡上亲笔写上自己对朋友的祝福，因此宜推出空白贺卡。

5. 产品创新

市场的魔力在于竞争，竞争取胜的关键在于技术创新和不断地向市场推出新产品。因此，跨国公司的产品拓展策略就是要处理好产品选择和促销手段之间的关系，核心问题包括以下方面：一是对产品的需求和功能的改变；二是不同市场上产品使用的不同条件以及潜在消费者的偏好和购买力；三是产品和促销手段变化之后所引起的成本变化。跨国公司只有在分析产品情况、市场组合、企业生产能力之后，才能制定出最佳的营销策略。

■第六节　应用案例

案例 1

Wintel，爱、背叛与利益同盟

Wintel 即 Wintel 架构，是指由 Microsoft Windows（微软视窗）操作系统与 Intel（英特尔）CPU 所组成的个人计算机。实际上是指 Microsoft 与 Intel 的商业联盟，该联盟意图并成功地取代了 IBM 公司在个人计算机市场上的主导地位，所以也称为 Wintel 联盟。Wintel 联盟垄断 PC 制造上游长达 20 多年。依靠英特尔的摩尔定律和微软 Windows 系统的升级换代，双方通过共同辖制下游 PC 生产商而不断攫取巨额暴利。

Microsoft 和 Intel 分别是世界知名的 500 强企业，在 2011 年度世界 500 强排名上，微软名列第 120 位，年销售额 624.84 亿美元，英特尔名列第 195 位，年销售额 436.23 亿美元。两者均是各自领域的市场老大。2011 年一季度，英特尔在台式机 CPU 市场的份额约为 73%，而在笔记本 CPU 市场的份额约为 86.5%；而 2010 年，微软的 Windows 操作系统 XP、VISTA 和 Windows7 三者比重高达 90%。在竞争激烈的 PC 领域，这不能不算是一个奇迹，在很大程度要得益于微软与英特尔联盟——Wintel。

Wintel 统治 PC 领域将近 20 年，微软与英特尔的战略联盟在 PC 业形成了坚不可摧的垄断，个人电脑 20 年的发展历程，几乎就是这个联盟的产品不断升级、势力不断扩张的成长史。微软从 DOS 到 Windows98、Windows2000 和 WindowsXP，从 Windows 到 VISTA，到 Windows7；而英特尔则从 286 到赛扬，从赛扬（Celeron）到奔腾（Pentium），到现在的酷睿（CORE）双核。微软的新软件必然用到英特尔的新芯片，英特尔的新芯片肯定适应微软的新软件，反之亦然。全世界热爱电脑的人所做的事只有两件，拼命地更新电脑与拼命地买新软件。作为个人电脑的基石和产业标准，Wintel 联盟曾经左右了绝大部分厂商的战略，一度到了“顺者昌、逆者亡”的地步，完全决定着下游厂商的生产计划和产品更新速度，同时也钳制着其他硬件兼容商的命运。虽然不时有诸如 AMD 和苹果 iOS 这样厂家的强劲挑战，但似乎在个人电

脑领域，Wintel联盟仍是今日的王者。

英特尔和微软的合作始于它们同时为IBM生产的个人电脑提供兼容产品。当时，IBM在计算机领域是侯门望族，而英特尔虽略有小成，但影响力还有限；同时，微处理器制造商摩托罗拉的整体实力在英特尔之上。在操作系统上，IBM选择了微软，而当时最好的操作系统是DRI公司的产品，处于草创期的微软只能算是初生牛犊。可是负责IBM个人电脑业务的唐·埃斯特里奇却偏偏选择了这两家公司作为IBM的合作对象，想来也是为了避免日后合作伙伴坐大而实行的驾驭之道吧。不过，埃斯特里奇的继任者显然没有前任的精明强干。凭借着IBM的影响力，英特尔和微软逐渐成为IBM兼容机的主要供货商，两者在眉来眼去间形成了事实上的战略联盟。"当我加盟IBM的时候，这两家公司（微软和英特尔）已从IBM手中夺走了（PC）行业的最高控制权。"1993年4月1日，郭士纳就任IBM董事长兼CEO，对于IBM的PC业务面临的尴尬局面，他这样感慨道。想必，埃斯特里奇一定会为自己当年的决定感到后悔，他亲手选定的两个合作伙伴硬是生生地将个人电脑领域的主导权从IBM手里夺过来，牢牢把握在自己手里。

在英特尔和微软联盟的蜜月期间，双方最默契的联手出现在对付PowerPC联盟时。20世纪90年代初，苹果、IBM与摩托罗拉结成一个联盟，共推PowerPC微处理器。其构想是：苹果公司发挥其Mac操作系统软件的优势，摩托罗拉结合IBM在处理器方面的优势，推出PowerPC芯片，为苹果公司提供弹药，并向联盟以外的公司提供。Wintel联盟展开了最强烈的反击，英特尔推出了具有划时代意义的奔腾芯片系列，而微软则"相得益彰"地推出了Windows95。英特尔和微软还分别展开了对PowerPC的分化瓦解工作，其中微软表现得尤为起劲。PowerPC联盟无疾而终，Wintel的锋芒一时间无人能敌。曾有PC厂商老总无奈地说："卖一台PC能赚100元，其中英特尔拿去了70元，微软拿去了40元。"不要纠缠于其中数字的精确性，这是一道算不好的数学题，透过其情绪化的语言，内涵耐人寻味。

在外人看来，这段美满的婚姻也曾经历过七年之痒，1998年微软垄断案启动时，Wintel联盟首次出现裂痕，英特尔随即调整策略向Linux大量投资，而Linux正是微软最大的竞争对手。英特尔总裁兼CEO贝瑞特曾透露Wintel联盟已经名存实亡："任何商业伙伴都会有各自的目标，当目标一致时就携手并进，当目标不一致或有冲突时，就另寻合作伙伴，这是很正常的商业行为。"英特尔试图通过扶持Linux甩掉微软，但微软和英特尔之间的钩心斗角最终削弱了英特尔在硬件市场的垄断和微软在操作系统市场的垄断，给了竞争对手喘息的机会，AMD、SUN、ORACLE（甲骨文）等企业飞速发展，对英特尔和微软都带来了不小的冲击。

随后，英特尔和微软同时意识到Wintel联盟的重要性，个人电脑市场是需要软硬件双轮驱动的市场——没有软件的配合，再高的硬件配置也是徒有其表；没有高配置的硬件，再优秀的软件也运行不起来。因此，就有了这番景象：2001年Windows XP中文版发布时，在位于北京亚运村的奥林匹克体育馆发布现场，除了微软的标志，最显眼的就是英特尔的大横幅，英特尔亚太总裁陈俊圣也是微软和信息产业部官员之外，唯一上台的致词者。

随着移动互联网时代来临，计算与通信的融合趋势日趋明显，双方的默契渐行渐远，以至于有人认为 Wintel 即将成为历史。英特尔把目光投射到自己一度放弃过的通信领域，它为移动互联网设备和深度嵌入式应用专门打造了凌动（Atom）处理器，意在全面进入移动互联网领域。在这个领域，英特尔最强悍的对手是 ARM。在 2011 年 1 月美国消费电子展（CES）上，微软总裁鲍尔默匆匆展示完基于英特尔低功耗芯片 Atom 的应用之后，兴致勃勃地在高通、德州仪器（TI）及英伟达（NVIDIA）三个平台上试运行下一代操作系统 Windows8。这三家公司都属于 ARM 阵营，采用 ARM 架构设计芯片。当时就有分析人士指出，微软此番动作是 Wintel 联盟破裂过程中的关键性事件。有人评价："这是一个很深的裂缝。"

也许是耽于 Wintel 联盟在 PC 市场的成功，在移动互联市场上，两者都是后知后觉。目前，在移动互联网的芯片和操作系统上，英特尔与微软都不是最强者，在英特尔苦苦追赶 ARM 时，微软也疲于应对谷歌的 Android、苹果的 iOS。抛开自成体系的苹果，在这个领域，最强的组合是 ARM 加 Android 的双 A 组合，宛如 PC 领域的 Wintel 联盟。英特尔与微软在移动互联领域的联合，是"弱弱联合"，因此双方都意兴阑珊，导致联盟出现危机。

说完 Wintel，不妨也谈谈苹果和三星那点事，两者之间同样是"朋友"。苹果很多产品的配件都由三星提供，过去两者之间也保持着良好的合作关系。但随着三星和苹果在智能手机、平板电脑等领域的竞争进一步加剧，苹果先下手为强，把三星告上了法庭，在全欧洲、澳大利亚和日本提起了广泛诉讼，而三星最近也开始还击，在法国对苹果提起侵权诉讼。从长期看，两者之间合作关系的终止已经不可避免。更早的时候，还有谷歌和苹果之间的合与分。当时，任谷歌 CEO 的埃里克·施密特还是苹果董事会的一员，后来谷歌也推出了自己的 Android 系统和手机。乔布斯公开指责"谷歌的'不作恶'口号是扯淡，我们没有进入搜索业务，谷歌却进入了手机领域，谷歌希望扼杀 iPhone，而我们不会令其得逞"。

Wintel 联盟 30 年来的风雨历程再次验证了比肯斯菲尔德伯爵说过的那句话："没有永恒的朋友，没有永恒的敌人，只有永恒的利益。"

案例 2

宝洁，日用消费品的王者

宝洁公司（Procter & Gamble），简称 P&G，是一家创建于 1837 年的美国消费日用品生产商，也是目前全球最大的日用品公司之一。总部位于美国俄亥俄州辛辛那提（Cincinnati），全球员工近 127 000 人。2011 年度世界 500 强第 80 名，营业收入 796.89 亿美元。宝洁品牌在世界品牌实验室（World Brand Lab）编制的 2010 年度《世界品牌 500 强》排行榜中名列第 40 名，宝洁公司在《巴伦周刊》公布的 2010 年度全球 100 家大公司受尊重度排行榜中名列第三，为达沃斯世界经济论坛评出的 2009 年"全球可持续发展最佳企业 100 强"。

如果说在日用消费品领域可以称得上王者的话，宝洁无疑是佩戴王冠的最佳人选。如果说对宝洁这个名字还比较陌生，那么对下列一些品牌几乎没有人会没有听说过——飘柔、海飞丝、潘婷、舒肤佳、佳洁士、汰渍、碧浪，这些全是宝洁旗下的产品，宝洁正是靠着多品牌、全系列的产品组合纵横市场上百年，把企业的触角伸到了世界的每一个地方，给全世界的消费者带去了宝洁的产品。目前，宝洁公司在全球80多个国家和地区拥有127 000名雇员。2007财政年度，公司全年销售额近789亿美元。宝洁公司在全球80多个国家设有工厂或分公司，所经营的300多个品牌的产品畅销160多个国家和地区，其中包括美容美发、居家护理、家庭健康用品、健康护理、食品及饮料等。宝洁拥有全球技术中心28个，销售额超过10亿美元的品牌数达23个。每天，在世界各地，宝洁公司的产品与全球160多个国家和地区的消费者发生40亿次亲密接触。

1988年，宝洁公司在广州成立了在中国的第一家合资企业——广州宝洁有限公司，从此开始了其中国业务发展的历程。宝洁大中华区总部位于广州，目前在广州、北京、上海、成都、天津、东莞及南平等地设有多家分公司及工厂，员工总数超过7 000人，在华投资总额超过17亿美元。

宝洁全球产品系列主要包括美尚和家居健康两大系列，美尚旗下拥有47个相关品牌，家居健康拥有33个相关品牌。在中国，宝洁共投入了22个相关品牌。

宝洁的每个产品都有自己细分的客户群体和不同的消费诉求，以洗发水为例。想到宝洁和洗发水，人们的头脑里立马能闪现出一个个家喻户晓的品牌，“头屑去无踪，秀发更出众”的海飞丝，“让头发飘逸柔顺，洗发、护发二合一”的飘柔，“头发健

康，加倍亮泽”的潘婷等等。宝洁在中国就拥有潘婷、飘柔、海飞丝、沙宣和伊卡璐五大品牌，飘柔是宝洁公司旗下基础洗护发水品牌，价格亲民，对于没有太多要求的消费者而言，飘柔是入门级产品。作为宝洁公司旗下的秀发护理专家，潘婷品牌在全球一贯致力于健康头发的护理，相信美丽源自健康，提供各种秀发问题的解决方案。潘婷强调秀发呵护，而海飞丝则主打去屑，作为宝洁公司的去屑美发护理专家，海飞丝逐渐成为人们心中去屑的代言词。而宝洁公司另一主打品牌沙宣则作为引领时尚美发潮流的标志，成为前卫和风尚的魅惑化身，同时为消费者提供出色的全系列头发护理产品和造型产品。沙宣似乎总是和美发店、美发师等联系在一起，以一种有别于日用洗发产品的姿态出现。伊卡璐则走天然路线，在中国强调草本精华，是顺应都市人回归自然、返璞归真的消费诉求而生产的产品。事实上，从宝洁公司为洗发水品牌所邀请的广告代言人也能同样看出其不同卖点。潘婷代言人章子怡、刘亦菲、林志玲均为成功女性，秀发飘飘，而海飞丝的代言人梁朝伟、王力宏潇洒飘逸，沙宣全是性感模特，伊卡璐的代言人李宇春朴实无华。

同样是剃须类产品，吉列是传统的刀片刀，而博朗是具有德国血统的电动剃须刀。作为沐浴品牌，卡玫尔专为女性设计，致力提升女性魅力和生活品质；舒肤佳强调除菌健康，全家皆宜。甚至在卫生巾领域，宝洁为了满足拉美女性消费者对天然草本卫生巾的需求，首创含有天然洋甘菊精油成分的朵朵卫生巾，并将其引入到全球产品链中，获得了巨大的成功，与传统品牌护舒宝一起“专为女性服务”。

汰渍和碧浪同样是宝洁旗下多品牌产品的典型代表。当然，两者在宝洁庞大的品牌阵容中担当着不同的角色——汰渍主打中低端市场，碧浪主打中高端市场。就广告来看，汰渍多年来以郭冬临为代言人，以实证的手法进行表现，整体风格注重亲和力。而碧浪的广告一般以现代都市家庭为背景，注重情境的时尚和高雅，期望获得购买力较强消费者的欣赏。两者的广告还有一个细节上的差异——体现去污效果的洗衣场景，汰渍几乎都是手洗，碧浪则全部是机洗。

作为大众快速消费品领域的王者，宝洁的多品牌战略获得了巨大的成功，但其做法却与同样是将多品牌战略运用得炉火纯青的欧莱雅有很大的不同。在飘柔、汰渍、舒肤佳等众多宝洁旗下的产品广告或包装上，会标有“宝洁公司，优质产品”的字样及“P&G”的标志，标明该产品出自宝洁旗下，以增强产品的权威感，提高消费者的信任度，为产品质量背书。欧莱雅的做法却不相同，在欧莱雅旗下的众多产品品牌中，很难看到“欧莱雅”的标记。欧莱雅有意淡化了欧莱雅企业品牌同各产品品牌的关系，使产品品牌以独立的形象出现。事实上，欧莱雅旗下的高端化妆品品牌有兰蔻、赫莲娜、碧欧泉；中端化妆品品牌有薇姿、理肤泉、欧莱雅专业美发、卡诗；低端化妆品品牌有巴黎欧莱雅、羽西、美宝莲、卡尼尔、小护士等。欧莱雅旗下许多品牌在不同产品品类中均占据领先地位。为什么都是多品牌，欧莱雅和宝洁的品牌营销策略却各不相同呢？欧莱雅和宝洁的差异化营销不同之处在于，欧莱雅的化妆品以档次、价格为品牌区隔标准，以情感表达和自我表现为品牌利益诉求点，满足消费者不同的品位、档次及审美情趣需求；而宝洁的洗发水、洗衣粉等则以产品的使用功能为品牌区隔标准，以产品使用功能为品牌利益诉求点。对跨国企业而言，拥有品牌只是成功经营的第一步，而合理地使用品牌为企业价值增值或许是更重要的一步。

总而言之，宝洁致力于深耕细分市场，注重满足不同类型、不同年龄段、不同性别、不同收入的消费者的需求，在强大的科研实力和完备的产品库的支撑下，通过不断地丰富自身的产品组合，努力填补消费真空地带，在日益激烈的市场竞争中保持着王者本色。

本章小结

1. 跨国公司作为一种在全球范围内从事广泛国际商务活动的企业，其经营活动必然面对各种全球性的机遇与挑战。为适应全球经营环境和竞争对手状况的不断变化，跨国公司的管理和决策者必须具有全球视野，从全球的高度谋划企业的愿景、宗旨、目标和策略，处理好母国与东道国、地区与全球的关系，寻求一种全公司一体化的、适用于全球的经营战略。

2. 目前，由于全球的政治、经济、文化、技术、自然环境等因素处于不断的变化发展中，尤其是科学技术的突飞猛进不断造就新型的政治、经济格局，因而跨国公司的经营战略不是一成不变的。跨国公司必须根据不同市场、不同地区、不同需求层次和不同竞争环境，适时制定和调整经营战略，越来越多的跨国公司把全球战略当做一种不可缺少的经营管理工具。跨国公司全球战略要求在全球范围内建立专业化的生产和销售网络，将世界市场和全世界消费者作为自己角逐的目标。

3. 跨国公司战略联盟是由经济全球化导致的一场巨大而深刻的经济变革，是新的国际分工全球化发展的结果。它使得国际竞争在更高的层次上、更大的范围内，向更深的程度全面展开。国际市场的网络垄断态势，为跨国公司国际战略联盟奠定了产业基础，而国际反托拉斯的推广，则为跨国公司国际战略联盟的发展扫清了法律障碍。

4. 跨国公司所有权策略是影响企业成败的重要因素，其关键在于公司希望拥有国外子公司所有权的程度。跨国公司所有权策略涉及所有权与控制权，影响跨国公司选择所有权策略的因素等内容。

复习与思考题

1. 跨国公司的战略特征包括哪几个方面?
2. 简要回答跨国公司战略管理的意义。
3. 跨国公司制定全球战略的程序有哪些?
4. 跨国公司采用弹性所有权有哪些原因?
5. 简述跨国公司扩大产品销售的新策略。

第五章

跨国公司组织管理

本章提要

科学高效的组织结构是跨国公司提高企业管理效率、运营效益和价值目标的基础，是企业实现短期经营和长期战略目标的制度平台，是决定企业跨国经营能否稳定发展的重要一环，会对跨国公司的战略产生很大的影响。本章在介绍跨国公司法律形式的基础上，分析跨国公司如何从战略角度出发设计企业的组织及结构，研究跨国公司管理控制的过程与种类。

关键术语 组织管理 组织结构设计 管理控制 东道国

■第一节 跨国公司的法律形式

个人独资企业、合伙企业和公司是跨国公司的主要法律组织形式，与一般企业的法律形式基本相似。从国际角度看，确定跨国公司国籍的标准是跨国公司面临的主要问题。

一、企业的法律形式

企业是社会经济的微观主体，是生产和交换的重要组织。企业的形式多种多样，跨国公司就是其中之一。从法律角度界定企业的组织形式，有助于明确企业的产权制度，确认其法律上的责任和权利。企业的法律组织形式可分为三类：个人独资企业、合伙企业和公司。

（一）个人独资企业

个人独资企业（individual proprietorship）又称个人企业，是指由一个自然人投资，财产为投资人个人所有，投资人以其个人财产对企业债务承担无限责任的经营实体。从法律性质上说，个人独资企业具有以下特点：

（1）个人独资企业不是法人，不具有独立法律人格。

（2）个人独资企业的资产与出资人个人财产在法律上没有区别，即出资人对企业债务承担无限责任。

（3）出资人对企业的经营管理有决策权和控制权。

个人独资企业大多是中小型企业，它们在经营上具有灵活性，在经济中占有较大比重。然而，随着经营规模和范围的扩大，个人独资企业面临着资本和管理能力的束缚，其抗风险能力面临挑战，使得个人独资企业的持续发展，尤其是国际化发展受到限制。企业谋求发展的需要驱动了其他市场主体与之融合，加快了合伙企业和公司制企业的形成。

（二）合伙企业

合伙企业（partnership）是指由各合伙人订立合伙协议，共同出资、合伙经营、共享收益、共担风险，并对合伙企业债务承担无限连带责任的营利性组织。合伙企业的合伙人可以是自然人、法人和其他组织。各国法律对合伙企业的规定各有差异，其法律特征也不尽相同，但通常具有以下特点：

（1）合伙企业原则上不具有法人地位，合伙人的死亡、退出、破产都将导致企业解体。但有的大陆法系国家，如法国、荷兰等，将合伙企业认定为法人。

（2）合伙契约是合伙企业成立的基础，契约规定了合伙人的权利和义务。

（3）合伙人对企业债务负有无限连带责任，即合伙人以个人财产作为企业债务的担保，且债权人有权向任何一个或几个合伙人提出清偿要求。

有限合伙主要用于风险投资，由具有良好投资意识的专业管理机构或个人作为普通合伙人，承担无限连带责任，负责企业的经营管理。作为资金投入者的有限合伙人享受合伙收益，对企业债务只承担有限责任。

很多国际知名咨询企业、经纪企业、会计师事务所等服务性企业常常实行合伙制，因为它不同于有固定资产可以抵债的企业，服务性企业凭借的是智力和专门知识，有形资本的投入较少，固定资产也非常少。

（三）公司

公司（corporation）是以法人产权制度为核心的企业组织形式，其法律特征可以概括为以下几点：

（1）公司是法人，具有独立法律人格。

（2）股东按照对公司投资的比例享有经营管理的权利，承担相应的责任和债务，公司的资产与股东的个人财产在法律上是分离的。

（3）公司可以以自己的名义对外签订合同、经营业务、享受权利、承担责任。公司与股东在法律地位上是相互分离的，公司是一个独立的法律实体。

(4) 公司以自己的名义起诉、应诉。

(5) 公司有日常的经营管理权。

(6) 股东的死亡、退出、破产在原则上不影响公司的存续。

公司的形式主要包括三种，分别为无限责任公司、有限责任公司、股份有限公司。

无限责任公司（unlimited liability company）的股东对公司债务负无限责任，具有独立法人地位。从法律特征上看，它是合伙制企业的一种发展，兼有公司制企业和合伙制企业的双重特征。

有限责任公司（limited liability company）的股东以其认缴的出资额为限对公司承担责任，故称有限公司。有限责任公司具有法人地位，股东人数较少，其法律特征可以概括为以下几方面：

(1) 有限责任公司的成立由发起人集资，不能通过发行股票向社会公开募集资金。

(2) 股东人数往往有上限要求。

(3) 其股权证明是出资证明书，该出资证明不能流通，也不可以随意转让。

(4) 公司财务会计报表无须通过中介机构审计和认证后进行公布，可以按规定送交股东。

(5) 所有权与经营权分离程度较低，董事往往就是股东，且常常兼任公司高级管理职员。

股份有限公司（limited liability company by share，or with share capital），全部资本被分为等额股份，股东以其所持股份为限对公司承担责任，公司以其全部资产对公司债务承担责任。此类公司也是独立法人，具有以下特征：

(1) 股份有限公司的成立条件比较苛刻，它可以向社会公众公开募集资金。

(2) 股份有限公司的股东人数只有下限要求，而没有上限。

(3) 股份有限公司的股权证明是股票，股票可以流通和转让。股权的转让不影响公司的存续。

(4) 股份有限公司的股东大会和董事会通常被认定为最高权力机构和权力执行机构，所有权和经营权的分离程度较高，有利于公司独立开展日常经营活动。

(5) 股份有限公司根据法律规定应当公开披露重要交易信息，并且执行财务公开制度。财务报表均须经中介机构审计之后定期予以公布。

我国《公司法》中规定公司的形式可以是有限责任公司和股份有限公司，不包括无限责任公司。

二、跨国公司的法律形式

跨国公司的法律形式与一般企业的法律形式大体相同，即可以采用个人独资企业、合伙制企业或公司制企业中的任何一种形式。实际上，由于股份有限公司的形式更能适应社会化大生产发展的需要，所以该种形式被广泛采用。跨国公司的法律形式分为设在母国的母公司、设在海外的分公司以及子公司等。

（一）母公司

1. 母公司的性质

母公司（parent company）是“帝国式”公司的中心。母公司是指通过拥有其他公司一定数量的股票或通过协议方式能够实际上控制其他公司经营管理决策的公司，能够使其他公司成为自己的附属公司。

母公司对子公司实行有效控制是通过掌握子公司一定比例的股权实现的，但各国对这一股权比例有不同的规定。美国的公共事业控制法规定，这一比例不得低于10%；德国的公司法规定，要能拥有或控制“多数表决权”；法国规定，必须控制“一半以上的股本”；英国规定，凡符合以下三条中的任何一条，就可认定A公司、B公司之间构成母公司和子公司关系：①A公司是B公司的在册股东，并能实际控制B公司的董事会。②A公司拥有B公司半数以上的股票。③B公司是A公司的孙公司（即A公司的子公司所拥有的子公司）。

尽管以上各国对母公司和子公司的定义不尽相同，但拥有一个共同点，即母公司通过拥有子公司一定股票数额而控制其重大的业务活动。

2. 母公司的特征

（1）母公司实际控制子公司的经营管理权。各国立法普遍认为，母公司对子公司的控制权主要是指对子公司一切重大事务拥有实际上的表决权，其核心是对子公司董事会组成的决策权。跨国企业实际的权利中枢是董事会，控制了董事会就控制了公司。

（2）母公司以参股或非股权安排行使对子公司的控制。母公司对子公司实施控制的具体方式有两种：一是参股与控股，即通过拥有子公司一定比例的股权，以获得股东多数表决权，从而获得对公司重大事务的决策权，达到控制子公司的目的；二是非股权安排，主要是指通过各种协议达到实际上控制经营管理决策的目的。

（3）母公司对子公司承担有限责任。通常母公司对子公司以其出资额为限承担责任，母公司对子公司的债务不承担任何直接责任，这是由于在法律上母公司和子公司各为独立法人。

母公司和子公司的关系实质上是股东与公司的关系，两者之间的关系适用公司法关于股东与公司相互关系的规定。但许多国家的公司法对母公司和子公司之间的某些特殊关系做出了特殊规定，进行特殊的法律管制。

（二）分公司

1. 分公司的性质

分公司是总公司的分支机构，不具有法人资格，在法律和经济上都不具有独立性，而只是总公司的一个组成部分。因此，分公司尽管称呼上有“公司”两字，但并不是公司法意义上的“公司”。

2. 分公司的特征

（1）分公司不具有法人资格，不能独立承担责任，其一切行为后果及责任由总公司承担。

（2）分公司由总公司授权开展业务，自己没有独立的公司名称和章程。

（3）分公司没有独立的财产，其所有资产属于总公司，并作为总公司的资产列入总公司的资产负债表中，总公司对分公司的债务承担无限责任。从税务角度来看，如果分公司发生亏损，则应在总公司的盈利中予以扣除，从而整个公司应纳税收益减少，即减轻了税收负担。

（4）分公司与总公司同为一个法律实体，设立在东道国的分公司被视为“外国公司”，仍然受到母国的外交保护。

（5）分公司从东道国撤出时，只能出售其资产，而不能转让其股份，也不能与其他公司合并。

（三）子公司

1. 子公司的性质

子公司是指一定比例的股份被另一家公司拥有，通过协议方式受到另一家公司实际控制的公司。母公司和子公司之间存在所有权关系，也存在控制和被控制的关系，但子公司在业务上可以独立经营，自主权较大。

2. 子公司的特征

（1）子公司是独立法人。其独立性主要表现在：拥有独立的公司名称和公司章程；拥有独立的财产，财务独立，自负盈亏；可以公开发行股票，并可以独立借贷；以自己名义从事经济、民事活动，包括起诉和应诉；独立承担公司行为所带来的一切后果及责任，包括债务责任。

（2）子公司在经济上和业务上被母公司实际控制。母公司居于控制和支配地位，子公司处于从属地位。母公司对子公司进行实际控制或基于支配性协议等非股权安排。母公司对子公司进行实际控制主要表现在：母公司能够决定和控制子公司的董事会组成。

（3）子公司在东道国注册登记被视为当地公司，须受东道国法律管制，不受母公司政府的外交保护。

（4）子公司在东道国除缴纳所得税外，其利润作为红利和利息汇出时，还需缴纳预扣税。所谓预扣税是指东道国政府对支付给外国投资者的红利和利息所征收的一种税收，缴纳此税后，利润方可汇往境外。

（5）子公司从东道国撤出时，可以出售资产，也可以转让股票，或与其他公司合并。

（四）各种形式的子公司

（1）车间子公司（workshop subsidiary）或分厂子公司（branch plant）。该子公司是指由母公司在海外设立的生产零部件或从事装配的工厂。由于其设计、研制、营销和管理等均由母公司控制，而且只向母公司提供产品或服务，形同一个车间或分厂，故称为车间子公司或分厂子公司。

（2）中转子公司（relay subsidiary）。如果上述海外工厂自主权较大，除面向母公司外也向第三者提供产品或服务，或将来自母公司的一部分订单再分包给东道国当地的其他工厂，这样的公司称为中转子公司。

（3）避税基地公司（base company）。避税基地公司是指在避税地设立的子公司，其作用在于避税，将其他子公司的利润汇入，以享受低税或免税之利。避税地必须具备有利于跨国公司的财务调度和进行国际业务活动的条件，具体包括：对其境内公司所得税一律实行低税率或免税；取消外汇限制；允许自由汇回资本和盈利；对企业积累不加限制；具备良好的财务、通信、交通以及健全的商法等。

目前，世界上有名的避税地有百慕大群岛、巴哈马群岛、荷属安的列斯群岛、巴拿马、巴巴多斯、开曼群岛、瑞士、列支敦士登、卢森堡、直布罗陀、利比里亚和中国香港等。以开曼群岛为例，该岛为英国领土，总督由英国任命，议会通过选举产生，没有政党。该岛不征收所得税、公司税、财产税和遗产税。1980 年该岛又取消了所有外汇兑换限制。全球 50 家大银行中有 47 家在这里设立了分支机构。

（4）中途歇脚公司又称垫脚石公司（stepping stone company）。母国和东道国为了避免跨国公司避税，也制定了一些限制措施，而跨国公司又设法绕过这些限制，垫脚石公司便是其中一种方法。母公司须先物色好一个与东道国订有避免双重征税协定的第三国，若该国环境宽松、立法不严而且税率偏低，则最为理想，可在该国设立一家子公司，将在东道国所获利润汇入该国后，立即设法转移到避税港，形同中途歇脚，故得此名。

三、跨国公司的国际问题

由于企业与东道国之间、母国与东道国之间的利益矛盾，实践中在确定企业的国籍时往往发生争议。对跨国公司国籍标准的准确定位具有重要意义。

（一）确定跨国公司国籍的标准

跨国公司是国际范围内生产一体化趋势的产物，它们到处寻找有效生产地。确定跨国公司的国籍确实是相当复杂的问题，通常有三种标准：

（1）组建标准，是指按成立公司时注册登记的所在国来确定公司的国籍。

（2）管理标准，是指按公司总部或实际管理机构的所在国来确定公司的国籍。

（3）控制标准，是指按拥有公司控股权的股东的国籍来确定公司的国籍。

由于各国法律采用不同的标准，故测定公司国籍的依据也就不同。一般来说，英、美法系国家偏重于“组建标准”，大陆法系国家偏重于“管理标准”，我国采用组建标准。

（二）确定公司国籍时存在的争议

由于企业和东道国之间、母国与东道国之间的利益矛盾，实践中在确定企业的国籍时往往发生争议，常见的争议有以下几种情况：

（1）限制跨国经营的领域。有的国家在法律上采用“组建标准”或“管理标准”，但为了限制外资进入某些领域，在实践中转而推行“控制标准”，因而引起争议。例如，有的东道国以“国家安全”为由，规定某些行业只准“本国公司”参与经营，如沿海航运、民用航空、电视广播等，在该国注册的外资企业，虽按法律应被视为该国的法人居民，却不允许进入这些领域。此外，对于政府提供财政补贴的行业及有关的招标或采购，只准“本国公司”进入。上述情况显然是以“控制标准”为依据的，即只有股份控制权操于东道国之手的企业才算“本国企业”。

(2) 对海外企业实施司法管辖权。海外分公司与母公司为同一实体，所以母国政府可以对海外公司实施司法管辖权，而按东道国法律注册登记的海外子公司是独立法人，母国政府按理不能对它实施司法管辖权，但在有的场合下母国政府却提出管辖权要求，其理由往往是这些企业应被视为一个整体，可称之为“企业整体处理法”。与此相对应，东道国政府有时也可置子公司是独立法人这一原则于不顾，向母公司追究法律责任。这实际上也采用了“企业整体处理法”，或者是根据“揭开公司面纱”原则。

跨国公司的母公司与子公司在法律上是相互独立的，但在经济上又相互联系，这样在跨国公司的责任问题上就出现了一种奇怪现象，其法律责任与经济联系相分离。母公司从全球战略出发，有时会损害子公司利益，但根据法人的有限责任原则，只能由子公司对其产生的债务负责。显然，这会给子公司的部分股东甚至子公司所在国的利益带来损害。例如，在母公司的操作下，子公司在业务活动中进行欺诈、损害他人、获得暴利并转移给母公司，事后母公司设法使子公司破产，而有限责任原则却使母公司置身事外。

为防止这种情况发生，法律可以不再受有限责任的约束，进而追究母公司的责任。这就是所谓“揭开公司面纱”原则。例如，1967 年法国《破产法》第 101 条规定，如母公司利用子公司的破产来维护自己的业务活动或滥用子公司的财产，则要追究母公司的法律责任。又如，美国法律规定企业在宣布破产后一年内，它与集团内各公司、企业间的财产、股票等转移均属无效。

■第二节　跨国公司的组织结构设计

出口部结构，母、子公司结构，国际部结构和全球性结构是跨国公司结构的基本形式。随着环境的不断变化，跨国公司的组织结构也在变化，近年来出现了一些新型的组织结构，如控股公司结构、国际网络结构和虚拟公司结构等。

一、跨国公司组织结构的基本形式

（一）出口部结构

出口部结构是企业在国内组织结构的基础上，在销售部下设立一个出口部，全面负责企业产品的出口业务，并在国外建立销售、服务机构和仓储设施。出口部是责任中心，国外的销售机构是利润中心。

这种组织结构的优点包括：有一个统一的对外机构来引导和协调企业的对外经营，有利于了解国际市场行情，扩大企业产品的出口。

其缺点包括：单一的产品出口受到国外各种关税壁垒和非关税壁垒的限制，简单的出口结构难以适应企业随后发展起来的综合性业务的要求，并且出口部起初隶属于销售部，倾向于反对到国外设厂生产，容易与国内的其他部门产生利益矛盾。出口部结构形式见图 5—1。

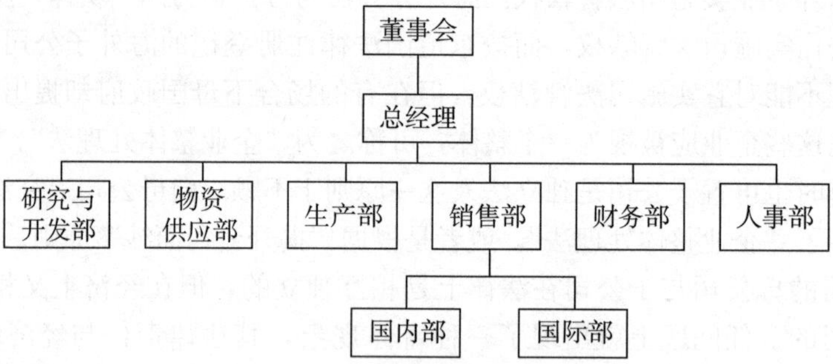

图 5—1　出口部结构的示意图

（二）母、子公司结构

母、子公司结构是一种直接由母公司总经理或董事会管理国外子公司的组织结构形式。各国外子公司不需要通过任何地区总部或国际部这样的中间环节，而是直接向母公司汇报经营情况。子公司通常生产母公司指定的产品，也可以经销其他产品，有比较大的经营自主权。母公司对子公司的经营不负直接责任，大多数只是控股公司，与国外子公司之间的关系并不紧密，只注重财务上的联系，母公司的领导权限一般集中于公司总经理。母、子公司之间最重要的联系方式是个人访问，即母公司总经理对国外子公司进行定期或不定期的考察，并带有非正式监督的色彩。日本的跨国公司，母公司经理与子公司经理往往保持密切的私人关系，并由此形成一种自上而下的决策系统。

母、子公司结构的优点包括：国外子公司的经营自由度较大，可以作为一个独立的企业在特定环境中进行经营活动；能够迅速调整经营策略，以适应所在国市场和政府的要求；易于吸收当地资本，并为所在国提供就业机会。

其缺点包括：国外子公司直接与母公司总部联系，容易影响母公司最高管理层的工作效率，而母公司最高管理者的个人知识和能力也将限制其对子公司的有效指导；子公司所具有的经营自主权也会使其在制定决策时，往往只着眼于本公司的利益，因而也有很大局限性。母、子公司结构形式见图 5—2。

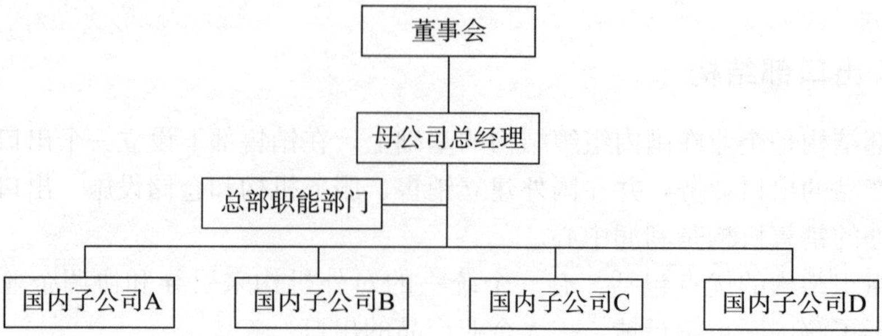

图 5—2　母、子公司结构的示意图

（三）国际部结构

国际部是指当跨国公司的国外子公司达到一定数量和规模时所设立的、与其他国内事业部处于同等地位的、由企业副总经理负责并受企业总经理直接领导的、经营母国以外一切业务的国际部门。国际部通常直接负责母国以外各国子公司的经营管理，并涉及母公司的出口、许可证贸易和海外直接投资活动。有的跨国公司还单独成立一个国际公司，担负着与国际部同样的职责。国内产品部与国际部并列的组织结构形式见图 5—3。

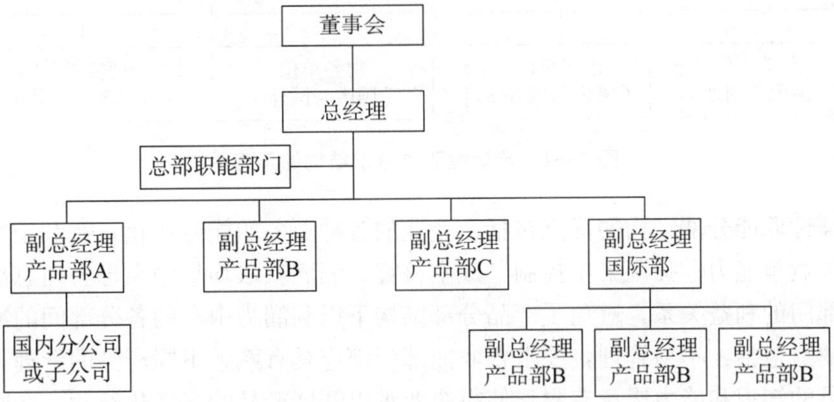

图 5—3　国际部结构的示意图

国际部结构的优点包括：有效协调国外子公司的经营活动，有助于实现整个企业的利润最大化；通过国际部统筹资金，减少各子公司筹集资金时需要付出的利息；在各个子公司交易时制定内部转移价格，降低整个企业的税收负担。

其缺点包括：国际部不可能拥有大量有关子公司所在国环境条件的资料信息，在这种情况下由它来统一制定有关决策就对子公司的发展有所阻碍；国际部还不是子公司的最高决策机构，情报信息需要经过上下反复的传递过程，容易造成决策不及时，给子公司的经营带来损失；国际部通常没有自己的研究与开发机构，不得不依赖国内各产品部，容易使跨国公司国内外业务发生矛盾。

（四）全球性结构

全球性结构不同于母、子公司结构和国际部结构的设计，基本上放弃了地区上的国内外二分法，它根据全球范围的经营一体化要求，重新划分部门。这是一种在超国家范围内将公司划分为若干分部门的组织设计方法。全球性结构可分为全球性职能分部结构、全球性地区分部结构、全球性产品分部结构和全球性混合结构等形式。

1. 全球性职能分部结构

全球性职能分部结构是欧洲跨国公司广为采用的一种传统组织形式。这种结构是根据各种不同的职能，在母公司总部之下设立若干分部，各部分之间相互依存度较高并由母公司总部协调相互间的关系，是一种决策权高度集中于母公司的组织形式。典型的职能分部结构是按照生产、销售、财务等职能分部来管理企业的全球业务。全球性职能分部组织形态见图 5—4。

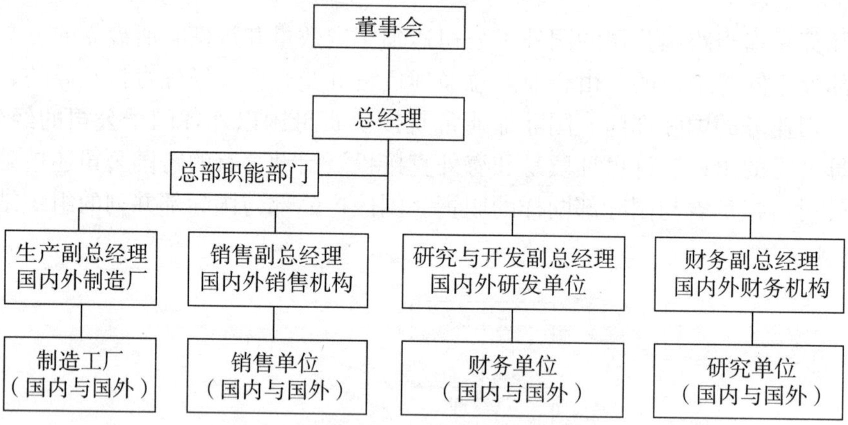

图 5—4　全球性职能分部结构的示意图

全球性职能分部结构的优点包括：企业的各种业务职能专业化，有利于增强全球范围内的竞争能力；强调集中控制，成本核算、利润获取均集中在母公司总部，便于协调各部门的利益关系，避免了产品分部结构下以利润为中心的各分部间的冲突。

其缺点包括：不易管理，要求各职能部门都应具有熟悉不同产品的管理人员，而管理人员的知识和能力毕竟有限，使得企业难以开展产品的多样化经营；在同一职能部门中，地区间协作困难；在缺乏必要的信息沟通情况下，各职能分部的工作相互脱节，生产目标和销售目标会产生差异和矛盾。

全球性职能分部结构比较适于那些规模较小、产品结构单一、市场相对集中、顾客需求基本相同、销售限制较少、在国际市场没有强劲对手的跨国公司。另外，还适于一些规模虽然较大，但技术特点使企业各种职能部门的内部依存程度较高、要求集中管理的跨国公司，不少采矿企业就属于这种类型。

2. 全球性地区分部结构

全球性地区分部结构采取区域组织结构，主要是为了在企业全球性总体战略的指导下，按各大区域组织本地区各种产品的生产经营活动以及各项职能工作。这种组织形式就是按照地区设立分部，由母公司副总经理担任各地区分部经理，负责企业在某一特定地区的生产、销售、财务等业务活动，而总公司负责制定全球性经营目标和战略，并监督各地区分部执行。全球性地区分部结构见图 5—5。

全球性地区分部结构的优点包括：重视国外各子公司作为利润中心的地位，减少了公司总部协调和管理工作；有利于国外子公司根据区域内环境的条件，改进自己的经营活动方式，充分利用当地资源，发挥自己的优势。

其缺点包括：当企业产品品种增多时，难以协调多种产品的生产经营活动，不能迅速与其他地区或本地区其他国家的子公司分享新产品的协同作用；各地区需要大量的具有国际生产经营经验的管理人员，会造成人才不必要的浪费；各地区容易增长地区本位主义，忽视全球战略，人为地在区域内部设置地区利益障碍，使得企业总部难以协调与管理。

全球性地区分布结构适于那些产品成熟、产品高度标准化、地理分布较广的企业和产品线较少、生产技术接近、市场条件相似的企业。

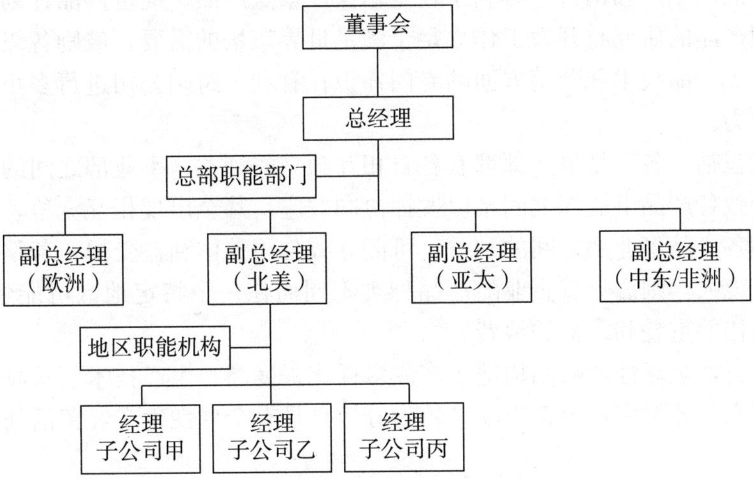

图 5—5　全球性地区分部结构的示意图

3. 全球性产品分部结构

随着产品品种的增多、产品系列的深化，跨国公司可以根据产品种类和服务的特点，在全球范围内设立若干个产品部，分管每一大类产品的生产经营业务。在这种结构中，由企业总部确定企业的总目标和经营战略，各产品部根据总部的经营目标和战略分别制定本部的经营计划。在部门的划分上，企业可以从两种角度加以考虑：一是按不同产品的类别设立部门；二是按产品的不同加工程度或不同加工工序设立部门。全球性产品分部结构参见图 5—6。

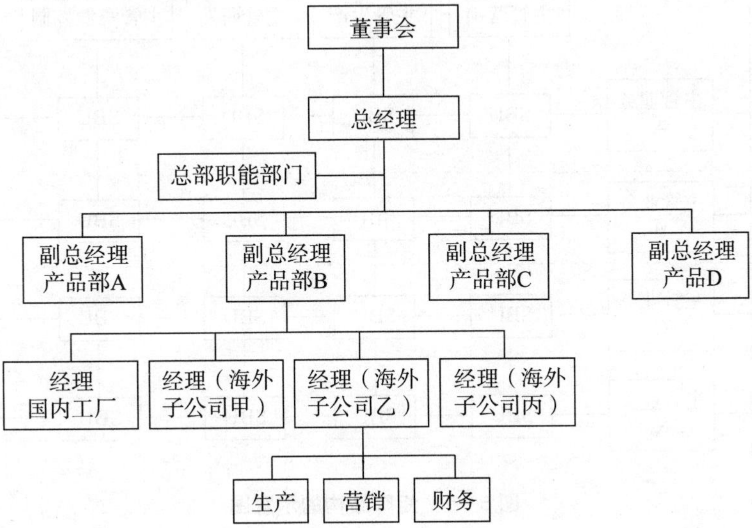

图 5—6　全球性产品分部结构的示意图

全球性产品分部结构的优点包括：有利于协调全球范围内的生产和销售，提高企业全球生产和经营效率，国内业务和国际业务的紧密结合可以使企业的国内外业务相互补充，有利于发挥规模经济效应；有利于企业根据产品在不同国家所处生命周期的差异安排产品的生产和销售；有利于在全球保证重点产品，促进产品计划，沟通顾客与企业，使产品的研究与开发工作立足于满足世界市场的需要，鼓励各级管理人员学习并取得有关产品技术和营销方面的专门知识；有利于跨国公司进行多角度经营，提高国际竞争力。

其缺点包括：各产品事业部都有各自相互独立的利益，事业部之间的协调难度较大，可能导致各产品事业部之间难以发挥协同效应，甚至出现相互竞争，若总公司不能有效协调各产品事业部之间的利益，可能导致公司整体利益受损；若整个企业的组织机构过于庞大，则意味着企业随产品种类不同而在一个特定地区可能建多个机构，从而造成机构的重叠和人员的浪费。

一般而言，全球性产品结构适于产品多样化程度高、生产技术要求高、市场范围广、技术研究与开发多、消费市场又较为分散且具有全球性生产经营活动经验的跨国公司。

4. 矩阵结构

矩阵结构是一个具有高度适应性、能灵活应对市场变化的“方格”式组织管理形式，采用矩阵结构的大多数企业一般以产品与地区作为主线，或以业务和职能部门作为主线，或在一个矩阵结构中包含三条主线，如产品、地区、职能。矩阵结构见图5—7。

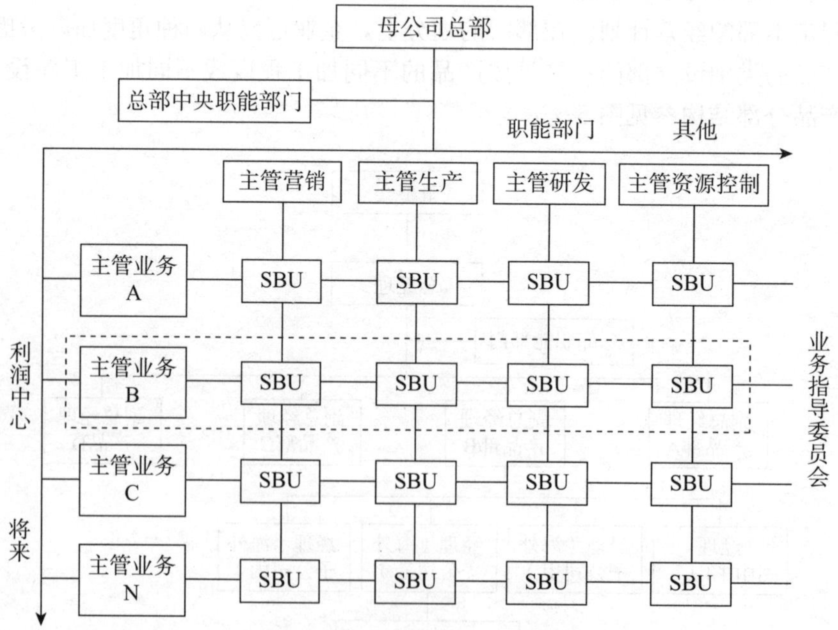

图 5—7　矩阵结构的示意图

矩阵结构在管理上有三个不同于其他结构的地方，分别为：每一个战略业务单位的主管必须向两个上级汇报工作；每一个战略业务单位的主管有来自两个部门的员工；最高层管理人员面临双重结构，必须平衡来自两个方面的压力，处理矛盾与不协调等问题。

矩阵结构的优点包括：有利于跨国公司全球战略一体化的实施，有利于企业在全球范围内配置资源，提高整体运作的绩效；有利于综合考虑跨国公司在各地区的生产经营环境与产品生产销售状况，促进各个系统、各个部门之间的合作与协调，充分发挥企业在产品、地区和职能等方面的长处，使企业有更强的应变能力；可以根据跨国公司的特殊需要，灵活地调整组织结构，弥补单项结构造成的经营管理上的不足。

其缺点包括：结构比较复杂，双重主线管理带来双重领导，一个下级要同时对两个上级负责，这与管理的基本要求相冲突；由于矩阵组织强调灵活性，公司需要为此付出巨大的管理成本，因为它常常需要增加额外的管理人员，同时，由于矩阵结构放弃了统一指挥原则，从而增加了组织的模糊性。

矩阵结构一般适于企业规模非常大、实力雄厚、产品多样化程度高、产品竞争激烈的跨国公司，以及地区较为分散的大型跨国公司。

5. 全球性混合结构

全球性混合结构是指把全球产品结构、全球地区结构和全球职能结构加以组合的又一种组织结构类型。尽管全球性混合结构和矩阵结构都试图把二维或多维因素的优势结合起来，在一个企业内部按混合因素设立部门，但它们也存在重要区别。矩阵结构是二维或多维因素在企业组织结构中的全面组合，企业各部门之间有着全面广泛的联系；全球性混合结构则只是企业的部分部门按混合因素进行组合，部门之间的联系也只发生在有组合关系的部门。全球混合结构有两种情况：一是跨国公司总部之下的二级部门是按产品、地区和职能混合设立的；二是企业的两个二级部门混合对下属子公司进行管理，形成一个企业的局部矩阵结构。简化了的宝洁公司全球性混合结构见图 5—8。

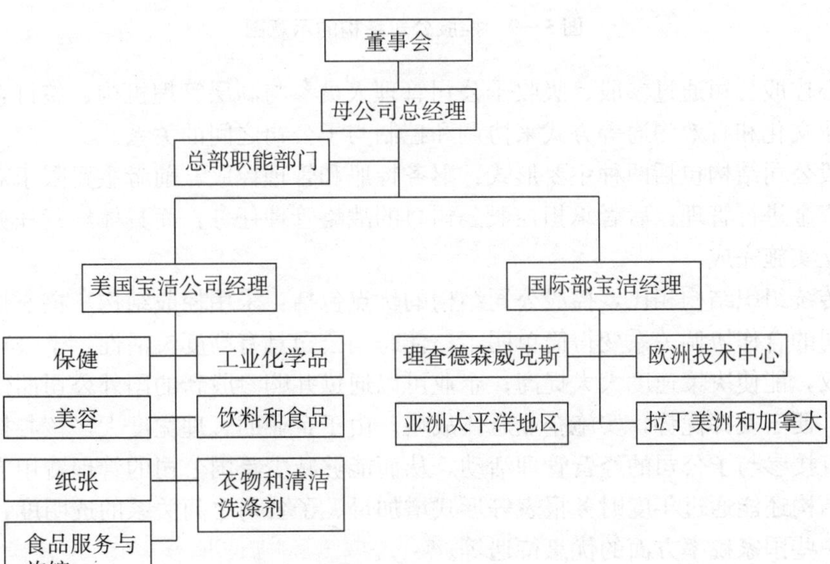

图 5—8 宝洁公司混合结构中的国际部

全球性混合结构的优点包括：可以根据企业的特殊需要，灵活地调整组织结构，弥补单项结构造成的经营管理上的不足。

其缺点包括：组织结构不规范，容易产生双重管辖的矛盾，部门之间差异过大，难以协调与管理，增加了企业总部协调的复杂性。

全球混合结构一般适于公司规模庞大、经营产品种类多且经营地域宽广、公司成长快、兼并或新建了分布于不同国家或经营不同产品的企业。

二、跨国公司组织结构新发展

跨国公司的组织结构随着环境的不断变化也在发展。近年来出现了一些新型的组织结构，如控股公司结构、国际网络结构和虚拟企业结构等。

（一）控股公司结构

控股公司结构是由国际核心控股公司和若干个法律及组织上独立的子公司组成的组织结构。核心控股公司为该组织结构的战略领导核心，各子公司独立处理各自的经营业务活动。子公司可以是跨国公司原有的国外子公司，也可以是跨国公司后来并购的外国企业。控股公司结构见图 5—9。

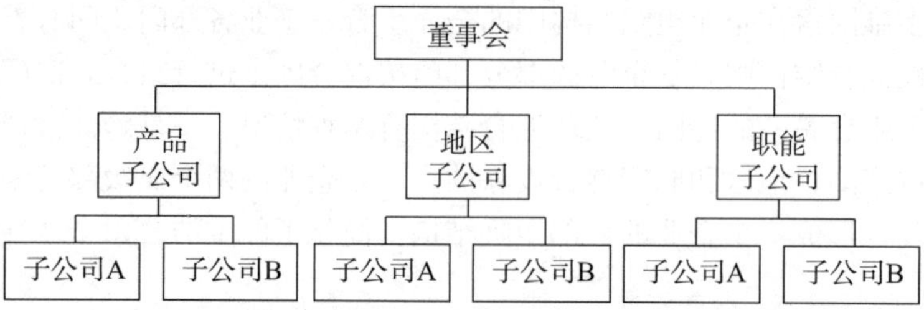

图 5—9　控股公司结构的示意图

核心控股公司通过参股、吸收子公司管理人员参与高层管理机构、签订合同以及建立企业文化和有效沟通等方式来协调和控制与子公司之间的关系。

控股公司结构包括两种主要形式：财务控股和管理控股。前者主要限于对子公司的财务资金进行管理；后者承担控股公司总的战略管理任务，而具体经营任务由各子公司独立实施完成。

与传统组织结构相比，控股公司结构的优点包括：采用控股结构，核心控股公司与子公司的合作协调关系变得简单明了；使跨国公司具有高度灵活性，子公司具有高度自主权，能使决策速度大大提高；企业可以通过并购参股新的国外公司而使企业快速扩张；便于发挥优势，实施企业总体战略；由于企业的管理宽度大，核心控股公司不需要直接参与子公司的经营管理活动，从而能够减少跨国公司的管理费用支出。此外，该结构还能通过年度财务报表等形式增加母、子公司之间关系的透明度，以及可以享受一些国家税率方面的优惠待遇等。

其缺点包括：子公司之间缺少正式的沟通协调机制，导致子公司之间的协调困难；存在着子公司完全独立化的风险；当子公司与母公司利益发生矛盾或冲突时，会限制企业总体战略的有效实施；控股公司核心管理层的确定以及企业文化建设等方面都容易遇到较大困难。

（二）国际网络结构

国际网络结构是依靠现代信息技术实施管理，以横向扁平型网络组织逐步取代"金字塔"形层级组织的全球性组织结构。

国际网络结构借用了计算机科学中网络的概念，是基于IT应用而发展起来的一种新型的组织形式。网络组织是一个以IT为工作平台，以在跨国公司与社会组织之间以及企业内部各功能单元之间的跨边界资源整合过程中所形成的各种经济性联结为纽带，由网络连成的协助系统。

国际网络结构的核心是追求在当地市场的快速反应能力，同时利用全球规模经济，寻找有特色的资源来整合地方优势。与上述各种组织结构不同，国际网络结构往往不在意三个维度（即组织、产品、地区）之间的平衡，而是在意行业关键性资源在全球的分布及优势的取得和发挥。

一般来说，国际网络结构具有以下特点：

（1）在全球范围内把企业分为许多不同类型的中心或经营单位。在跨国公司的网络架构中可能存在着全球化企业的多个中心，这些中心由于发展历史和行业演变路径的差别，或者表现为功能总部，或者表现为产品或地区总部，或者表现为多个营运中心的总部。

（2）按照"弹性集中化"原则运作。与公司相关的整体战略设计由多个中心共同参与、共同决策。公司总部从传统的决策中心变为支持性机构，把许多决策转给业务层，自己主要负责规划整个企业系统的远景目标和战略、协调成员的利益关系等重大决策，甚至进一步发展为联邦制。

（3）由于各个国家在经济体制、政治法律环境、文化特征及社会行为方面有着明显差异，跨国公司不再按照统一的标准去协调遍布于世界的业务单位，以便使各业务单位的经营活动能更好地满足当地市场的需要，使国际化发展为真正淡化国别、立足当地的全球化企业发展的阶段。

（4）以自由市场模式替代传统的纵向层级组织。国际网络结构是由不同的公司、下属分公司、供应商、经销商等组成的一个全球范围内的产品研究与开发、生产和销售网络。

（5）企业重新考虑自身机构的边界，不断缩小内部生产经营活动范围，相应地扩大与外部单位间的分工协作。以股权、转包、生产许可证、特许经营等契约关系的建立和维持为基础，依靠外部机构进行制造、销售或其他重要业务经营活动，通过一种互惠互利、相互协作、相互信任和支持的机制进行密切的合作。

国际网络结构的优点是有利于解决全球化与分权化、地区化与多样化的矛盾，因为它能把大企业和小企业各自的优势有机地结合起来，具有高度灵活性。其局限性主要是协调难度大、协调成本高。

（三）虚拟企业结构

虚拟企业是依托不同独立企业的核心能力，按价值链建立起来的松散型一体化联合体。

虚拟企业的特征表现在以下四方面：一是虚拟企业的成员可以共享对方的核心能力，相互支持和补充；二是虚拟企业掌握现代信息和通信技术，通过网络连接实现合作；三是虚拟企业不必设立职能部门，不必设立专门的协调机构，而是以程序为导向，根据企业合作发展进程对组织结构进行调整；四是虚拟企业以顾客为导向，企业根据顾客消费需求组建相应的虚拟联合体。

虚拟企业的优点包括：表现出高度的适应性和灵活性；企业能够更迅速地开拓和进入新的市场；可以节省设立组织机构和协调机构的费用以及管理费用。其缺点包括：难于形成和实施企业总的发展战略；难于形成企业总的价值观和进行企业文化建设；存在着企业核心技术扩散或虚拟企业成员单方面获取和利用其他合作伙伴的核心技术而设法保护自己核心技术的风险。

（四）无边界企业结构

无边界企业又称无缝组织，它是建立在打破组织内、外部边界基础上的一种松散合作型组织结构。

与传统组织结构不同，无边界企业致力于淡化和消除企业边界的限制。该类组织结构以团队为基本单位，企业内部部门之间和员工之间的团队合作方式得到肯定和发展，这种团队还跨越企业本身的界限与企业外部的其他团队组成联合体。

无边界企业结构的优点包括：具有极大的灵活性，可以更好地适应企业国际业务多样化发展的需要；可以利用企业外不同团队的各自优势，加快新产品研究与开发和开拓市场的速度；可以通过加强企业内、外部人际的沟通与交往，促进劳动效率的提高；可以减少管理层次，降低管理成本。其缺点包括：目前还缺乏有效的跨企业的团队管理方法，这种组织结构通常更适于以产品和市场为导向的企业，而难于形成企业的全球战略和实行全球一体化经营。

三、跨国公司组织结构设计原则

跨国公司在发展过程中，应特别考虑以下几种原则，分别为：平衡全球化与本地化原则、合理化与灵活性原则、扁平化原则以及文化适应性原则。

（一）平衡全球化与本地化原则

全球化与本地化是影响跨国公司组织设计的两个非常重要的变量，如何平衡全球化与本地化是跨国公司在结构设计中必须考虑的问题。

为了在全球市场上获得竞争优势，跨国公司需要追求全球规模并具有对全球市场变化做出快速反应的能力，这使得跨国公司必须强化其在全球范围内的控制与协调能力，以实现最佳的资源配置。同时，每个地区市场的波动及变化同样也会影响跨国公司在全球范围的业务运作。因此，在组织设计过程中，跨国公司必须兼顾本地化与全球化的要求，其结构选择必须既有助于全球整合，又能够推进跨国公司本地化。

全球化要求跨国公司必须具有全球视野，公司战略必须体现全球经营特点；本地化则要求公司必须考虑不同地区的差异性，并按照这种差异性制定与实施公司全球化经营战略的具体措施。按照平衡全球化与本地化的组织设计要求，跨国公司总部应当成为一个多中心的网络状结构，其内部则可以采用多元化的结构形式，使不同国家的分公司在网络状结构中能充分发挥其独特作用，并能在不同的下属分公司之间进行有效的资源配置与转移，以产生“东方不亮西方亮”的整体效益，达成跨国公司全球运作的最优化。

（二）合理化与灵活性原则

合理化是指跨国公司的结构必须将成本、技术、市场进行最佳组合，为每一种产品合理地确定生产地点及市场营销，以获取规模经济效益。所谓灵活性是指跨国公司必须使其结构具有对国际市场竞争形势做出自动快速反应并进行自我调整的技能，同时也具有能显示跨国公司结构变革需要的早期预警机制。在全球竞争日趋激烈的今天，公司必须保持灵活、有效，才能适应不断变化的外部环境，保持竞争优势，谋求生存和发展。从另一个角度看，合理化与灵活性就是产品取向和市场取向的有机整合。

（三）扁平化原则

扁平化原则的基本思想是，一个组织的管理层次越少越好、越简单越好。扁平的组织结构意味着一个管理者的“管理幅度”将被拓宽。需要与更多的雇员进行沟通，控制更多雇员的活动。然而，现代计算机技术及通信技术的发展，为管理者提升这种能力提供了现实可能性。例如，澳大利亚沃尔沃兹超市连锁集团由于使用先进的计算机管理技术，不仅在业务运作过程中实现了零库存管理的目标，而且也减少了管理层次，总公司与各个连锁店借助计算机网络可以进行及时沟通，因此在整个组织结构中不存在任何累赘层次。

（四）文化适应性原则

跨国公司在进行组织设计时，必须考虑文化因素。一个组织结构必须与它的环境相适应，其中的环境包含了组织所在国的民族文化这一内涵。由于文化的差异性，人们对组织的理解、对组织权力分配的态度、对组织内部人际关系的看法、人们在组织中的活动方式等都具有差异性。例如，在权力距离较高的国家，如印度、土耳其、印度尼西亚等国家，高耸的组织结构能被雇员所接受；而在权力距离较低的国家，扁平的组织结构更能有效运作。在回避不确定性程度高的国家，决策的高度集中化是回避不确定性风险的有效形式，而回避不确定性程度较低的国家，决策分散化则会成为鼓励雇员冒险精神及创造性的激励因素。所以，对跨国公司来说，在规划公司整体组织设计方案时，必须考虑下属分公司所在国家的文化特征，在结构设计过程中体现这种文化的多样性。

需要指出的是，在任何情况下都不存在组织设计的最佳模式。因此，在进行组织设计的过程中，管理者必须坚持权变思想，这就是最佳的组织结构必须有助于实现组织的目标，并且与公司所在的产业及规模、技术、竞争环境和文化要求相适应。组织结构必须是动态的、有力的，并且高度适应公司变化的需要。

总之，跨国公司主体的设计必须满足以下要求：必须有助于有效实现组织目标；必须有助于公司资源在全球内的有效配置及战略实施；必须顾及跨国公司经营环境的复杂性和文化多样性；协调与整合公司的全球化与本地化的双重要求，并在公司总部与下属分公司之间建立起符合公司竞争要求的快速沟通渠道；必须对环境、市场、技术等因素的变化做出快速反应；必须符合公司倡导的价值观，显示公司的独特经营风格；必须有助于强化公司的核心竞争力；必须与公司国际化发展阶段的要求相吻合，当公司由国际化低级阶段向高级阶段演变时，能够及时发出公司结构需要变革的预警信息。

四、影响跨国公司组织结构设计的主要因素

由于国际经营环境的复杂性，跨国公司本身的状况千差万别，造成各个跨国公司选择组织结构的因素也有所不同，但有一些因素对所有跨国公司都起作用。

（一）企业国际化发展程度

企业国际化发展程度直接影响着跨国公司组织结构的选择。斯托普福德（Stopford）和韦尔斯（Wells）对 187 个美国公司 1900—1963 年的情况做了广泛的调查研究，提出了企业国际化发展程度与跨国公司组织结构选择的关系模型，即“结构发展阶段模型”，参见图 5—10。① 他们认为影响组织结构选择的最重要因素有两个：一是企业提供给国际市场的产品种类；二是企业的国际业务对企业总业务的重要程度。根据这两个因素，我们可以把组织结构的发展分为三个阶段。

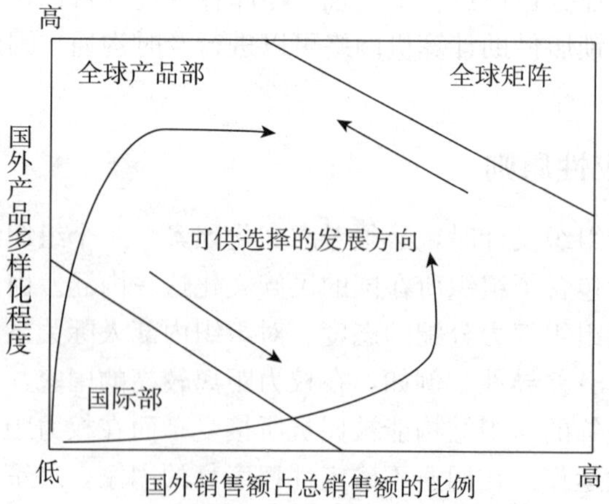

图 5—10　跨国公司组织结构发展阶段模型

在组织结构发展的第一阶段，企业刚刚开始从事国际化经营，还没有跨国战略发展方案和国外经营经验，因此企业只是建立自治子公司，无须为了从事国际经营

① J. M. Stopford, L. T. Wells, *Managing the Multinational Enterprise, Organization of the Firm and Ownership of Subsidiaries*, New York: Basic Books, 1972.

而调整或改变已有的组织结构。当企业的国际业务扩大、国际经营经验增多后，企业的组织结构就进入发展的第二阶段，企业在已有组织结构的基础上设立了主管国际业务工作的国际部。组织结构发展的第三阶段是全球性组织结构。由于企业国外业务占总业务量的比例和国外产品多样化程度的提高，已有的组织结构已不能适应国际化发展的需要，企业开始采用全球性组织结构。全球矩阵结构是全球性组织结构的高级形式。

斯托普福德和韦尔斯的调查还显示，在企业国际化发展的实践中，美国和欧洲跨国公司的组织结构发展有所区别。美国的企业是按照上述三阶段模型发展的，而欧洲企业组织结构的发展通常是越过第二阶段，由自治子公司阶段直接进入全球性组织结构阶段。欧洲企业采用的自治国外子公司结构持续时间较长，因为直到20世纪60年代末为止，欧洲市场的竞争一直相对平和，组织结构无须为适应国际化的发展进行调整。而当竞争压力日益增大后，欧洲企业已经没有时间再按照常规的三阶段发展模式调整组织结构，而是直接进入发展的第三阶段。

结构发展阶段模型的意义是使跨国公司把选择组织结构的决策与对企业的国际化发展程度的分析相结合，企业可以根据自己所处的国际化发展阶段大体确定应选择的组织结构类型。但是，它们把影响跨国公司选择组织结构的因素只归结为两类的做法，对于企业进行组织结构决策显然是不够的。

（二）企业的国际业务规模及在整个业务中的重要程度

企业的国际业务规模常以企业国外产品销售额、产品销售种类和子公司数量等指标来表示。当企业国外子公司数量少、业务量小时，企业的经营重点是国内业务，因而适于采用出口部或自治子公司结构。当企业的国外业务在整个业务中占有重要地位时，企业就需要采用国际部或全球性组织结构。

埃格尔霍夫（Egelhoff）对24家美国公司和26家欧洲公司的调查结果表明，采用全球性产品结构的企业，其国外生产占企业总生产的比重平均为61%，采用矩阵结构的企业则达到86%。[①] 他由此得出了与斯托普福德和韦尔斯模型相似的组织结构选择的二维模型，见图5—11。

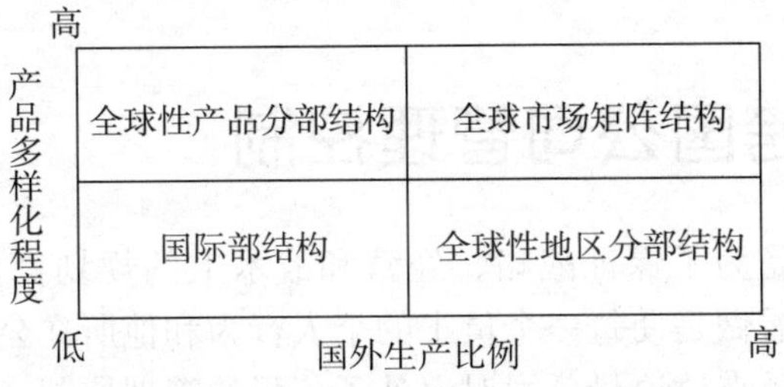

图5—11　组织结构选择的二维模型

该模型表明，当企业国外业务和国外产品多样化程度均较低时，企业适合采用国

① W. C. Egelhoff, *Organization in the Multi-national Enterprise, an Information Processing Perspective*, Cambrige/Mass. 1988, p. 12.

际部结构；当企业的国外业务量增加，但国外产品多样化程度仍较低时，采用全球性地区分部结构较为合适；当企业面临国外业务量猛增、产品多样化程度提高时，有必要考虑采用全球市场矩阵结构；而对于国外业务量较少，但产品多样化程度较高的企业，适于采用全球性产品分部结构。

（三）产品市场类型

国外产品市场类型同样是影响企业组织结构选择的重要因素。如果一个企业面对的产品市场主要是消费品市场，则选择分权式组织结构较为适宜，因为它可以使子公司具有最大限度的灵活性和快速反应能力；如果企业面对的是技术密集型产品市场，则选择权力集中式的组织结构较为适宜。

（四）国家文化差异

对于同样规模、处于同样发展阶段、拥有同样技术水平但处于不同国家的跨国公司，选用的组织结构类型可能不同，原因在于它们的国家文化背景不同。有些国家的企业倾向于采用集权式的组织结构，而另一些国家的企业更愿意采用分权式的组织结构。例如，法国和德国的跨国公司与美国的跨国公司相比，选择组织结构时通常更多地考虑较少授权和集中管理因素。

（五）管理人员的质量和数量

采用全球性组织结构的企业对管理人员质量和数量的要求通常比采用自治子公司和国际部结构的高，因为全球性组织结构要求管理人员具有多国管理经验、全局观念和良好的协调能力。当一个企业缺乏合格的、足够的国际管理人员时，会严重阻碍跨国公司采用适当的组织结构类型。此外，国家的政治和法律、企业的历史等也能成为影响跨国公司选择组织结构类型的重要因素。

由于没有也不可能有一个适于所有跨国公司选择组织结构的标准，所以跨国公司在做出组织结构类型选择决策时，需要根据各自所处的具体环境，综合分析各种影响因素，权衡采用各种组织结构类型的优缺点。

■第三节　跨国公司管理控制

管理控制的目的是为了保证战略、经营和战术上的规划都能正确地得到贯彻执行。因此，控制可被看做是使每一个员工的个人行为和他所在公司的集体利益相统一的一个过程。本节将重点讨论母公司对海外子公司的管理控制。

一、跨国公司管理控制的过程

管理控制是直接确保经营和人事都紧紧跟随母公司规划的一个过程。管理控制是一个对绩效进行不断评估的过程，当我们的表现和公司的规划有显著差别的时候，就会采取措施进行纠正。由于有了管理控制，任何与预测情况、目标或者公司规划相背离的情况，都能够及早察觉并在难度最小时把它解决掉。

管理控制过程包括四个主要元素：设定控制标准、绩效监控、绩效与规划的对比以及调整偏差。

1. 设定控制标准

控制过程的第一步就是设立标准，这些标准要从规划过程已经确定的目标中提炼出来。没有一个确定的目标，就不能建立明确的标准，当这些标准被明确以后，管理者需要就重要性等级建立一个分层结构。管理者应该不断地对重要的地理位置、产品和项目领域进行绩效监控。在一些关键领域，一定要尽可能地设立出具体和详细的标准。当然，我们也要考虑到管理开发等一些特殊关键领域是不可能将标准设定得非常具体和详细的。

2. 绩效监控

预算、审计管理和财务报表都可以作为评估组织系统绩效的主要衡量工具。

预算是指用于专门的一个项目或者业务的资源或金钱的详细清单。预算必须具有一定灵活性，可考虑用追加预算、备选预算和可变费用预算的办法来修正原有预算。如果由于规划阶段成本计算问题而使资本费用预算太低，此时可在原来的基础上再增加一部分预算。

备选预算是控制预算的另一种模式。预算通常是在公司对于未来最可能情况的预测基础上进行准备的，但非常有可能存在一些别的情况，比如未来的销售偏低（或偏高），备选预算就是在考虑了这种特殊的偏低或偏高情形后建立的。

第三种预算的形式就是可变费用预算，主要出现在制造业中。可变费用预算是用来确保当制造业产品的销售发生变化时，能够及时采取合理的协调行动。这些预算是对产品成本的规划，这种规划能让管理者在销售和产出量发生变化的时候，明白应该采取怎样的措施。所有这些预算调节技术都需要进行及时正确的信息沟通，可变费用预算尤其依赖于生产和销售及时准确的报告。

另一种经典的组织系统控制机制是财务报表，尤其是损益表。损益表详细列出了某一年中公司的各项支出和收益、利润和损失。

3. 绩效与规划的对比

将绩效与规划进行对比是国际管理的核心。通过对比，观察实际绩效是否足够接近公司原来的规划。其中，管理者必须确定公司能够接受的实际绩效与计划绩效之间的最大差距，明确“足够接近”的具体含义。外部环境的变化可能会使实际可能达到的绩效极限发生变化，此时我们可能必须对绩效标准进行调整。一旦可能的绩效极限范围发生变化，管理者必须决定绩效标准数值应该做出怎样的改变。当然，当外部环境没有偏离预测时，管理控制的任务就是评估绩效是否在我们可以接受的范围内。

4. 调整偏差

控制过程的第四步是调整那些与标准有显著差异的偏差。在该步骤中，必须采用一些行为工具。行为工具的应用需要许多管理技巧，如做出决定、劝服、有效地沟通等。当一个组织的子系统需要帮助的时候，可能需要使用不同的预算技术或者对成本、费用进行强制控制等调整措施。当偏差涉及公司职员时，行为工具就是采用一些正面措施，如晋升、增加工资、增大权力和给予一些特权，或者采取一些负面措施，如责骂、取消特权、降级、减薪和中止雇用合同。

在管理控制过程中，人的维度是最本质的。控制体系的有效性要依赖于组织成员认为所接受的这个控制系统是必要的、合法的以及恰当的。人的维度在多国公司的管理过程中是最为重要的。

二、跨国公司管理控制系统的种类

跨国公司管理控制系统的种类大致可以分为以下三类，即投入控制、行为控制和产出控制。

1. 投入控制

投入控制是指强调员工的筛选和培训，以及员工向组织及其价值观、愿景和目标靠拢的一种控制体系。对这种类型的控制进行评价可以参考国际企业对某个员工在承担责任之前所提供的基本培训的多少。同时，在系统内部，公司会建立目前最好的职工安置步骤，开展完善的员工培训和技能发展，在雇用新员工前进行多重考察，为职工提供更多的发展机遇来拓展其综合技能和为能雇用到最好的员工而自豪。反过来，员工能够完全融入这个组织中，接着就可以共享企业最重要的价值观和愿景。与投入控制类似，信息系统会将管理者持续地融入组织中。

2. 行为控制

行为控制是指强调从上到下地推广能表达出来的经营过程和步骤的一种控制体系。这种形式的控制可以通过对下面的组织特征进行分析后得出评估结果：

(1) 公司进行评价时行为所占的比重。

(2) 不论结果如何，员工是否有责任感。

(3) 每个步骤或者方法的效用大小。

(4) 绩效安排在整个公司中公开的程度。

(5) 员工受到反馈或绩效信息的频率。

3. 产出控制

产出控制是指制定和度量实际目标（如财务状况和生产力）的一种控制体系。国际企业可以通过以下方面来实施这种体系：

(1) 结果在评价中占显著权重。

(2) 按绩效付薪。

(3) 使用预先设定的目标对职工进行评价。

(4) 对有效性指数进行数字记录。

(5) 与具体结果连接的绩效。

(6) 根据目标的现实程度进行奖励。

行为控制通过严密监督可以确保经营步骤能够方便下属开展工作。产出控制侧重于使用激励措施带来动力，并不明确要求一定要怎么样完成任务。而投入控制要确保员工具备工作的必备能力，见图 5—12。

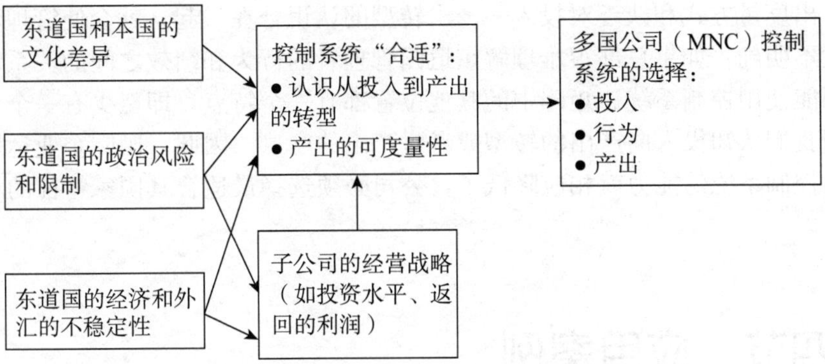

图 5—12　跨国公司控制选择的模型

三、东道国环境对控制系统的影响

通常说来，有三个东道国环境变量对跨国公司控制系统具有显著影响：

（1）国际企业的总部所在国和子公司所在国之间的文化差异。

（2）东道国政府对国际企业的经营限制所反映出来的该东道国政治风险的大小。

（3）经济因素，如东道国外汇汇率的不稳定性和由于外汇变动引起的通货膨胀压力。

总之，随着东道国在文化差异、政治风险和经济不稳定性等方面的问题越来越大，跨国公司会倾向于采用投入控制系统。

图 5—13 刻画了三个东道国环境变量的综合以及管理者可以根据三个不同的维度来选择适合东道国的控制系统。这三个维度的每一个关键交点都标上了数字，表示文化差距的各种交点、东道国政府的限制和东道国的经济环境。

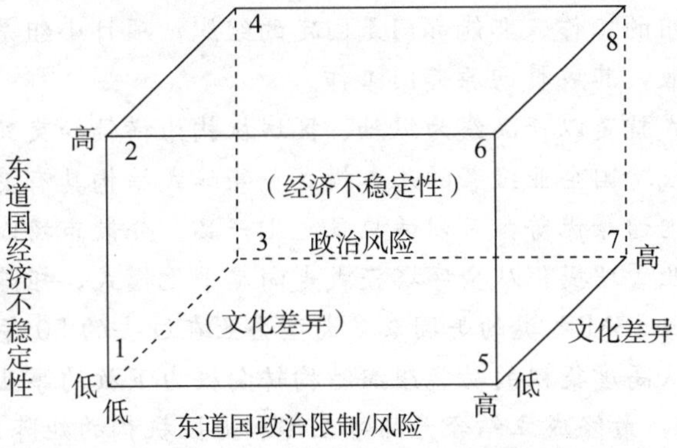

图 5—13　东道国外部环境和国际控制系统

相反，东道国的环境可能受到严格的政治限制，而这种政治限制是东道国的文化和严重的经济不稳定性造成的，这些条件结合在一起就是图中的位置 8。例如，日本在苏联建立的子公司就是这种情况，环境的不稳定和不确定使得对子公司的绩效评估变得异常困难，即使对子公司的绩效实行转化后都不能排除困难。在这个例子中，不正确的产出度量方式和缺乏对投入—产出转型的认识合在一起，就会使管理者的绩效变得高度不明确。如果总部很难理解东道国管理者的行为和绩效之间的关系，那么公司极有可能使用控制系统。矩阵中的其他位置都有一个特点，即至少有一个东道国变量会限制我们认知投入向产出的转型或者对产出的度量。因此，国际企业运用行为控制和产出控制系统的能力就相应降低了，公司必须选择最适合其国家特征的相应控制模式。

■第四节　应用案例

案例 1

大象的探戈，IBM 的矩阵式组织结构

如果说商场如球场，在企业世界杯的赛场上，1993 年脱胎换骨的 IBM 是当今“组织战”最强的队伍：它们改良过的全球矩阵式组织，就像是意大利国家队强大后卫群构筑的十字钳阵，牢牢夹住《财富》500 强企业半数以上客户，对手很难攻入城池；同样是全球矩阵式组织，IBM 还可以随时调兵遣将打“亚洲杯”、“欧洲杯”、“大中华杯”。连 IBM 的对手们都不得不承认：IBM 能由一家低毛利的硬件大公司成功转向高附加价值的新服务巨人，这套“十字钳阵列”是攻守易位的关键。

矩阵式组织（matrix organization）是指“在一个机构的机能式组织形态下，为某种特别任务，另行成立专案小组负责，此专案小组与原组织配合，在形态上有行列交叉之式”的组织。在组织结构上，它是把按职能划分的部门和按产品（项目）划分的小组结合起来组成一个矩阵，一名管理人员既同原职能部门保持组织与业务上的联系，又参加项目小组的工作。职能部门是固定的组织，项目小组是临时性组织，完成任务以后就自动解散，其成员回原部门工作。

矩阵式管理模式就是以产品线为纵轴、区域机构为横轴的交叉组织管理模式，是多产品线、跨区域或跨国企业经营的基本模式。矩阵式结构具有灵活、高效、便于资源共享和组织内部沟通等优势，可以适应多元化产品、分散市场以及分权管理等复杂条件。随着现代企业管理提倡从金字塔模式走向扁平化模式，矩阵管理结构也随之逐渐壮大。实际上，像 IBM 之类的美国众多大型企业在过去的 50 年里不断在进行组织结构方面的调整，从高度集权的功能组织结构转向权力下放的事业部制，重新组建战略业务单元（SBU），最终成立结合产品事业部和地区机构的矩阵式组织结构。

什么是 IBM 式矩阵？简单地说，任何一位 IBM 的现有或潜在客户，都至少有两个 IBM 的人在盯着你，一位来自 IBM 品牌事业群（硬件、软件、PC、…），另一位则来自产业事业群（金融、交通、制造、…）；而每一位 IBM 当地经理人，一样有两个 IBM 主管盯着你，一位是地区主管，另一位则是品牌或产业的 IBM 总部主管。这套组织兵法的最大目的，就是不忽略任何一个客户的需要，而且当客户有了需要，IBM 可以动用全球资源、以最快速度来服务他；郭士纳（Louis V. Gerstner，IBM

前董事长兼首席执行官）说：“我到这儿（IBM）来的目的就是让IBM开始跟顾客一起生活，我们要组织起来，成天绕在客户身边。”郭士纳说到做到，在他的带领下，蓝色巨人逐渐摆脱了过去臃肿、蹒跚的病态形象，之前所存在的官僚作风、市场冲击力锐减、研究与开发周期缓慢、企业运作成本高昂等问题也一扫而光。在组织结构上，郭士纳力推前文提到的矩阵式组织结构，迅速扭转了IBM在市场的颓势。①

在郭士纳作为一个纯粹的外行人入主IBM前，IBM是一家典型的金字塔形组织代表公司，彼时IBM成立无数销售事业部，但彼此却缺乏横向的联系。前CEO艾克斯要求每一个事业部都要有火箭式的业绩成长，每一个员工无不追求个人绩效。艾克斯像是高高发令的将军，但对客户需求却一无所知。许多客户只能小声抱怨：IBM不仅没有服务品质，而且决策流程超长也超慢，反应像科技博物馆里的恐龙。郭士纳入主IBM后发生了什么样的变化？我们可以从IBM“自己人”叶成辉的视角看一看。

1987年加州伯克利大学电子工程专业出身的叶成辉在美国加入IBM旧金山公司，成为一名程序员。因为不喜欢编程等技术类的工作，梦想着做生意、当经理，他便主动请缨到销售部门去做，经过了差不多5年时间的努力，叶成辉获得提升，成为一线的经理。随后，叶成辉回到IBM香港公司，做产品经理。如今，叶成辉已经是IBM大中华区服务器系统事业部AS/400产品的总经理。

他认为IBM的矩阵组织是一个很特别的环境，“在这个矩阵环境中，我学到了很多东西”，“IBM是一个巨大的公司，很自然地要划分部门。单一地按照区域地域、业务职能、客户群落、产品或产品系列等来划分部门，在企业里是非常普遍的现象，从前的IBM也不例外”，“近七八年以来，IBM才真正做到了矩阵组织”。这就是说，IBM公司把多种划分部门的方式有机地结合起来，其组织结构形成了“活着的”立体网络——多维矩阵。IBM既按地域分区，如亚太区、中国区、华南区等，又按产品体系划分事业部，如PC、服务器、软件等事业部；既按照银行、电信、中小企业等行业划分，也有销售、渠道、支持等不同的职能划分等等。所有这些纵横交错的部门划分有机地结合为一体。对于这个矩阵中的某一位员工（比如叶成辉）而言，他既是IBM大中华区的一员，又是IBM公司AS/400产品体系中的一员；当然，还可以按照另外的标准把他划分在其他（像金融支持、技术咨询等）部门里。

IBM公司这种矩阵式组织结构带来的好处是什么呢？叶成辉认为，非常明显的一点就是，矩阵组织能够弥补对企业进行单一划分带来的不足，把各种企业划分的好处充分发挥出来。显然，如果不对企业进行地域上的细分，比如说只有大中华而没有华南、华东、中国香港、中国台湾，就无法针对各地区市场的特点把工作深入下去。而如果只进行地域上的划分，对某一种产品（比如AS/400）而言，就不会有一个人能够非常了解这个产品在各地表现出来的特点，因为每个地区都会只看重该地区的生意。再如，按照行业划分，就会有人专门研究各个行业客户对IBM产品的需求，从而更加有效地把握住各种产品的重点市场。但是，如果按照上述分类分别成立相应的部门，譬如说大中华区香港地区专门负责技术咨询的金融部门，那么无疑会使企业的

---

① 参见郭士纳：《谁说大象不能跳舞》，北京，中信出版社，2010。谢·盖尔：《东山再起：郭士纳与IBM十年转机》，北京，华夏出版社，2004。

组织结构更加臃肿，因此矩阵型组织结构在最大限度保证工作效果的基础上充分简化了企业的组织结构，使得沟通更加顺畅。

“如果没有这样的矩阵结构，我们要想在某个特定市场推广产品，就会变得非常困难。”叶成辉说，“比如说在中国市场推广AS/400这个产品，由于矩阵式组织结构的存在，我们有华南、华东等各大区的队伍，有金融、电信、中小企业等行业队伍，有市场推广、技术支持等各职能部门的队伍，以及专门的AS/400产品的队伍，大家相互协调配合，就很容易打开局面。”

任何事情都有它的“两面性”。矩阵组织在增强企业产品或项目推广能力、市场渗透能力的同时，也存在固有的弊端。显然，在矩阵组织当中，每个人都有不止一个老板，上上下下需要更多的沟通协调，所以“IBM经理开会的时间、沟通的时间，肯定比许多小企业要长，也可能使得决策的过程放慢”。叶成辉进一步强调，“其实，这也不成为问题，因为大多数情况下还是好的，IBM的经理们都知道一个好的决定应该是怎样的”。另外，每一位员工都由不同的老板来评估他的业绩，不再是哪一个人说了算，评估的结果也会更加全面，“每个人都会更加用心去做工作，而不是花心思去讨好老板”，毕竟搞定三个老板要比搞定一个客户难多了。

对于员工最看重的业绩这一块，显然在矩阵式组织结构中，考核员工业绩的办法也注定无法简单。产品部门、行业部门、职能部门花大气力进行产品、客户推广，但对于每一笔交易而言，往往又是由其所在区域的IBM员工最后完成。那么问题是，最后的业绩怎么计算？产品部门算多少贡献，区域、行业、职能部门又分别算多少呢？叶成辉说：“其实，IBM经过多年的探索，早已解决了这个问题。现在，我们有三层销售，即产品、行业和区域；同时，我们也采取三层评估，比如经过各方共同努力，华南区卖给某银行10套AS/400，那么这个销售额给华南区、AS/400产品部门以及金融行业部门都记上一笔。”当然，无论从哪一个层面来看，其总和都是一致的。比如从华南区的上一级大中华区的立场来看，下面各分区业绩的销售总额（华东＋华南＋华北＋…），大中华区全部行业销售总额（金融＋保险＋贸易＋…），或者大中华区全部产品销售总额（金融软件＋企业软件＋服务器＋…），三个数字是一样的，都可以说明他的业绩。所以，IBM公司常常流传着一句话：换了谁也无所谓。（少了谁别少了郭士纳，编者附）

案例2

有家就有“联合”利华——联合利华的双董事长制

在快速消费品领域唯一能和宝洁分庭抗礼的就是英、荷共有的联合利华公司，2011年世界500强排名，联合利华以586.23亿美元的销售额位居第136位，宝洁以796.89亿美元列第80位。联合利华和宝洁两家公司就如英国小说家狄更斯《双城记》所描绘的那样是快速消费品领域中闪耀的双子星座。

联合利华公司是由荷兰的Margrine Unie人造奶油公司和英国的Lever Brothers香皂公司于1929年合并而成。与世界上大部分跨国公司不同的是，由于特殊的历史原因，联合利华拥有分别位于荷兰鹿特丹和英国伦敦的两个总部，因此同时拥有两位董事长。位于鹿特丹和伦敦的总部分别负责食品及洗涤用品事业的经营。联合利华在全球75个国家设有庞大的网络，拥有500家子公司，员工总数近30万人，是全球第二大消费用品制造商。

联合利华U形的标识包含25个小图案，代表公司所经营的25个业务单元。联合利华14个品类的400多个品牌畅销全球170多个国家和地区，是全球最大的冰淇淋、茶饮料、人造奶油和调味品生产商之一，也是全球最大的洗涤、洁肤和护发产品生产商之一。从联合利华的历史及其生产和经营的产品已经可以看出，甚至从其字面意思基本可以看出"联合"或许是这家公司最本质的特点。事实上，联合利华的组织结构一如其名，是典型的双董事长结构，这种结构在大型跨国公司中并不常见，其他比较典型的有RIM公司、壳牌①和谷歌（中国）②、戴尔（中国）等。但是，只有联合利华是实行双董事长制时间最长、规模最大的一家大型跨国公司。其双董事长制，在一定时间内保证了公司两大业务的平稳发展，但随着时间的推移越来越不适应现代市场经济的需求，终于在2005年废弃了实行75年之久的双头领导制。

改革总是在危机出现的时候出现，2004年联合利华的营业收入为404亿欧元，同比下降6%，净利润18.8亿欧元，同比下降32%，其中2004年第四季度亏损2.48亿欧元。联合利华这艘古老而巨大的战舰终于触到了一块足以颠覆其传统的礁石。如果说礁石是惨淡的市场业绩，那么双头领导下缓慢的决策过程则是让巨舰触礁的最主要原因，联合利华的双董事长制已经越来越不适应瞬息万变的现代竞争和变幻莫测的市场环境。

联合利华的决策过程相当复杂，其背景是它的双属国、双母公司、双董事长、双总部结构和跨行业发展过程中的多次收购和合并，最经典的形容是"联合利华不是一艘战舰，而是一支舰队"（联合利华前董事长乔治·科尔，1963）。联合利华的最高权力机构是两大母公司的董事会——联合利华LTD董事会和联合利华NV董事会，虽然分属两个母公司，但两个董事会在人员结构上却惊人的相似，大约都由25名平均55岁的男性组成，在1973年之前甚至全部都是英国人和荷兰人。联合利华的董事会规模之大和非执行董事之稀少都是非比寻常的，同时期壳牌公司的董事会人数与联合利华相仿，但2/3的董事来自公司外部，雀巢和宝洁③的董事会规模较小，但外部董事的人数不少于2/5。联合利华的董事会议相当频繁，平均每周都召开例会，但会上从未有激烈的争吵，其象征意义更大。随着联合利华的不断发展，有关公司合理化结构的争论也逐渐升温。要实现有效管理和应对外部环境的变化，公司应当呈现什么样的组织结构？在异常复杂的组织结构下，联合利华的公司性质和公司宗旨都开始显得晦暗。

第二次世界大战后，联合利华的组织机构采取了地方分权和区域管理结合的模式，下属的多数大型欧洲公司都按照类似"联邦制"的方式展开运作。联合利华更加

---

① 经过改革已经成为单董事长制。

② 总裁之一的李开复负责产品研发，周韶宁主管公司运营和营销。谷歌（中国）之所以在中国短暂实行双总裁结构，主要是为开拓市场和防止总裁离职后对公司业务造成较大的影响，但一年之后就取消。同样，戴尔（中国）实行双总裁制的时间也并不长。

③ 它们都是联合利华最有利的竞争对手。

依赖人与人之间的关系和非正式的接触来对附属公司实施控制，地方公司管理高层对本国市场拥有更大的决策权力和利润分配的权力，而非像美国公司那样利用正式组织结构和体系为基础的控制模式。图1是联合利华的大致组织模式：

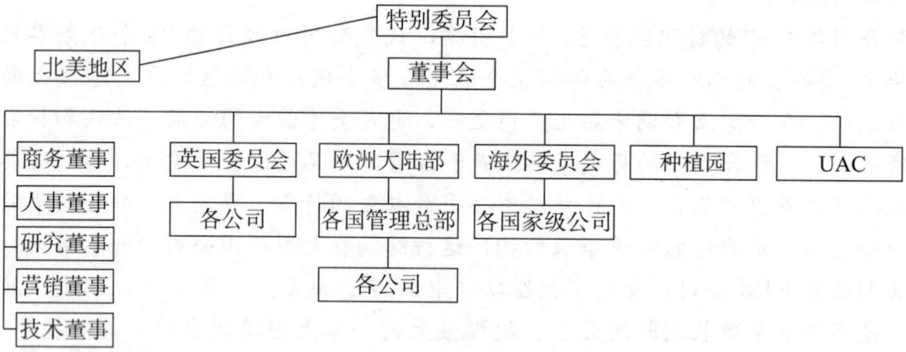

图1　联合利华的组织模式

其中，欧洲大陆部共有6名总监，其中高达4人被任命为联络总监，然后在每个国家再分设管理总部。英国则采取完全不同的管理体系，由于当地业务多元化程度高，因此在早期就成立了产品管理部。然而，混乱的组织结构再加上多元化的产品策略使得联合利华在发展中遇到的问题越来越严重，因此联合利华在20世纪下半叶推出了协调部这一组织创新，然而却受到了原本大权在握的各国管理总部和荷兰方面董事的强烈抵制。在长时间拉锯，尤其是接受了麦肯锡建议之后的联合利华开始变得统一和"集权"，英国和欧洲大陆整合为一体，协调员承担起13个欧洲国家运营公司的部分责任，并通过国家级大会与各国管理总部建立联系，各国管理总部向欧洲大董事区汇报，见图2。

20世纪50年代后期，联合利华的机构组织传统，即由强势的各国管理总部自行管理旗下的多数品牌和商品，感受到了欧洲一体化进程和美国洗涤行业的强烈冲击。联合利华针对市场变化进行了相应的变革，上述组织机构的调整就是重要的举措之一，协调机制的创立是坚定迈向产品导向型管理的一大步。

1973年后，世界经济状况急剧恶化，通货膨胀肆虐，发达国家普遍遭受严重的滞胀困扰，这给联合利华的经营活动带来了相当的困难。按照固定价格计算，1983年联合利华的销售额与利润基本与1974年持平，联合利华经历了"失去的十年"。艰难困苦，玉汝于成，在艰难前行中，联合利华对自身的业务和结构开始重新审视。20世纪80年代之前，联合利华一味重视特定市场或特定产品的市场份额和销售业绩，忽略了系统地与竞争对手进行比较，再加上行动缓慢的双总部结构，导致公司对整个竞争环境的了解停留在零散的状态，缺乏整体性的认识。1982年，在特别委员会的授意下，联合利华成立了公司战略顾问委员会，并进行了业务重组，部分利润低的工厂或业务被出售，同时大举购进了部分利润高的业务。1983—1987年联合利华以21亿英镑将旗下销售额达到34亿英镑的70多家公司出售，然后又以40亿英镑购买了销售额为45亿英镑的70多家公司。虽然联合利华旗下的公司总数几乎保持不变，但主营业务更加突出，而且利润水平也更高。

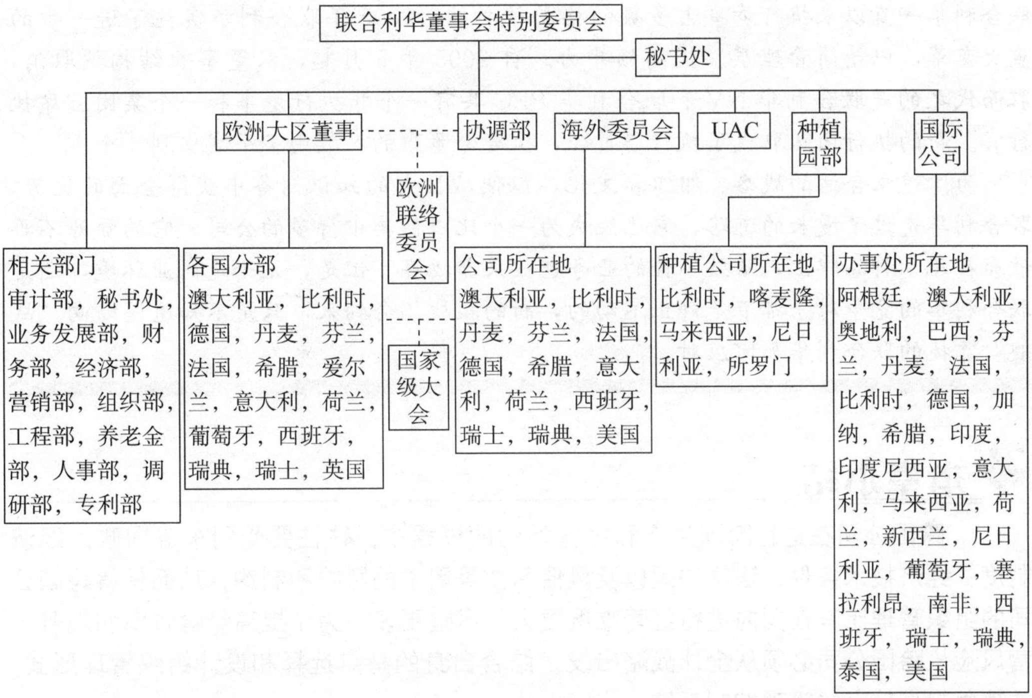

图 2　20 世纪 50 年代联合利华的组织结构

在 20 世纪最后一个十年和 21 世纪第一个十年的时间里，联合利华再次发生了巨大的变化。20 世纪 90 年代中期，第二波公司重组开始了，这次的目标是为充满动力的新增长奠定基础，联合利华进行了重大的组织改革，试图将战略与执行分开，由 7 个人组成的执行委员会取代了特别委员会。2000 年，联合利华推出了新的"增长之路"战略。为了实现增长目标，2000 年和 2001 年两年，联合利华开始了大举收购，其中 2000 年用于收购的金额就达到 280 亿美元，是当时收购力度最大的公司之一。2001 年 4 月，联合利华先是以 2.23 亿美元收购美国的 Ben & Jerry's 冰淇淋公司，以 23 亿美元收购了 Slim-Fast 食品公司，仅 2 个月后又以 243 亿美元现金收购了美国的 Bestfoods 公司。并购带来了短暂增长，2000 年联合利华的主要品牌销售额增长 3.8%，2001 年和 2002 年的增长均达到了"增长之路"计划制定的目标。转折点出现在 2003 年，在这一年，联合利华有两个季度未达到预期销售收入增长目标。联合利华归结了三方面的原因：决策的迟钝、折扣零售商的发展以及 2003 年夏季欧洲气候的潮湿。但是，市场认为，"增长之路"计划的重点是削减成本，而不是产品创新及加强对已有产品的营销。该计划遭挫的直接原因是联合利华削足适履式的执行，公司管理层被短期财务目标所束缚，不能对价格和竞争态势的变化及时做出反应。在种种问题的背后是联合利华自身的制度缺陷。

改革终于在 2004 年发生，该年由相同人员组成的联合利华 NV 和联合利华 PLC① 单轨制董事会成立。顾问董事变成了非执行董事，在董事会中占据了大多数，

① 由联合利华 LTD 演变而来。

联合利华一直以来执行董事占多数的格局被打破。2005 年联合利华实施了进一步的重大变革，以精简管理层、提高领导力。自 2005 年 5 月起，双董事长结构被取消，取而代之的是联合利华 NV 和联合利华 PLC 共有一个非执行董事和一个集团首席执行官。新的执行团队取代了执行委员会，执委会董事的人数由 7 个减少到 4 个。

为了追求合适的战略、组织和文化，以便从巨大的知识储备中获得全面的优势，联合利华走过了漫长的道路，它已经成为一个比以前集中得多的公司。它的资源不再散布在几千种品牌上，绩效不佳的业务也被果断抛弃。但是，无论是商业环境，还是联合利华的竞争对手都不是静止不动的，新的挑战仍会到来，只是不知道逐渐向“战舰”靠拢的联合利华如何应对。

本章小结

1. 跨国公司在进行跨国生产和经营活动的过程中，往往要受到东道国政治经济制度、经济技术条件、法律法规以及风俗习惯等因素的影响和制约，从而使得跨国公司的组织管理比其在国内进行经营难度更大、风险更多。为了提高经营效率和规避经营风险，跨国公司必须从全球战略出发，结合自身的特点选择和设计组织管理形式，并建立起高效率的管理控制系统。

2. 从法律形式上看，跨国公司主要有母公司、分公司、子公司等结构。跨国公司设立国外组织机构时，需要从企业的实力、社会形象、预期经营状况以及所在国的法律，综合地加以考虑，采用更为合适的组织机构形式。

3. 跨国公司的管理控制包括管理机构的设置、管理权限的划分、管理的形式等。管理控制的目的是为了保证战略、经营和战术上的规划都能得到正确的贯彻执行。从跨国公司的发展阶段看，跨国公司母、子公司的治理一般会经历早期的集中控制、分权倾向、再集中的演变过程。在不同的发展阶段，母、子公司的治理关系呈现出明显不同的特征。

复习与思考题

1. 有限公司的法律特征有哪些?
2. 简述跨国公司组织结构的基本形式。
3. 母、子公司结构的优缺点有哪些?
4. 简述跨国公司管理控制的过程。

第六章

跨国公司营销管理

本章提要

无论是经营海外业务还是分析国际事务对国内业务的影响，市场营销都比一个企业的其他职能——如生产、财务和研发——分量更重，因为市场营销要对当地文化以及公司与当地环境的多重相互关系做出快速反应。首先，本章从总体上介绍了国际市场营销问题；然后，本章较为详细地介绍和分析了国际产品策略、国际价格策略、国际渠道策略和国际促销策略等国际市场营销领域中的重要问题。

关键术语 国际市场 国际产品线 国际定价方法 国际营销渠道 国际促销

国际市场营销是指进行跨国交易以满足人们的需求和欲求，无论是经营海外业务还是分析国际事务对国内业务的影响，市场营销都比一个企业的其他职能——如生产、财务和研发——分量更重，因为市场营销要对当地文化以及公司与当地环境的多重相互关系做出快速反应。应该说，市场影响的基本特性并不因为它延伸到国境以外就有所变化，但国际市场营销有一点与国内市场营销不同，前者要求同时在一种以上的环境中经营。国际市场营销者不但要对不同的国际市场营销环境高度敏感，而且还必须能够在世界范围内平衡市场营销活动，以便使整个公司获得最优的结果。

第一节 国际市场营销简介

本节将从国际市场营销的三步骤出发，即细分全球市场、国际营销调研、制定营销战略，从宏观上把握国际市场营销的概念。

一、细分全球市场

一个细分全球市场是指一组在某些方面相类似的国家，它们对市场营销战略的某些方面有着相似的反应。市场细分是将不同国家分成若干组，使每组具有相似的技术。一个企业不可能用一套政策服务于整个世界，在这种情况下，该公司可以针对它确实要进入的国家制定市场营销计划和战略，然后总结在这些国家中的经验，以应对新的市场。细分市场营销有着无限的可能性，有效的细分战略可以带来非常丰厚的利润。而市场细分中的一个基本问题是如何选择正确的分类标准，见表6—1。

表6—1　　市场细分的基础要素

1. 社会经济因素：经济发展状况、社会阶层等
2. 人口因素：年龄、收入、性别等
3. 地理因素
4. 心理因素：生活方式、个性等
5. 政治制度
6. 文化因素
7. 消费模式
……

1. 社会经济因素

最具代表性的依据是人均GNP。一般来说，人均GNP低于1 000美元的为低收入国家，人均GNP在1 000～7 500美元的国家为中等收入国家，人均GNP超过12 000美元的国家为高收入国家。按照这种划分，许多中东国家都应被归入工业化国家类别，但这些国家不会形成像欧美发达工业国家那样的市场。因此，这种单变量的比较标准是不充分的，在某些情况下也不能作为一个判断标准，而且把重点放在经济状况上，就遗漏了国家之间文化差异的重要影响。

2. 人口因素

人口细分是基于可测量、可统计的人口特征对全球市场进行细分，常见的人口细分变量包括年龄、性别、收入、婚姻、受教育程度、家庭、生命周期、国籍、民族、宗教、职业、社会阶层等。这种分类方法有以下优点：①人口变量可测量，且变量信息最精确；②人口变量信息易从各国政府或国际组织公布的统计资料中获得；③人口变量与消费者行为有明显的关联性。但是，采用人口细分变量中的单一标准也可能得出偏颇的结论，这主要是因为人口统计变量的变化以及不同国家或地区人口统计数据的变化。

3. 地理因素

地理细分是将全球市场按照地理变量划分成不同的市场区域，主要的地理变量包括大洲、国家、地区、城市规模、气候、人口密度等。按地理位置划分的方法是国家分类的流行方法，它具有以下的优势：邻近的地理位置使人们容易对连接在一起的国家进行管理；同时，同一地理区域的国家往往有着相同的文化特点。区域性贸易组织的形成就是最好的佐证，譬如在欧盟内部可以采用同样的营销手段。但是，地理位置上的接近也不能保证为国际商业提供同样的市场机会。比如说美国和墨西哥同属北美大陆，但墨西哥显然在文化和经济上与美国截然不同。

4. 心理因素

心理细分是指按照消费者的心理特征来细分市场，常见的心理细分变量包括态度、价值观、生活方式、个性、购买动机等，其数据主要通过问卷调查获取。在营销实践中，心理细分被证明是一种非常有效的细分方式。保时捷的全球销售量从1985年的50 000辆下降到1993年的14 000辆，针对这种情况，保时捷决定对消费者进行心理研究。在对北美市场的研究中，研究人员发现消费者依据心理特征可分为激情高手、精英分子、骄傲主人、锦衣玉食者和幻想家五类群体。接下来，保时捷公司对每一类型的消费者改进了广告策略，最终保时捷1994年在美国的销售量上升了近50%。

5. 政治制度

这种划分认为在一个特定的政治群体内，可以用一种市场营销战略在所有国家开展国际经营。以1988年的尼日利亚、孟加拉国和阿根廷为例，按照政治制度划分的标准，它们应该属于同一类型，但从跨国市场营销人员的角度看，阿根廷在经济特征上接近于西欧，尼日利亚的经济潜力直接挂钩于石油价格，而孟加拉国则属世界低收入国家之列。由此可见，政治上的相近并没有提供相似的潜在市场。

6. 文化因素

这种划分假定具有相似文化的国家应采用同样的市场营销战略。格特·霍夫斯泰德曾提出识别国家是否是同质群体的四因素，即权利距离、避免不确定性、个人主义和男性化。其中，权利距离是指一国民众认为可以接受的不平等程度；避免不确定性是指一国民众喜欢结构化胜过非结构化的程度；个人主义是指一个国家中的人们在多大程度上被鼓励作为个人，而不是作为一个集体中的成员采取行动；男性化是指“男性的”（强调果断、表现欲、成功和竞争）价值在多大程度上胜过“女性的”（强调生活质量、人与人之间的关系、服务、团结和同情心）价值。但是，这种划分方法并未在实践中被证实，这样做的价值是受到怀疑的。

7. 消费模式

消费模式主要是指消费者的购买行为，主要包括是否购买或使用某种产品、购买或使用的时机、使用的频率和数量、对产品的偏好程度等。

市场细分的关键是要选择一个或多个变量，能够把市场分成不同的顾客群体，使每个群体内的顾客对市场营销战略的某个侧面有着相似的反应，而这些变量是可以测量的，诸如收入、消费水平都是可行的，而以幸福指数等为基础细分市场则往往是不确定的。在细分市场后，公司就需要通过营销调研来选择目标市场。

二、国际营销调研

营销调研是一种借助信息把消费者、公共部门和市场联系起来的特定活动——这些信息用以识别和界定营销问题及机遇，制定、完善和评估营销活动，监测营销绩效，以及增进对营销过程的理解。营销调研包括跨国公司总部或事业部完成的关于全球消费者共同性需求的调研及由国外子公司完成的关于目标国市场营销适应性需求的调研。一般营销调研包括以下五个步骤：

定义问题→调查设计→资料收集→数据分析→报告

（1）定义问题。国际营销调研的第一个步骤是明确营销调研目标。只有清楚地定义了营销研究问题才可能正确地设计和实施研究。调研部分必须准确地把握问题的性质，一旦明确了调研问题的性质，才可以运用恰当的问卷形式，将其转化为具体的调查问题。

（2）调查设计。调查设计是指调研计划的准备及制定，我们不妨了解下常见的调研方法和调研工具。首先，调研方法主要有三种：观察法、问卷调查法、实验法。其中，观察法是在不被接触和打扰的情况下客观地观察有关对象和事物的一种方法，它具有直接性和客观性，但缺乏系统性和全面性。应该说，观察法为正式设计问卷奠定了基础。问卷调查法是围绕被调查问题的假设，运用相关的问卷设计具体的问题，在被调查者高度参与的情形下，回答调研问题的一种方式，它可以细分为自主填写、调查人员协助填写、电子邮件和邮寄问卷的方式，跨国公司在不同国家采用大致相同的问卷以了解各国消费者对某一产品属性的认识、偏好、理解和满意度等要素的趋同倾向和差异情形。实验法是一种最为严谨和正式的调查方法，它通过筛选相匹配的目标小组，然后对其中一个变量群组加进新的影响因素，在严格控制其他变量的干扰下核查新加入影响变量的群组的反应变化程度。其次，最为常见的调研工具是调查问卷，调查问卷一般由开放性问题和封闭性问题组成，其中封闭性问题常见的度量方法有李科特量表、语义差异量表、斯坦普尔量表。

（3）资料收集。国际营销调研的资料来源包括已经存在的或者为解决某个特定问题而收集起来的信息，即二手资料和为解决当前特定的调研目标、特定问题而收集的一手资料。

第一，二手资料。一般来说，二手资料比较便宜且易于收集，主要来自政府机构、电子数据库、新闻出版物、公司财务报表、专业性网站等，见表6—2。

表6—2　　国际营销二手资料来源

- 《欧洲营销资料与统计》
- 《国际营销资料与统计》
- 《欧洲消费者》
- 《欧洲广告营销与传媒资料》
- 《国际广告时代》
- FINDEX：《全球市场调研报告名录》，《调查与研究》
- 《海外服务销售指南》

但是，二手资料也面临着时效性、可靠性、可比性、功能等效性等方面的局限。以资料的可比性为例，不同国家的统计和相关宏观数据在最初搜集提取时的路径会存在差异，因而营销调研在对各国的指标数据进行比较时，会面临对同一个问题、不同国家来源的资料口径不一致甚至互相矛盾的问题。

第二，一手资料。一手资料的收集成本较二手资料高，但所获取的数据信息通常对调研的特定问题具有很强的针对性，因而准确性高。一手资料的收集主要通过焦点小组完成，焦点小组就是问题小组，成员负责在大范围的正式调研之前实施探测性调研，其成员应受过良好训练并且具有丰富的国际调研经验。

市场信息是在测试、进入或者离开一个市场时必须进行的市场研究，包括市场表现、市场份额以及销售分析和预测；产品信息是关于何时增加、减少或者改变产品的；促销调查是为了解广告文本和最佳媒体的；渠道信息提供关于渠道的可获得性和相对优势的信息；价格信息是关于一家公司需要为其产品制定价格以满足它的短期目标和长期目标，见图 6—1。

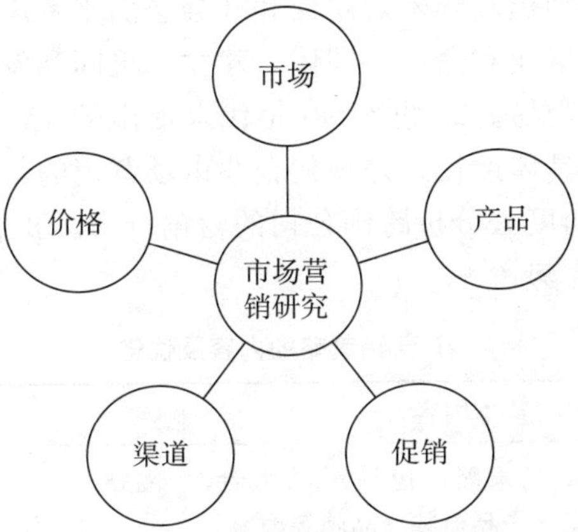

图 6—1 国际市场营销信息收集

(4) 数据分析。数据分析是指调研人员将收集的数据进行检查、筛选、整理、分析后转化成有助于营销决策的信息的过程。在国际营销调研中，对数据的分析可以在三个层次上进行：

第一，文化内分析。将数据按照每个国家和文化单元分别进行分析，目的是了解单元内人们的消费行为。

第二，泛文化分析。它将所有国家或文化单元内的调查数据结合起来进行分析。

第三，跨文化分析。通过该分析可以发现不同国家或文化单元之间的可比性和差异性，从而有利于跨国公司据此实行各种策略。

(5) 报告。最终报告在形式上包括封面、目录、摘要、报告正文、附录，内容上应突出用户导向，易于理解，确保客观、详尽、简洁。

三、制定国际营销策略

(一) 市场营销策略简介

市场营销策略是企业以顾客需要为出发点，根据经验获得顾客需求量以及购买力的信息、商业界的期望值，有计划地组织各项经营活动，为顾客提供满意的商品和服务而实现企业目标的过程。

长期以来，被营销理论界广为接受的4P理论是由美国学者杰罗姆·麦卡锡（Jerome McCarthy）提出的，4P营销策略能从复杂的营销变数中找到最为重要的因素，并从单纯的因素上升为一组策略，从而更好地适应日益复杂的营销环境。此后，随着市场营销理论研究发展相继出现的6P、10P、11P策略都是4P营销策略的扩展，其核心仍是4P。1990年，美国学者劳特朋（Lauterborn）首次提出了用4C取代传统的4P，从而给营销策略研究提供了一种新的思路。其中，4C更注重以消费者需求为导向，区别于市场导向的4P，但从企业和市场发展趋势看，4C抑制了企业的主动性和创造性。在20世纪90年代中期，美国学者舒尔茨（Don E .Schultz）提出的4R阐述了一个全新的市场营销策略的4个新要素，它以竞争为导向，将企业的营销活动提高到宏观层面和社会层面来考虑，提出企业与顾客及其他利益相关者应建立起事业和命运共同体，建立、巩固和发展长期的合作关系，强调关系管理而不是市场交易。20世纪90年代末提出的4V营销策略旨在培养和构建企业核心竞争能力的具体途径，是现代企业市场营销的新着眼点。在本书中，笔者则从传统的4P理论角度去分析跨国公司的营销行为。我们可以通过表6—3简要了解4P的内容及其优劣势。

表6—3　　4P营销策略的内容及优劣

	基本内容	优势与劣势
4P营销策略	产品（product）策略：包括产品组合、产品生命周期、产品包装、品牌等内容。 价格（price）策略：包括决定定价导向、做出调整价格的反应、设计价格的风险评价。 渠道（place）策略：包括渠道模式和中间商的选择、调整协调管理、实体分配。 促销（promotion）策略：包括推销、广告、营业推广等。	优势： （1）使营销理论有了体系感。 （2）使复杂的现象和理论简单化。 （3）为营销提供了易于操作的框架。 （4）理论上概括、实务上可操作。 劣势： （1）不足以涵盖所有行业可控制的变量。 （2）只适合制造业中消费品的营销活动和生产者主导的卖方市场。

（二）营销策略制定的环境因素

营销策略制定的环境因素见图6—2。

1. 经济环境

从宏观角度来看，影响一国经济概况的因素主要有：

（1）人口因素。在宏观环境因素中，人口特征是最为基本的，因为市场首先由人构成，人口状况意味着潜在的消费市场，但仅仅一个人口数字为营销提供的有用信息是极为有限的。

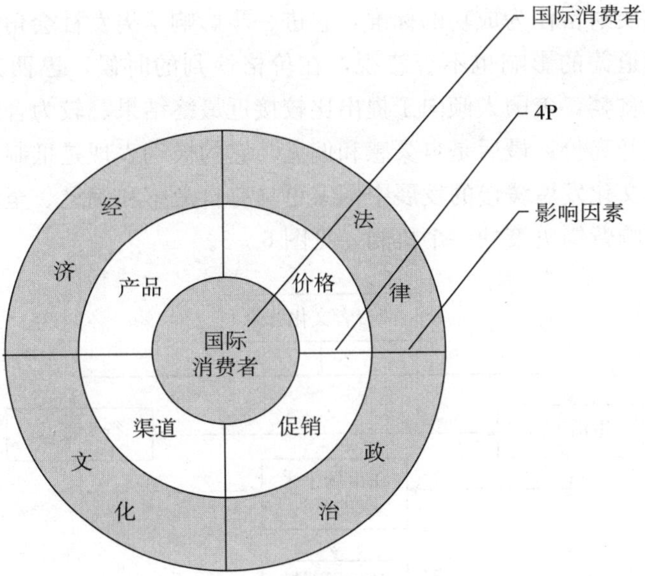

图 6—2 营销策略制定的环境因素

(2) 收入。收入因素中最具代表性的是人均 GNP，它表明了人们的消费能力；消费指数说明了一个国家的绝对消费能力，可通过国内生产或进口来满足。

(3) 消费结构。一个不发达国家要加快技术和经济发展，必须投入更多的国民收入用于购买生产资料。在发达国家内部，消费结构也不尽相同。

(4) 经济制度。从微观角度看，涉及某产品或市场的环境营销因素主要有：

第一，竞争源。跨国公司会遭遇来自三方面的国际竞争：东道国商业、其他本国公司以及外国公司。

第二，竞争优势。该因素主要包括现有竞争对手、潜在竞争对手；竞争对手的主要战略、短期目标和长期目标；竞争对手的竞争优势；竞争对手的弱点；竞争对手未来的战略；竞争对手在市场上、行业中及公司内部实施的战略。

2. 文化环境

文化环境中包含的因素有物质生活、社会交往、语言和非语言交流、艺术、宗教信仰等。物质生活主要是指经济活动，即该市场是否存在商业机会；社会交往决定了人们在社会中的角色、权利和职责模式，它影响着家庭决策和购买行为，决定了个人影响和选择的范围；语言不仅仅指讲话，还表示交流的时间、空间、内容、友谊和认同，语言差异会影响合同、谈判、广告以及标志设计等业务处理的各个环节，比如可口可乐在法国的口号由 Diet coke 变为 Coca-cola light 就是为了避免“节食”字样的出现；非语言交流主要表现为符号沟通，这也容易产生文化误解的危险，如不同文化下的问候方式，智利以亲吻面颊表示问候，巴西表现为互相亲吻，而西班牙是避免亲昵行为的产生；艺术是指某一社会的美术、戏剧、音乐、神话传说及地方建筑等方面，反映了一个社会的审美观念和表达方式，如白色在西方是婚礼的颜色，在亚洲则意味着悲伤，此外还表现为拥有生活空间的大小及占有的途径，对土地和物质的占有等；宗教信仰影响人生观，伊斯兰教鄙视注重物质财富的人，而基督教则鼓励勤奋工作，并把获得物质财富作为成功的标准，它进一步影响了男女社会角色、风俗习惯及权责关系；伦理道德的影响也不容忽视，在价格谈判的时候，巴西人要求多、承诺少，提出的要求贪婪，美国人倾向于提出比较接近最终结果、较为合理的价格，日本人在谈判伊始就开高价；最后是自豪感和偏见，它的极端表现是抵制外国意识形态和产品，一般认为文化发展缓慢的发展中国家更具有自豪感和偏见。至此，我们可以总结出文化环境影响营销决策的一个机制，见图 6—3。

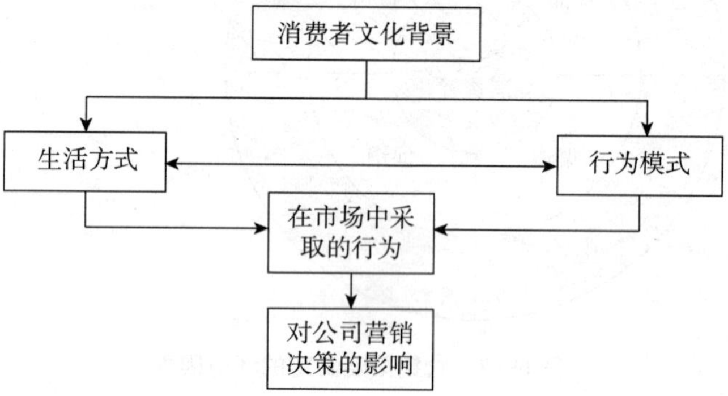

图 6—3　文化环境影响营销决策的机制

我们不妨从产品、价格、渠道、促销四个角度看看文化对营销战略制定的具体影响。

（1）产品。同样的产品在不同的国家往往会产生不同的销售结果，文化环境差异有可能是主要的症结所在。以芭比娃娃的营销为例，我们都知道芭比娃娃在美国的销路一直很好，但当它进入日本时却一度危机重重，一直打不开市场。后来据公司调研发现，大多数日本女孩和家长认为芭比娃娃的胸部太大、腿太长。随后，公司进行了一些产品的修改，如将蓝眼睛换成了黑棕色，弥补原来的缺陷，结果再次投放市场时供不应求。而在印度市场上，文化差异的影响更为明显，像印度这样保守的国家，男朋友是不被人接受的，因而随芭比娃娃一起的男朋友马克就不能以原型投放印度市场了，公司最终将马克塑造成为芭比的兄弟，这对亲近兄弟、姐妹的印度而言无疑是合适的产品策略。由此，投入不同国家的产品必须与该国的文化特性相一致。

（2）价格。一般认为，一个国家在目标国的形象好，其产品的价格可以设置较高的价位；相反，形象差的话则难以以高价开辟好的销路。消费者对某商品愿意支付的价格往往是依赖其感觉而不是其真实的国际价值。一个印度人去法国旅行，从巴黎百货商店买了一件昂贵的 T 恤，而最终发现产地是印度时十分失望。我们可以明显感到在英国看来非常合理的价格，从本国看来确实高得出奇。因为人们通常认为，与发展中国家国内生产的商品相比，从西方国家进口的商品价格要高得多，因而进口产品往往卖高价。

（3）渠道。文化的多元性使渠道模式的选择更具灵活性，为适应目标国的市场环境，渠道模式会做相应的调整。以雅芳的营销为例，在美国，雅芳主要采取上门推销

（即直销）的方式，这对于注重在私宅或工作场所做出购买决策的美国人来说是最为合理的渠道模式。但是，同样的渠道营销在欧洲却碰了壁，因为欧洲女性认为销售代表登门推销或电话推销是刺探隐私。雅芳针对这种情况，只得将每个销售人员派到其熟识的环境，以增进交流。

（4）促销。促销策略中的广告策略最容易受到文化因素的影响。以百事可乐在德国的广告为例，其口号为“动起来吧，你们正处在百事时代！”但事实表明，从美国原封不动搬来的广告口号在德语中的意思是“从坟墓中复活过来吧！”诸如这种语言差异引起的广告失误不胜枚举。此外，广告色彩的运用需要十分谨慎，除了白色的地域差异，紫色在拉丁美洲代表死亡，棕色和灰色在尼加拉瓜意味着不受欢迎。

3. 政治环境

在政治环境因素对营销战略的影响中，表现最为明显的是政治干涉。政治干涉是指目标国强迫跨国公司变更业务、政策及战略计划的政治决定，干涉的范围从一定程度上实现对跨国企业的控制到完全接管，其严重程度依跨国公司在目标国的业务和受干涉的性质而不同。政治干涉的形式有征用、本土化、汇兑控制、进口限制、销售控制、税收控制、价格控制及劳动力控制。政治干涉对4P组合中营销变量的影响主要有：

（1）产品。产品要符合当地法规所规定的技术含量。此外，对一些产品的销售限制、产品功能范围、产品设计、使用寿命、专利有效期限等有诸多要求。

（2）价格。设置最高价和最低价，对其产地原材料价格、合同价、进口原材料价格及转移定价的限定。

（3）渠道。关于地区分布、中间商类型、少数族裔代理商、代理商付酬等问题的规定。

（4）促销。致力于商业用语本地化及本地促销人才的培养，关于信息类型、媒体可获得性的规定以及媒体使用时间的限制。

在政治干涉下，一般跨国公司的战略应对包括适应、退出或抵抗。20世纪70年代，IBM由于无法忍受印度政府强加的关于产品研发、定价等领域自由的限制而完全撤出印度市场。而雀巢为了进入该国市场则选择接受了印度的侵权行为。至于抵抗是指基于公司的优势和目标国政府的需要采取新措施来获得竞争优势，以麦当劳的应对为例。

小案例

麦当劳如何避免成为塞尔维亚的敌人①

在北大西洋公约组织对前南斯拉夫为期78天空中打击的大多数日子里，麦当劳

① *The Wall Street Journal*, September 3, 1999。

公司的汉堡销量持续大幅下跌。由于从一开始就受到愤怒人群的破坏，麦当劳公司被迫临时关闭了在前南斯拉夫的15家快餐店。但在当地的经营者再次打开大门营业时，他们采取了不同凡响的营销策略，即把麦当劳的美国公司身份束之高阁，从而实现了非凡的回归。为克服人们对纯粹美国商标的憎恨，当地快餐店将麦当劳变成了麦氏王国（McCountry）——一家当地经营涂着红辣椒粉的猪肉汉堡的餐馆。他们制作海报和翻领纽扣宣传M金色拱门时，在M顶端加印度传说中被称为sajkaca的塞尔维亚帽子的图案，以融入唤醒塞尔维亚人共鸣和自豪感的民族复兴活动。他们还为反抗北大西洋公约组织的集会游行者发放免费奶油汉堡。位于塞尔维亚首都的快餐店的地下室，甚至被用做防空避难所。现在战争过去，尽管物价上涨，人们收入水平下降并对美国怀有仇恨，但麦当劳连锁依旧生意红火，为什么会这样？一个塞尔维亚男孩说："麦当劳不是美国的，麦克是我们的。"

应该说，跨国公司在遇到政治干涉时究竟采取哪种策略应对，一方面取决于目标国政府的行为，另一方面还有赖于公司自身实力的增强。在公司能够为目标国政府持续带来利益时，公司所面临的政治风险将显著降低；相反，则导致政治风险增加。

4. 法律环境

从营销角度看，跨国公司应当遵守有关竞争、价格制定（如价格歧视）、分销安排、产品质量（如卫生、包装、保证和服务、专利和商标）、人员促销（如劳工法）和广告（如媒体使用、信息提供）等方面的法律，理解和遵守有关税收、关税、许可、业务的其他法律以及在全球环境下影响国际营销决策的一些国际法律和惯例等。

■第二节　国际产品策略

当跨国公司制定营销策略时，会考虑营销中的以下四个因素：产品（product）、价格（price）、渠道（place）、促销（promotion）。其中，产品策略是市场营销4P组合的核心，它是营销组合各要素中最重要的影响因素，也是最基础的影响因素。作为市场营销活动中的基础要素，在运用营销策略时，应该正确制定产品策略。一般来说，国际产品策略的制定要依照产品目标，综合考虑各类影响因素，见图6—4。国际产品策略大致可分为产品标准化策略、产品差异化策略及产品创新策略。本章将依次介绍产品目标以及产品策略的具体分类，通过具体的影响因素分析讨论各产品策略的适用情况。值得一提的是，本节引入了国际产品生命周期理论，因而最后将结合该理论谈谈三类产品策略的具体适用。通过以上内容的介绍，大家将对国际产品策略有个全面的了解。

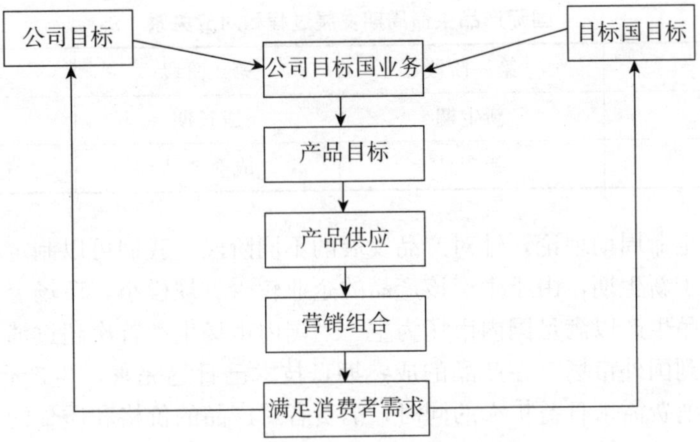

图 6—4　国际产品策略步骤

一、国际产品目标

图 6—5 展示了产品概念的五个层次。

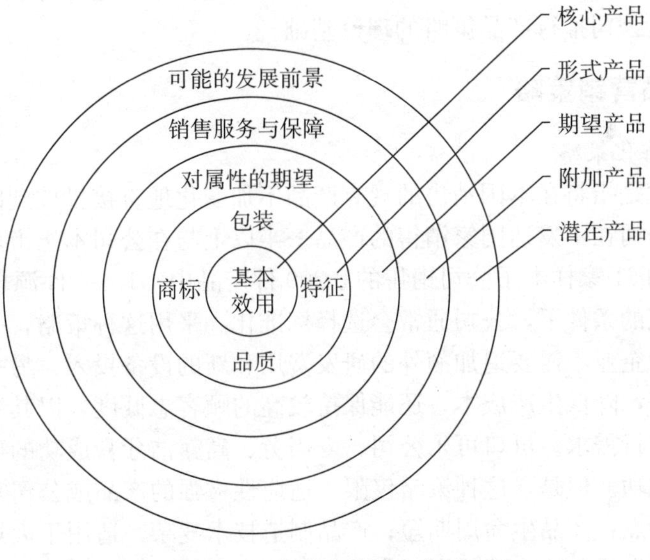

图 6—5　产品概念的五个层次

二、国际产品策略

（一）产品生命周期理论

产品生命周期理论认为，国际市场上的新产品一般经过三个阶段：产品创新阶段、产品成长和成熟阶段、产品标准化生产阶段，如表 6—4 所示。

表 6—4 国际产品生命周期发展过程和对应关系

阶段	第一阶段	第二阶段	第三阶段
时期	新生期	成长期	成熟期
产品	新产品	成熟产品	标准化产品

依据产品生命周期理论，针对产品发展的不同阶段，我们可以制定相应的产品策略。当产品处于新生期，由于生产该产品的企业较少、规模小，市场上几乎没有竞争对手，此时产品生产以满足国内市场为主。当国内市场生产首次超过消费时，一部分产品开始出口到国外市场。在产品的成熟期，技术已日趋完善，生产企业不断增加、规模增大。在消费需求日益扩大的同时，消费者对产品的价格和质量的要求也日益提高，企业为了继续保持成本优势，开始对外直接投资，即在国外建立子公司或分公司就地生产和销售，从而扩大出口、保证经济效益。到了产品的标准化阶段，市场竞争更为激烈，主要表现为价格竞争。此时，跨国公司在子公司或分公司的区位选择上尤为重视影响成本的因素。这个理论对于跨国公司的发展有如下启示：首先，企业要长期保持其竞争优势，必须尽可能延长产品生命周期，这就要求企业不断地创新产品，以保持领先地位；其次，尤其对发展中国家而言，应加速出口产品的升级换代，调整出口产品的地区结构，或者因势利导，及时转产发达国家以增加外汇。应该说，产品生命周期理论是公司推行产品策略的理论基础。

（二）产品营销策略

1. 产品标准化策略

产品标准化是指将在本国销售的现有产品不加变化地直接投放到国际市场。据调查发现，跨国公司在不发达国家销售的产品一半以上与在公司本土市场销售的产品相同，调查选择的 61 家样本子公司销售的 2 200 件产品中，1 200 件源自美国和英国。① 在其他情况相似的条件下，公司通常会选择标准化。采用这种策略，一方面可以减少企业投资，因为企业不需要追加额外的研发费用和新的设备投入，另一方面有助于企业实现规模经济，降低生产成本，还能保持较高的顾客忠诚度，以其不变的性能适应顾客的迁徙和旅行需求。可口可乐公司、麦当劳、高露洁牙膏成功的事实证明了产品标准化战略的成功。但是，这种策略仅限于适应性极强的产品或公司采用，一般这类产品具有以下特点：产品生命周期短；产品制造技术复杂，适用于大规模生产；产品商标、包装适于世界各地；消费者对产品基本功能的要求一致性强等。

2. 产品差异化策略

尽管产品标准化会给公司带来许多好处，但由于其条件的限制以及过分依赖标准化会适得其反，因而适当修改产品，使产品更适合目标市场情况，有助于取得竞争优势。产品差异化战略就是企业设法使自己的产品或服务乃至经营理念、管理方法、技术等有别于其他企业，在全行业范围内树立起别具一格的经营特色，从而在竞争中获

---

① Hill, John S., James, William L., "Product and Promotion Transfers in Consumer Goods Multinationals", *International Marketing Review* 8, No. 2 (1991): 6 - 17.

取有利地位。最常见的产品差异化策略有强制性策略和自愿性策略两种。其中，强制性策略是指在制造上仅对产品做较少变更，主要涉及安全规定、商品登记、质量标准和媒体标准，其原因主要在于：①目标市场对某种产品的特别规定；②市场环境所形成的特定需求。自愿性策略是指出口商为建立稳定的海外市场，通过调整产品，使之更符合市场需求的举措。产品差异化策略能保证企业满足不同国家市场的需求，但由此带来的成本增加也是制定产品策略前必须衡量的。电视机行业的产品差异化表现得十分明显，通过品牌认知进行产品差异化的重要性给那些依靠低价出售不知名品牌产品的公司设置了障碍，一些成名的公司，如索尼、松下和飞利浦，通过全球保护已成功地为其品牌在许多国家设防。它们不仅在广告方面，也在售后服务设施和经销商网络方面进行了大量超前投资，以支持品牌形象从低档转至高档细分市场。

3. 产品创新策略

产品创新策略是指开发新产品投放国际市场。这正是国际产品生命周期的核心所在。采用这种策略时，企业需要面临一定的风险，要求大量资金的投入。因此，企业在采用该策略时，必须合理地评估自身的企业特点和实力，全面权衡利弊得失。

小案例

诺华生物医药不断致力于产品创新，迅速取得了技术领先的优势。下面以其制造的传感器为例。

诺华生物医药生物传感器的几个第一①

1978 年，第一台电离钙实用生物传感器。
1980 年，第一台用于测量血中氯化物的生物传感器。
1984 年，第一台用于测量钙总量的生物传感器。
1985 年，第一台利用 ISE/传导性测量血细胞比容的生物传感器。
1988 年，第一台用于直接测量全血葡萄糖的生物传感器。
1990 年，第一台用于测量锂的生物传感器。
1991 年，第一台用于测量尿素氮的生物传感器。
1993 年，第一台用于直接测量全血乳酸盐的生物传感器。
1994 年，第一台用于测量电离镁的生物传感器。
1995 年，第一台用于测量全血中二氧化碳总量的生物传感器。
1995 年，第一台用于直接测量肌氨酸酐的生物传感器。

在了解了主要的三种产品策略后，我们进一步分析影响产品策略制定的因素，如表 6—5 所示，包括产品特点、产品周期、成本—收益关系、法律因素、竞争激烈程度、配套措施、自然条件、市场状况在内的八个因素是制定产品策略的关键：

① NOVA Biomedical Scales Brochure.

表 6—5　产品策略的影响因素

影响因素	表现
产品特点	国际产品设计随产品特点不同而有所不同。
	相对于生活消费品而言，工业用品更适合标准化。 在生活消费品中，非耐用品较耐用品更需要差异化。
产品周期	根据产品生命周期理论，某特定产品在不同的国家市场上处于不同的发展阶段，因而要根据产品在不同市场的发展阶段，适时调整产品的属性。
	宝丽来公司没有考虑到 Swinger 照相机在法国市场和美国市场上的不同发展阶段，采取了相同的产品战略，导致了在法国市场上营销的失败。
成本—收益关系	产品的标准化不要求新的研发，可以节约成本，但仍然涉及机会成本的量化问题。产品的差异化意味着产品设计、风格、包装、功能等方面的变化，要求研发成本的投入。为此，两者均需要进行成本—收益分析。
法律因素	各国有关产品标准、专利保护、税收的立法不同，可能需要产品某些方面的改进。
	欧洲各国采用的电压标准不同，由此带来插头和插座的多样性。
竞争激烈程度	一般来说，在没有现实竞争和潜在竞争的情况下，公司倾向于保持产品的不变性；相反，对于竞争激烈的产品市场，各公司则持续创新产品，以获取市场的优势地位。
	柯达公司为了保持并获取新的竞争优势，改变了此前曾经标准化胶卷的产品策略，依据不同市场中消费者的偏好实行产品差异化策略，比如在日本市场销售日本人所偏爱的红色调胶卷。
配套措施	配套措施主要包括创造、开发和满足客户需求所必需的机构及职能部门，如零售商、批发商、销售代理、仓储、运输、借贷和媒体，配套措施的可获得性、运行状况和成本都极大地影响着产品策略的制定和实施。
自然条件	气候、地貌和资源等自然条件的不同，要求产品做适当的改变。
	在气候炎热的地区，空调要求增加某些功能特性。 家庭的大小及结构差异会影响电器和家具等产品的设计。
市场状况	市场状况是指文化差异、经济发展程度和风俗习惯等方面的因素。
	在许多国家，国外产品被认为是优质品，则产品标准化策略是适用的；相反，如果某国的国际形象在目标市场上是差的，此时修改原产地是必要的。

（三）产品营销策略组合——开发国际产品线

跨国公司要获得海外市场上的持续成功，必须针对每个国家专门设计可行的产品线。常见的增加产品线的方式有：延伸本国产品线，在国际产品线中引入其他产品以及将新产品引入东道国市场。这三种方式分别对应着产品策略中的产品标准化、产品差异化和产品创新策略。我们结合实例进一步加深对产品策略的认识。

1. 延伸本国产品线

在延伸产品线的开始阶段，跨国公司会在目标市场销售几种产品，随着市场扩大或变迁，公司会从国内产品线中再挑选出若干种产品投放海外销售。以可口可乐为例，该公司于1958年开始在日本推广可口可乐，随着日本市场的发展，又推出了其他饮料，如1968年的芬达、1970年的雪碧，时至今日，这些新增产品的销量甚佳。应该说，延伸本国产品线是符合产品生命周期理论的内在逻辑的。当跨国公司在本国市场获得了成功并获得了出口订单，随着出口量的增加，跨国公司直接在国外市场投资建厂或建立分销机构，最终在目标国市场直接进行生产和销售。

2. 在国际产品线中引入其他产品

仍以可口可乐为例，它在日本推出了两种水果型饮料，一种咖啡口味的罐装非碳酸饮料和一种未在美国销售的碳酸柑橘饮料。之所以在产品线中引入其他产品，是因为服务未满足特定海外市场的需求，同时优化了当前的营销能力。当然，在产品线中增加产品的决策要受到营销、财务和环境方面的兼容性影响。其中，营销兼容性涉及母公司和海外子公司在产品、价格、促销和渠道等方面的现实及潜在营销兼容性与新增产品是否匹配。

3. 将新产品引入目标国市场

这里的新产品是指对于目标国市场完全陌生但对国际市场并不陌生的产品。跨国公司推出新产品通常是作为防御或进攻的手段：作为防御手段，推出新产品能帮助公司展开有效的竞争，也可以满足目标国政府有关国家发展的要求，提高公司产品在当地的形象；作为进攻手段，新产品的推出有利于刺激销售的增长，快速占据市场份额。应该说，新产品的推出正是产品创新策略的应用。随着跨国公司压缩新产品的研发时间，产品生命周期日益缩短。

■第三节　国际价格策略

跨国公司在确定采用的产品战略后，接下来就需要考虑另一个重要的营销策略，4P中的价格（price）因素。我们知道产品的价格直接影响产品的需求、厂商的利润和公司的市场份额，因而定价准确有利于企业发展，定价失误则威胁企业生存。在很多情况下，价格代表产品的质量。与此同时，价格策略的制定也会影响其他三个营销策略。因此，我们必须慎重地制定价格策略。价格策略的制定首先要考虑价格的影响因素，再结合跨国公司的定价目标选取对应的定价方法，最终形成跨国公司的价格策略。本章在介绍了基本的框架后，通过价格策略与国际产品生命周期理论的结合做了一些延伸。通过本节的学习，大家对跨国公司价格策略的具体制定过程会有一个清晰的认识。

一、国际价格的影响因素

（一）产品成本

应该说，产品价格制定的根本依据就是产品成本。这里的成本不仅是它的生产成本，还包括其他的开销，诸如广告投放费、差旅费用、市场调用费用等。因此，它是指产品到达最终购买者之前所需的一切费用，包括与营销有关的一切生产、销售和管理费用。那么，应该如何有效地降低成本呢？跨国公司必须进一步分析和了解成本的影响因素，比如原材料价格变动、通货膨胀、汇率变动、税率调整、政府干预等等。

（1）通货膨胀。通货膨胀会严重影响产品的原材料等供给，使成本提高。

（2）汇率风险。汇率风险是影响产品成本的又一重要因素。汇率波动对跨国公司和目标国的影响是双重的。随着国际金融货币体系的全球化及金融秩序新格局的出现，没有一个国家能居于超货币主权地位，主宰全球货币市场的变动趋势。而跨国公司在享受更加公平利益的同时，也增加了各国货币汇率波动所产生的成本。

（3）关税及非关税壁垒。关税是货物从一个国家进入另一个国家时所缴纳的费用。此外，正常关税以外的各种歧视性的法律法规限制、过于苛刻的进口技术标准和商品检验（即技术壁垒）等，都会增加跨国公司在目标国的营销成本。

（4）政府干预。尽管WTO成员国都按照WTO协议的规定，对其他成员国开放市场，但由于各国相关产业的具体情况不同，每个国家不同产业和领域市场的开放进程都不可避免地出现差异。以金融业为例，中国对在其国境内经营人民币业务的外资银行有独立法人资格的要求，以防在发生各种金融危机和风险时中国居民和存贷款客户的利益受损。相比而言，美国对中资银行的进入则设置了更为严格的门槛，在美国各种金融业贸易保护主义条例下，中资银行不得不借助政府的力量对美国相关行业进行长期的游说和谈判，这会给企业带来诸多不可衡量的成本代价。

（二）产品的供求关系

价值规律告诉我们，产品价格始终围绕产品价值上下波动，而影响价格波动的最重要因素就是产品的供求关系。产品的供给是指厂商在一定价格水平上愿意并且能够提供的产品数量，产品的需求是指消费者在一定价格水平上愿意并且能够购买的产品数量。本书主要从需求角度（即从消费者角度）考虑对产品价格的影响。对于正常品来说，需求增加，产品的价格上升，而价格的上升，又将导致需求的减少。我们不妨从以下因素进一步了解需求影响产品价格的机制：

（1）消费者的可支配收入。消费者的可支配收入直接决定了消费者消费产品的种类和层次。在制定价格策略时，营销人员应充分了解目标市场的人均收入水平，因为对大多数消费品来说，这是衡量市场支付能力的一个较好标准。

（2）需求的价格弹性。需求的价格弹性是指需求的相对变动和价格的相对变动之比。在一般情况下，我们对需求弹性大的产品采用降价策略，因为价格下降的百分率远小于需求增加的百分率；相反，对于缺乏需求弹性的产品，我们多采用高价策略，以使公司在短期内获得较高的利润。

(3) 相关产品的价格。产品的相关性表现为替代关系（一种产品价格的下降导致另一种产品的销量下降）或互补关系（一种产品价格的下降导致另一种产品的销量增加）。

(4) 消费者偏好。消费者由于生活环境、社会文化、民族风俗等因素的不同，消费习惯也不尽相同，因而会形成不同的偏好，即对同类产品或服务中某些品牌的嗜好。这要求跨国公司在国际行销中应深入了解各国的历史文化、民族风俗、宗教信仰等。

(三) 市场的竞争激烈程度

如果说产品的需求决定了产品价格的上限，产品的成本决定了产品价格的下限，那么市场竞争则决定了在这个区间浮动的产品价格。

(四) 其他因素

以上三个因素更多地局限于国内市场价格的影响因素，事实上，跨国公司主要面临的是国际市场的定价问题，比如货币兑换、外国法律等不得不引起公司的重视；除此之外，变幻莫测的国际市场上诸多经济因素、政治因素也会影响最终的产品定价。

小案例

雀巢定价策略的影响因素

雀巢品牌凭借其过硬的质量，其商品的售价通常比竞争对手高出5%～10%。随着人们实际收入的下降，越来越多的人买不起雀巢的商品。以加纳为例，在进口放开之后，大量的进口商品充斥加纳市场，价格压力日益加剧。加纳有很长一段时间由政府控制消费品价格，直到20世纪80年代，公司才可以自主定价。由此，人们对价格变化非常敏感，他们对虚高定价的公司长期持敌视态度，媒体也会对此进行负面报道。另外，通货膨胀日益加剧，塞迪快速贬值，生产成本难以降低，利润受到威胁，分销商为对付通货膨胀不断提价，这都在无形中影响了制造商的定价策略，使它们不得不压低利润率，以便人们有能力购买它们的商品。

二、国际定价目标

跨国公司在制定价格策略时，必须先明确所选择的价格策略会达到什么样的目标。从长期来看，跨国公司总是追求全球范围内销售利润的最大化，从而实现长期利益的最大化。但从短期来看，由于公司在不同国家面临的竞争地位及环境不同，因此定价目标需要根据实际情况进行调整。一般来说，跨国公司的阶段性定价目标有以下五种：

1. 利润最大化目标

该目标的实现要求跨国公司对目标市场的消费者规模、市场成长及成本变化趋势做出分析和判断，据此选择一种能够在目标市场上产生最大当期利润的价格。

2. 投资收益率目标

投资收益率是公司的净利润与总投资之比，它是衡量跨国公司经营状况的重要指标。过高的投资收益率会使国际定价偏高，影响产品的国际竞争力；相反，过低的投资收益率又会降低公司的收益水平。以高科技产品为例，由于其研发投资数额大、产品生命周期短且拥有巨大的消费群，跨国公司倾向于制定较高的投资收益率，从而制定较高的产品价格。

3. 稳定市场价格目标

在一些供需波动频繁的市场领域，尤其是以钢材、煤炭、原油和粮食等为基础性原料的产品市场，行业竞争在价格上表现得十分敏感。在这种情况下，居于领先地位的公司为了避免政府干预以及竞争秩序的紊乱，多维持价格的稳定，而市场份额小的其他公司则参照领头公司的价格，从而保持行业价格水平的相对稳定。

4. 扩大市场份额目标

市场占有率目标与国际营销战略之间具有十分紧密的联系。国际营销的最终目的就是挖掘消费者的需求，没有一个较高的市场占有率则很难实现国际营销战略。依据产品生命周期理论，在产品处于成长期时，跨国公司往往以扩大全球市场份额为目标，而在产品处于成熟期的时候，保持全球市场份额则成为定价目标。

5. 协调竞争关系目标

跨国公司在国际市场上必然会遭到其他国家跨国公司的挑战，如何处理好与这些竞争者的关系尤为重要。竞争者的定价策略会影响到跨国公司对定价目标的考虑，因而跨国公司在制定价格策略的时候必须要预测竞争对手对公司价格策略的反应。

三、国际定价方法

（一）成本导向定价法

成本导向定价法是指直接以成本作为依据的定价方法。一般来说，跨国公司在进入市场初期，其竞争地位尚未稳固、利润水平不高，公司希望通过成本定价来实现预期利润。

1. 成本加成定价法

成本加成定价法是指在总成本基础上加上一定的利润。这种方法对于刚刚从事出口业务、对市场竞争状况了解不多的企业比较合适，但在多数情况下，这种定价方法会导致中间商赚走大部分利润。

2. 目标利润定价法

目标利润定价法是指企业在定价时只考虑可变成本，不计算固定成本，在平均利润率降低的情况下，增加市场份额和总利润水平。采用这种定价方法的企业除满足原有市场外，还应该有剩余生产能力，同时确保以此确定的价格对原有市场价格没有大的影响，以免形成倾销。

（二）需求导向定价法

需求导向定价法是指跨国公司主要考虑国外市场的供求关系，根据市场需求强度（即客户能够接受的水平）制定价格。需求增大时制定市场能接受的最高价，需求减少时则定低价。

（三）竞争导向定价法

跨国公司在考虑产品成本和需求的同时，主要依据同一市场上同类产品竞争对手的价格来确定自己产品的价格。对于处于寡头垄断或垄断竞争的企业，可以考虑这种方法，具体看来：

（1）企业在某一时期某一市场上，以击败某一个或某些竞争对手为主要目标。此时，应以竞争对手的价格为依据，低于或等于竞争价格，并随竞争对手价格的变动而变动。

（2）某些大宗商品（如小麦、茶叶、石油等）会形成一个较为稳定的世界价格。在这种情况下，企业一般应随行就市，高于稳定价格就会失去交易机会，低于稳定价格则会降低利润水平。

（3）企业刚进入某一市场，对市场状况了解不够，此时企业倾向于跟随竞争对手同类产品定价，待了解市场环境后再进行调整。

四、国际定价策略

定价策略是企业制定价格的艺术和技巧。在国际市场营销活动中，由于各国的文化差异，形成了不同的消费心理和消费习惯。研究不同的定价策略对于企业占据不同国家的市场有着重大的意义。

（一）新产品定价策略

新产品是指全新产品或者在目标市场上第一次出现的产品。新产品定价策略可以分为撇脂定价策略、渗透定价策略和满意定价策略。其中，撇脂定价策略是一种高价策略，是指在新产品上市初期采取较高的价格定位，以便在短期内获得最大利润；渗透定价策略是一种低价策略，即在新产品进入市场时，价格定得很低，以快速打开市场；满意定价策略则是一种介于撇脂定价策略和渗透定价策略之间的策略，产品价格介于前两者的价格之间。在某种程度上，我们可以把这些策略当做基于需求价格弹性的决策，适用于企业不同的战略目标。我们可以通过表 6—6 进一步了解前两种定价法。

表 6—6　　　　　　　　撇脂定价法和渗透定价法的比较

定价策略	优点	缺点
撇脂定价策略	1. 价格设定高，限制需求量过于迅速增加，使其与产能相适应。 2. 主动性大，产品进入成熟期后，可以分阶段下调价格，吸引新的购买者。 3. 利用顾客对新产品的非理性认识，通过高价提升自身身价，便于开拓市场。	1. 企业的风险大。 2. 高价带来的高利润将吸引竞争者进入市场，企业难以在激烈的竞争氛围中保持稳定的市场份额。
渗透定价策略	1. 低价薄利，有利于剔除竞争者涌入市场，获得一定的市场优势。 2. 产品迅速为市场接受，带来产量的增加，有助于成本的下降。	1. 价格调整较为困难。 2. 定价较低会影响新产品的销售前景和生命周期。

(二) 地理定价策略

它主要考虑消费者由于地理位置而造成的不同运费负担。地理定价策略主要包括产地定价策略、统一运送定价策略、分区运送定价策略、津贴运费定价策略、基点定价策略。

(三) 心理定价策略

这种策略运用心理学的原理，根据不同类型的消费者在购买商品时的不同心理来制定价格，以吸引消费者增加购买量。它主要包括整数定价策略、零头价格策略、分级价格策略和声望定价策略。

(四) 折扣定价策略

折扣定价策略是为了吸引消费者购买而给予消费者部分价格优待，主要包括现金折扣策略、数量折扣策略、同业折扣策略三种。

(五) 差别定价策略

顾名思义，差别定价策略是指因不同的顾客、用途、时间、地点和不同的产品样式实行不同的价格，即西方经济学中的价格歧视。这种策略的采用有利于满足消费者的不同需要，从而扩大产品销售。

(六) 促销定价策略

促销定价策略主要是指企业通过降低价格来促进产品销售，包括特价价格策略和跌价保证策略。其中，特价价格策略是指把几种商品进行降价出售，甚至降到成本以下，以招揽消费者，而这些商品就称为特价品。跌价保证策略是企业对批发商和零售商实行的价格策略，即在货物遇到商品价格跌落时，企业对跌价部分进行补贴，以打消中间商因担心商品跌价所造成的损失而扩大销售。

纵观以上六类策略，其中的一些部分存在交叉重叠。事实上，跨国公司价格策略的实行往往都是各类策略之间的组合，不同产品甚至在同一产品间都采用了多种价格策略。

五、国际产品生命周期理论在国际价格策略中的应用

我们在前面的产品策略中已经涉及了产品生命周期理论的应用，现在观察不同产品阶段定价策略的影响。在产品市场开创阶段，即产品的新生期，跨国公司可以借鉴新产品定价的两种策略——撇脂定价策略和渗透定价策略，依据公司不同的定价目标来选择相应的定价策略；在产品市场的增长阶段，即产品的成长期，此刻竞争者相继涌入市场，作为新进入的公司可以采取跟随定价的策略，遵循竞争导向的定价方法，以占据市场的有利地位；到了产品发展的成熟期，产品已基本实现了标准化，没有新的企业加入，可以采取边际成本定价的方法，以实现利润的最大化；一旦进入了产品的衰退期，跨国公司一般追求保持市场份额的目标，此时倾向于采取低价格水平，以逐步实现产品的更新换代。

■第四节　国际渠道策略

前面的产品策略和价格策略是进入市场后随之进行的，而跨国公司以何种方式进入目标市场也是十分关键的问题。一般来说，企业进入市场的方式有很多，比如直接通过自身的销售机构或者通过经销商，不同的渠道模式会给企业带来不同的影响。跨国公司应根据自身的情况制定渠道策略。在制定营销渠道策略之前，我们必须要明确营销渠道的类型、营销渠道策略以及营销渠道选择的影响因素。在学习本节内容之前，大家不妨根据自己的知识储备思考以上问题，然后带着疑问开始本节的学习。

一、营销渠道的类型

营销渠道又称分销渠道，是企业将产品转移到最终消费者所采用的方式。正确运用销售渠道，可以使企业迅速而及时地将产品送达消费者手中，从而扩大商品销售、降低流动费用。一般来说，根据不同的划分标准可将营销渠道做如下分类：

1. 按营销渠道的层次划分

营销渠道的层次由中间商的数目来决定，产品每经过一个直接或间接转移商品所有权的营销机构，就叫一个中间层次。如表 6—7 所示，经过的层次越多，渠道越长；反之，渠道越短。

表 6—7　　　　　　　　　　　　　　　　　渠道层次

零层渠道	零层渠道也称直接分销渠道，是指商品由生产者向消费者或用户转移过程中不经过任何中间环节。
一层渠道	含有一层中间环节，在消费者市场，通常是零售商；在产业市场，则通常是销售代理商和佣金商。
二层渠道	含有二层中间环节，在消费市场，通常是批发商和零售商；在产业市场，则通常是销售代理商和批发商。
三层渠道	含有三层中间环节。

一般来说，更长的渠道较少见，因为过长的渠道将大大增加生产者控制分销过程和获得市场信息的难度，并可能导致流通过程中加价过高。

2. 按营销渠道的宽度划分

营销渠道的宽度由渠道中每一层次使用同类型中间商数目的多少来决定。同一层次的中间商越多，渠道越宽；反之，越窄。依照这种划分方式的宽度策略有三种：广泛分销、选择分销和独家分销。其中，广泛分销是指生产者运用尽可能多的中间商分销其产品，使渠道尽可能加宽，消费品中的便利品和工业用品中的标准品适于采取这种方式；选择分销是指在某一地区有条件地选择少数几个中间商分销其产品，它适用于所有产品，消费品中的选购品和特殊品最宜于采取这种分销；独家分销是指生产者在某一地区只选定一家中间商分销其产品，实行独家经营，它是最窄的分销渠道，通常见于技术性强的耐用消费品或名牌。

3. 按营销渠道的长短划分

长渠道适于专业化高、覆盖面广的企业，该企业为减轻分销商的资金压力选择长渠道模式，但表现出的对产品的控制力和对终端的控制力会减弱。短渠道适于分销商综合能力强、市场覆盖面小且实力强劲的企业；在这种情况下，企业表现出的对渠道的控制力较强。

二、营销渠道策略

根据以上的营销渠道划分，我们可以大致总结出以下两类营销策略。

（一）直接式销售渠道和间接式销售渠道

直接式销售渠道是指商品从生产领域转移到消费领域时不经过任何中间环节；间接式销售渠道是指商品从生产领域转移到用户手中要经过若干中间商的销售渠道。

1. 直接式销售模式

这种模式是指企业直接把产品销售给国外最终消费者或用户，是一种最短、最直接的国际市场销售渠道，表现为出口企业直接销售给最终顾客，多见于生产资料的出口销售。直销包括通过人员推销把产品直接销售给最终消费者以及自行建立销售机构。其中，关于自行建立分销网，美国道氏化学公司认为：宁愿多花力气，建立自己的分销组织，绝不贪图便宜，依赖当地代理商。应该看到，跨国公司自行建立分销网，自行承担营销功能，便于企业及时了解市场，易于建立市场知名度和加强产品价格管理等。但是，这种模式一般适用于实力雄厚的大型公司，尤其是当其产品生产技术复杂、有特殊的专利权或其产品为名牌的情况下，跨国公司多采用这种模式。

小案例

可口可乐的兜售

可口可乐在中国有一个独特的分销渠道，即居民委员会。上海市交通和小贩管制区周边四处有推着冷冻可乐的销售车，可口可乐与居委会签约，确保有一支由150辆手推车和300辆三轮车组成的销售队伍。推车小贩将公司的推销车放在当地委员会的小店里，店内放置一台大型制冰机，每个居委会都签约在它们的地盘内独家储存、冷冻和销售可乐。尽管没公布销售额，但可以预想其效果甚佳。

2. 间接式销售模式

这种模式是指使用目标国市场现成的分销系统，委托当地中间商或代理商销售商品，从而实现迅速开拓市场的目标。一般来说，它主要包括以下四种形式：

第一，通过国外零售店销售。它具体表现为出口企业——国外零售商——最终消费者。零售商一方面提供产品销售场所，另一方面通过自己的一系列促销活动和销售服务活动，把产品迅速传送至消费者手中，分担了生产企业的库存和营销风险。零售商参与销售可以简化企业手续、节约费用、提高效率、扩大营销范围。

第二，通过国外批发商销售。它具体表现为出口企业——国外批发商——国外零售商——最终消费者。作为传统的国际市场营销渠道，它广为各国工商企业所采用。它通过自己的大量购买、组织分发，向零售商提供财务、销售服务，并通过代做广告、代办运输、储存商品等为生产企业提供间接帮助，从而分担企业风险。

第三，通过外国进口中间商销售。它具体表现为出口企业——外国进口商——批发商——零售商——最终消费者。一般缺乏推销人员的小型企业多采用这种模式，此时企业缺乏产品销售经验，对新市场的情况不熟悉等。

第四，通过出口商销售。它具体表现为出口企业——出口中间商——外国进口商——批发商——零售商——最终消费者。出口中间商包括出口商、出口代理商、出口佣金商等。

我们不难发现，销售渠道策略一经确定，也就决定了所选渠道的长度和宽度。图6—6是关于间接式销售模式的进一步细分，其中代理商和中间商的主要区别在于产品的合法所有权，代理商没有商品所有权，仅代表当事人分销产品；中间商以自己的名义开展业务，并拥有经营产品的所有权。

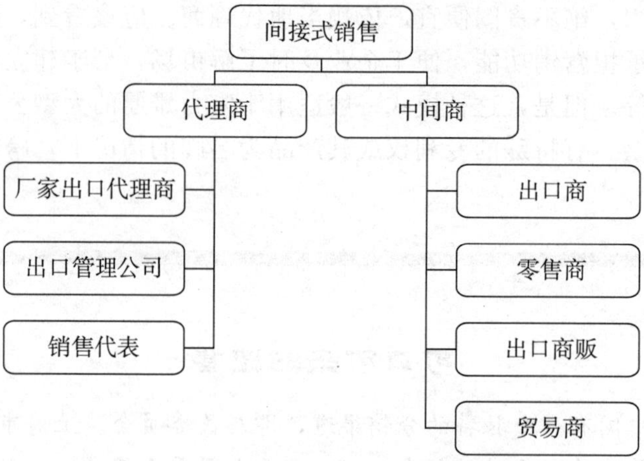

图 6—6　间接式销售渠道的分类

出口管理公司是为很多公司的产品出口提供服务的独立出口组织，将出口企业看做客户而非雇主，它经营很多关联而非竞争性产品，总是行使一家生产企业的全部出口职能；厂家出口代理商等同于出口管理公司，但其覆盖的市场有限，并且与厂家的关系是短期的，从几个月到一两年，有时合同仅仅针对某一特定交易，厂家出口代理商以自己的名义开展业务并收取服务佣金，一般跨国公司倾向于使用多个厂家出口代理商；销售代表类似于厂家驻目标国的代表，厂家提供产品宣传册和样品给销售代表，在预先指定的地区开展业务，他们的工作报酬是佣金，不承担任何风险和责任；出口商根据产品规格直接从生产企业购买产品，取得产品的所有权，这些商人通过海外网络将商品卖给批发商或零售商，承担一切风险并以自己的名义销售，其报酬包括基于市场条件的商品利润加成，类似于国内批发商；大型零售商通过自有网点直接将进口品卖给消费者，同时也将进口品分销给小型零售商，从而拓宽覆盖面；出口商贩是指专门收购低质过剩产品，并销往国外公司，直接买断商品，取得所有权；贸易公司由商品经销商扩大批发职能发展而来，职能包括贸易与分销、避免汇率和商品价格变动风险、进出口技术的国内外销售、管理咨询、参与生产、组织新兴工业等，但不直接进行生产和销售。

根据以上介绍，我们可以用表 6—8 简要地概括这两种渠道模式的异同：

表 6—8　　　　直接式销售渠道和间接式销售渠道

渠道模式	适用情况	评价
直接式销售渠道	1. 市场集中，销售范围小。 2. 技术性高或者制造成本和售后差异大的产品以及易变质或者破损的商品（如定制品等）。 3. 企业自身有市场营销技术，管理能力较强，经验丰富，财力雄厚。	直接式销售可以使得销售及时，中间费用少，便于控制价格，及时了解市场，但此模式要求生产者投入较多的投资，消费广且市场规模大的商品不宜采用这种模式。
间接式销售渠道	1. 市场分散，销售范围广，适于大部分消费品。 2. 非技术性或者制造成本和售价差异小的商品以及不易变质和损坏的商品。 3. 企业自身缺乏市场营销的技术和经验，管理能力较差，财力薄弱。	间接式销售由于有中间商加入，企业可以利用其知识、经验和关系，简化交易，缩短交易时间，增强商品的销售能力。

（二）混合渠道模式

所谓的混合渠道模式是在细分市场和潜在渠道增加的情况下，跨国公司所趋向的一种复式渠道策略，单一渠道策略逐渐被舍弃。一方面，跨国公司作为国际性的企业，对市场营销理论有其独到的理解和运用，它们认为把产品委托给中间商将造成公司与市场的隔绝，不利于公司掌握市场趋势和消费者需求，因而在依靠中间商的同时，跨国公司也主动开展市场调查和预测，极力塑造自己的良好形象；另一方面，跨国公司迫于成本因素以及一些进入壁垒，在一定程度上不可能完全排斥中间商的参与，这样有利于公司快速进入目标国市场。采用复式渠道策略相对于单一渠道策略来说，市场攻击点更多，促销效果能相互呼应，从而更能实现市场渗透、提高市场覆盖率。可以预见，采取混合渠道策略将是跨国公司进行国际市场营销策略选择的主要方式。

销售渠道的宽窄取决于企业所确定的参与经营某种商品的中间商数目。如前所述，常见的宽窄渠道策略有广泛分销、选择分销和独家分销。

三、营销渠道选择的影响因素

跨国公司具体选取何种营销渠道受到诸多因素的影响，其中6C是常见的考虑因素，即成本（cost）、资本（capital）、控制（control）、覆盖面（coverage）、产品特点（character）、持续性（continuity）。

1. 成本

它是选择营销渠道时要考虑的因素，缩短营销渠道是降低成本的方法。

2. 资本

选择营销渠道要从节省资本开支出发，追求效率最大化，利用中间商进行产品分销可以减少资金投入，其中独立的中间商在购买商品时就能提供现金流转，而代理商在没有售完商品以前，不会要求公司进行现金流转，但往往要求在经营开始时提供资金补贴。

3. 控制

跨国公司所期望的控制程度可以视为渠道目标的一个元素，跨国公司为了控制国外市场的营销机构，常常投重金建立能在最大限度上施加控制的销售系统，并缩短营销渠道的长度，从而加强公司对产品定价、销售量、促销方式的控制程度。

4. 覆盖面

广泛分销是指试图分销到大众市场，要求基础广泛的渠道结构；选择性分销是指通过所谓的精选渠道分销产品；独家分销是指由指定的分销渠道垄断产品分销。

5. 产品特点

易腐蚀商品要求直接渠道，散装且价格不昂贵的产品可利用较长的渠道，产品单价越高、需要安装和定期维护服务的产品要求的渠道较短，诸如计算机等定制产品或资本性设备。

6. 持续性

可供选择的渠道种类、渠道地点、授信、销售力量、仓储设施、市场信誉、广告投入和总体经验将影响渠道的持续性。

除此之外，消费者特征、目标国环境、企业的自身条件是渠道选择的考虑因素。具体说来，消费者数量大、分布广、每次购买量小、时间固定，适合广泛分销，即选择宽渠道策略。此外，消费者偏好也影响渠道的选择，诸如美国消费者愿意在私宅或工作时间进行交易，因而上门推销的方式等直接渠道模式较为适合，而欧洲消费者则大相径庭。在目标国环境因素中，以经济结构为例，在自由市场经济体制下，私人代理商或分销商承担大企业的部分职能，而在国家控制较为有力的国家（如约旦、叙利亚），跨国公司主要与国有贸易公司交易，通过批发商分销。再看目标国与特定产品分销相关的贸易习惯，如瑞士家庭主妇喜欢从夫妻店购买日用品，这就限制了大型零售商的发展。最后，全球享有知名度的跨国公司或实力强劲的公司可自行建立分销渠道并易于取得效果，而实力较弱且市场经验不丰富的公司多借助于中间商或代理商开展营销活动。总之，跨国公司应依据考虑的因素选择对应的营销渠道，进而结合自身的经营目标和财务状况做出不同的营销决策。

■第五节　国际促销策略

我们最后来看 4P 中的促销（promotion）因素。促销是指企业以各种有效的方式向目标市场传递信息，以启发、推动或创造对企业产品和服务的需求，并引起消费者的购买欲望和购买行为的一系列综合活动。一般来说，国际市场营销的促销方式有四种，即人员推销、广告、公共关系和营业推广。人员推销作为传统的促销方式，其发展较为成熟；广告促销的应用最为广泛；公共关系和营业推广常作为辅助促销方式为跨国公司所采用，但重要性不容忽视。本章将根据促销方式的重要程度进行分析。最后，本节借由国际产品生命周期理论对国际促销策略的具体应用做一个概括性的总结。

一、人员推销

人员推销又称直接销售，是一种传统的促销方式。它是指企业通过派遣销售人员直接同消费的潜在人群交谈以推销商品，从而促进和扩大销售。它是销售人员帮助和说服消费者购买某种商品或服务的过程。人员推销的主要优点在于具有很大的灵活性；具有选择性和针对性，能够促进买卖双方的关系，及时了解消费者的反应和竞争者的情况。但是，由于买卖双方可能来自不同的文化，这给跨国公司的人员销售带来了较大的挑战，并且其成本比其他促销方式的成本要高得多；同时，招募优秀的促销人员并进行培训需要投入大量的资金和时间，因而人员推销不能适应在较大区域内促进销售的要求，特别不适应迅速占领市场的要求。应该说，人员推销策略中最为关键的就是关于推销人员的管理。人员推销的管理主要包括对推销人员的招聘、培训、激励和评价。人员招聘的来源主要有三种：本国外派人员、目标国人员、第三国人员。

他们除具备一般市场销售人员的基本素质外，还应具备独立的决策能力、分析能力、研究能力、对异国文化的适应能力和对工作的忠诚度。人员培训应以提高推销人员素质为主要目的，并全面介绍公司产品的有关技术信息。激励机制是为了鼓励和刺激推销人员为完成销售任务而努力工作，并应根据不同国家的文化背景和价值观念设置不同的激励机制。评价是对各国市场销售工作进行比较和总结，以促进各国各地区的销售工作。具体来看，人员推销的组织模式可分为三种：

(1) 地区型促销模式。跨国公司根据地区来选配推销人员，这种模式的优点在于责任明确，有利于了解市场中消费者的需求，从而有利于掌握促销重点，与消费者建立长期联系。此外，该模式大大减少了推销人员的差旅费用。但是，对于采用多元化产品战略的跨国公司，这种模式不利于推销人员熟悉各种产品的性能和特点，不能有效地开展业务。

(2) 产品型促销模式。跨国公司根据产品来选配促销人员，每个促销人员负责一种或多种产品。这种模式适用于多元化产品战略的跨国公司，尤其是产品之间关联性小或无关联性的情况。但是，产品型促销模式的地域跨度较大，实施成本高；同时，由于一个目标市场上不同促销人员的存在，也不利于统一促销战略的实施。

(3) 消费者型促销模式。这种模式是依据消费者分类来选配促销人员，每个促销人员负责向某一类消费者开展促销活动。这种基于消费者细分下的促销模式有利于促销人员有针对性地开展业务，但消费者类别划分的不合理也会导致促销对象的重叠和模糊，并且当对象分散时会增加跨国公司的额外费用。

小案例

宝洁的人员推销策略

宝洁是中国最大的国际雇主，它在中国的 11 个合资公司和独资企业中，大约有 5 000 名中国员工以及 100 名外派人员。公司为了融合外派人员不同的文化背景，做出了持续的能力培训。外派的销售人员接受为期一年的定向训练和语言训练。宝洁本地化的进程减少了它使用的外派人员，外派人员通常都是组织中的第三层级或第四层级，因而薪水很高。宝洁的主要战略之一就是开发当地员工，他们回到总公司后都有一个身份——联系人，每年可以由公司自主回家一次，他们被视为一个非常亲密的团队——“我们都参加了这项活动，我们的未来也是相同的”。

二、广告

广告是通过一定形式的媒体公开而广泛地向公众传递信息的宣传手段，强化商品在消费者心目中的形象，一般要求较大的广告费用投入，其费用是产品价格的影响因素之一。它既可以用来树立企业和产品形象，又可以用来刺激销售，是一种被广泛运用的促销方式。事实上，越来越多的企业认识到成功的广告是增强企业国际运营盈利能力的必要因素。以中国为例，其广告业曾以年均 50%的速度增长。广告策略的成功运用取决于广告主题和广告媒体的选择。

(一) 广告策略

1. 统一化广告

顾名思义，统一化广告是把母国的广告策略不加修改地转移至其他目标国。统一广告可以传递统一信息，防止在各国传递的信息产生冲突，以免产生损害产品现有形象的后果；节省开支，因为总部集中公司全球广告权可以取得规模经济效应；充分利用总部的广告经验；在促销产品时可确保对公司整体目标的关注。事实上，在特定的细分市场，媒体使用的相似性证明了标准化的有效性。但是，制作符合各国政府法规和行业标准的全球性广告要求有很完善的后勤支持，同时各国的文化差异要求对广告量体裁衣。

小案例

吉列公司的泛地区广告策略

吉列公司在200个国家和地区销售大约800种产品的泛区域策略的总体目标是，在全球推行相似的营销战略，同时又关注地区或国家之间的差异性。在广告方面，吉列公司在澳大利亚、新西兰和南非投放相同的欧式广告；在亚洲，吉列公司将马来西亚、泰国、菲律宾和印度尼西亚联系在一起，列为一个泛区域；在新加坡、中国香港和中国台湾地区采取相同广告，而针对日本、中国大陆和印度分别采用不同的广告。吉列公司认为，在一个泛区域内，由于在文化、消费习惯和产品市场开发方面有关联性，因而企业能找到相同的刺激消费的方法和消费需求。

2. 差异化广告

产品特征会对消费行为产生不同的影响；在不同国家，尽管产品特性和功能总体上相似，但各个国家对产品特性的认识却不同，因此各个国家的消费者有共同的需求并不必然意味着同样的产品用同样的方式能使消费者满意。标准化广告不适合发展中国家，其生活方式、财富水平、市场结构及其他环境因素与发达国家相比存在显著差异。

小案例

锐步的差异化广告

美国运动鞋生产企业锐步公司在全球统一的广告主题下，针对个人需求和各国对民族品牌的认同性，在各国使用不同的广告策略，旨在充分利用国际人才以适应各国的差异性，但公司全球统一的品牌识别的主线贯穿在所有的广告中。锐步的国外广告多使用各国著名的演员和运动员，针对当地情况开展广告促销活动来推广运动鞋。在投放法国市场时，其新品牌形象广告“是玩的时候了”调整了广告内容，以符合当地人口统计学因素。

（二）广告策略的选择标准

我们基于两种广告策略选择的情况讨论其标准问题，实际上也就是分析母国广告是否能够转移以及在何种情况下能够转移。当母国广告能够转移至其他目标国时，即实行统一化广告策略；反之，则实行差异化广告策略。其影响变量如下：

（1）目标国环境。目标国环境可以从经济增长率、人均收入和收入水平、受教育水平、社会阶层、政治制度等方面进行考察，通常与母国环境因素相似的广告策略可以统一化。

（2）广告目标。广告实际上就是让消费者逐步从对产品或服务的无意识到产生意识，到树立认知，再到建立信任，进而采取行动的一系列过程。在阶段目标不同的目标市场，广告内容会有所不同，这也意味着实行差异化广告策略；相反，阶段目标相似的则推行统一化广告。这可以与产品生命周期及消费者的特征联系起来。以 VCR 广告在美国和墨西哥的差异为例，由于 VCR 在美国已经处于成熟阶段，因而广告目标定位于建立信任并采取行动这一阶段；而在墨西哥，VCR 还是一个新生事物，广告注重于引导消费者产生意识、树立认知，这也决定了其广告内容会有所不同。

（3）产品特征。它主要包括产品模式、心理特点和文化因素。

（4）媒体的可获得性。在此，我们不妨介绍一下关于广告媒体的选择。常见的广告媒体有报纸、电视、广播、直接邮寄期刊、户外广告牌、网络等，它们有不同的优缺点。以电视为例，视听技术的发展、生产销售的国际化以及电视普及率的提高，都为电视作为国际性广告媒介提供了有利的条件，它将视听结合，较好地吸引了观众的注意力，但与此同时，电视广告的投放成本高、时间短、对象缺乏可选性，而且有些国家对于商业广告播出的时间、内容及目标对象都有严格的限制，这在一定程度上削弱了电视广告的效果。广告效果的大小在很大程度上取决于广告媒体选择的适当与否，企业应根据自身的情况合理选择。

从表 6—9 中不难看出，报纸和电视依然是全球广告的主要载体，接下来是杂志、广播和户外广告，但互联网作为新兴的广告媒体，其市场份额也逐年提升。事实上，广告媒体的选择要受到诸多因素的影响：不同国家在各种媒体的使用便利条件和法律法规限制方面都存在区别，具体表现在媒体的数量、类型、重要性、目标受众的偏好皆存在差异。例如，发达国家的居民，大多数人每天都会看报纸，而在低教育水平和低居民收入的国家中，仅仅上层社会的居民才有阅读的习惯。再以杂志为例，欧洲有许多消费者杂志，但发行量十分有限，跨国公司广告商在欧洲就倾向于使用其他媒体，减少对杂志媒体的依赖性。电视在较少的管制时最为有效，一些国家（如瑞典和意大利）对电视广告有很多限制，这些限制无疑会削弱电视媒体的有效性。广播在拉丁美洲比在欧洲使用得多，正如欧洲对杂志发行量的限制，欧洲对广播中的广告也有诸多限制。相比而言，广播对于知识普及程度不高和较低收入的市场来说是很重要的。户外广告的兴起得益于国家公共交通系统及高速公路基础设施的建设和完善。到目前为止，日本在户外广告方面居于领先地位，这也折射出日本在交通运输网络方面的优势。

表 6—9 主要媒体的全球广告市场份额

媒体类别	2003	2004	2005	2006	2007
报纸	30.9%	30.5%	30.3%	30.1%	29.8%
杂志	13.9%	13.5%	13.4%	13.3%	13.4%
电视	36.9%	37.4%	37.1%	37.2%	37.2%
广播	8.8%	8.6%	8.5%	8.3%	8.1%
电影	0.4%	0.4%	0.4%	0.4%	0.4%
户外	5.4%	5.4%	5.4%	5.4%	5.5%
互联网	3.2%	3.7%	4.3%	4.7%	5.0%

资料来源：李晶：《新媒体：并购助强奥运助长》，载《第一财经日报》，2007-01-05。

（5）成本收益关系。由于广告投入占据了跨国公司不小的数额支出，因而公司必须对广告策略进行成本分析，在公司可以支持的条件下选取更有利于国际营销的广告策略。

（三）广告代理商的选择

跨国公司可以在公司内部独立完成广告设计，同时也可以选择专业的广告代理商来完成公司广告的设计。事实上，越来越多的跨国公司在广告代理商的业务专业性不断提高的情况下倾向于寻找合适的广告代理商。据 2006 年数据显示，世界排名前十名的广告公司如下：总部位于东京的电通公司以年收入 221 300 万美元的收入位居首位，下属宏盟集团的天联广告则以 153 990 万美元紧随其后，第三名至第十名依次为麦肯环球广告、智威汤逊、恒美、阳狮、李岱艾、李奥贝纳、扬雅广告以及博报堂。跨国公司可以依据其产品及目标市场情况选择一家或多家广告代理商，它们可以选择一家全球性的大型广告代理公司，或者选择拥有海外代理网络的来自同一母国的代理公司，也可以选择目标国的广告代理商，它们各自的优缺点如表 6—10 所示。

表 6—10 各代理商模式比较

代理商模式	优点	缺点
全球性的大型广告代理公司	1. 为跨国公司的全球化战略提供便利。 2. 有利于海外广告的整体协调控制。	1. 目前可以满足全球营销商们全球化需求的大型广告代理公司的数量有限。 2. 广告投入成本高。
拥有海外代理网络的来自同一母国的代理公司	1. 具有母国优势。 2. 有机会使用熟悉当地市场情况的国外代理公司。	1. 本国公司可能难以协调和控制独立的国外公司。 2. 网络成员公司的水平可能参差不齐。
目标国的广告代理商	1. 熟悉本地区环境，容易制作有效的广告。 2. 增加海外分公司经理们的参与程度。	1. 面临“本土化”与“全球化”的冲突，不利于全球战略的实现。

三、公共关系

公共关系是社会组织与构成其生存环境、影响其生存与发展的那部分公众的一种社会关系。公共关系策略是指一个企业或组织运用各种传播手段，通过双向信息交流，在组织与公众之间建立相互了解和信赖的关系，树立良好的形象，从而实现组织自身的目标。一般来说，建立公共关系的途径主要有利用新闻媒介、参与社会活动、组织宣传展览和征求意见及游说。通过这些途径可以达到企业加强与传播媒介的关系、改善与消费者的关系、调整与政府的关系三重目的。百事可乐公司在1978年借可口可乐公司被迫撤出印度市场之机，全面实施公共关系战略，向印度提供了一系列社会福利，赢得了印度各利益集团的支持，最后终于越过了印度国内软饮料公司的反对和反跨国公司立法机构成员的反对，获得印度政府批准而一举占领了印度市场。

小案例

家乐福在中国的公关应对

2008年的“家乐福事件”是一次典型的公关危机。以北京奥运会火炬传递时受到“藏独”分子在法国巴黎干扰为导火索，同时作为家乐福最大股东的LVMH集团因涉嫌捐巨资给达赖集团事件的火上浇油，家乐福在中国迅速遭到了各方抵制。针对这种情况，法国LVMH集团董事长、法国家乐福集团大股东贝尔纳·尔诺接受《费加罗报》专访时澄清了不实报道，同时法国家乐福集团总裁也否认支持“藏独”势力。此外，家乐福官方网站上迅速发布了“家乐福将于‘五一’期间开展大减价活动，消费者购买部分商品满500元将获赠250元抵用券”的公告。作为友好回应，家乐福员工换上中国国旗新装并开始在国内报纸上大幅刊登支持奥运的广告。而法国政府方面，法国参议院议长克里斯蒂安·蓬斯莱一行从巴黎飞到上海探望在法国传递火炬的火炬手金晶并向金晶转交了法国总统萨科齐的慰问信。

四、营业推广

这是一种适于短期推销的促销方法，是企业为鼓励购买、销售商品和服务而采取的除广告、公共关系和人员推销之外的所有企业营销活动的总称。它具有非规则性、灵活多样性、见效迅速三个基本特征。其决策过程可以分为以下三步：

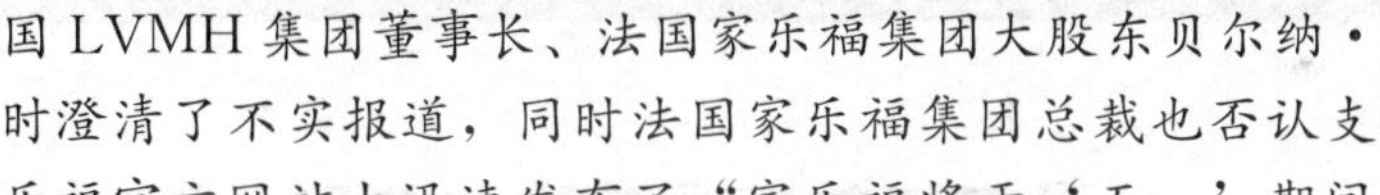

营业推广又分为对消费者的营业推广和对中间商的营业推广。

（1）对消费者的营业推广。如赠送样品、提供各种价格折扣、消费信用、赠券、服务促销、演示促销、购物抽奖等。

（2）对中间商的营业推广。如批量折扣、现金折扣、特许经营、代销、试销、联营等。

五、国际产品生命周期理论在促销策略中的应用

对于以上四种促销方式，企业常常依据自身的需要形成不同的促销组合，以前文的产品生命周期为例（见表 6—11）。

表 6—11 产品生命周期不同阶段应选择的促销组合

产品生产周期	促销重点目标	主要促销方式
新生期	认识和了解商品	广告、人员推销、营业推广
成长期	增加兴趣、产生偏爱	改变广告形式、人员推销
成熟期	增加偏爱和信任	广告、公共关系
衰退期	促成信任和偏爱的坚持	营业推广、广告

■第六节 应用案例

案例 1

惠而浦的产品标准化战略

惠而浦公司的第一次国际投资发生在 1957 年，当年公司取得一家巴西大型家用电器制造厂商 Multibras 的股份。1969 年，公司通过购买 Inglis 公司的股份进入加拿大市场，并在 1990 年取得单独所有权。到 20 世纪 80 年代中期，惠而浦公司发现，尽管效率和产品质量都得到了提高，但公司在北美的毛利润迅速下降。管理高层认为，如果公司继续按这种路径走下去的话，未来将不能获利。

公司曾经考虑过在财务上进行调整或者进入相关业务实现多元化经营，不过，最终公司还是出于两个主要原因决定进行进一步的全球扩张：一是公司希望能利用世界上不成熟的市场；二是公司不希望被已经开始全球化的竞争对手抛在后面。时任惠而浦公司首席执行官的 David Whitman 认为，要实现他对一体化国际公司或世界性公司的设想，唯一的方式就是通过深入努力以求理解真正的消费者需要，并能对其做出反应和提供能够赢取长期消费者忠诚的产品和服务。他的整合设想是不让公司的专门技术局限在某一个地方或一种产品上，他预测像计算机这样的产品也是一个单一的机器，可以在任何地方销售，并且他希望标准化公司制造流程。

在标准化应该是公司关注焦点的观点下，惠而浦公司计划将自己的所有产品，无论它们在什么地方制造或装配，都以统一的平台为基础。这些平台将开发出产品的技术核心，产品成分在各个不同市场间基本上没有什么变化……应该说，惠而浦公司的

平台技术正代表了公司全球战略的开始。

案例 2

诺基亚的渠道营销

诺基亚在中国的渠道营销模式经历了三个阶段的发展。第一个阶段是从总代理制到省级经销制。2000 年以前，诺基亚采取总代理制，业务集中在一级城市；2002 年 6 月开始寻找省级分销商，力争打入三级市场。所谓的代理模式就是厂商→代理商→小代理商→卖场→消费者。在这个阶段，诺基亚通过中邮普泰、蜂星通信等国代商集中采购，再出货给众多地方代理商，然后地方代理商再将货出给下级代理商或零售终端。

第二个阶段是从代理制到直供制。2000 年以来，随着手机大卖场、专业连锁和家电连锁企业等新生力量介入，推动 2001 年诺基亚的直供试验。直供模式就是厂商→大型连锁→消费者，即由厂商直供团队与有规模的大型连锁直供团队对接，大批量直接向连锁供货，下一个环节就是消费者。

第三个阶段就是混合渠道模式。2004 年中期，诺基亚开始实行“省级直控分销”，打入三级以下的城镇市场，以实行全权负责和零售终端接触。所谓的 FD（省级直控分销）模式就是厂商→省级直控分销平台→卖场→消费者，它是在总代理模式和直供模式基础上加入的。手机厂商会与渠道商约定，所有货物都分区域销售，经销商之间不能交叉销售。在诺基亚的渠道模式中，诺基亚与省级直控分销商签署合作协议，由后者再在其授权区域内发展 WKA，即三、四级经销商。

案例 3

凯菲基于广告策略制定的成本分析

凯菲在制定广告策略之前，关于广告媒体的选择进行了以下成本分析：

1. 电视

7 天中每天 3 次 5 秒广告——4 000 元
7 天中每天 3 次 15 秒广告——10 000 元
7 天中每天 3 次 30 秒广告——15 000 元

2. 电台

7 天中每天 3 次 5 秒广告——1 000 元
7 天中每天 3 次 15 秒广告——3 500 元
7 天中每天 3 次 30 秒广告——5 000 元
广告牌——10 000 元/月
公交车广告——一条路线上的一辆公交车每 6 个月 40 000 元人民币

3. 报纸

150 字广告——2 000 元/月

头版彩色广告——5 000 元/月

4. 杂志

本地双周刊——3 000 元

本地周刊——5 500 元

案例 4

阿迪达斯和耐克的北京奥运广告营销

为了迎接北京奥运的到来，阿迪达斯知足的“一起 2008，没有什么不可能”的广告频频现身于各大媒体、公交车站、地铁，为了制作冯坤、赵蕊蕊、胡佳、隋菲菲和郑智等在中国人的团结力量下完成精彩动作的镜头，阿迪达斯汇聚了美国、欧洲、布鲁塞尔等分公司的优势资源，采取好莱坞大片的技术并在美国制作完成，而创意则来自阿迪达斯大中华区以及与他们合作已久的 TBWA 广告公司。这个主题广告还在 2008 年 6 月赢得了戛纳国际广告节的大奖。

除了电视广告，阿迪达斯还借助户外活动赢得眼球。2007 年 12 月 8 日，在上海南京东路世纪广场，阿迪达斯把各种有趣的体育互动游戏和高科技体验带入普通人的生活。在 2008 年 1 月的大部分日子里，北京王府井步行街遍布了阿迪达斯的户外广告和体验中心。每天，穿着羽绒服的男女老少在寒风中排着长队等待下午 3:00—4:00点仅 1 小时的阿迪达斯户外体验活动。很多外地游客为了获得一张与胡佳一样的跳水照片或是几串阿迪达斯的钥匙链，愿意把宝贵的时间留给代表奥运体验的阿迪达斯。类似的户外活动还在西安、青岛、广州等地启动。

而耐克也不甘示弱，借助刘翔和姚明两张王牌迅速开展一系列活动，比如耐克广告通过刘翔展现专注，然后一句“我是谁”，引发青少年给自己贴上更富个性化的标签。此外，耐克与中国 28 个大项中的 22 支中国运动队签下协议，提供他们的比赛服装和运动鞋。至此，无论哪个运动员获得了金牌，他身着耐克标志的比赛画面都将被反复重播。尽管耐克并未拿到官方的北京奥运合作伙伴称号，但与中国运动队的合作事实上是个隐性的广告策略，并有望达到很好的效果。

本章小结

1. 对于国际市场营销来说，市场影响的基本特性并不因为它延伸到国境以外就有所变化，但国际市场营销有一点与国内市场营销不同，前者要求同时在一种以上的环境中经营。国际市场营销者不但要对不同的国际市场营销环境高度敏感，而且还必须能够在世界范围内平衡市场营销活动，以实现为整个公司获得最优的结果。从国际市场营销的三步骤出发，即细分全球市场、国际营销调研、制定营销战略，在宏观上把握国际市场营销的概念。

2. 当跨国公司开展营销策略时，会考虑到营销中的以下四个因素：产品（product）、价格（price）、渠道（place）、促销（promotion）。其中，产品策略是市场营销4P组合的核心，它是营销组合各要素中最重要的，也是最基础的影响因素。作为市场营销活动中的基础要素，在运用营销策略时，应该正确制定产品策略。一般来说，国际产品策略的制定要依照产品目标，综合考虑各类影响因素。价格策略的制定首先要考虑价格的影响因素，再结合跨国公司的定价目标选取对应的定价方法，最终形成跨国公司的价格策略。

3. 前面的产品策略和价格策略是进入市场后进行的，而跨国公司以何种方式进入目标市场也是十分关键的问题。一般来说，企业进入市场的方式有很多，比如直接通过自身的销售机构或者通过经销商，不同的渠道模式会给企业带来不同的影响。跨国公司应根据自身的情况制定渠道策略。在制定营销渠道策略之前，我们必须要明确营销渠道的类型、渠道策略选择的影响因素以及常见的营销渠道模式。一般来说，国际市场营销的促销方式有四种，即人员推销、广告、公共关系和营业推广。人员推销作为传统的促销方式，其发展较为成熟；广告促销的应用最为广泛；公共关系和营业推广常作为辅助促销方式为跨国公司所采用，但重要性不容忽视。

复习与思考题

1. 如何理解细分全球市场，影响细分的因素有哪些？
2. 试分析制定营销战略的制约因素，它们对营销组合四变量的具体影响是什么？
3. 产品策略制定的影响因素有哪些？简述三种策略的适用情况。
4. 试比较三种国际定价方法。
5. 试阐述渠道模式选择的6C原则。
6. 结合诺基亚的分销实例，谈谈对混合销售模式的认识。
7. 试简要说明广告策略的影响因素。
8. 试评价家乐福在中国的公关应对。

第七章

跨国公司人力资源管理

本章提要

跨国公司人力资源管理需要处理跨越国界的招聘、选拔、培训与开发、绩效评估、报酬和劳资关系等内容。当一个公司进入国际舞台时，将比国内的人力资源管理面临更加复杂的情况，跨国管理者必须做好跨越国界的人力资源管理政策，以适应公司经营所在国的国家文化、商业文化和社会制度。该章阐述了跨国管理者、国际人员配备、人员培训与发展、跨国企业人员的薪酬待遇、绩效评估、国际管理职业开发等重要内容，并介绍了国际人力资源管理的新动向。

关键术语　　国际人力资源管理　跨文化管理　国际管理职业

企业组织为完成某项工作，必须将实物资产（如建筑物和机器）、金融资产以及工艺和管理过程结合起来。然而，没有人，组织就不能存在。人力资源管理的主要目标是管理和开发人力资源，因此人力资源管理（HRM）涉及人和组织之间的全部关系。人力资源管理的基本功能包括招聘、选拔、培训与开发、绩效评估、报酬和劳资关系。招聘是识别和吸引合格的人员申请组织中空缺的职位；选拔是公司在本组织中选拔雇员填补空缺职位的过程；培训与开发是雇员为在当前和将来可能的工作职位中取得成功的业绩而去获取知识、技能和能力的过程；绩效评估是一个组织用于衡量和评价雇员工作业绩的体系；报酬是组织支付的全部报酬，不仅包括金钱方面的报酬和福利，而且包括诸如工作保障等无形保障；劳资关系是雇主与劳工组织所代表的雇员之间的持续关系。跨国公司人力资源管理需要处理跨越国界的一个公司在招聘、选拔、培训与开发、绩效评估、报酬和劳资关系等方面的内容。

■第一节　概　述

一、国际人力资源管理和国际雇员

在将人力资源管理的功能应用于国际环境时，就变成了国际人力资源管理（IHRM）。当一个公司进入国际舞台时，人力资源管理的所有基本活动仍然保留，却以更复杂的面目出现。对跨国管理者而言，导致这种复杂性的因素主要有两个：首先，跨国组织的雇员包括不同国籍的雇员组合；其次，跨国管理者必须意识到需要调整公司的人力资源管理政策，以适应公司经营所在国的国家文化、商业文化和社会制度的必要性。

二、跨国组织中雇员的类型

国际人力资源管理必须考虑跨国组织中雇员的若干类型。外派人员是指来自于工作所在国之外国家的雇员：来自母国的外派雇员称为母国公民（HCN）；来自东道国和母国之外国家的外派人员称为第三国公民（TCN）。当地雇员来自东道国，东道国是这些业务单位（工厂、销售单位等）的所在地。我们将这些雇员称为东道国公民。通常说来，来自母国和第三国的海外雇员一般属于管理雇员和专业雇员，而不是低层次的劳动力。劳动力的全球化也产生了一种特殊类型的外派人员，他们被称为内调人员。内调人员是指那些来自国外而在母公司所在国工作的雇员。

三、人力资源管理方式的适应调整

一个有效的国际人力资源管理体系既包括公司范围内的人力资源管理政策与程序，也包括适应不同国家、地区的人力资源管理政策和程序。尤其对于跨国公司而言，通常需要调整公司的人力资源管理方式，以适应东道国的传统、国家文化和社会制度。当涉及非管理职位的雇员时，调整人力资源管理政策更是具有特殊的必要性。这些雇员通常是东道国公民，他们通常期望跨国公司的人力资源管理方式能够符合当地的传统。将不适当的人力资源管理方式强加给东道国公民，就可能带来触犯当地文化规范和价值观念的风险，甚至可能导致违法行为。

四、当代跨国公司人力资源管理的特点

1. 在人力资源的管理理念上——战略高度意识与顾客导向理念

所谓的战略高度意识，是指把人力资源当做一种战略资源来进行管理，并与公司发展的总体战略协调一致，把人力资源管理从辅助性、事务性的战术层面，提升到关

系公司总体实力和竞争优势的战略高度。与战略高度意识相联系，顾客导向理念是把人力资源管理部门看做一个战略业务单位（USB），并根据他们的顾客基础、顾客需要以及满足顾客需要的技术手段等界定业务内容，为顾客提供满意服务，为公司直线管理提供具有献身精神的高质量员工，为公司决策层提供人力资源方面的信息与建议以及人力资源管理的规章与制度等。

2. 在人力资源管理的激励机制上——多层面机制相结合

随着经济的增长、社会的进步和人们的物质、文化生活水平的提高，人们追求并力争得到满足的需求也在由较低层次的需求向较高层次需求转变。因此，以满足和激励人们的需求，进而激发、调动和发挥人们积极性的激励机制或激励手段也在发展和变化着，其发展和变化的主导趋势是由较单一的激励机制或激励手段向多层面的激励机制或激励手段转化。例如，当代跨国公司人力资源管理中先后出现的以业绩、技能和胜任能力为基础的薪酬机制；延期收入、股票期权、利润共享等激励手段；还有参与式管理、培训、进修、荣誉奖等更加个性化的精神激励手段等。

3. 在人力资源管理的技术手段上——管理信息化、网络化

信息技术的产生、发展和广泛应用，实现并推动了跨国公司人力资源管理的信息化及其进程。基于电子商务的理念，人力资源管理信息化是人力资源管理各级各类工作的电子化，如网上招聘系统、人力资源管理信息系统、人事政策自助服务系统、远程网络培训等。跨国公司人力资源管理的信息化，不仅使员工的个性化需求得到更好的满足，而且也提高了人力资源管理工作的效率。

4. 在人力资源管理的组织结构上——扁平化

20 世纪以来信息化和网络化的迅速发展，也促成了跨国公司内部组织结构和人力资源管理组织结构的变革与创新，进行了称为企业流程再造及企业再造的内部管理体制的改革，通过减少纵向上的组织机构层次并加强横向上的组织机构联系、沟通、配合、协作，使公司的组织机构更趋于扁平化，从而使人力资源管理系统大幅减少了信息流程，减少了信息失真，保障了信息的有效利用，有利于提高跨国公司人力资源管理的效率，实现了跨国公司人力资源管理的科学化。

5. 在人力资源管理的配置战略上——全球化战略

随着经济全球化和竞争国际化趋势的加剧，跨国公司人力资源配置的理念和方式也发生了相应变革，由最初的殖民化向本土化、区域化和全球化发展。其中，全球化人才战略是指跨国公司在全球范围内挑选合适岗位的人才，主要是全球流动科技人才和高层管理人才。本土化人才战略是全球化人才战略的重要支撑，其核心是跨国公司所需要的人力资源在东道国实现本土化配置。这种变革与创新有利于跨国公司拓展发展的空间，广泛招聘和有效配置人力资源，提升核心竞争力，强化国际竞争优势。

6. 在人力资源的文化管理上——跨文化管理

跨国公司迅速发展所面临的一个突出问题，就是人力资源的文化差异和差异文化的管理问题。在一个拥有来自世界不同国家员工的跨国公司里，人们的文化背景、文化观念、文化习俗、文化态度和文化思想等往往具有很大的差异性。跨国公司的人力资源管理在承认、理解和尊重这种文化的差异性和多样性的基础上，进行文化交流、

沟通、渗透和交融，达到多样性文化的整合，进而实现跨国公司内部文化的创新和人力资源管理的创新。这样有助于消除不同文化间的隔阂与障碍，减少或避免不同文化间的矛盾与冲突，整合跨国公司成员的文化价值观，提升跨国公司成员的向心力，强化整个跨国公司的凝聚力。

■第二节　跨国管理者与国际人员配备

一、人员配备

母公司所在国员工（parent country nationals，PCNs）是指跨国公司子公司中来自母公司所在国并拥有母国国籍的员工。母国员工也构成跨国公司外派人员的主体，他们通常受母公司指派，经营和管理公司的国外子公司。母国外派人员一般是管理者和技术专家。

母国外派人员在跨国公司全球经营中具有重要的战略地位，他们实际上执行的是一种平衡与控制职能。跨国公司通过向海外公司派遣母国人员来确保下属公司经营平衡并且符合母公司高层的战略意图；特别是在海外子公司面临较大的经营风险时，母公司通过外派人员作为下属公司的高层，由他们向母公司提供丰富的驻在国信息和经营建议，以便母公司能够把握子公司的经营方向，进而在经营中降低风险、提高盈利水平；外派人员可以迅速了解所在国消费者和中间商对本公司产品或服务的反应，由此增加母公司对外国消费者和外国市场的了解，有助于母公司产品的推广。总之，母国外派人员通常会被派到与母公司具有不同文化背景和价值标准的经营体系中，以确保公司整体经营的平衡运行。

母国外派人员对于国外子公司的经营与管理具有重要的作用，他们在母公司中有着丰富的工作经验，能将母公司的战略意图、先进技术、管理方式与经验带入国外子公司，传授给东道国员工。

东道国员工（host country nationals，HCNs）是指那些在跨国公司海外子公司工作的具有东道国国籍的员工。

跨国公司在海外子公司中使用东道国员工的主要优势在于，他们熟悉当地的经济和人文环境，精通当地的语言或方言，具有在当地工作的经验，能够更为有效地与当地员工进行沟通和管理当地员工；更为重要的一点是，雇用东道国员工的成本较使用母国外派员工要低得多。

第三国员工（third country nationals，TCNs）是指来自子公司所在国和母公司所在国之外的第三国或者拥有母国与东道国之外第三国国籍的公司员工。例如，一位瑞士管理人员在一家加拿大跨国公司设在日本东京的子公司工作，这位管理人员就是典型的第三国员工。此外，目前跨国公司内部的人员国际流动也越来越大，不再是母国员工向国外子公司单向流动，而且包括将其子公司所在国的优秀东道国员工派往其设在其他国家的子公司工作，这类员工数量的增长也增加了跨国公司人员配备中第三国员工的数量。

二、跨国人力资源配置所面临的问题

跨国经营企业所需人员主要有两个层次，即管理人员和一般员工；一般有三个来源，即母国、东道国和第三国，其中管理人员多来自母国，而员工多来自东道国。

首先，跨国经营企业的管理人员配置方面存在的问题。从母国、东道国和第三国挑选管理人员各有利弊。从母国挑选的管理人员比较熟悉母公司的目标、制度以及做法，已具备相应的技术和管理能力，对母公司较忠诚。但是，从母国挑选管理人员的成本较高，且管理人员因文化差异问题难以在异文化环境中有效地开展工作。从东道国挑选管理人员能降低经营成本，文化差异问题也较少，能顺利开展工作且有利于与东道国建立良好的合作关系，但从东道国挑选的管理人员有本民族利益倾向，不利于母公司协调与控制，也不利于母公司积累跨国经营管理经验。从第三国挑选管理人员与跨国经营企业的全球战略相一致，可以在全球范围内配置人力资源，容易发现理想的人选，但此举国际花费较大，易受母公司高级职员和东道国的抵制，不利于该管理人员开展工作。

其次，跨国经营企业的一般员工配置方面存在的问题。东道国政府通常不愿意跨国经营企业从母国或者第三国带来大部分员工，所以一般员工主要来自东道国，但跨国经营企业人力资源管理中的招聘模式并不完全适应东道国文化。例如，发达国家往往崇尚公平竞争，采用以评价为中心、智商测试和能力测量为依据的招聘模式；而一些发展中国家在处理各种事务时崇尚关系，在招聘员工的时候往往注重权威人士的推荐，并优先考虑那些有关系、有资历的人。因此，发达国家依赖客观的、有关个人智力和能力的选拔标准的招聘模式，对于裙带关系和种族关系较为复杂的发展中国家来说并不十分适应。

三、跨国人力资源配置策略

有关使用多少外派人员或多少当地管理者的决策主要取决于公司的跨国战略。跨国战略家们认为，其管理招聘应该在全世界范围内进行，而更多的战略家们则常常喜欢雇用当地管理者，或者只在短期任务中使用外派人员。然而，无论跨国战略怎样，管理队伍通常是由外派人员和东道国当地雇员组成。对于特定的工作职位，公司可通过回答下列问题做出任职决策：

在考虑战略的前提下，对这一职位的偏好怎样（东道国雇员，母国雇员，还是第三国雇员）？例如，一家以地区策略为本的公司可能更愿意雇用第三国公民作为其国家级管理者。

对于外派管理者（母国公民或第三国公民）：

是否有具备该职位所需必要技能的管理者人选？要利用外派管理者，公司内部各管理层就必须有合格的管理者人选，或者必须能够招聘到合格的母国管理者或第三国管理者来填补这一职位。

这些管理者愿意接受外派任职吗？并不是所有的管理者都愿意接受海外任职，有些管理者认为国际任职会损害他们在国内的晋升。此外，越来越多的管理者的配偶有工作，这就大大降低了管理者接受海外任职的可能性。

外派管理者的任职是否会受到法律方面的影响？有些国家对外国人从事管理有严格的限制。对雇员来说，临时性的签证可能很困难，甚至是不可能的。

对于东道国管理者：

东道国管理者是否具备该职位所需的专门知识？要利用东道国管理者，就必须能在当地劳动大军中找到受过培训并具备职位所需专门知识的管理者人选。相对于跨国公司派来的管理者，东道国管理者常常缺乏必要的专门知识。

我们能否从公司外部招聘到具有合适技能的管理者？即使一国存在合格的管理人才，外国跨国公司也可能没有足够的声誉或当地关系以吸引东道国的管理人才。例如，在日本的外派管理者外派任命的关键成功因素，除了专业与技术能力外，成功的关系因素还包括社交能力、家庭状况、动机和语言技能。尽管专业与技术能力是国际任职的先决条件，但其他因素对于成功而言也是同等重要的。考虑下列内容：

（1）技术与管理技能。相对于国内相似层次的任职，海外任职通常赋予管理者更多的任务和更大的责任。此外，与总部之间的地理距离导致管理者具有更大的决策自主权。只有具备优秀的技术、有管理与领导才能的管理者在这一职位上才会有更大的成功可能。

（2）个性。海外任职不可避免地会伴随一些未预料到的问题和新的情况。如果外派人员易于变通，愿意并且希望学习新的事物，有能力处理模棱两可的情况，对于其他的人和文化有兴趣，并且具有很好的幽默感，那将有助于他们处理不确定的和新奇的情况。

（3）社交能力。社交能力有助于雇员避免国际任职中的一个主要陷阱，即无法适应不同的文化。交际能力强的人员有能力适应陌生的或模糊无序的情况，他们易变通并且对不同的文化标准、价值和信仰十分敏感。此外，他们还能灵活地调整其行动和态度来适应新的文化环境。他们更喜欢同心协力的谈判形式，避免正面冲突。

（4）家庭状况。对国际任职人员的选择还必须考虑外派人员的家庭状况。海外任职既会影响雇员，同样也会影响到其配偶和子女，有利于海外任职的家庭状况是外派人员成功的关键。需要考虑的一些关键因素包括：配偶愿意到国外生活的程度、可能派遣的地区对配偶的职业生涯和子女教育的影响以及配偶的交际能力。

（5）国际化动力。为了克服更复杂的工作、文化差异以及家庭压力这些挑战，管理者必须受到激励以接受外派职位。这些动力可能来自对公司国际使命的责任感、对任职国家文化的兴趣以及与雇员职业生涯发展阶段的契合。然而，优秀管理者很少愿意接受那些他们认为有损其职业前程的任务。

（6）语言技能。用东道国语言说、读、写的能力是另一个关键的成功因素。具备良好语言技能的管理者会更容易、更好地发挥其技术与管理技能，并在与当地同事、下属和顾客打交道的过程中获得更大的成功。懂得当地语言也会增进对当地文化的了解，减缓适应一种新的文化环境的压力。

四、影响跨国公司人员配备的因素

跨国公司国际经营的人员配备或外派人员的使用状况受多种因素影响，这些因素主要包括母国文化因素、母公司的特征、国外分支机构所处的阶段、东道国方面的因素等。

1. 母国文化因素

母国的文化影响到母国公司选择国际人力资源管理的导向。例如，日本公司倾向于民族中心导向，更多地利用外派人员管理国外的经营活动。其主要原因是国外精通日语和日本式工作管理方式的人很少。因此，为了保证对分支机构的控制与有效沟通，日本跨国公司倾向于使用母国员工。而美国倾向于多中心导向，更倾向于利用东道国当地人员。欧洲公司在人员配备方面的导向则介于美国公司与日本公司之间。

2. 母公司的特征

一般来说，规模较大的跨国公司会利用更多的东道国人员，但出于管理人员积累国际经验的需要，它们也会将母国管理人员和外国管理人员调到其出生国之外的国家任职。而刚刚踏上国际经营道路的公司比较典型的是依赖母公司的外派人员推动其国际经营的发展。

3. 国外分支机构所处的阶段

对于新建立的国外经营分支机构，跨国公司通常利用熟悉母公司文化、战略和经营目标的母国人员管理。随着东道国员工技术与管理水平的提高，对母公司文化的不断了解，跨国公司会逐步减少外派人员，增加对当地员工的依赖。

4. 公司经营的性质与产品战略

绝大多数跨国公司倾向于在国外子公司雇用当地人员，在总部雇用母国人员，在地区总部则将母国人员与外国人员结合。但是，不同国籍人员的组合因公司经营的性质与产品战略的不同而不同。当地区性专业知识起重要作用时，跨国公司极少利用母国人员海外任职；而当产品专业知识十分重要时，跨国公司会比较广泛地使用母国外派人员，因为这样可以保证国外经营迅速获得母国的供货和技术信息。

5. 东道国方面的因素

东道国政府通常希望跨国公司尽可能地雇用当地人，并存在管理本地化的强烈愿望，东道国体现这种倾向的相关政策或立法会影响母公司的人员配备政策。为了培养当地管理人才，许多发展中国家要求跨国公司培训和使用当地人员，促使管理人员本地化。

五、跨国公司子公司人员配置方式

（1）一般来说，当复制母公司的一些内在优势对于跨国公司的竞争力相对没有那么重要，而要求分支机构顺从母国环境的来自制度上的压力却很大的时候，母公司采取顺从东道国环境的策略不会给它带来什么大的损失。在这种情况下，外派经理的人数是最少的。

(2) 当复制母公司的一些内在优势对于跨国公司的竞争力相对没有那么重要，并且来自东道国的制度压力也较低时，跨国公司通常不需要采取任何战略反应。在这种情况下，母公司对外派经理和当地经理之间应该没有什么偏向，选择的依据应该是其他因素，如成本、培训需要以及个人贡献等。

(3) 当复制母公司的一些内在优势对于跨国公司的竞争力很重要，而来自东道国的制度压力较低时，跨国公司可被视为处于一个权力地位。在这种情况下，跨国公司就可以根据自身需要相对自由地大量聘用外派经理。

(4) 当复制母公司的一些内在优势对于跨国公司的竞争力很重要，同时来自东道国的制度压力也很大时，跨国公司必须想方设法部署外派人员，同时至少在表面上应该顺从东道国的制度环境。这就需要一种顺从或者避免的战略，以有效避免制度压力。与此同时，跨国公司需要部署重要的外派经理，以确保必要的控制。这可能意味着，在企业的较低层部署较少的外派人员。

■第三节 跨国企业的人员培训与发展

跨国公司把人才培训列为经营活动的一项重要职能，"投资于培训"成为共识。美国的企业每年用于教育培训的经费达 600 亿～650 亿美元，与全国四年制大学的教育经费相差无几。跨国公司把培训作为实现经营目标、促进能力开发、提高企业竞争力的重要手段，同时也是吸引、培养、激励和留住人才的有效措施。

德国西门子公司每年用于培训的经费为 6 亿～7 亿马克，在国内外拥有 60 多个培训中心，有 700 多名专职教师和近 3 000 名兼职教师从事新员工第一职业培训、大学生精英培训和领导后备人选的精英培训。西门子公司还特设一个干部培训中心和 13 个基层管理培训中心，每年有数百名管理人员参加培训；在华合资企业每年培训 800 人。日本电器公司专门开设了国际培训中心，形成了以驻外人员、当地雇员干部为对象的国际培训体系，采取轮岗、集中培训、单独培训等方式，有针对性地进行语言培训、国际实务培训、国际经营培训、外派前培训、高级经营者培训、海外留学、海外业务进修等。该公司的国际事业工作人员培训体系，是日本最完备的案例之一。一些实力雄厚的大公司（如摩托罗拉、麦当劳等）还自办大学或学院。有的大公司经国家教育部门批准，其大学也可授学位。

美国 GE 公司之所以能创业百余年长盛不衰，其秘诀就在于通过不断开展培训，使拥有核心员工能力的人才不断涌现。GE 强调"人力引擎"，即每个管理层次要释放创造力和主人翁意识，并建立两个机制：一是"无边界"的学习机制。GE 积极搜集世界各大公司的成功经验，如从沃尔玛学习直接顾客反馈技术，从惠普公司学习新产品导入方法，从丰田等公司学习先进生产技术，从摩托罗拉学习以质量为中心的企业文化等。二是全息化管理机制。不同组织层次包括工会代表、顾客、供应商等参与讨论，提出改进公司工作的各方面意见、建议，并由管理层做出反应，使 GE 的价值创造力得到不断延伸。

一、跨国企业人员培训面临的问题

跨国经营活动一般具有很强的专业性和技术性，所以企业不仅要尽量招募合格的人力资源，而且必须对其进行培训。当前，绝大多数跨国经营企业偏重对员工的纯技术培训，而忽视了对员工尤其是管理人员的跨文化培训。

首先，对母国管理人员的培训问题。母国管理人员对东道国的劳动法律法规、当地员工的信仰和风俗习惯等不够熟悉，因此需要接受跨文化培训。跨文化培训是解决文化差异、发展有效跨文化沟通的一项基本手段。根据国外的成功经验，跨文化培训可以分为 4 个阶段：预备教育、启程前教育、抵达后教育和回国前训练。跨国经营企业比较重视启程前教育和抵达后教育，对于其他两个环节的培训相对缺乏，从而不利于母国管理人员开展跨文化的业务工作和管理活动。

其次，对东道国员工的培训问题。东道国员工熟悉当地的社会文化、生活习俗、法律法规，并能根据不同地区的市场变化做出敏捷反应，维护和提高公司效益，但他们很难马上适应跨国经营企业的工作习惯、企业体制、管理方法等。多数东道国员工往往有着本民族倾向性，以本民族的眼光看待跨国经营企业的全球业务，认为跨国经营企业应该同时学习本国的组织文化，开展本国式培训。当跨国经营企业为使他们尽快适应母公司的组织文化、掌握母公司要求的管理技能和工作技巧而对其进行培训时，他们常常认为这种培训是一种文化侵略形式而心生反感，甚至产生对立情绪。

二、跨国企业人员培训的内容

强有力的证据显示，提前跨文化培训降低了外派人员的失败率，提高了外派人员的工作业绩。跨文化培训的重要目的在于增强未来外派人员及其配偶和家庭的交际能力。培训方式和强度取决于外派人员在其任职中预期可能遇到的情况。

同样，海外任职条件既影响选拔决策中外派任职成功因素的先后次序性，同时也影响外派人员培训强度的要求。任职时间越长，母国与东道国之间的文化差异越大，要求与当地雇员的接触和沟通越多，工作的复杂性与职责越大，这就要求在为海外任职做准备方面增加培训强度。此外，由于配偶不能适应是外派人员失败的原因，任职条件有助于确定配偶和其他可能的家庭成员的培训需要。对于在不同文化中长期任职的培训可能包括对家庭成员的培训，而不局限于可能的外派人员。

跨国企业对招聘的人员一定要进行上岗前的培训，尤其应对他们介绍所去国家的文化、风土人情以及出国工作的注意事项，让他们在思想上做好充分的准备，使他们对异国的不同文化背景、工作环境、职业生涯发展机会、生活上可能碰到的不便之处以及两国间在其他方面的基本差异等有一个深刻的了解。如果不重视对跨国人员的培训，将给跨国企业带来严重的损失。

（一）驻外预备教育

驻外人员应该接受预备教育，时间为一个星期左右，主要内容包括：

（1）所在国的情况介绍。向驻外人员系统地介绍所在国的政治制度、政府机构、经济体制、历史背景、文化传统、生活条件、服饰与住房情况、健康要求以及签证的申请办法等等。要特别强调文化差异的介绍，如美国提倡个人主义精神，而日本强调集体主义、以公司为家的精神。

（2）工作任务、职责与待遇。应向驻外人员讲明公司的政策，驻外人员在外的期限、休假、岗位职责和权限、工资、奖励和补贴、所得税的交纳、回国后的待遇等等。

（3）家庭安排。中国驻外人员一般不带家属，随着改革开放的深入，跨国企业的增多，今后越来越多的驻外人员将带家属到海外分公司工作。不管是否带家属，都要事先做好安排。

（二）启程前教育

启程前教育一般为4～5天，内容包括：

（1）所在国的语言训练。主要是加强口语和听力的训练。可以请大学的教师或所在国语言专家对跨国公司人员进行培训，强化语言教育，使他们能够在短期内提高口语和听力的水平。

（2）从不同角度进行跨文化的教育。可以通过录像、电影介绍所在国的文化差异和价值观的不同，促使驻外人员认识文化差异，正确处理好与外国同事的关系。

（3）介绍旅途和抵达的注意事项、碰到紧急情况时的处理方法等。

（三）抵达后教育

抵达后公司应安排接待，让驻外人员休息好，尤其让他们适应时差、饮食习惯，然后进行抵达后教育，其内容包括：

（1）周围环境的介绍。向驻外人员介绍公司所在地的基本情况，包括语言特点、文化差异、风俗习惯、交通状况、商店和银行的分布等情况。这种介绍可以促使刚抵达的驻外人员很快熟悉周围环境。如果带家属和小孩，还要让他们了解当地学校的情况。

（2）公司的情况介绍。公司应派专人向新来者介绍公司的基本情况，他们今后工作的班组、岗位职责、合作的同事、公司对他们的要求。最好请有经验的人给他们介绍在海外公司工作的亲身体会，使他们少走弯路，尽快适应当地工作环境。

（3）所在国跨国公司实际工作情况介绍。再次强调文化差异的教育，公司应向新来者介绍同事的特点，特别是要强调不同文化背景下不同的管理方式和工作方法。许多研究都说明，驻外人员工作失败的主要原因是，他们自己不能适应不同的自然环境和文化习惯。因此，自始至终对驻外人员进行跨文化的教育是至关重要的，这是公司在不同国家、不同文化背景下取得成功的先决条件。

三、基于跨文化的人员培训

人力资源具有很强的可塑性，通过对其培训不仅能提高企业的生产效率，还能提高员工的忠诚度。跨国经营企业除了有计划地对员工进行技能深化和知识拓展培训外，还要特别注重跨文化培训。

首先，对管理人员的培训。管理者要掌握和灵活运用本行业的知识以及有关的国际市场、国际惯例和东道国政策法规等知识，要具备跨文化管理的能力，包括语言能力、文化移情能力、社会适应能力、工作决策能力、组织协调和控制能力等。按培训对象的不同，跨国经营企业的管理人员培训大体分为以下两类：第一，对外派管理人员的跨文化培训。这一类培训主要是通过文化敏感性训练，使管理人员了解异文化环境，迅速适应当地环境，消除文化隔阂，融入当地文化并正常开展工作。跨文化培训的主要内容是：文化的认识、文化的敏感性训练、语言学习、跨文化沟通及冲突的处理、地区环境模拟等。在文化敏感性训练上，要注意当地习惯和传统，绝不能对当地人抱有成见。在语言学习上，要掌握好语言与文化的关系。在跨文化沟通和冲突处理上，要注意到沟通是一个动态过程，并要注意文化冲突的双重影响。在地区环境模拟上要设身处地并反观本国文化，通过对不同文化的比较分析，加深对异国文化的认识和了解。跨文化培训可以通过企业内部的培训部门及培训人员或者学校和专门的培训机构进行培训。第二，对在东道国招聘的管理人员的培训内容主要侧重于生产技术、管理技能、企业文化等方面，跨文化培训通常不是重点。关于企业文化的培训则是面向全体企业成员进行精神激励，对内增强企业的向心力和凝聚力，对外提高企业的国际竞争力。

其次，对一般员工的培训。由于在东道国不易招到熟练的工人，因此大多数新招收的雇员需要培训，同时科技进步和国际市场的变化也要求对原有雇员进行培训。培训的类型可分为在职培训和脱产培训。员工的在职培训可以采用多种方式进行，如在岗培训、师傅带徒弟、课堂教育、会议讨论以及模拟等。师傅带徒弟是一种特殊形式的在岗培训，要注意处理好师徒之间的文化差异以及文化冲突对师徒关系的影响。脱产培训是将员工送到外面的学校，由具有丰富理论知识和实践经验的熟练教员对他们进行培训。这种培训方式与企业自设机构相比，可以节省开支、增强培训效果。

■第四节　跨国企业人员的薪酬待遇

跨国企业能否按国际标准并结合本国的实际给跨国企业人员提供适当的薪酬待遇，这对跨国企业能否充分发挥国际人力资源的作用，调动驻外人员的积极性起着重要的作用，而且也是跨国企业在国际市场是否能增强竞争力的关键性问题。韦恩·卡肖就认为："在国际人力资源管理方面，没有哪一个问题能像工资待遇问题这样引起高层管理人员的注意。"

一、跨国企业人员薪酬方面的问题

从薪酬管理方面来看，一个组织工资的内部公平性、外部竞争性以及对绩效的报酬和奖励，已经成为其是否能够吸引、保留、激励和开发自身人力资源从而赢得竞争优势的一个基本要求。

首先，工资体系方面的问题。不同文化背景下的企业制定工资体系的出发点不同。在工资制定和调整方面，中方偏重工资与资历和学历等因素直接挂钩；而外方认为工资水平主要与工作性质挂钩，只有当工作岗位和内容发生变化时，才能调整其工资。在制定奖金分配方面，中方人员认为关系和睦、忠诚比金钱激励更为重要，故多发放基于个人和团体的奖金。外国公司更青睐采用金钱激励和个人奖励。另外，一些跨国经营企业的工资体系没能跟东道国的实际情况相结合，如果工资标准体系低于当地，则不易招募到当地人才，而且可能导致母公司外派人员的流失。

其次，福利方面的问题。由于跨国经营企业内部员工的文化背景、信仰、生活方式等不尽相同，他们对福利的期待也不同。当跨国经营企业对不同文化背景的员工提供相同的福利时，或者说对某一文化背景下应该提供给员工的福利而没有提供时，就会带来员工的不满，影响其工作积极性和创造力的发挥。

二、跨国企业的薪酬战略

薪酬系统的科学设计和有效管理有助于提升跨国企业的竞争优势，并且对跨国企业战略的实现具有关键作用，但这要求薪酬战略必须与企业战略相匹配。然而，实践表明，跨国企业的薪酬战略往往与企业战略发生偏离。

正确分析薪酬本土化和全球化对跨国公司设计和执行薪酬战略的影响是非常重要的。跨国企业的薪酬战略应具有跨国性质，即应实现标准化与本土化的统一。全球范围的创新发展引发了世界范围内的学习活动，跨国企业必须提高其跨国能力来制定区别性的薪酬战略。为了实现这一目标，跨国企业必须建立一个复杂的社会网络结构，子公司在其中是关键的能力中心——因为只有子公司才能准确掌握所在国的特点和需求。因此，跨国薪酬战略的设计不仅涉及战略问题，还涉及跨国企业的组织结构问题。网络结构能够有效配置分散的资源，也因此加强了子公司的权利。

跨国战略对于跨国薪酬战略具有不同的含义。例如，一个标准化的薪酬系统根据统一原则对不同地区的雇员产生作用，能够使雇员产生被平等对待的感觉———这对于跨国企业来说很重要。然而，跨国企业的全球化得以执行并不意味着在一个国家的子公司被成功实施的薪酬系统也适于另一个国家的子公司，这意味着薪酬系统对特定的国家必须是开放的，即它受本土文化、价值、传统、法律以及制度等方面的约束。因此，制定薪酬战略的难点是，在保持一致性的同时，通过识别子公司所在国的独特性，制定一个在多个国家的子公司中能高效运行的跨国薪酬系统。这就要求薪酬决策系统能够根据组织环境而变化。当文化、社会或制度因素和全球标准化的薪酬系统之间出现不和谐的状况时，跨国企业必须根据外部影响因素来调整标准化的跨国薪酬结构，以提高在东道国中的经营效率。

外部因素的影响通常能够用文化和制度来解释。文化是一个国家的居民所共有的精神态度；文化影响意味着薪酬和奖励政策必须与当地的民族文化保持一致。很多学者已开始注意到文化对人力资源管理和薪酬问题的影响。文化对跨国薪酬战略的影响应被看成是跨国经营战略的一部分，以整合社会关系为基础的文化能够有效地形成对雇员的有形或无形的激励。制度也会显著影响跨国薪酬战略的制定，这些制度包括劳动法规以及由此产生的一系列规章、准则。

综上所述，跨国企业面临着全球化压力和本土条件多样性的权衡，这些本土条件包括文化价值、法律体系和管理机构，跨国企业应根据自身的战略需要，结合东道国的具体环境来制定合理的薪酬方案。

三、跨国经营战略下的薪酬策略选择

薪酬策略包括薪酬结构和薪酬水平两方面内容。薪酬结构是指在整个薪酬构成中不同形式收入的比例结构；薪酬水平是指每种形式收入的绝对数量，不同国家、不同产业、不同企业相同职位的薪酬水平是不同的。从理论上讲，跨国企业希望保持薪酬结构和薪酬水平的标准化，从而实现全球一致性，但这些标准化的薪酬决策往往与本土化的特性不匹配。

固定收入策略和变动收入策略是两个最基本的薪酬策略选择，企业具体选择哪一策略，取决于企业能否准确考核管理者的绩效。如果企业无法准确考核管理者的绩效，那么往往倾向于采用固定收入策略。此外，不同国家的企业对薪酬策略的选择也会不同。例如，美国、墨西哥和拉丁美洲国家的企业偏向于采用变动收入策略，而日本、澳大利亚的企业则更倾向于采用固定收入策略。

当企业采取以绩效考核为基础的收入策略时，需要处理好个人绩效和群体绩效之间的关系。个人绩效的准确度量能够对个体产生激励，但随着分工程度的提高，团队在企业中的作用越来越突出。当企业目标或任务属性要求企业必须保持高度的团队协作时，群体绩效的测度就变得非常重要。

尽管绩效考核属于企业内部控制的范畴，但基于绩效考核的薪酬策略也受外部因素的影响。地域文化不同，企业对个人绩效和群体绩效的侧重也会有所不同。在提倡个性独立的国家中，企业更容易推行以个人绩效评估为基础的薪酬策略；而在强调群体合作的国家中，企业更倾向于选择以群体绩效为基础的薪酬策略。

另一个与个人绩效和群体绩效相关的支付决策是短期薪酬策略和长期薪酬策略。短期薪酬策略主要针对预期行为，长期薪酬策略主要面向长期激励。然而，无论是短期薪酬策略还是长期薪酬策略，都会受到外部文化和制度的影响，如股权激励这种长期薪酬策略更适于高度个性化、低风险规避的国家的企业，而级差税率等制度因素则会对长期薪酬策略产生积极影响。

综上所述，跨国企业应制定兼顾不同薪酬影响因素的薪酬策略。薪酬策略主要包括薪酬水平和薪酬结构两方面的内容，最基本的形式是固定收入、变动收入。在最基本的形式下，衍生出了基于考核的薪酬策略、基于风险偏好的薪酬策略、基于稳定性的薪酬策略，但无论哪一种薪酬策略都要受企业内部战略目标和外部环境的影响。

四、跨国企业内部资源对薪酬策略的影响

跨国企业薪酬策略的选择不仅受当地文化、制度的影响，还受组织内部资源的影

响。资源依赖理论认为，不同的组织对不同的制度、文化压力会产生不同的反应，原因在于组织内部资源会影响外部环境对薪酬策略的作用效果。

与制度理论一样，资源依赖理论也关注组织和制度之间的关系，并认为组织的关键资源必然会影响组织的战略行为。如果一种资源是稀缺的或被少数组织控制，那么需要这种资源的组织就会依赖这些资源的提供者，而且这种依赖性越强，资源提供者对该组织行为的影响力越强。除外部环境因素外，跨国企业内部的权利关系和资源控制程度是对跨国企业的战略产生影响的因素。

随着全球一体化进程的加快，子公司对于提高整个跨国企业的竞争力越来越重要，其中最重要的原因就是因为子公司能够不断开发自己的资源。随着子公司对资源的控制程度越来越高，总公司必须通过人力资源管理战略来整合一些强势的子公司，从而实现其资源控制能力的提高。

对于跨国组织中的单元，无论是子公司还是总公司，都可能成为公司的能力中心。例如，如果某子公司是跨国企业的一个主要利润来源或控制着市场增长的关键要素，则该子公司就成为了提高跨国企业竞争力的核心。正是在这样的前提下，母公司的关键资源就不会被均匀地分配在公司网络的各单元中，而那些具有竞争力的核心型子公司的管理人员对跨国企业的管理决策就会产生更大影响，并且会影响跨国企业薪酬战略的平衡———这就是跨国企业内部资源和权力分配对薪酬策略的影响途径。在本土化和全球标准化之间存在一个权力分配和关键资源控制的杠杆，跨国企业在制定薪酬战略时会依据此杠杆在两者之间寻找平衡点。

五、跨国企业人员薪酬方法

根据一些学者的研究，有效的薪酬待遇政策应该具有以下几种特点：

（1）能使海外跨国分公司的工作对人们有吸引力，并能留住合格的人才。

（2）使跨国企业人员能十分便利地在母公司与子公司之间或者子公司与子公司之间进行调动。

（3）使各子公司的薪酬制度之间有一个稳定的关系。

（4）要使本跨国企业的薪酬制度与其主要竞争者的工资制度相比有较强的竞争力。

1. 资产负债表法

超过85%的美国跨国公司在决定外派人员薪酬时，通常采用资产负债表法。资产负债表法为使外派人员在东道国的购买力与其在母国的购买力相等或平衡提供了一个薪酬体系。为了使国际任职获得的薪酬与母国国内的薪酬相平衡，跨国公司通常提供额外的薪金。额外增加的薪金包括税收差别调整、住房费用以及基本商品和服务费用。商品和服务包括食品、娱乐、个人护理、衣着、教育、家庭装修、运输以及医疗保健。

除了满足外派人员的购买力之外，公司还经常向外派管理者提供其他一些补贴和奖金。这包括最初的国际迁移成本（如旅馆的费用），为母国和东道国生活方式差别提供的补偿，为鼓励接受任职而提供的激励等。这些额外和津贴和奖金包括：

（1）国外服务津贴。跨国公司常常提供底薪10%～20%的津贴，用于补偿与海外任职有关的个人与家庭方面的困难。在美国主要的跨国公司中，大约有78%的公司支付这种津贴。

（2）艰苦条件津贴。这是由于高风险或生活条件艰苦等原因而支付给特别困难的工作职位的一笔额外报酬。

（3）安置迁移津贴。根据家庭迁移至国际任职地的基本费用，许多公司在任职开始和结束时提供一笔相当于一个月薪水的费用以弥补迁移费用。

（4）母国度假津贴。为外派人员及其家属一年一次或两次的回国提供旅行费用。

2. *其他方法*

由于外派人员的薪酬过高以及跨国公司的雇员在世界各地做着相似工作这种倾向，导致对传统的资产负债表法进行调整。有些公司不论工作地点在哪里，一律按母国工资水平支付，这叫做以总部为准的支付体系。如果母国工资比任职所在地的生活成本高时，这种做法很好。但是，如果是在巴黎或东京这样的高成本地区，这种做法就有问题了。

额外的津贴和补助可能使母国管理者在国外依然能够保持与国内一样的生活方式或生活得更好，对此，许多专家现在建议公司应逐渐降低外派人员对这种津贴和补贴的依赖。这些公司认为，作为外派人员，特别是长期任职的外派人员，并没有什么特别之处。因此，在任职一段时间后，就应减少补贴，公司应根据当地或地区市场来决定报酬水平。这些公司期望外派人员适应当地的生活方式和生活消费，进而成为一名有效率的消费者。这被称为以东道国为准的支付体系。

为了解决多样性、持续性的全球任职薪酬问题，一些公司制定了全球支付系统。全球支付系统采用世界范围的工作评价和业绩考核方法，目的在于评价工作对公司的价值并公平地支付下属的薪酬。全球支付系统与资产负债表系统在某种程度上具有相似性，仍然保留着由于生活费用、税收、定居和住宅方面的费用差别而支付的补贴。然而，全球支付系统并未对薪酬加以平衡，以保证外派人员维持在母国的生活方式。公司采用世界范围的薪酬标准，对这一标准只做必要的调整，目的是减少外派人员额外补贴造成的浪费，消除造成接受任职前后薪酬差异的因素，促进所有长期国际骨干的薪酬平等。

■第五节　跨国公司人力资源管理中的绩效评估

跨国公司一个最具挑战性的问题是对其子公司或分公司进行绩效管理。随着公司地理位置的扩展、产品和动作模式的多样化，绩效管理将越来越复杂。配置人力资源的决策只是公司管理中的一部分。跨国公司需要一个有效的制度来管理其全球化企业的绩效，这个制度必须有利于公司的战略和竞争，同时还应有一个不给子公司或分公司增加麻烦的报告程序。监督并确保运行过程符合标准是很重要的。

绩效可被看做一种多变因素的复合体，诸如动机、能力、工作条件和期望。在决定驻外人员的绩效时，考虑下列多变因素及因素之间关系的影响是很重要的，因为更有效地考虑那些影响在国外任职期间成败的因素会使驻外人员绩效的评估更有效。

(1) 薪酬计划。

(2) 任务（分配任务的因素和驻外人员的角色）。

(3) 公司总部的支持。

(4) 绩效产生的环境（子公司或国外分支机构）。

(5) 驻外人员本人和随行家属的文化适应。

考虑这些因素的目标是绩效评估的标准，因此，其具体性及可测量性问题尤为重要。我们需要认识以绩效标准为基础的硬目标、软目标和情景目标。硬目标是客观的目标，可用数量表示的目标，而且可直接测量的目标，比如投资的回报率、市场份额等。软目标倾向于以关系或特性为基础，比如领导风格或人际技巧。情景目标试图将绩效发生时的情景结果作为考虑因素。例如，跨国公司通常运用任意转移定价以及其他金融工具在子公司之间进行交易，以使外汇风险及税收最小化。另一个考虑是所有的财务数据通常都与货币转换的问题相关，包括销售和现金情况。由于所在国政府可以限制利润返回母国和不同种类货币的转换，这就使情况更加复杂。国际货币体系和当地会计方法的差异可能妨碍结果的准确测量，这就产生了一个两难困境。由于国际环境的复杂性，运用转移定价和其他金额工具是必要的。跨国公司不能允许子公司在财务管理方面自主，而对子公司经理加以控制。这样，任何子公司所记录的财务结果并不总能反映对公司整体所取得成绩的贡献。因为这一原因，这些结果不应被用做绩效评估的主要因素。为了明确区分目标和绩效的期望与前面提及的实际目标，不应用传统的绩效评估方法，而应用新的绩效评估方法。

有效绩效管理系统的一个重要方面是提供评价过程的即时反馈。年度评估的一个问题是员工收不到一致的、经常性的反馈，而这对维持或改善他们的绩效是很重要的。绩效方面的文献提到，经常的反馈对实现目标或改变目标以及帮助激励是很重要的。远离驻外经理的总公司经理对驻外人员进行评估的困难在于，及时和合适的反馈仅在硬标准方面是可行的。

为了克服对国际管理者及其他雇员业绩考核方面的困难，专家建议采取以下几个步骤改进考核过程：

(1) 使评价标准与战略相适应。例如，如果目标是进入市场以取得长期的竞争地位，那么采取短期财务业绩评估就会失去现实意义。

(2) 调整合适的评估标准。高层管理者需要认真考虑其国际经营的所有目标，并需要出访经营地区，以更加清楚地理解外派管理者和当地管理者所面临的问题和环境。新近回国的管理者也可以很好地提供有关当地环境的知识。

(3) 将多种渠道评估与不同时期评估相结合。国际环境的复杂性要求国际评估要比国内评估掌握更多的信息，因此高层管理者应有多种信息来源。

跨国经营企业在制定考核和激励制度时，只有将企业成员的个人发展与企业发展有机地结合起来，才能让来自不同文化背景的成员尽心尽力地为本企业工作。

首先，要建立合理的绩效考核体系。考核的主要目的是为了客观地评价职工的成就，为确定职工的工资、奖金、晋升和培训提供依据。考核的内容一般包括三个部分：工作成绩、工作能力和工作态度。对于不同的岗位要有不同的考核内容和标准。跨国经营企业应公正地评价职员业绩，实行以能力为主的人才提拔机制。考核标准要根据东道国经营环境的好坏及子公司内部政策的特点加以区别，要定量和客观才能服众。对员工实施的绩效考评工作要注重“员工参与”、“结果导向”以及上下级“双向沟通”。考核结果不仅与员工的晋升、薪资等相结合，更重要的是同员工个人职业发展相联系。

其次，要建立多样化的激励措施。跨国经营企业要正确理解和认识文化差异，把母公司企业文化与东道国文化有机融合，形成本企业独特的合理文化内核，并以此激励员工。跨国经营企业要建立良好的沟通渠道和开放氛围，使企业员工能够为企业发展建言献策；要提拔和重用那些具有团队精神、在本部门及相关部门有亲和力、业绩突出、客户反映良好的员工；要根据员工的心理特征和客观需要，制定物质和精神激励措施，比如为当地的员工提供更高的薪酬，为身处异乡的员工提供更丰富的业余文化生活等。

■第六节　跨国企业人力资源的跨文化管理

一、跨文化管理理论的起源

随着企业跨国经营活动规模和范围的不断扩大，人们认识到文化的不同会导致各种各样的难题。然而，20 世纪 60 年代和 70 年代，日本企业在跨国经营活动中取得的巨大成功引起了美国经济学者的注意，于是他们对美国和日本的子公司进行了对比研究。他们发现，日本企业在跨国管理中由于比较注重目标、宗教信仰、人和价值准则等“软”的要素，成功地进行了跨文化的管理。所以，20 世纪 70 年代后期美国兴起了跨文化管理研究的热潮。跨文化管理又称交叉文化管理，就是在跨国经营中，对不同种族、不同文化类型、不同文化发展阶段的子公司所在国的文化采取包容的管理方法，其目的是在不同形态的文化氛围中设计出切实可行的组织结构和管理机制，在管理过程中寻找超越文化冲突的公司目标，以维系不同文化背景的员工共同的行为准则，从而最大限度地控制和利用企业的潜力与价值。

二、跨文化管理存在的原因

（一）文化差异导致沟通欠缺

所谓“文化差异”，简要地说，是指不同国家、民族间文化的差别。不同国家、不同民族的文化都有其独特性、延续性和非物质性的特点。不同国家、不同民族间的语言、传统、性格、宗教信仰和生活方式不尽相同，各国都有着与其整体相适应的物质文化、社会文化和精神文化。一个国家的历史背景、权力结构、法律环境、宗教信仰、风俗习惯、消费观念和行为形成一股合力。与来自其他文化背景的人进行有效地沟通，对于一个跨国企业的管理者来说十分必要。但是，由于有些管理者缺乏广博的文化知识，对文化敏感力和适应力较弱，没有熟练掌握相应的沟通技巧和方法，或者对沟通的重要性认识不够，当面对企业因文化差异引起的冲突时，不能很好地协调和处理。

（二）价值观和思维方式的差异

在跨文化管理中，来自不同文化背景的人的价值观和思维活动方式是不同的。受中国传统文化“稳中怕变”的影响，有些中方管理人员往往缺乏风险意识和冒险精神，而西方企业家则敢于创新和冒险。在对待工作的态度上，来自西方国家企业的管理人员信奉拼命干活、拼命享受的价值观，追求从自身的努力工作中得到更多的物质满足和乐趣；而中方则主张从工作中得到与同事交流的机会，以便更好地团结协作。价值观的差异导致不同文化背景的人对同一事物的不同态度，从而产生分歧，因此在公司内部管理上导致管理费用增大，增加了组织协调的难度，甚至造成组织机构低效率运转。

（三）劳动力成本水平存在差异

在不同的国家间，尤其是发达国家与发展中国家间，劳动力成本通常是不同的。发达国家的劳动力成本较高，而在我国，劳动力资源相对丰富，所以劳动力成本相对要低得多，这就导致了人力资源管理目的上的差别。在发达国家，昂贵的劳动力成本使企业不得不集中考虑效率问题；相应地，人力资源管理的目的也就变成尽量改善雇员的工作绩效。而在我国，劳动力成本较低，当为提高雇员的生产率而进行投入时，反而会使成本收益率降低。由此，把握好当地的劳动力成本并对员工进行激励也是跨文化人力资源管理中所要考虑的问题之一。

（四）难以构建统一的企业文化

由于跨文化企业的员工群体存在多元的信仰、观念、看法和态度等，这往往成为内部矛盾和冲突的根源。同时，作为某一特定文化成员所表现出来的优越感而形成的偏见也会使管理过程遭到破坏。

三、解决跨文化管理问题的对策

（一）遵循文化多样化政策

每种文化背后都有一组隐含的假设，生活在该文化下的人通常不会觉察到这些假设的存在，因为这些信念几乎是与生俱来、根深蒂固地埋藏于潜意识中。一旦这些信念受到挑战，人们便会感受到文化冲击，觉得是外来的侵犯。因此，当跨国公司的管理人员到具有不同文化的东道国工作时，往往会遇到很多困难。反映了特有文化的语言、价值观念、思维形式等因素在跨文化管理中会形成障碍、产生矛盾，从而影响跨国经营战略的实施。理解文化差异，遵循多样化政策是发展跨国文化管理能力的必要条件。惠普、福特和摩托罗拉等公司把跨文化培训融入其多样化政策。多样化已经成为企业战略的重要方面，因为它使员工队伍趋于多元，并鼓励员工珍视工作场所的文化差异。这些企业把多样化视为全球经济中重要的竞争优势，它们的策略是建立多样化的员工队伍，服务公司的多种顾客。多样化政策影响公司的全球化努力。公司可以通过多样化企业政策，鼓励跨文化了解和对文化差异的积极态度。如果企业文化明确地重视并奖励多样化，员工便可能对文化差异有开放的心态，更好地觉察到那些差异，并对此宽容。文化理解更多地来自心态，而非知识基础或有关某国的一大堆事实。

（二）解决文化冲突，建立统一和谐的企业文化

跨文化管理最令人头痛的是文化冲突。不同形态的文化相互碰撞、相互排斥的过程就是文化冲突。一份对不同文化背景员工的调查显示：如果对不同文化背景的员工管理不力，会导致企业严重的内耗、决策不当、效率降低，从而对企业的日常基本运作产生影响。从表面上看，跨国企业是不同国家的技术、资本、管理的结合，但从内涵而言，则是不同文化的碰撞与融合。那么，对于跨文化管理，只有找到不同文化的结合点，实施平衡的管理模式，文化冲突才能迎刃而解。

管理，对世界上大多数管理者而言，与其说是一门科学，不如说是一门艺术，真正有效的管理是根据当时、当地的情况而进行管理。国际企业组织的管理更是如此。如果一位国际企业中的经理自认为自己的文化价值体系优越，坚持以自我为中心的管理观对待与自己处于不同文化价值体系的员工，必然会导致管理失败，甚至遭到抵制。这类例子在中国的外资企业中并不鲜见。不同的文化背景、语言与习俗会形成不同的文化态度和感性认识，还会造成沟通上的误会。由此看出，化解文化冲突需要遵循各种文化传统的员工寻找并建立共同的观念作为企业的核心价值观，这种价值观具有开放性、兼容性、持久性的特点，可以约束员工的语言和行为。此外，要进行跨文化沟通，包括双方文化的了解、双方语言的沟通、双方管理方式的融合、跨文化的沟通技巧和跨文化冲突的解决办法等等。通过诸如此类人力资源管理活动，能大大促进双方的沟通和理解，改善员工关系，提高团队合作精神，推动企业的持续发展。

■第七节　国际管理职业开发

一、国际管理者

国际管理者是指具备在跨国公司需要的世界任何地方的关键岗位上工作的管理人员。

新的经营环境需要新型的公司管理者，也只有新型的管理者才能有效地理解和驾

驭新环境中公司的经营。经济与企业经营的全球化对国际管理者提出了新的要求。

全球业务管理者的基本任务是适应提高公司某项具体经营业务全球效率和增强全球竞争力的要求，实现规模经济和范围经济，协调与整合跨国、跨职能的业务管理活动。要履行这些任务，全球业务管理者应具备三种核心作用与责任。首先，世界范围内具体业务领域战略的制定者协调不同的地区、职能和经营部门的管理观念，就其所管辖的具体经营业务制定一体化的竞争战略。其次，世界范围内资产与资源的管理者和组织结构的建筑师依据所选定的竞争战略需要，协调关键性资产与资源的配置。最后，跨国的协调员与控制者协调和控制原材料、零部件以及制成品在世界范围的流动。

世界范围的职能管理是应对世界范围开发与应用创新方面的挑战。绝大多数世界范围职能管理者发挥着三种基本作用。首先，依据在世界范围内扫描技术上的突破与新的消费趋势，寻找公司的机遇和挑战，并将这些信息通过公司内部网络迅速传递到公司各部门。其次，在公司内部发现子公司开发的能力、专门知识和创新或经营管理的“最佳方法”，并在公司范围内加以推广。最后，在推广应用公司地方性创新的同时，利用世界范围内搜寻的信息知识在全球范围动员公司分布在各地各子公司的创新资源，组织“全球协同性”的创新活动。

有效的地区子公司管理者的作用也主要表现在三个方面：一是作为双重文化的诠释者。一方面，地区子公司管理者不仅必须理解当地消费者、竞争者和政府的要求，而且要解释这种信息并能有效地将其传递给可能并不理解其重要性的总部管理人员；另一方面，地区子公司管理者还要对子公司的雇员解释公司的总体目标、战略与价值及对当地雇员的意义，同时又要遵从当地的文化准则。二是作为国别经营利益的保护者与倡导者，抵制来自全球业务管理者过分集权的压力，保证当地子公司的利益被纳入公司战略考虑。三是作为公司战略的一线实施者，既要面对来自当地政府、工作、消费者的压力，又要受到公司全球战略的约束，力求在不使当地各种内外部关系恶化的前提下实现公司预期的战略，并在形形色色的内外部要求与约束之间建立一种有效的平衡。

二、国际管理开发的策略

为解决目前管理人员缺乏与国际管理开发滞后的问题，跨国公司采取了许多新的策略。例如，开拓管理人员的来源，增强母国管理人员的国际可调度性。有些跨国公司开始将一些女性管理者吸收到国际管理队伍中，同时利用更多的东道国与第三国管理人员，为国际管理开发提供有力的后备保证。

当然，要建立一支强大的国际管理队伍，更重要的是建立和完善国际管理开发体系，加紧培养新型的国际管理人才。目前，越来越多的跨国公司开始关注国际管理开发，投入巨资用于公司内部国际管理教育培训，特别是针对最高层管理人员和高级管理人员的开发项目。为提高国际管理人员的相关技能，跨国公司重视通过培训及轮岗等方式，建立和完善连续的专业与管理开发项目，增强国际管理人员的灵活性和流动性。同时，建立职业中期考核与职业评价制度，用以确认国际管理人员需要开发的领域和个人开发项目。在国际管理开发方面，跨国公司不断推出一系列行之有效的策略与措施。

第一，为解决国际管理人员短缺问题，跨国公司在母国管理人员职业生涯的早期，就确认具有高潜质的国际管理后备人选，在他们年轻时为其提供积累国际经验的机会。基于开发的目的，将这些年轻的高潜质管理人员派到海外任职，使他们尽早驶入国际管理人员开发的快车道。这与以往许多跨国公司依赖开发职业外派管理人员，让他们从一个国际项目任职到另一个国际项目任职的传统做法形成了巨大的反差。目前，跨国公司提供的国际任职机会并不限于年轻的高潜质管理人员，而是不断扩大范围。越来越多的跨国公司还利用短期国际开发性任职培训，培养更多具有国际经验的员工。

第二，跨国公司在国际管理开发的对象上也在改变传统的做法。传统上，跨国公司几乎所有的外派管理人员都来自内部选拔，这样有利于建立国际管理开发的轨迹和建立外派人员对公司的忠诚。目前，跨国公司还日益重视利用外部招聘人员的国际管理开发，将他们派遣到国外管理岗位；同时，对于新招聘的毕业生也尽快将他们纳入国际管理开发的轨道。跨国公司一方面积极招募高潜质的并对国际职业生涯具有特殊兴趣的年轻毕业生，另一方面加强国际管理开发，有的跨国公司将新入公司的毕业生在 3～6 个月之内就派到国外任职，并以此作为吸引优秀毕业生的条件。

第三，强调国际管理开发应是在职业生涯规划基础上进行的全程性开发。我们知道，对母国管理人员的国际管理开发并非是通过一次或若干次培训而一劳永逸；相反，国际管理开发是一个过程，贯穿于国际管理人员的职业生涯。具体到国际任职，从候选人遴选、外派、国外任职直到结束国外任职归国，任何一个环节都涉及内容和方式不同的培训与开发（如图 7—1 所示）。

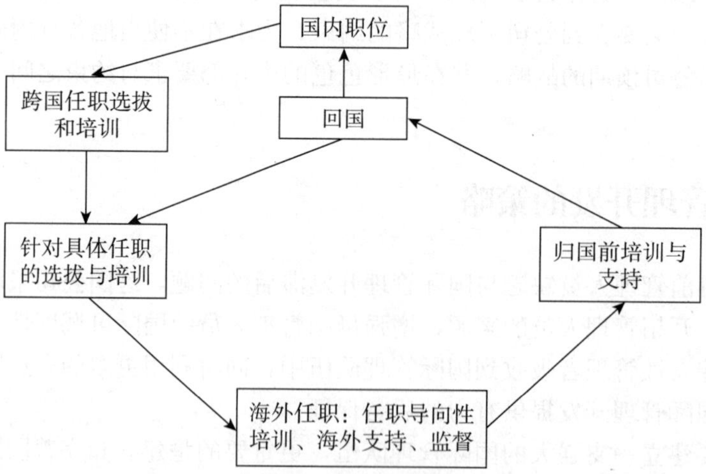

图 7—1　国际管理人员国际流动开发循环

第四，发挥国际管理培训开发的作用，有效地解决管理人员国际任职的归国问题，稳定国际管理队伍，巩固国际管理开发的成果。在国际管理开发的上述循环中，国际任职人员结束海外任职后归国的问题越来越引起跨国公司的重视。目前，跨国公司司不仅对国际管理人员及其家属的培训与开发相对关注不够，对国际管理人员归国前的培训与归国后的支持更是极少考虑。

第五，加强对东道国管理人员的开发。前文讨论的国际管理开发主要是针对母国管理人员的开发，而跨国公司要获取充足的合格国际管理人员，不仅要在国际管理队伍中吸收东道国人员，还应重视对东道国管理人员的开发。母国人员海外任职的最终成功不仅取决于国际管理人员的自身因素，还取决于同他一起工作的东道国管理人员的能力与素质。这意味着不仅要派遣母国管理人员从事国外任职，而且要将东道国人才派到公司总部或分布在世界其他地区的分部工作。许多跨国公司都在分布于世界各地的分支机构发现和重用人才。

■第八节　国际人力资源管理的新动向

一、鼓励子公司的主动意识

跨国公司现在越来越依赖于本土的企业家创新精神，它们认识到战略性的创新已经越来越少地源自总部，而更多地产生在主导市场。本土化是保证这种创新的基本前提，而很好地完成母公司委派任务的可靠记录或许是企业家创新精神的另一个前提。

最近在爱尔兰的 28 家跨国公司的子公司内进行了一项研究，试图勾勒出这些子公司得以在跨国化过程中逐渐成长为实力雄厚公司的几个发展阶段。国外的分公司从创立起，大概要经历多个发展阶段。在发展初期，它们的挑战主要是如何更好地完成总部委派的任务，这使得下属公司可以采取主动权——产品改进的机会或主动承担开发母公司关注的新的边缘市场的责任。如果这些主动措施收效良好，该子公司就在母公司的心里占有了更多的战略重要性，它就可能及时地成为战略中心，并且最终代表着某项业务的世界级水平。这条路径的关键在于，子公司要有出色完成被分派任务这一核心工作，从而在保持其可信度的同时，又能抓住发展主动权的能力。

过去 10 年里发生改变的还有：以前不被鼓励的子公司主动意识，现在得到了提倡。由于我们正处在由国际扩张的时代进入国际自由主义和知识管理的时代，人们已越来越认识到创造性的、革新性的想法既有可能在公司的总部，也有可能在其各分支机构内形成。

下面是一些带给人力资源管理的启示：

（1）重视多样化。一条最具适用性的启示是我们必须学会重视多样化，而不是压制它。在很大程度上，多样化是创造之母。正如惠普的首席执行官卡莉·费奥莉娜所说："我们需要认识多样化的价值，不是人人都必须一样的。要建立更好的团队，我们就要鼓励差异的存在。无论是作为一个国家、行业，还是一个公司，我们都要开始重视差异性的作用。……这不仅仅是个普通的商业问题，而是一个紧迫的战略性商业问题……多样化可以推动创造力，而创造力又是发明创新的核心。"

（2）胜任力。本土招聘的标准应侧重于主动创新的能力。这曾经是一些地区关心的重点，比如中国、日本和俄罗斯，这些地方的政治体制或文化背景一向不提倡主动性。日本企业因在领导管理的实践中不鼓励个人主动创新的精神而尤其存在着不足——当地的企业家并不大能容忍日本公司这种严格而又缓慢的社会化进程。员工本地化和本地人员到公司总部工作是这一路径的重要步骤。戈沙尔（Ghoshal）和巴特利特（Bartlett）解释说，各地分公司内高级管理者的选拔和推荐应着重关注他们的创新精神，他们的任务应该是在创造和寻求发展良机、集聚尖端技术和稀缺资源并进行持续的改进。这要求筛选和改进时使用适当的经验和技巧。

（3）网络化。本土的企业家在他们的组织内要具备高度的社会资本（关系网），关于这点，本章稍后会有介绍。其原因至少有三点：首先，可以保护他们的主动创新不被干涉；其次，能够充分依托公司的资源和支持；最后，成功的创意能在整个公司内起作用，而不仅局限于当地分公司的范围内。

（4）国际流动性。关于国际流动性，需要巧妙地把握好平衡。跨国工作的经验有助于构建关系网，是形成全球化意识所必需的；但是，如果当地的高层管理者过于频繁地变动，也许对当地的企业发展是不利的。德拉尼（Delany）发现，总经理的任期是提高下属干劲的一个关键因素。一名总经理要想和下属融为一体，并认同完成任务的个人能力，需要在公司平均工作 12 年，并担任 6 年的总经理职务——与典型的跨国任期相比，是相当长的一段时间。但是，这也导致了新的压力，因为总经理们向上发展的途径被阻塞了，由于多年待在相同的岗位上，总经理们事业发展和得到提升的机会就变得十分有限了。

（5）业务和区域管理者的能力。在本土的管理者们被要求具备企业家精神的同时，另一组技能也正成为更多的高级业务管理者和国家或区域管理者们所必备的。他们成为了战略指导者，其中一项重要的职能是判断，在优先考虑用充足的预算实现短期运营收益和留有足够的资源寻求新的创意及发展机会这两者间是否保持了平衡。区域和业务管理者们应该通过在控制和灵活之间保持巧妙的平衡来支持企业的主动创新精神。有时，处于孵化期的子公司需要更自由的空间。在跨国公司内，等级的提升变得不大具有预测性——最好的本土企业家很有可能不是最好的业务指导者。

二、跨边界能力转移的管理

对于产品或技术驱动的公司来说，其面临的巨大挑战是把原来母公司具有的生产能力转移到世界各地合适的前沿地区，并在各个不同的技术中心之间建立起必要的联系。然而，转移本身并不是一件简单的技术问题，因为它涉及在一个新背景下的学习和适应过程。这些能力因其复杂性而很难转移——能力往往是一个公司特有的，各种技能交织在一起形成结构，很难把其中的人力资源因素和技术或管理因素相区分。

跨国公司的全球性整合能力主要形成在母公司所在国，在那里，能力可以得到很好的培养。丰田的生产能力基本都在日本本土；惠普的产品研发能力也都集中在硅谷。随着全球化的压力加剧，本土化意味着能力的本土化，而不仅仅是人员、职能或者技术——就是说，要把各种技能的整体综合设施基础转移到预期未来发展很快的国家或地区。

考虑到能力的整体属性，一些细节性的问题往往就会成为致命的因素。正如IBM一位前研究中心负责人所说的："很难将一项技术全部复杂的东西都进行完全转移……如果接受者所知甚少，那么哪怕是面对一个简单的原理，他也无能为力，因为他无法进行将其付诸实施所需的大量细节。反之，如果接受者已经掌握了很多相关知识，而且能够进行所需的细节，那么或许只要看几个句子或技术操作，就能完成剩下的一切了。这就是为什么把技术向第三世界转移很难，而不把技术向日本转移就更难了。"

让我们来看一个正在实行全球一体化的公司案例。该公司的产品开发能力中心在硅谷，公司预测到亚洲市场在未来将十分重要，并希望将它的能力转移到上海或新加坡。产品研发的转移将是一个系列的过程，可以通过在每一个发展阶段都把未来的发展序列记在心里的方式使整个过程变得相对容易些。这样做也可使整个过程的有效性大大提高。而借助预见的持续性，建立一个全球一体的本土化研发中心的时间就有可能减少为一半或 1/4。

惠普将打印机业务从加利福尼亚转移到新加坡的过程就可证明上述观点，整个过程用了将近 30 年的时间。一些实证研究证明，通过前面讨论过的协调机制，即综合运用跨边界团队、对成功工程和失败工程的分析以及类似的措施，跨国界的技术转移广度、深度和速度都有了显著的提高。

三、人力资源配置理念由以民族为中心转向以全球为中心

跨国公司成为经济全球化的主要载体和表现形式，其竞争力不仅体现在拥有雄厚资本、先进技术、驰名品牌、完善的销售网络以及科学的管理等诸多方面，更重要的是，它们拥有先进的人才理念和人力资源全球配置的能力。与传统跨国公司的殖民化掠夺型人力资源配置方式相比，现代跨国公司的人力资源配制理念和战略都发生了本质的变化。国际人力资源管理文献中描绘了跨国公司管理子公司和为子公司配备人员的方法，即民族中心法、多中心法、地区中心法和全球中心法。民族中心法是国外的子公司很少有自治权，公司总部进行战略性的决策，国内公司与国外公司的主要职位由总公司的管理人员来担任。多中心法是将各子公司看成独立的实体，具有一定的决策权，子公司由当地人进行管理，但这些管理人员是不可能被提拔到总公司任职的。地区中心法体现了跨国公司地区人才战略管理的特点，人员可以到外国任职，但只能在一个特定的区域内，地区经理不可能被提拔到总公司任职。而全球中心法则是从世界范围看待它的经营管理，无论是总公司还是子公司，它们的每一个部分都在运用本身的竞争优势做出贡献。它们在全球范围内有着综合性的业务，只强调能力而不介意所聘用人员的国籍。目前，跨国公司已越来越多地以全球为中心配置人力资源。例如，知名的金融服务公司摩根士丹利在全球 5 万多名员工中，有超过 120 个不同国籍和 90 种语言，分驻全球 28 个国家的 600 多个办事处，形成了全球覆盖的金融网络。

本章小结

1. 在将人力资源管理的功能应用于国际环境时，就变成了国际人力资源管理(IHRM)。当一个公司登上国际舞台时，人力资源管理的所有基本活动仍然保留，却以更复杂的面目出现。一个有效的国际人力资源管理体系既包括公司范围内的人力资源管理政策与程序，也包括适应不同国家、地区的人力资源管理政策和程序。尤其对于跨国公司而言，通常需要调整公司的人力资源管理方式，以适应东道国的传统、国家文化和社会制度。

2. 跨国经营企业所需人员主要有两个层次，即管理人员和一般员工。一般来说，有三个来源，即母国、东道国和第三国。跨国公司国际经营的人员配备或外派人员的使用状况受多种因素影响，这些因素主要包括母国文化因素、母公司的特征、国外分支机构所处的阶段、东道国方面的因素等。跨国公司把人才培训列为经营活动的一项重要职能，"投资于培训" 成为共识。要建立一支强大的国际管理队伍，更重要的是建立和完善国际管理开发体系，加紧培养新型的国际管理人才。目前，越来越多的跨国公司开始关注国际管理开发，投入巨资用于公司内部国际管理教育培训，特别是针对最高层管理人员和高级管理人员的开发项目。与来自其他文化背景的人进行有效的沟通，对于一个跨国企业的管理者来说十分必要。提前进行跨文化培训降低了外派人员的失败率，提高了外派人员的工作业绩。

3. 薪酬系统的科学设计和有效管理有助于提升跨国企业的竞争优势，并且对跨国企业战略的实现具有关键作用，但这要求薪酬战略必须与企业战略相匹配。跨国企业薪酬策略的选择不仅受当地文化、制度的影响，还受组织内部资源的影响。为了解决多样性、持续性的全球任职报酬问题，一些公司制定了全球支付系统。跨国公司的一个最具挑战性的问题是对其子公司或分公司进行绩效管理。随着公司地理位置的扩展、产品和动作模式的多样化，绩效管理越来越复杂。跨国经营企业在制定考核和激励制度时，只有将企业成员的个人发展与企业发展有机地结合起来，才能让来自不同文化背景的成员尽心尽力地为本企业工作。

复习与思考题

1. 当代跨国公司人力资源管理的特点是什么?
2. 跨国人力资源配置策略有哪些?
3. 试述跨国企业人员培训的内容。
4. 如何理解跨国企业的薪酬战略?
5. 解决跨文化管理问题的对策有哪些?
6. 国际人力资源管理出现了哪些新动向?

第八章

跨国公司财务管理

本章提要

跨国公司财务管理与一国国内的公司财务管理具有很大的不同，它要面对国际环境带来的很多问题，如汇率风险、通货膨胀风险、税率的国际差异、被限制进入多元货币市场、货币管制以及政治风险等；与此同时，这些风险也给跨国公司带来了很多获益机会。本章将详细分析有关问题，主要包括跨国公司财务管理环境、跨国公司外汇风险管理、跨国公司融资决策与投资决策以及跨国公司营运资本管理。

关键术语 折算风险 内部银行 国际股权融资 国际双重征税 国际避税港

传统的公司财务管理以股东财富最大化为目标，主要解决公司投资决策、融资决策和营运资本管理问题。跨国公司财务管理是公司财务管理的一个分支，其基本内容与公司财务管理是一致的。但是，对于跨国公司来说，其面对的国际环境将带来许多国内公司没有的问题。这些问题包括汇率风险、通货膨胀风险、税率的国际差异、被限制进入多元货币市场、货币管制以及政治风险等等。同时，这些风险也给跨国公司带来诸多获益的机会，比如利用市场和厂址的多元化降低收益风险、通过转移定价降低公司总体税收、通过人力资本的全球流动提高公司的整体实力等等。在分析跨国公司财务决策风险和收益的过程中，金融经济学理论得到了广泛的运用，通过注重金融市场及其参与者的具体行为，我们将得到最优的财务决策。本章将从跨国公司财务管理环境、跨国公司外汇风险管理、跨国公司融资决策、跨国公司投资决策、跨国公司营运资金管理五个方面分析跨国公司财务管理问题。

■第一节 跨国公司财务管理环境

跨国公司财务管理环境是指影响和决定跨国公司财务管理的各种自然因素、经济因素、法律因素以及社会因素综合而成的统一体，是公司进行财务决策的重要依据。跨国公司和国内企业最大的区别就在于其面对各国不同的国内环境和更广泛的国际环境，将带来许多国内公司不会面临的问题。

一、各国经济环境

（一）经济体制

经济体制是指在一定区域内（通常为一个国家）制定并执行经济决策的各种机制的总和，通常是一国国民经济的管理制度及运行方式。目前，全球存在两种经济体制：计划经济体制和市场经济体制。在计划经济体制下，所有经济活动从资源分配、生产、产品分配都依赖政府的指令性计划，企业没有经营决策权。在市场经济体制下，所有经济活动由自由价格机制引导，国家从宏观上把握国民经济活动的总方向。跨国公司必须选择具备合适经济体制的国家开展经济活动。

（二）经济结构

经济结构应从国民经济各部门考察，主要是指产业结构，即第一、第二、第三产业的构成或者农业、轻工业、重工业的构成。不同产业在一国国民经济中所占的比重，是判断该国经济发展水平的重要指标。由于各国资源禀赋和历史发展的不同，产业结构也有很大差异。跨国公司应充分考虑各国产业结构的差异，选择最有利的厂址，促进人才、资本、原材料的全球合理分配，并从国际化经营中获利。

（三）经济发展水平

著名发展经济学家罗斯托（Walt Whitman Rostow）认为，经济发展一般经历五个阶段：传统社会、起飞前夕、起飞阶段、成熟阶段、高消费阶段。经济发展的不同阶段对产品的需求、市场规模、劳动力和资本的吸收力度有很大差异。跨国公司应充分考虑到各国经济发展水平的差异，不断开拓市场，利用国际多元化的优势降低收益风险。

二、各国税收环境

（一）税收管辖权

税收管辖权是指一国政府在征税方面行使的管理权力，按照属人原则、属地原则分为三种：居民管辖权，即主权国家对居住在本国境内的全体居民取得的来自本国及外国的全部所得行使征税权力；公民管辖权，即主权国家对具有本国公民身份者取得的来自本国及外国的全部所得行使征税权力；地域管辖权，即主权国家对发生在本国范围的所得行使征税权力。在具体实践中，大部分国家在实行地域管辖权的同时，兼行居民管辖权。但是，部分国家和地区完全放弃居民税收管辖权，只行使地域税收管辖权，导致国际避税港的存在。各国税收管辖权的差异，形成了征税环节中的重叠和漏洞，为跨国公司进行税务筹划创造了有利条件。

（二）各国税制机构

一般来说，发达国家经济发达、税源充足，实行以直接税为主、间接税为辅的税制结构，而发展中国家由于经济发展水平不高、税源有限，只有征收较大比重的间接税，才能筹措到必要的税收资金。

（三）各国税率

税率是世界各国税制差别最大的因素，在各国的税务筹划中受到特别的重视。当今世界上，大多数发达国家属于重税负国家，税收总额占 GDP 的 35%以上，其中瑞典、丹麦、比利时、法国等国的税率高达 50%；而绝大多数发展中国家属于中等税负国，税收总额占 GDP 的 20%～30%；实行低税模式的避税港及依靠非税收入为主的资源国则属于轻税负国家，税收总额占 GDP 的 10%～20%。目前，许多跨国公司到发展中国家设立公司。避税港备受跨国公司青睐，这些国家和地区的低税率是导致这一现象的重要原因。税率形式及具体税率的差别，使得跨国公司在不同国家和地区投资承担不同的税负，并为跨国公司进行税务筹划创造了有利的条件。

（四）各国税收优惠

一般来说，发展中国家由于其经济发展需要大量资金，通常采取对外资优惠的税收政策，如减免税期等直接性鼓励办法，而发达国家的税收优惠会放在高新技术开发、节能环保等方面，常采取加速折旧、再投资免税等间接性鼓励办法。各国税收优惠政策的存在，使得跨国公司所承担的实际税负和名义税负有不小的差距，各国税收优惠政策的差异为跨国公司的全球管理提供了便利的条件。

三、各国政治与法律环境

（一）政治环境

在开展财务管理活动之前，跨国公司应充分了解目标国的政治环境。稳定的政治局势、开明的政治主张和开放的政治决策将为跨国公司的成长发展提供良好的土壤；相反，在政治不开明的国家和地区，跨国公司可能会面临突然或者逐步被没收的政治风险。跨国公司应尽量得到目标国政府的支持，遵守目标国的政治制度，减少来自目标国政府的阻挠。

（二）法律环境

跨国公司在目标国进行经济活动，常常会牵涉一些跨国经济纠纷，公司应当遵守该国的法律法规。

四、各国金融环境

（一）通货膨胀

通货膨胀是指整体物价水平持续性上升。通货膨胀将带来企业财务决策的重大改变，主要表现为：在融资决策方面，发行债券融资时采用浮动利率，发行股票筹资时采用高股利政策，以提高负债资金的比重；在投资决策方面，认真分析经济周期，慎重选择投资项目，通过提高产品价格转移通货膨胀，在财会制度允许的范围内加速折旧，提高税收屏蔽效应；在营运资金管理方面，减少货币性资产持有量，对实物性资产进行超额储备，抵御通货膨胀带来的风险和压力。

（二）利率

利率上调会带来自然优化资本结构等正面影响，也会对企业产生多方面的负面影响，主要表现为：在资产项目方面，由于存款利率上调，企业更愿意将资金存入银行，以获得更多的无风险利息收入，同时放弃一些目前投资收益率低于利率的项目；在负债项目方面，提高企业融资的代价，企业可能会被迫放弃一些短期预期收益较低或风险很大而长期收益可观的发展项目，或者削减生产规模，降低企业未来的利润；在所有者权益项目方面，利率上调会导致股票价格下跌，在股票发行数量不变的前提下，企业的股票市场价值下降。

（三）汇率

汇率是指各国货币之间的兑换比率。1973 年布雷顿森林体系瓦解之后，国际货币基金组织通过《牙买加协定》，承认了浮动汇率制的合法性。自此，各国政府不再负有维持汇率稳定的义务，浮动汇率制在全球范围内替代了固定汇率制。而随着经济全球化的推进，跨国公司在对外贸易、利润转移、国际投资、国际融资等方面都会遇到汇率波动带来的一系列问题，正确认识、防范和规避外汇风险，是跨国公司财务管理的重要环节。汇率的预测是国际金融的重要内容，其中心思想来源于套利理论，即在以为数众多的、能以较低成本获取信息的买方和卖方为特征的竞争市场上，经汇率调整后的同种同质贸易品和金融资产在世界范围内的交易成本是相同的，也称“一价定律”。套利活动产生了国际金融理论上五大重要的经济关系——购买力平价定理（purchasing power parity）、费雪效应（Fisher effect）、国际费雪效应（international Fisher effect）、利率平价定理（interest rate parity）、远期汇率作为未来即期汇率的无偏估计量（unbiased forward rate）。汇率预测的一大难题就是外汇管制和对资本流动限制的普遍存在，这些都掩盖了货币的实际供求。在这样的环境中，理论的预测方法没有太多的实用价值，黑市汇率不失为预测官方汇率的重要指标。用黑市汇率预测一个月后的官方汇率最为准确，但随着时间的推移，其准确性呈现逐步下降的趋势。

（四）各国金融体系的完善和发达程度

东道国的金融体系越是完善和发达，越有利于国际企业的业务开展，有利于获取资金，有利于增加投资机会、降低投资风险和直接从事国际金融市场业务。

■第二节　跨国公司外汇风险管理

随着经济全球化的推进，跨国公司在对外贸易、利润转移、国际投资、国际融资等方面都会遇到汇率波动带来的一系列问题，正确认识、防范和规避外汇风险，是跨国公司财务管理的重要环节。

一、外汇风险的概念

外汇风险是指在跨国公司的国际经济活动中，以外币计价的资产或者负债的价值由于各国货币市场汇率的变动而产生的损益。外汇风险可能给经济实体带来风险损失，也可能给经济实体带来风险收益，但人们在对外汇风险的管理中，更加注重的是规避外汇风险损失。

当经济实体持有外币资产或者负债时，会因为汇率的不断变化而有可能承受损失，但并不是经济主体所有以外币计价的资产和负债都要承担外汇风险，只是其中的一部分会承担外汇风险，而承担这部分外汇风险的外汇资产或负债一般称为“敞口”、“风险头寸”或“受险部分”。具体说来，在出口贸易企业中，外汇风险敞口表现为外币资产与外币负债不相符合的那部分资产或负债，如合同签订三个月后将以英镑出售一批产品，此时交易价格为100万英镑，英镑兑人民币的汇率为1∶10.63。三个月后人民币升值，汇率变为1∶10.5。此时，公司这笔合同款项就存在外汇风险，如果不采取风险管理，三个月后公司所收的款项将较现在缩水13万元，这部分是公司的外汇风险敞口。

二、外汇风险的分类

根据外汇风险的产生原因及其表现的形式不同，一般可以把企业面临的外汇风险划分为交易风险、经济风险和折算风险三种基本类型。

1. 折算风险

折算风险也称会计风险，是指在会计年度末跨国公司将其海外子公司、分公司或者其他附属机构中用外币记账的财务报表，归并到母公司的财务报表，并以本币记账。由于各项资产、负债项目及收入与费用项目入账时的交易日汇率与合并报表时所用的现行汇率是不一致的，从而导致有关的会计项目出现账面上的外汇损益，影响股东及社会公众对公司经营成果及财务状况的评价而产生的风险。由此可见，折算风险源于两个因素：一是由于母公司与子公司或分支机构在财务入账时所使用的货币币种是不同的，两种货币之间需要折算。二是子公司财务报表有关项目入账时的历史汇率与母公司合并财务报表时所使用的汇率不一致，从而导致母公司在进行折算时出现外汇损益。

2. 交易风险

交易风险也称兑换风险，是指经济主体在用外币计价的交易中由于未来结算时的汇率与交易发生时的汇率不同而引起未来外币现金流的本币价值变化的风险。一般来说，交易风险由商品信用交易和以外币计价的国际借贷活动产生。

虽然交易风险是经济风险的一部分，但它通常与折算风险一并考虑。在现实中，交易风险与会计风险和经营风险是重叠的。交易风险中的有些因素，如以外币标价的应收账款和负债，包括在企业的会计风险中，因为它们已出现在企业的资产负债表中。而交易风险中的其他因素，如那些已经签订但商品还未运出的以外币标价的销售合同并没有出现在企业目前的财务报表中，它们属于企业的经营风险。

3. 经营风险

经营风险是指公司因意料之外的汇率变动造成企业生产销售数量、价格、成本的变动，从而间接引起企业在未来一定期间内其现金流量或收益变化的不确定性。任何一家公司，只要其收入和成本受到币值变化的影响，就一定存在经营风险。公司的两种现金流量风险——经营风险和交易风险共同组成了公司的经济风险。

三、几种货币折算方法

依据各国会计准则的规定，跨国公司在编制合并财务报表时，必须将海外子公司所在地货币折算为母公司所在地货币。如果汇率发生变化，外币折算可能会导致汇兑损益。一般在折算时，受险资产和受险负债以现行汇率（变化后）折算，非受险资产和非受险负债以历史汇率（变化前）折算。简而言之，折算风险就是受险资产和受险负债和非受险资产和非受险负债之间的差异。由此，确定哪些是受险资产和受险负债，以明确何时确认外汇损益，成为会计师们的主要分歧。在进行会计报表的货币折算时，主要有四种方法：流动/非流动法、货币/非货币法、时态法（暂时法）、现行汇率法。

1. 流动/非流动法

流动/非流动法是指在进行跨国公司会计报表的货币折算时，流动资产和流动负债采用报表日的现行汇率折算，非流动资产和非流动负债则采用交易发生时的历史汇率折算。依据流动资产减去流动负债等于营运资本，如果国外子公司的营运资本为正，在子公司所在地货币贬值（升值）时，它就会发生折算损失（利得）。在会计报表中，除了与非流动资产和非流动负债相关的收入和费用项目外，其他项目一律采用折算期的平均汇率折算。流动/非流动法曾一度被几乎所有的美国跨国公司所采用。

2. 货币/非货币法

货币/非货币法将国外子公司财务报表中的项目区分为货币性资产负债和非货币性资产负债，货币性项目（如现金、应付账款、应收账款、长期负债）以现行汇率折算，非货币性项目（如存货、固定资产、长期投资）以历史汇率折算。在会计报表中，除了与非货币性资产和负债相关的收入项目及费用项目外，其他项目一律采用折算期的平均汇率折算。

3. 时态法（暂时法）

时态法（暂时法）是货币/非货币法的一种变形，它与货币/非货币法唯一的区别在于，在货币/非货币法折算中，存货始终以历史汇率折算，而在时态法折算中，如果存货以现时成本表示，则按照现行汇率折算，如果存货以历史成本表示，则按照历史汇率折算。美国的会计体系以历史成本为基础，时态折算法得到多数会计专家的认可。

4. 现行汇率法

现行汇率法将国外子公司的全部资产项目和负债项目按照现行汇率折算。依据所有者权益等于资产减去负债，子公司所在地货币贬值（升值）时，会发生折算损失（利得）。它还有一种变形，即除固定资产外，其他所有资产和负债都以现行汇率折算。现行汇率法是最为简单的折算方法，在英国相当流行，我国在折算时也采用这种方法。

四、套期保值

（一）套期保值的概念

套期保值是管理外汇风险的基本方法，即通过建立一个相反的货币头寸，使得原来货币风险上的任何损益均被套期保值措施的外汇损益所抵消，从而不管未来汇率如何波动，受险货币的价值均被锁定，保护公司免受不可预知的汇率波动带来的损失。

（二）套期保值的目标

套期保值的目标在于管理外汇风险，包括折算风险、交易风险、经营风险等，但这些目标常常不可兼得。一般来说，在折算风险和交易风险之间，减少前者就会增加后者，减少后者就会增加前者。因此，有必要对这些目标进行排序。最适宜的方法就是按照其与股东财富最大化这个首要目标的一致性进行排序，同时交易风险会对实际现金流量产生影响，但折算风险只有在资产被出售或者被清算时才会对净投资产生影响，因而管理交易风险应该成为首要目标。在实际操作中，众多跨国公司也是这样做的，在一项对英国、美国和亚太地区跨国公司外汇风险管理实践的调查中发现，83%的跨国公司将管理外汇风险的重点放在交易风险的管理上，只有37%的跨国公司将管理外汇风险的重点放在折算风险的管理上。因此，套期保值的目标如下：

（1）交易风险最小化。这个目标涉及对企业真正的现金流量的风险管理。

（2）折算风险最小化。这个目标在于保护由于汇率波动而导致的以外币标价的资产和负债的价值变化，保护股东权益。

（3）经济风险最小化。这个目标在于减少由于货币波动带来的现金流量的波动。

（4）外汇风险管理成本最小化。

（三）套期保值的基本方法

表 8—1 列出了应对预期货币变化的基本套期保值方法，这些方法将极大地降低套期保值的成本。

表 8—1　　　　　　　　　　　　基本套期保值方法

贬值	升值
卖出当地货币的远期合约	买入当地货币的远期合约
买入当地货币的看跌期权	买入当地货币的看涨期权
以外币标价出口，以当地货币标价进口	以当地货币标价出口，以外币标价进口
加快子公司之间应付账款的支付	推迟子公司之间应付账款的支付
推迟子公司之间应收账款的结汇	加快子公司之间应收账款的结汇
增加软币标价货物的进口量	减少软币标价货物的进口量
推迟硬币应收账款的结汇	加快硬币应收账款的结汇
延迟应付账款的偿付	加快应付账款的偿付
加快向母公司和其他子公司支付股利和汇款	推迟向母公司和其他子公司支付股利和汇款
紧缩当地货币的信用条件	放宽当地货币的信用条件
在当地借款	减少在当地借款
减少当地货币的现金和有价证券	增加当地货币的现金和有价证券

一旦本公司预测出汇率的变化，其他的公司也会做出相应的预测，要想从套期保值中获利，本公司必须对汇率做出比市场更准确的预测，或者说，本公司必须不断地与缺乏经验的人进行交易。由于汇率的部分波动具有不确定性，是不可预测的，并且信息充分的市场上也有大量竞争对手，企业的这种行为在实践中往往是失败的。以营利为目标的套期保值给企业带来了巨大的风险和损失，所以套期保值的基本价值在于通过防范不可预测的汇率变动风险来保护公司。

五、交易风险管理

（一）交易风险管理

以外币标价的交易带来的交易风险会直接影响企业未来的现金流，管理交易风险的措施主要是签订另一笔外币交易来抵消前一笔交易的现金流量，具体包括运用远期合约、货币市场、风险转移、风险对冲、货币风险分担、货币双限、外币期权等。

（二）远期市场套期保值

远期市场套期保值是指拥有多头外币头寸的公司卖出外币远期，而拥有空头外币头寸的公司买入外币远期，从而固定未来外币现金流量的本币价值。例如，美国A公司将在一年之后向德国B公司卖出一批木材，B公司到时支付A公司1 000万欧元。假设当前即期汇率是1.00美元/欧元，1年远期汇率是0.957美元/欧元，A公司为了固定未来美元现金流量，可以卖出1 000万欧元的1年期远期合约，在交割时会给A公司带来957万美元的收益。

套期保值的实际成本事先是无法计算的，取决于未来的即期汇率。假定未来即期汇率的波动范围为1.00美元/欧元～0.90美元/欧元，则套期保值的真实成本在＋430 000美元～－570 000美元，＋代表真实成本，－代表利得。但在有效的金融市场上，远期合约的预期成本是零。许多经验研究表明，远期汇率是未来即期汇率的无偏估计量。

(三) 货币市场套期保值

货币市场套期保值是指在货币市场上同时借入和贷出两种不同的货币来锁定未来外币现金流量的本币价值。例如，在上面的案例中，假定欧元和美元的利率分别是15%和10%，A公司可以先借入870万欧元，一年后偿还本息总计1 000万欧元，然后在即期市场上兑换成870万美元并进行投资，一年后收获本息共计957万美元，并用这一天收到的1 000万欧元的应收款支付借款本息，从而A公司保证了一年后957万美元的收益。由此可见，套期保值在远期市场和货币市场上产生了相等的现金流量，这是由利率平价定理所决定的。

(四) 风险转移

在案例中，A公司选择以外币欧元标价，但A公司其实也可以选择以本币美元标价。此时，A公司就不再面临交易风险，而是将风险转移至B公司。风险转移在国际商务中十分平常，跨国公司都希望用硬币标价出口商品，用软币标价进口商品。如果B公司预期在未来一年美元将会贬值，B公司可能会愿意选择用美元标价。

(五) 风险对冲

风险对冲是指以同种或不同货币的风险抵消一种货币风险的方法，汇率的变动会使一种受险头寸上的损益被另一种受险头寸上的损益所抵消。在实践中，风险对冲包括以下三种形式：

(1) 同种货币的空头冲抵该种货币的多头。

(2) 两种货币汇率波动正相关，用一种货币的空头冲抵另一种货币的多头。

(3) 两种货币汇率波动负相关，两种货币的空头可以相互冲抵。

(六) 货币风险负担

货币风险负担是指交易双方共同分担合同中的汇率风险，即在基础合同交易中附加特定的套期保值合约，里面规定了汇率波动的范围，也称中性区。在中性区内，双方不用重新订立合约，按照基础价格进行交易；在中性区外，双方按照经调整过的汇率重新制定价格进行结算，由交易双方等额分担汇率风险。

（七）货币双限

货币双限是指在货币变动超出约定范围就提供保护的合约。跨国公司可以通过买进货币双限，在协定范围内，按照未来的即期汇率进行汇兑。如果超出协定范围，就按照该区间的上下限汇率进行兑换，从而有效圈定了汇率风险的波动范围。货币双限也称货币颈圈。

（八）外币期权

以上几种套期保值方法运用的前提是面临已知的外汇风险，但在许多情况下，跨国公司往往无法确定外币现金流量能否实现，这种不确定性将要求我们选择另一种套期保值方式——外币期权。例如，A 公司不能确定能否中标，它可以先向银行买入在交割日出售 1 000 万欧元、协定价格为 0.957 美元/欧元的看跌期权，确保当 A 公司中标时它至少能获得 957 万美元。如果 A 公司没有中标，它最多只需支付这份合约的期权费。因此，A 公司的损失风险就被限制在看跌期权费的范围之中。

六、折算风险管理

（一）资产负债表套期保值

折算风险的根源在于同种货币计量的净资产和净负债的不匹配，因此通过资产负债表的套期保值可以消除这种不匹配带来的风险。具体做法是，对于任何资产或负债的变动，用同种货币计价的负债或者资产的变动抵消。

（二）衍生工具套期保值

用来进行折算风险管理的衍生工具主要有远期合约、风险对冲等。利用远期合约可以通过创造另一种外币的对冲资产或负债来减少折算风险，这也是一种资产负债表套期保值的方式。例如，A 公司有 400 万美元的折算风险，该公司就可出售 400 万美元的远期合约来抵消折算风险。而风险对冲是另一种管理手段，它适于有多种外币头寸或者在同种货币上有可以相互抵消头寸的公司。通过风险对冲，一种受险头寸上的损益会被另一种受险头寸上的损益所抵消，组合货币的总风险将小于单独货币的风险总和。

七、阅读材料[①]

日本企业采用的应对外汇风险措施

（一）短期措施

1. 外汇期货交易

20 世纪 70 年代布雷顿森林体系的崩溃直接促使美国推出外汇期货。在日本，通

① 参见崔学刚：《国际财务管理》，北京，机械工业出版社，2009。

过外汇期货交易来回避金融风险已经为大部分企业所采用。据日本经产省统计，约有44%的日本企业会选择外汇期货交易来规避风险。

2. 扩大日元结算

外汇风险主要存在于对外交易使用外币时，如果使用本国货币来结算，则可以避免外汇风险。因此，从20世纪80年代中期开始，日本企业采用日元结算的交易不断增加，特别是在进口方面，日元结算已由1986年的10%上升到2004年的25%。

3. 外汇资产平衡

20世纪80年代中期，日本许多跨国企业开始在欧洲等地设立金融运营公司，通过对冲和债权、债务调整，从公司全局考虑，对外汇资产进行管理和平衡。但是，这种措施仅限于跨国企业，对中小企业难以适用，日本也只有4%的企业采取这种措施。

4. 反向交易平衡

日元升值有利于进口而不利于出口。因此，日本既有进口又有出口业务的大公司，主要是综合商社，采取了减少出口、扩大进口的措施来规避日元升值带来的风险，以维持公司的盈利。但是，用这种方法的企业较少，只有4%。

5. 价格转嫁

将日元升值带来的出口成本增长部分，转嫁到出口商品的价格上，由海外进口商承担部分风险。但是，在激烈的市场竞争中，这种方法存在较大难度。

（二）中长期措施

短期的金融措施并不能完全回避外汇风险，因此必须从中长期的产品结构调整入手。日本企业正是采取了提高产品附加值、增强竞争力等措施，才真正克服了日元升值带来的不利影响。

1. 调整产业结构，提高附加值，增加产业竞争力

（1）通过技术创新和差别化战略，提高产品附加值。例如，日本电视机就经历了黑白电视、彩色电视、平面电视、数码电视等不断升级换代的过程，而汽车业实现了由大众车向高级车、混合动力车的转变。

（2）要通过技术革新、增加廉价零部件进口、减少能耗等措施，降低生产成本。

2. 加快海外转移，强化海外生产体制，扩大多边贸易

充分利用日元升值带来的优势，建立全球化生产体制，同时提高当地零部件采购比例，培育当地合作企业，扩大多边贸易。这样既可以提高对汇率变动的抵抗能力，又能够确立全球化的内部分工体系，还可以带动原材料和零部件的出口。日本汽车也在这方面有出色表现。从20世纪80年代开始，丰田等日本汽车企业开始在美国本土进行生产，既解决了日、美两国贸易摩擦问题，同时又扩大了日本汽车在美国的市场份额。到1995年，日本汽车企业在美国本土生产的汽车已占到美国市场份额的20.79%，而在1985年，这个数字仅为2.0%。

■第三节　跨国公司融资决策

一、跨国公司融资目标

跨国公司在全球范围内进行生产经营，融资策略是其跨国经营总体战略的一个重要组成部分。融资渠道和融资方式的不同决定了融资成本的高低，将直接影响跨国公司的经营成本和理财效果，与融资机会相对应的融资风险会影响跨国公司整体的风险水平。融资结构的合理与否，会直接影响跨国公司的后续融资能力，进而影响其成长程度与发展水平。跨国公司进行国际融资主要出于以下目标：

1. 国际化的规模化生产

跨国公司需要在全球范围内进行资源配置，进行生产活动以及经营活动，开拓市场，所以跨国公司需要的资金不仅数量庞大，而且涉及众多国家和多种货币。因此，跨国公司需要进行国际融资。

2. 实现筹资成本最小化和资本收益最大化

国际资本市场伴随着生产与资本国际化而趋于统一。但是，由于各种人为因素和非人为因素的影响，国际资本市场具备一定的差异性，不同市场上融资成本有一定的差异，收益也不同，跨国公司在融资过程中可以利用这些差异，凭借其内部一体化的组织能力和全球战略的信息网络，及时、准确地把握机会，实现融资成本的最小化和资本收益的最大化。

3. 降低融资风险

由于国际融资风险可以划分为两大类：一是有效融资成本的直接风险（例如，由于子公司经营中出现但未加抵补的外汇净资产或净负债的外汇风险）；二是通过融资地点的选择可以避免的间接风险（如东道国实行外汇管制的风险或东道国的相关政策等）。跨国公司利用国际金融市场和融资方式的差异，把融资风险水平控制在自身可以接受的程度。

二、跨国公司的融资渠道

跨国公司所需资金的数量不仅巨大，而且涉及众多国家和诸多币种，因此其融资渠道相当广泛。大致归纳起来，跨国公司的融资渠道包括以下四类：

1. 跨国公司内部融资

跨国公司内部融资是指跨国公司母公司与子公司之间、子公司与子公司之间相互提供资金。跨国公司的母公司在国外子公司创建初期，会投入足够的股权资本来保持对该公司的所有权和控制权。有时，母公司还以贷款形式向国外子公司提供资金，通过母公司贷款，子公司汇回的利息可以免税。通过内部融资渠道，跨国公司节省了大量融资费用，降低了融资成本。

2. 跨国公司母国融资

对于跨国公司子公司来说，来自于母国的资金也是一种国际融资来源，子公司可以从母国银行、非银行金融机构、有关政府机构、企业甚至个人获得资金。

（1）母国金融机构。这是跨国公司从外部获取资金的重要途径之一，某些母国银行通常会把支持这些公司的业务活动作为它们的国际战略目标。德国、日本和瑞士银行就是突出代表。跨国公司与跨国银行紧密联系，跨国公司是跨国银行资金的主要供应者，也是跨国银行信贷的最大获得者。

（2）母国资本市场。这是跨国公司一种传统的融资渠道，即在母国资本市场上通过发行债券筹措资金。

（3）通过母国有关政府机构或经济组织获得贷款。

3. 来自东道国的资金

对于跨国公司子公司来说，当源于跨国公司内部及其母国的资金不能满足生产经营需要时，跨国公司东道国的资金也是一种很重要的补充来源。由于各国的经济发展程度和金融体系不同，跨国公司在利用东道国资金时也有一定的差别。在发达国家或地区，资本市场比较成熟，因而资本相对充裕，跨国公司通常会选择在资本市场进行融资。而在发展中国家或地区，资本市场不算健全，跨国公司的融资主要是依赖银行提供资金。

4. 国际资金

国际资金是指从第三国或国际组织获取的资金，包括向第三国或国际金融机构（如世界银行）借款和在国际资本市场筹资。

三、跨国公司的融资方式

跨国公司的融资方式主要有三类：内部融资；国际股权融资；国际债务融资。下面主要介绍国际股权融资和国际债务融资。

（一）国际股权融资

国际股权融资是指跨国公司通过母公司或者下属企业发行股票进行融资。

1. 公募与私募

按照是否向社会公开发行分为私募配股和公募售股两种方式。其中，私募配股是指募股公司对少数特定投资者发售股票的融资方式，其投资者大多为一些机构投资者，如进行金融性投资的综合财团、投资银行、信托公司和各种基金等。公募售股是指募股公司向公众公开发行股票的方式。募股公司必须按照法律规定，向证券管理机构注册登记，办理股票发行审核手续，并必须在公开说明书上如实披露公司的有关资料。公募售股的优点为发行对象是众多的投资者，其筹资潜力巨大，但其发行手续复杂、耗费时间，并且要公开公司的相关资料，而私募配股没有这些要求，但私募配股的价位要比公募股市价低20%～30%。

2. 境外直接上市

境外直接上市是指直接以国内公司的名义向外国证券主管部门申请登记注册并发

行股票，在我国就是通常所说的 H 股、N 股、S 股等。其中，H 股是指中国企业在中国香港联合交易所发行并上市的股票，N 股是指中国企业在纽约证券交易所发行并上市的股票，S 股是指中国企业在新加坡证券交易所发行并上市的股票。境外直接上市包括直接发行股票和发行存托凭证两种方式。

(1) 直接发行股票。通常说来，境外直接上市都是采用首次公开募集（IPO）的方式进行，即首次直接发行股票实现境外上市。IPO 的优点包括：全球范围内的资本市场都存在 IPO 短期定价偏高的奇特现象，因此 IPO 公司的股价通常价格较高，融资规模较大；在发达国家的资本市场上公开发行，可以给公司带来国际影响力，从而降低公司未来的再融资成本。因此，从公司长远的发展来看，IPO 应是国内企业实现境外直接上市的主要方式。IPO 的缺点在于，其申请审批程序较为复杂，而且企业需要付出的费用高昂、时间较长。

(2) 发行存托凭证。存托凭证是本国银行开出的外国公司证券保管凭证，本国投资者可以通过购买它而拥有外国公司的股权，它大大简化了清算手续，进一步消除了国际资本流动的障碍。目前，发行和销售的存托凭证有美国存托凭证、全球存托凭证、国际证券存托凭证、欧洲存托凭证以及中国香港存托凭证。其中，美国存托凭证出现得最早、运作最为规范、流通量最大，投资者可以通过购买美国银行所发行的可转让存单，获得外国公司以信托方式寄存在外国托管银行中的公司股票。

3. 境外间接上市

由于直接上市的程序复杂、费用高昂且时间长，许多跨国公司选择以间接方式在境外上市，即公司通过收购、股权置换或者注册成立新公司等方式取得对国外“壳”资源的控制权，也称境外借“壳”上市。间接上市包括两种方式：买“壳”上市和造“壳”上市。买“壳”上市是指国内企业通过收购已在国外股票市场上市的“壳”公司的大部分股份或者全部股份，获得对该上市公司的控股地位，然后由收购者注入公司资产和业务，实现国内公司境外上市的目的。造“壳”上市是指在一个政治社会稳定、法律制度健全的离岸司法管辖区设立控股公司，然后由其对国内企业进行控股，最后以控股公司的名义上市。通常说来，“壳”公司没有实体业绩，通过合并报表，将被控股的境内企业业绩注入境外“壳”公司。

4. 境外上市地点的选择

世界证券市场主要集中在美国、英国伦敦、日本东京、中国香港、新加坡和澳大利亚的证券市场。这些市场都有自己的市场准入条件和不同的特征，跨国公司应充分考虑，并结合自身需要，选择合适的上市地点。

(1) 市场准入条件比较。表 8—2 表示了美国、新加坡、东京、中国香港四地上市公司条件比较。

表 8—2　　美国、新加坡、东京、中国香港四地上市公司条件比较

	中国香港联合交易所	东京证券交易所		新加坡证券交易所	纽约证券交易所	
		第二部市场	第一部市场		美国公司	非美国公司
实缴资本	无	注册资本不低于5亿日元	注册资本不低于10亿日元	1 500 万新加坡元	无	无

续前表

	中国香港联合交易所	东京证券交易所		新加坡证券交易所	纽约证券交易所	
		第二部市场	第一部市场		美国公司	非美国公司
资产要求	最低市价总值不小于5 000万港币，通常都比此数高得多	纯资产额5亿日元	无	无	无	无
盈利要求	预计最低税后利润无限额规定，但通常都大于2 000万港币	最近3年纯利润额分别不低于2亿、3亿、4亿日元	无	最近3年每年的税前利润至少达到100万新加坡元，在5年内公司累计的税前利润达到750万新加坡元	最近3年累计税前利润收入650万美元，其中最近1年为250万美元，最近2年平均200万美元	最近3年累积的税前利润收入1亿美元，最近3年每年的税前利润不少于2 500万美元
业务记录	不少于3年	已成立3年以上，并将继续营业	已成立3年以上，并将继续营业	至少5年，在最近3年所从事的主要业务相同，而且主要的管理人员和股东也相同	无	无
对股东或股票数的限制	总市值低于40亿港币的最低公众持股比例额为25%，超过40亿港币的持股比例由交易所裁决，但不低于10%，最低股东人数不小于100人，且每100万港币的市价总值至少要有3名投资者	浮动股东人数：800人以上；浮动股票数：上市股票数要求达到4 000单位	浮动股东人数：3 000人以上；浮动股票数：上市股票数在上市时超过10万单位（从创业板或第二部转到第一部上市时超过20万单位）	无	美国股东数2 000个，美国股东公众持股110万股	全球股东数5 000个，全球公众持股数250万股
股息	无	最近3年平均每股在5日元以上并且预计不会下降	最近3年平均每股在5日元以上并且预计不会下降	无	无	无
对信息披露的要求	上市公司应披露最近3年的经营业绩	最近3年无虚假记录，最近1年审查意见为无限定、适正	最近5年无虚假记录	无	无	无

资料来源：崔学刚：《国际财务管理》，北京，机械工业出版社，2009。

（2）主要市场特征分析。美国股票市场是全球最发达的股票市场，它拥有众多的股票交易所，有成熟的市场条件、完善的法规和市场监管以及对国外公司上市开放的条件。因此，越来越多的跨国公司选择直接进入美国股票市场。2003年美国股票市场市价总值已达79 880亿美元，是排名第二的日本股票交易市场市价总值的五六倍。美国证券管理机构——美国证券交易委员会对非美国公司在美国证券市场筹资持积极态度，并且近年来美国投资者对非本土公司的兴趣不断提高，股权投资在美国投资者的投资组合中所占比重不断上升。跨国公司能够进入美国资本市场，标志着企业在规模、素质、管理等诸多方面具备了国际一流公司的水准，有利于其国际企业形象的提升。

东京证券交易所是世界上仅次于纽约证券交易所的第二大证券市场。与美国相比，在东京证券交易所的投资人大多为日本机构和私人投资者，一般他们对不熟悉的外国公司的股票不够重视，因此去日本市场上市应注意选择日本民众关注度较高的行业，并且企业自身在日本也要有良好的知名度。

新加坡证券交易所是国际化进程比较快的亚洲新兴证券市场之一，许多亚洲的小型跨国公司选择新加坡作为境外上市地点。选择在新加坡上市对于中国企业的国际化是非常可行的，主要因为：新加坡投资者对中国比较了解，具有浓厚的华人色彩，便于理解和沟通；新加坡的政治环境稳定、金融体系完善、资本市场开放，是众多基金和主要国际机构的亚洲总部所在地；新加坡本地也有巨额的投资资金；新加坡没有外汇管制，发行人在当地募集到的新币可以随时兑换；新加坡股市的市盈率较高，平均市盈率在20倍以上，超过美国和中国香港。

中国香港证券交易市场是亚太地区最重要的金融中心之一，中国香港证券市场就其交易品种来说，包括股票市场、衍生工具市场、基金市场、债券市场。中国香港证券市场的主要组成部分是股票市场，并有主板市场和创业板市场之分。中国香港证券市场的衍生产品种类繁多，主要可分为股票指数类衍生产品、股票衍生工具、外汇衍生工具产品、利率衍生工具产品、认股权证五大类。2006年在中国香港联合交易所上市的中国企业有39家，融资410亿美元，分别占所有境外新上市企业和总融资额的45.3%和93.2%。中国香港联合交易所已连续三年成为风投/私人股权投资参与投资的企业境外上市的首选地点，新加坡证券交易所这几年也在快步赶上，而前些年最时髦的美国纳斯达克则在逐渐失去吸引力，见表8—3。

表8—3　　2006年中国企业境外上市地点

证券市场	中国企业融资额（百万美元）	IPO数量
纳斯达克（NASDAQ）	527.07	6
纽约证券交易所（NYSE）	480.55	3
中国香港主板市场（HKSE）	41 284.14	39
中国香港中小企业版（HK GEM）	227.49	6
新加坡主板市场（SGX）	1 336.79	24
新加坡中小企业版（SEDAQ）	11.55	2
东京证券交易所（TOKYO）	0.00	0
伦敦中小企业板市场（AIM）	130.42	6
合计	43 997.99	86

资料来源：China IPOs：2006 and Beyond，www.zero2ipo.com.cn.

（二）国际债务融资

按融资工具分类，国际债务融资可以分为国际信贷融资、国际债券融资以及商业信用融资或商业票据融资三类。辛迪加贷款、欧洲债券和欧洲票据市场的融资总量约占市场的 80%。

1. 商业信用融资或商业票据融资

商业信用融资是指在商业经营中的临时短缺性借贷，是短期资金的主要来源，包括商品的赊购、预收货款、汇票贴现以及企业之间的资金拆借等方式。这些企业间相互提供的信用都能直接解决资金短期缺乏的问题。商业票据融资是指大公司为了筹集资金，以贴现方式出售给投资者的一种短期无担保的承诺凭证。由于商业票据没有担保，仅以信用作为保证，因此能够发行商业票据的一般都是规模巨大、信誉良好的大公司。据统计，商业票据市场上每个发行者平均拥有 0.2 亿美元的未到期商业票据，一些最大的单个发行者拥有的未到期商业票据达到数十亿美元之多。商业票据融资为发行者筹集了大量资金。

2. 信贷融资

信贷融资是指一国政府、银行或其他金融机构向他国政府、企业等提供贷款。国际信贷融资渠道包括政府贷款、国际金融机构贷款、国际商业银行贷款以及出口信贷。其中，政府贷款和国际金融机构贷款的主要放贷对象是一国政府，对于跨国公司而言，主要是利用商业银行和出口信贷。

（1）国际商业银行信贷。国际商业银行信贷是指一国借款人向外国商业银行按商业条件承借贷款的业务活动，可按贷款期限划分为短期贷款、双边中期贷款和银团贷款。其主要特点为：贷款资金使用自由；贷款金额大而且手续方便，双边贷款单笔额度最多时可达数千万美元；贷款成本较高而且期限较短，通常以短中期贷款为主，一般不超过十年。

（2）国际银团信贷（辛迪加贷款）。国际银团贷款也称辛迪加贷款，是指由多家商业银行组成一个集团，由一家或几家银行牵头，联合向借款人提供长期巨额资金的贷款方式。目前，辛迪加贷款已成为国际中长期贷款的重要形式，其主要特点包括：贷款金额巨大，最多可达几亿美元至几十亿美元；期限较长，从 5 年至 15 年不等，通常为 7 年至 10 年；贷款风险分散程度高，组成银团的银行可以是几家、十几家甚至几十家，它们按贷款比例共同承担风险、共享利益；资金使用自由；筹资时间短，费用合理。

3. 债券融资

跨国公司在国际债券市场上筹措资金所使用的债券包括外国债券和欧洲债券。

外国债券是指一国政府、金融机构、工商企业或国际组织在另一国发行的以当地货币为面值的债券，如美国的扬基债券、日本的武士债券、伦敦市场的猛犬债券以及中国香港的龙债券等。

欧洲债券是在一国证券市场上发行的以另一国货币为面值的债券，如在英国伦敦证券市场上发行的美元债券，在瑞士证券市场上发行的日元债券。20 世纪 50 年代，伴随着国际贸易的迅速发展，欧洲形成了大量的美元盈余，被称为欧洲美元，于是国际货币市场开始出现，欧洲债券在这样的背景下开始产生。现在，欧洲债券市场已成为世界上最大的国际债券市场，是各跨国公司融资与投资的主要场所。尤其是进入20世纪80年代之后，欧洲债券市场受到越来越多发行者的青睐，目前欧洲债券主要以美元发行，另外还有英镑、日元、澳元、新元和加元等币种。

四、跨国公司资本结构选择

资本成本对于跨国公司的价值有重大影响，跨国公司必须使用适当的资本结构来降低资本成本，以实现公司价值的最大化。

（一）资本结构

资本结构是指企业所有资金来源的构成和比例关系，即短期负债、长期负债、所有者权益的相对比例关系。对于在全球范围内配置资源的跨国公司而言，资本结构优化非常重要，它有助于指导跨国公司科学合理地利用国内外各种融资渠道，确保国际化资本运营的顺利开展，不断实现公司价值的最大化。资本结构理论以及它怎样影响公司价值的研究一直都是现代公司金融领域最广泛的研究话题。

（二）传统资本结构理论

1. 收益理论

该理论假定：①企业融资只有债券融资和股票融资两种方式；②当企业资本结构变化时，企业债券融资成本 K_B、企业股票融资成本 K_S 始终不变；③企业资本结构以债券融资相对于股票融资的比例 B/S 来表示，并且企业债券融资成本低于股票融资成本，即 $K_B<K_S$。加权平均资本成本的计算公式如下。

$$AC=\frac{B}{B+S}\times K_B+\frac{S}{B+S}\times K_S$$

因此，当 B/S 增加时，加权平均资本成本下降，企业市场价值提高。因此，当企业全部以债券融资时，企业的市场价值最大。

2. 净经营收益理论

该理论假定：①当企业资本结构变化时，企业债券融资成本 K_B 不变；②当企业债券融资相对增加时，股票投资者认识到额外负债增加使企业风险增大，导致股票融资成本 K_S 随着 B/S 的提高而增加。最终，债券较低的融资成本抵消了股票融资成本的增加，从而加权平均资本成本保持不变，因此企业的市场价值与企业的资本结构无关。

3. 传统理论

该理论假定：①企业存在一个最佳资本结构；②股票融资成本 K_S 随着 B/S 的增加而逐渐增加，但债券融资成本 K_B 随着 B/S 达到一定程度以后才增加；③加权平均资本成本一开始会随着债券融资比例 B/S 的增加而下降，一旦 B/S 增到某一点，K_S 对平均资本成本的提高作用超过 K_B 的降低作用，此时加权平均资本成本进入上升阶段。因此，最佳资本结构就出现在加权平均资本成本的最低点，此时企业的市场价值最大。

（三）现代资本结构理论

1. MM 理论

1958 年，莫迪利安尼和米勒发表了长篇学术论文"The Cost of Capital，Corporate Finance，and the Theory of Investment"，提出了最初的 MM 理论，标志着现代资本结构理论的诞生。

MM 理论的基本假设：①完全资本市场假设，资本市场上的交易成本为零。②企业未来的平均营业利润的期望值是个随机变量。对每一个投资者来说，这种期望值都相同。③经营条件相似的企业具有相同的经营风险。④所有的现金流量都是永续年金，包括企业的利益、税前利润等。⑤不考虑企业增长问题，所有利润全部作为股利分配。⑥不论举债多少，企业和个人的负债都无风险。⑦个人借贷利率和企业债券利率一致。在 1976 年美国金融学会上，米勒在前两个阶段 MM 模型的基础上进一步修正，得出同时考虑企业所得税和个人所得税的 MM 模型，即

$$VL = VU + (1-T_C) \times \frac{1-T_S}{1-T_B} \times B$$

式中，VL 为负债经营企业的市场价值；VU 为无负债经营企业的价值；T_C 为企业所得税税率；T_S 为个人股票所得税税率；T_B 为个人债券所得税税率；B 为企业负债价值。上式的含义为负债经营企业的价值等于同风险级别的无负债经营企业的价值加上负债带来的税收节约价值，其中税收节约价值取决于 T_C、T_S 和 T_B。MM 理论基于上述严格假设，集中考虑了负债带来的避税作用，认为负债能带来企业的市场价值最大化。

2. 权衡理论

权衡理论于 20 世纪 70 年代中期形成，它认为 MM 理论的重大缺陷是只考虑了负债带来的避税作用，忽略了负债带来的风险和额外费用。因此，权衡理论引入了破产成本和代理成本，对 MM 理论进行了修正。权衡理论认为，负债企业的市场价值 VL 等于无负债企业的市场价值加上税收节约价值 TS，并扣除破产成本 BC 和债务融资代理成本 AC 的价值，即

$$VL = VU + TS - BC - AC$$

在资本结构最优的点上，税收节约带来的边际收益等于破产成本和代理成本的边际成本。

其中，破产成本包括直接破产成本（律师费、会计费及其他职业性费用、大量行政开支等）以及间接破产成本（丧失销售、利润以及企业除非按照十分恶劣的条款否则无力获得信贷的可能性）。代理成本是指因股东正确处理企业管理者和债权人之间的代理关系而发生的各种费用，如债权人采取措施保护自己利益时，由这些保护措施引起的开支，如审计费。过高的债务会导致债权人提高监督费用，进而提高债务成本，限制企业失去较好的投资机会，从而造成企业价值的下降。

上述资本结构理论大多从不同的角度出发，最终得出相似的结论：负债所产生的有利因素和不利因素存在着替代关系。在最初的情况下，随着负债在总资本比例中的上升，公司的资本成本会下降，此时负债带来的有利因素占据主要地位；然而，当负债比例持续上升时，不利因素渐渐凸现出来，当其超过临界点时，此时的不利因素超过有利因素，导致资本成本反而上升。因此，企业存在最优的资本结构，即股票融资和负债融资处于一个恰当的比例时，公司的资本成本最小，此时的公司价值最大。

五、跨国公司的融资风险及风险管理

跨国公司进行内部融资时，需要在不同国家的母公司和子公司之间调配资金，外部融资时（即发行股票、债券或者向银行借款）也同样会遇到不同国家货币的兑换问题，必然涉及国际市场汇率波动的问题。跨国公司向银行借款的成本会受到利率波动的影响，并且选择不同的融资市场会为跨国公司的融资带来一定的政治风险。因此，政治风险、外汇风险、利率风险是跨国公司融资时面对的主要风险。

（一）政治风险

当跨国公司进行内部融资时，政治风险表现为跨国公司在内部投资后，由于东道国政治局面的变动导致投资失败，或者由于东道国的外汇管制等原因，使得子公司的利润不能顺利汇回母公司。当跨国公司进行外部融资时，融资过程中的政治风险主要表现为由于资金来源国政治局面不稳定而导致跨国公司进行的国际融资无法到位。

跨国公司为了避免东道国对国外资产的征用，应尽可能选择在政治稳定的国家进行投资。当跨国公司必须要在政治风险较高的国家投资时，应尽可能利用公司外部资金。如果要求母公司必须提供内部资金，则应尽量以贷款的形式提供资金。跨国公司应坚持以子公司或外国投资项目的盈利作为偿还贷款的资金来源，从而将子公司投资项目的利益与国际金融机构、客户甚至东道国政府的利益紧密联系在一起。

跨国公司还应努力拓宽融资的选择范围，不可过于依赖单一的或少数几个融资市场。这样既能减少公司融资的总体政治风险，又能通过融资活动，与全球各地金融机构建立联系，增加金融和经济信息来源，从而增加全球资金融通的灵活性。

（二）外汇风险

跨国公司在进行国际融资的过程中，必然涉及多国货币，因而其融资成本不可避免地会受到汇率变动的影响。企业融资汇率风险管理的目标是消除或降低不可预测的汇率变动给资金需求者带来经济损失的可能性。

在国际融资中选择何种货币，直接关系到融资主体承担多大的外汇风险，因此通常采用以下策略：融资货币与融资公司本币相一致；融资货币多元化，对构成债权、形成收入的经济交易应尽量采用硬货币，即以汇率呈上升趋势的货币计价，对构成债务的经济交易应尽量采用软货币，即以汇率呈下降趋势的货币计价；选择可自由兑换货币，根据汇率变化随时在外汇市场上兑换与转移；筹款货币与还款货币尽量一致。

跨国公司在进行国际融资时，对所选货币在融资有效期间的汇率和利率走势要有准确的把握。如果融资主体对所选择的融资货币尚觉不够稳妥，为进一步提高保险系数，可在贷款协议中订立保护性条款，规定一种货币或一组货币为保值货币，偿还贷款时按保值货币与支付货币的汇率变化调整支付货币的汇价。

跨国公司还应利用金融衍生工具进行外汇管理，这部分内容将在外汇风险管理中详细阐述。

（三）利率风险

利率风险主要是指利率变动给融资者造成的融资成本变动的风险，主要表现为市场利率的非预期性波动给公司造成的影响。市场利率提高时，企业融资成本提高，并且会影响股票、债券的价格，导致企业利息支付的提高和再融资难度的加大。如果跨国公司选择浮动利率融资，会面临利率上升时利息支付提高的风险；如果采用固定利率融资，则面临着利率下降时利息支付提高的风险。

利率风险管理的基本原则是将利率变动的不确定性降到公司可承受的范围之内。跨国公司在融资过程中，应首先选择最优的借款结构，尽力争取世界银行、国际开发协会、亚洲开发银行或地区性开发基金的低息、无息贷款和捐赠；与此同时，属于中等利率的外国“出口信贷”和其他属于比市场利率低的优惠贷款也要充分利用。其次，跨国公司要选择适当的固定利率与浮动利率比例结构。固定利率借款的融资成本可以事先预计，不确定性要小；但是，如果市场利率波动较大，则公司有可能实际支付比市场利率更高或者更低的利率。而浮动利率借款中的利率都要按市场利率进行调整，使得市场利率的波动风险较合理地由借贷双方共同负担，但利率的浮动性也增加了公司融资成本的不确定性。

跨国公司还应积极利用国际金融衍生工具进行套期保值，如利率期权、利率互换等。利率互换是降低融资成本和防范利率风险最有效的工具之一，是交易双方根据市场行情和事先约定的条件，在一定时期内相互交换货币或不同利率债务的一种预约业务，从而得到用通常的融资方法难以得到的货币或较低的利息。通过利率互换，如固定利率对固定利率互换、浮动利率与浮动利率互换，可以减轻双方借用资金的成本，得到各自所需的利率结构。

■第四节　跨国公司投资决策

一、跨国公司投资动机

国际投资又称对外投资，是指一个国家的政府、企业或个人将一定的资本投放到其他国家或地区以获取经济收益的行为。本书主要讨论跨国公司的对外投资行为。跨国公司对外投资和国内企业投资受大致相同的目标的影响，即追求利润的最大化。但是，跨国公司对东道国进行投资，所面临的市场比国内市场有更大的不确定性，存在着更高的风险和更高的交易成本。因此，跨国资本在进行海外投资决策时会追求比在国内更高的利润水平。一般来说，外国企业对外投资的具体目的主要包括：

（1）开拓市场。东道国的市场规模扩大、人均收入提高、市场不断成熟、市场的结构和当地居民的消费偏好适合企业的生存。

（2）资源导向。东道国的土地与厂房租用成本低廉，原材料与零部件成本价格便宜，技术劳动力可获得性较高，有低成本的非技术劳动力，具有较完善的基础设施和一定的教育水平等。

（3）规避贸易壁垒。东道国与企业所在国之间有较高关税，进行直接投资可以躲避过高的贸易壁垒。

（4）规模经济。

二、跨国公司投资方式①

跨国公司投资方式是指跨国公司为了进入东道国而选择的投资经营方式，是与贸易进入方式相对的进入方式，分为契约式进入和权益投资两类方式，见图 8—1。权益投资又包括直接投资和间接投资两种形式。

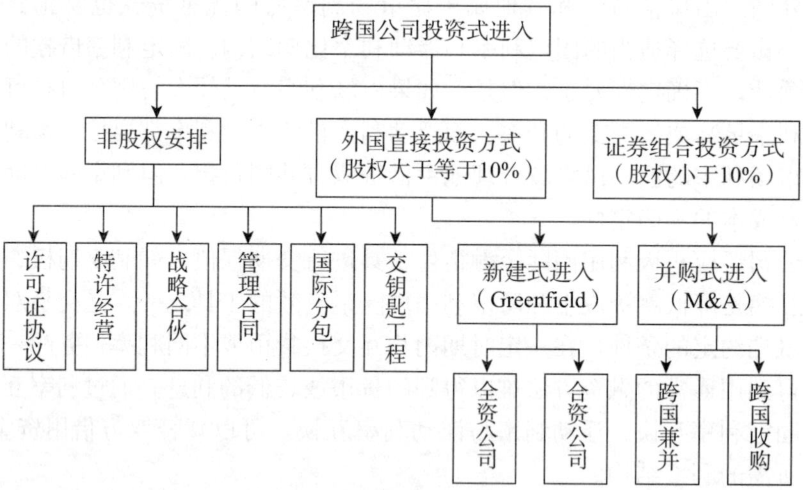

图 8—1　跨国公司投资进入方式

（一）契约式进入

契约式进入是指企业将自己所拥有的版权、专利、商标权、技术诀窍等知识产权通过契约方式转让给外国企业使用，从而获得提成费、技术转让费或特许权使用费等。由于这种方式不涉及股权或企业制度安排，故称为“非股权安排”或“契约安排”（non-equity or contractual arrangement），有时跨国公司也可以将转让的权利折合成股本投入，这就变成直接投资方式。

① 参见张超英、吴海燕：《国际财务管理》，北京，北京大学出版社，2005。

（二）权益投资

1. 国际间接投资

国际间接投资是指投资者在国际金融市场上购买其他国家政府、企业发行的债券、股票以及其他金融工具和有价证券。它是以获得资本增值为目的的投资活动，不是为了获得公司的控制权和管理决策权。因此，国际间接投资又称国际证券投资。一般来说，公司进行国际证券投资可以利用公司闲置的资金获得收益，同时跨国公司还可以有效利用国际间接投资进行风险管理。

2. 国际直接投资

国际直接投资是与国际间接投资相对应的方式，它以控制企业经营管理权为核心，以获取利润为目的，不仅涉及货币资本的流动，还能带动商品及生产要素的转移。直接投资包括新建式投资（greenfield）、跨国并购（cross-border）。新建式投资是指投资者在境外创建和经营新的企业，又称绿地投资。新建企业可以采取独资经营、合资经营和合作经营等多种组织形式。自20世纪80年代中期以来，跨国并购逐渐取代绿地投资而成为推动对外直接投资增长的主要动力，也是近年来跨国公司对外直接投资的最重要方式。跨国并购包括跨国收购和跨国兼并两种方式。跨国收购是指一国企业将另一国企业的整个资产或者足以行使经营控制权的股份收买下来。跨国兼并是指原来属于两个不同国家企业的资产和经营被结合成为一个新的法人实体。在全球跨国并购中，跨国收购占绝大部分，跨国兼并仅占并购的3%不到。

三、国际直接投资项目可行性研究①

投资项目可行性研究自20世纪30年代在美国首先应用并取得成功以来，逐步形成了一套系统的研究论证方法，逐步发展成一门综合性应用科学。项目可行性研究作为投资项目决策、论证、实施的主要依据，其结论的正确与否，直接关系到投资项目的成败。因此，进行项目可行性研究是投资者拥有较高投资回报的保证。投资项目可行性研究一般包括以下四个阶段：

1. 机会研究

机会研究是可行性研究的最初阶段，其目的在于鉴别投资方向和目标，从而寻找最有利的投资机会，如地区机会、行业机会和项目机会等。机会研究要考虑的问题包括：投资目标国的投资环境考察、投资目标国内投资目标地区的考察、对某一特定行业的选择以及对特定项目的基本资料和数据的初步收集。一般情况下，机会研究比较粗略，主要依靠经验数据和规划数据，对数据的精确度要求也不高，只需达到±30%即可，时间不超过3个月，研究费用占总投资的0.1%～1%为宜。

2. 初步可行性研究

初步可行性研究是指研究者对项目方案做初步技术分析和经济分析，主要目的在于对项目进行初步评价，做专题辅助性研究，包括对项目生命力的判断、对需要进行

---

① 参见张超英、吴海燕：《国际财务管理》，北京，北京大学出版社，2005。

研究的关键性问题的设想。初步可行性研究一般要求数据的精确度达到±20%，研究时间 4～6 个月，研究费用占总投资的 0.25%～1.25%为宜。

3. 可行性研究

可行性研究是指对项目进行深入详细研究的过程，需要完成技术研究、经济论证、确定方案可行性并选出最佳方案等任务。该阶段的资料、数据要求精确度达到±10%，研究时间 8～12 个月，研究费用占总投资的 0.2%～1%为宜。

4. 项目评估

项目评估是由投资决策部门或贷款机构（主要是银行、非银行性金融机构）对上报项目的可行性研究报告进行全面审核的再评价工作，即对拟投资项目的必要性、可行性及效益、费用进行审核和评价。

四、国际直接投资项目的财务评价

国内投资项目财务评价的常用方法包括净现值法、内含报酬率法、现值指数法、回收期法和会计收益率法。其中，净现值法作为最恰当的决策标准而被广泛运用，但在国际投资项目中，主要采取调整现值法。下面简要介绍净现值法和调整现值法：

1. 净现值法

净现值法是指将投资项目的未来现金流量按一定的贴现率进行贴现，并与该项投资的初始投资额相比较，如果未来预期现金流量的现值超过初始投资额，就认为该投资项目可接受。其计算公式为：

$$NPV = -I_0 + \sum_{t=1}^{n} \frac{x_t}{(1+k)^t}$$

式中，I_0 为初始投资额；n 为项目预计使用年限；x_t 为第 t 年的现金流量；k 为贴现率，即平均资本成本或要求报酬率。

2. 调整现值法

在所有投资项目的财务结构和经营风险相似的条件下，净现值法简单易行，但跨国公司的直接投资项目往往比较复杂，其风险程度与项目的负债能力也有所不同，因此需要用不同的财务结构来评价。通过对传统净现值法进行调整，得到了现在跨国公司投资项目评价中普遍应用的调整现值法。其计算公式为：

$$APV = -I_0 + \sum_{t=1}^{n} \frac{x_t}{(1+k)^t} + \sum_{t=1}^{n} \frac{T_t}{(1+i)^t} + \sum_{t=1}^{n} \frac{S_t}{(1+i)^t}$$

式中，i 为税前债务成本；T_t 为债务融资所形成的第 t 期的纳税节约额；S_t 为项目融资在第 t 期的利息补贴的税前价值。因此，有

APV＝－投资支出的初始值＋预期现金流量的现值＋利息税盾的现值
＋利息补贴的现值

调整现值法和净现值法对同一投资项目进行评价时，得出的结论应该是一致的，在某些情况下，得到的计算结果是相同的。调整现值法首先由梅耶斯提出，在调整现

值法下，项目的各现金流量分为两部分：第一，无杠杆作用（全部为权益资本）的营业现金流量；第二，与项目融资联系的现金流量。然后，将影响投资项目的现金流量按照是否涉及融资活动或风险大小分别使用不同的贴现率，从而计算出各自的现值，再通过累加的方式计算投资项目给公司带来的增值总额。调整现值法避免了将不同性质的资本成本加权平均可能引起的较大误差，而且各种价值清晰明了，有利于管理层对价值创造过程的管理和监督。

五、国际证券投资的收益分析

1. 股票收益率的计算

假设股票价格是公平市场价格，股票的期望收益率等于其必要的收益率。根据固定股利增长模型：

$$V=\frac{D_1}{r-g}$$

式中，V 为股票的内在价值，r 为投资者要求的必要报酬率；D_1 为第一年末股利；g 为股利的增长率。

将该公式移项，可得：

$$r=\frac{D_1}{V}+g$$

由上述公式可知，股票收益率由两部分构成，$\frac{D_1}{V}$（即股利收益率）和 g（即股利增长率）。g 的数值可以根据公司的持续增长率估计，V 是股票市场形成的价格，只要预计出下一期的股利，就可以估计出股东预期报酬率。在有效市场中，股东预期报酬率就是该股票的收益率。

2. 债券收益率的计算

（1）票面收益率。票面收益率又称息票率，是指按照债券的票面利率计算的年利息收入与债券面值的比率。如果投资者将按面值发行的债券持有至期满，则所获得的投资收益率与票面收益率相一致。其计算公式为：

$$票面收益率=\frac{债券年利息}{债券买入价}\times 100\%$$

（2）持有期收益率。持有期收益率是指买入债券后未持有到期便中途转卖而得到的收益率。持有期收益率包括持有债券期间的利息收入和资本利得。其计算方法有如下两种：

第一，分期付息债券持有期收益率——分期付息债券又称息票债券或附息债券，是在债券到期之前按约定的日期分次按票面利率支付利息，到期再偿还本金。分期付息债券持有期收益率计算公式为：

$$持有期收益率=\frac{债券年利息+(债券卖出价-债券买入价)\div 持有年限}{债券买入价}\times 100\%$$

第二，一次还本付息债券持有收益率——一次还本付息债券是指发行的债券多为到期一次还本付息债券，在中途的卖出价包含了持有期的利息收入。其计算公式为：

$$持有期收益率=\frac{(债券卖出价-债券买入价)\div 持有年限}{债券买入价}\times 100\%$$

（3）到期收益率。到期收益率是指使得证券持有期间的未来现金流入的现值等于证券的先行购买价格的内含报酬率 R。其计算公式为：

$$购买价格=\sum_{t=1}^{n}\frac{X_t}{(1+R)^t}$$

六、国际证券投资的风险分析

证券投资风险是指由于各种原因导致投资者投资于证券的实际收益率小于预期收益，甚至遭受损失的可能性。在国际证券市场上造成证券投资风险的因素很多，主要包括以下几个方面：

（1）经济风险。经济风险是指发行证券的公司由于决策和管理人员在经营过程中发生的失误，导致企业经营不善，从而使投资者遭受损失的可能性。

（2）市场风险。市场风险是指由于证券市场行情变化而引起的风险，市场行情变化可以用证券价格指数或平均价格指数来衡量，常用的价格指数主要是道琼斯股票平均价格指数、标准普尔股票价格指数、纽约证券交易所综合价格指数。

（3）违约风险。违约风险是指发行证券的公司由于财务状况不佳，不能按时支付债务本金和利息的可能性。一般来说，政府发行的证券违约风险小，金融机构发行的证券次之，工商企业发行的证券风险较大。

（4）利率风险。利率风险是指由于市场利率水平的变动引起证券投资收益变动的可能性。市场利率水平是影响现值折现率的重要因素，投资期间市场利率水平上升、证券价格下降，导致投资者持有期收益率下降。

（5）汇率风险。汇率风险是指由于汇率变化而可能会给投资者带来损失的风险。一般来说，证券投资风险等于汇率风险和证券本身风险之和，当汇率变化与证券收益呈现一定程度负相关时，汇率变化将降低证券投资本身的风险。

（6）流动性风险。流动性风险是指将金融资产转变为现金过程中出现损益的可能性。一般来说，短期债券的流动性风险较小，其次为中长期债券，风险最大的为股票。

七、国际证券组合投资①

证券组合投资是指在进行证券投资时，不是将所有的资金都投资于某种证券，而是有选择地投资于一组证券，降低可能的风险，从而获得收益的投资方式。

---

① 参见张超英、吴海燕：《国际财务管理》，北京，北京大学出版社，2005。

(一) 证券组合投资的步骤

一般来说，证券组合投资包括三个步骤：

(1) 资本配置决策。投资人决定自己的全部投资额如何在无风险证券和风险证券之间分配，无风险证券安全性好但是收益低，风险证券安全性差但是收益高，投资人需要在两类证券间做出权衡。

(2) 资金配置决策。投资人确定无风险证券和风险证券各自比例之后，要解决风险证券中各种形式的证券（如股票、证券、不动产、外汇等）如何组合的问题。

(3) 证券配置决策。投资人解决同一形式的证券如何组合的问题，如选择投资哪几家公司股票或者债券等。

上述步骤可用图 8—2 表示。

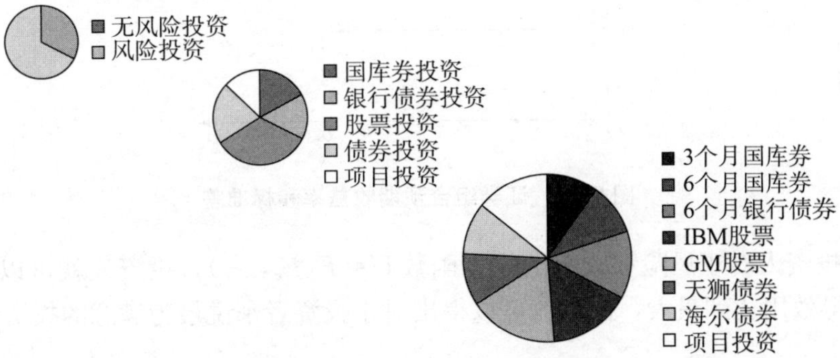

图 8—2　投资组合决策顺序

(二) 资本配置决策

投资组合的各相关指标如表 8—4 所示：

表 8—4　　**投资组合各相关指标**

	预期收益率	标准差	投资比例	实际收益率
风险证券	E_p	σ_p	y	r_p
无风险证券			$1-y$	r_f
投资组合	E_c	σ_c		r_c

则有

$$E_c=y\times E_p+(1-y)\times r_f=r_f+y\times(E_p-r_f)$$

$$\sigma_c=y\times\sigma_p$$

如果完全投资于无风险证券，即 $y=0$，则有

$\sigma_c=0$——投资组合收益标准差为 0

$E_c=r_f$——投资组合预期收益率＝无风险证券的实际收益率

如果完全投资于风险证券，即 $y=1$，则有

$\sigma_c=\sigma_p$——投资组合收益标准差＝风险证券标准差

$E_c=E_p$——投资组合预期收益率＝风险证券预期收益率

将以上分析绘制成图 8—3：A 点和 B 点分别代表全部投资于无风险证券和风险证券的极端情况，AB 线即为证券组合投资的预期收益率。投资者所冒风险 σ_c 每增加一个单位，预期收益率 E_c 增加$\frac{E_p-r_f}{\sigma_p}$个单位，即 $E_c=\frac{E_p-r_f}{\sigma_p}\times\sigma_c+r_f$。

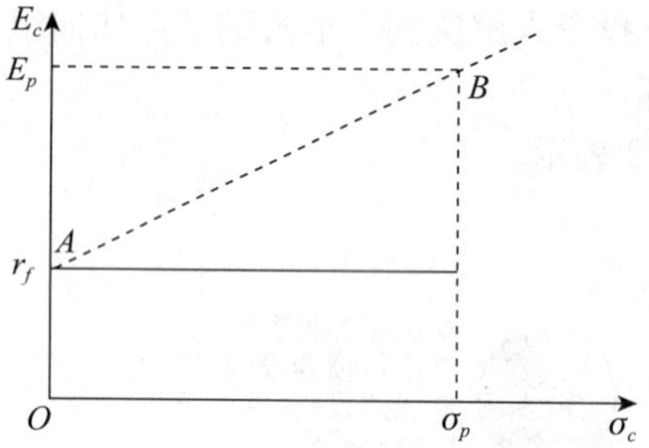

图 8—3　证券组合预期收益率和标准差

给出投资人对于风险和收益的效用函数 $U=F(E_c,\sigma_c)$，投资人就可以通过确定 y 值，使得效用达到最大，由此就可以得出对于投资者来说最为满意的投资组合。

（三）资金配置决策

假设一个风险证券组合中，选择债券(B)和股票(S)进行组合，它们的各相关指标如表 8—5 所示：

表 8—5　　风险证券组合中相关指标

	预期收益率	标准差	投资比例	实际收益率
债券（B）	E_b	σ_b	W_b	r_b
股票（S）	E_s	σ_s	W_s	r_s
证券组合（P）	E_p	σ_p		r_p

根据以上假设，可知：

$$E_p=W_b\times E_b+W_s\times E_s$$

$$\sigma_p^2=W_b^2\times\sigma_b^2+W_s^2\times\sigma_s^2+2W_b\times W_s\times\mathrm{cov}(r_b,r_s)$$

$$=W_b^2\times\sigma_b^2+W_s^2\times\sigma_s^2+2W_b\times W_s\times p_{bs}\times\sigma_b\times\sigma_s$$

由此可见，当债券和股票收益率相关系数 p_{bs} 小于 1 时，证券组合的标准差将小于两种证券标准差的加权和，即通过证券组合投资，可以降低非系统性风险。当相关系数 p_{bs} 为－1 时，就会出现对冲头寸，即一种证券的风险将被另一种证券所抵消。此时，有

$$\sigma_p^2=(W_b\times\sigma_b-W_s\times\sigma_s)^2$$

如果债券和投资股票选择了下述比例：

$$W_b=\frac{\sigma_s}{\sigma_b+\sigma_s}$$

$$W_s=1-W_b$$

此时的非系统性风险下降到零。在实际操作中，我们往往会选择足够数量的证券进行组合。随着证券数量的增加，非系统性风险将逐步减少，当数量足够时，大部分非系统性风险都能分散。

由此，证券组合投资的全部过程如下：

（1）计算不同种类证券的各相关指标。

依据

$$\begin{aligned}\sigma_p^2&=W_b^2\times\sigma_b^2+W_s^2\times\sigma_s^2+2W_b\times W_s\times\mathrm{cov}(r_b,r_s)\\&=W_b^2\times\sigma_b^2+(1-W_b)^2\times\sigma_s^2+2W_b\times(1-W_b)\times\mathrm{cov}(r_b,r_s)\end{aligned}$$

可以得出证券组合标准差最小时债券和股票的投资比例为：

$$W_{\min}(B)=\frac{\sigma_s^2-\mathrm{cov}(r_b,r_s)}{\sigma_b^2+\sigma_s^2-2\mathrm{cov}(r_b,r_s)}$$

$$W_{\min}(S)=1-W_{\min}(B)$$

（2）依据风险证券的预期收益率和标准差，结合投资者的效用函数，计算出风险证券与无风险证券的最优比例。

（3）计算不同类型证券（如国债、债券、股票）的投资比例。

■第五节　跨国公司营运资金管理

当企业成长为大规模、多样化的跨国公司时，子公司和各分支机构日益庞大，业务类型更加复杂多样，资金流量也会相应加大。此时，资金的管理和效率变得十分突出。在这种情况下，跨国公司母公司几乎变成资产管理公司，主要负责管理各个子公司和下属分支机构的投入和产出。这些公司的资金使用效率高，可以促进生产，成为效益的强大支柱；反之，则会加大财务风险，对公司的效益造成不利影响。由此可见，资金流动越频繁，资金的使用效率越重要。

一、营运资金管理

营运资金包含了企业所有流动资产和流动负债，它是企业的“血液”，其运动状况不仅决定着跨国公司企业价值增值的实现程度，而且直接关系到企业的短期偿债能力与营运能力，是企业维持经营和持续发展的直接决定因素。因此，营运资金管理是跨国公司财务管理的重要环节。营运资金管理主要有以下几大目标：提供必要的现金、存款、存货以及短期信用，保证预期销售目标的实现；在提供必要资金的同时，降低流动资产余额，使投资决策最优化。

二、现金管理

依照财务制度的规定，现金是指企业在生产经营活动中停留在货币形态的那部分资金，包括企业的库存现金，各种形式的银行存款和银行本票，银行汇票和有价证券(即可以自由转让的公司股票、公司债券以及政府公债)。

企业持有现金的目标一般包括以下方面：交易动机，即持有现金以应付预期的日常需求；谨慎动机，即持有现金以防无法预期的现金流量变化；投机动机，即持有现金以便及时抓住盈利机会。但是，持有现金不能给持有者带来任何回报，因此企业都会在满足日常需求的前提下使现金持有数量最小化。因此，现金管理的内容包括：把握企业内部各实体的流动性状况，准确预计日常现金的变动规模，把各种投资机会的盈利性和风险性进行对比，做出最佳决策。

现金管理在财务管理中非常重要，主要表现在：首先，现金是企业持续经营的基本保障，企业的经营活动是一个包括材料采购、产品生产、产品销售以及售后服务在内的循环往复的有机系统，一旦现金循环受阻，则意味着企业没有足够的现金从市场换取必要的资源，那么就会影响企业的生产经营。其次，现金是进行企业价值判断的重要指标。现金流量作为收付实现制核算得出的结果，不受财务会计政策调整的影响，因此利用现金流量进行企业价值评估，可以保证评估结果的科学性和真实性。

(一) 现金管理方法

1. 短期现金预算

现金预算制度是预测和报告现金流出入状况的制度，现金管理中心必须及时掌握各分支机构的信息，因此在跨国公司中，一般都要求子公司编制短期现金预算，预算的期间可以是一周、半周甚至每天。

2. 多边净额结算

双边净额结算是指，如果两家公司有相互贸易，那么可以利用某种固定汇率，把双方相互间的交易额抵消结算，降低外汇风险和资本转移成本。跨国公司的母公司与子公司之间、子公司之间的贸易也很繁杂，为了减少外汇风险和资本转移成本，跨国公司可以在全球范围内对公司内部的收付款进行综合调度和多边净额结算，这是双边净额结算的扩展。

3. 多国性现金调度系统

多国性现金调度系统是指现金管理中心根据事先核定的各子公司每天所需的现金额和子公司的现金日报及短期现金预算，统一调度子公司的现金，调剂余缺，使跨国公司的资金能够得到最充分的使用。

4. 现金集中管理

现金集中管理是指国际企业在主要货币中心或避税地国家设立现金管理中心，要求它的每一个子公司所持的当地货币现金余额仅以满足日常交易需要为限，超过此最低需要的现金余额，都必须汇往管理中心。管理中心是跨国公司内部唯一有权决定现金持有形式和持有币种的现金管理机构。为了使现金集中管理有效实现，各子公司需要对现金的需求进行预测，如预测未来时点的现金流出/流入量、根据所在国的支付习惯和金融状况预计现金盈余或短缺的时间和数量、编制短期现金预算等。

目前，现金集中管理在美国和欧洲一些国家及公司中推行，主要有以下优点：①规模经营优势。现金集中管理以后，管理中心为应付各种情况所需的现金余额，远低于各子公司独立管理所需现金余额的总和，使整个跨国公司的现金持有量达到最低，然后以节省出的资金进行投资、获取收益。②信息优势。管理中心可以专门从事现金的调度，全面了解各国货币、利率的状况，全方位获取金融市场的信息，实施多元化策略，以降低风险、提高收益。③全局性优势。管理中心在现金管理上从全局考虑，防止各子公司次优化选择。

（二）现金管理模式

1. 统收统支

该模式是指企业的一切资金收付活动都集中在企业的财务部门，各分支机构不单独设立账户，一切现金支出都由总公司财务部门执行，现金收支的批准权集中在经营者手中。统收统支的方式有助于实现企业全面收支的平衡、提高现金的流转效率、减少资金沉淀、控制现金的流出，但不利于调动各层开源节流的积极性，影响集团公司的经营灵活性，以致降低集团经营活动和财务活动的效率。

2. 拨付备用金

该模式是指企业按照一定的期限统一拨给所属分支机构或子公司备其使用的一定数额的现金，等各分支机构或子公司发生现金支付后，持有关凭证到集团财务部门报销以补足备用金。与统收统支相比较，其特点是分支机构在一定范围内有一定的现金经营权和决策权，但各分支机构仍不独立设置财务部门，其支出的报销仍要通过集团财务部门的审核，现金收入必须集中到集团财务部门，超出范围和标准的支出必须经过相关授权和批准。

3. 内部银行

设立内部银行，把一种模拟的银企关系引入到集团内部的资金管理中，各分公司与集团是一种贷款管理关系，内部银行成了结算中心、货币发行中心、贷款中心和监管中心。各分公司之间的现金收付和结算事项均通过内部银行统一开立账户办理，一般不对外进行；各分公司在内部银行开立存款账户和贷款账户，实行存贷分户管理，经营收支两条线。分公司在财务上有独立财权，对贷款有权按用途自行安排使用，内部银行本身也实行银行化管理，建立贷款责任制，强化资产风险管理，实行相对独立的核算，自负盈亏。

4. 结算中心

结算中心通常是由集团企业内部设立的、办理各成员或分公司现金收付和往来结算义务的专门机构。它通常是设立于集团总部下的职能部门，是一个独立运行的职能机构，代表集团企业统一结算、筹措、管理、规划、调控资金。

5. 财务公司

集团企业财务公司是支持发展大公司、大集团战略的产物，最早出现于西方资本主义国家。现在，我国也已出现十年有余，其机构数量及资产规模均较初期有了很大发展。财务公司是一种经营部分银行业务的非金融机构，主要担负着集团公司的理财任务，还负责经营抵押放款、外汇、联合贷款、包销债券、不动产抵押、财务及投资咨询等业务。具体包括：通过在集团企业内部转账结算等加速资金周转，解决集团内部中间产品购销两方面的问题，通过在集团内部担保、资信调查、信息服务、投资咨询等为集团企业各单位提供全方位服务；运用同业拆借、发行债券及新股、外汇及有价证券交易等手段，为集团开辟广泛的融资渠道；将集团暂时闲置的资金投向高效的产业和行业，或者用于集团自身发展的项目，使资金效率最大化。

财务公司是一个独立的法人企业，与其他企业的关系是一种等价交换的市场竞争关系，因而财务公司也行使对子公司和对投资项目资金使用的监控功能。集团设立财务公司是把一种完全市场化的企业与银企关系引入到集团资金管理中，使得集团各子公司具有完全独立的财权，集团对各子公司的现金控制通过财务公司进行。这种约束是建立在各自具有独立的经济利益基础上的，集团公司经营者（或最高决策机构）不再直接干预子公司的现金使用和取得。

三、应收账款管理

应收账款管理是跨国公司流动资产管理的重要组成部分，因公司对内或者对外销售产品、提供服务而产生。跨国公司应收账款数额巨大，受各种因素影响，管理不当更容易发生坏账，因此需要特别重视。应收账款管理的主要内容有：

1. 信用评估

跨国公司在决定销售方式之前，必须对客户的资信状况进行全面调查，只有对资信状况较好的企业，才能提供商业信用。经验法和客观法是企业评估信用的两种基本方法。信用5C法基于经验法，包括客户信用的五个方面，即品质（character）、能力（capacity）、资本（capital）、抵押（collateral）和条件（condition）。信用评估模型基于客观法，通过运用成熟的统计模型分析顾客的付款记录，以便对顾客进行信用评级。通过对新、老客户进行信用分析，可以判断其能否取得商业信用以及以何种条件取得，进而确定信用标准、信用期限、现金折扣标准等，最终争取使跨国公司在减少应收账款持有成本与避免坏账损失的同时，不影响其销售规模，从而实现更高的利润和流动性。

2. 交易币种的确定

交易币种的确定包括选择出口商货币、选择进口商货币、选择第三国货币。一般来说，出口商愿意选择硬币，而进口商愿意选择软币。

3. 付款条件的确定

一般来说，交易币种比较坚挺、购货方资信等级较高、东道国政治状况平稳、企业自身资金状况良好，则应收账款期限可以长一些；若情况相反，应收账款应尽早收回，以减少企业损失。

4. 应收账款的让售和贴现

应收账款让售是指企业将应收账款出售给银行或者其他机构，立即收到现款。虽然企业在让售中要付出一定代价，但自身免去了坏账的风险。应收账款贴现是指将应收账款作为抵押品，如果贴现人到期不能兑现，银行以应收账款回收额抵充，企业在急需资金时可以考虑这一途径。

四、存货管理

存货包括原材料、半成品、成品和包装物等，主要为生产产品和销售产品提供供应。存货往往在企业流动资产中占有较大比重，而且流动性很差。与国内企业相比，跨国公司的存货管理要比国内企业复杂得多，因为存货的转移要跨越国界，运输时间长、成本高、风险大，购置或销售采用离岸价与到岸价结算，导致成本或收入差别很大、汇率波动普遍存在等等。这些因素都会给存货管理带来新的问题。跨国公司存货管理的目标是降低存货成本。

存货成本包括订货成本、存储成本、缺货成本。

订货成本是指企业为组织进货而产生的费用，如与材料采购有关的办公费、差旅费、运输费、检查费、入库搬运费等。存储成本是指企业为持有存货而发生的费用，主要包括存货资金占用费或机会成本、仓储费用、保险费用、存货霉变损失等。缺货成本是指因存货不足而给企业带来的损失，包括由于材料供应中断造成的停工损失、成品供应中断导致延误发货的信誉损失及丧失销售机会的损失。

存货管理的目的在于，在保证企业生产经营正常运行的前提下尽量减少库存、防止积压，关键在于确定每个时点的最佳存货数量。

（一）存货经济批量模型

存货经济批量模型是目前大多数企业最常采用的货物定购方式，该模型适用于整批间隔进货、不允许缺货的存储问题。企业每次订货的数量多少直接关系到库存的水平和库存总成本的大小，因此企业希望找到一个合适的订货数量，使它的库存总成本最小。存货经济批量模型能满足这一要求，即通过平衡采购进货成本和保管仓储成本，确定一个最佳的订货数量来实现最低总库存成本。

假设 Q 为经济进货批量，A 为某种存货年度计划进货总量，B 为平均每批进货费用，C 为年度单位存储成本，P 为进货单价，则

$$\text{经济进货批量}(Q)=\sqrt{\frac{2AB}{C}}$$

$$\text{经济进货批量的存货相关总成本}(TC)=\sqrt{2ABC}$$

$$\text{经济进货批量平均占用资金}(W)=\frac{PQ}{2}=P\sqrt{\frac{AB}{2C}}$$

$$\text{年度最佳进货批次}(N)=\frac{A}{Q}=\sqrt{\frac{AC}{2B}}$$

（二）存货供应时点控制

把握存货供应时点也是企业降低成本的重要环节：如果提前订货，必定加大存储成本；如果延迟订货，又可能导致存货短缺，加大缺货成本。

安全存储量=(预计每天最大耗用量－平均每天耗用量)×订货提前天数
再订货点=平均每天耗用量×订货提前天数+安全存储量
订货提前天数=从企业下订单到货物入库所用的天数

（三）存货超量储备决策

尽管国内企业存货经济批量模型仍然是国际企业存货购置决策的理论基础，但许多在生产过程中依赖进口原料或半成品的企业仍会经常保持远高于最优水平的存货量。这种现象称为存货的超量储备。其主要原因包括预期生产所在国货币贬值、担心通货膨胀、担心原材料短缺等等，同时，国际企业对于各个子公司因存储存货而占用资金损失的利息通常不予计算，这也给存货的超额储备提供了激励。

(1) 地方货币贬值。如果子公司主要依赖进口建立存货，在预期当地货币贬值的情况下，应提前大量购置存货，因为地方货币贬值以后，进口成本会大大增加；如果子公司主要从当地购置存货，在预期当地货币贬值的情况下，应尽量降低原材料、半成品的存货水准，因为贬值发生后，会大大减少以母公司本土货币标价的当地存货的价值。

(2) 通货膨胀。流动资金的基本结构是将现金用于购买或者制造存货，然后销售出去转为应收账款，这些应收账款在以后的周期内以现金形式逐渐被收回，连续的经营运转依赖于稳定的现金流入。而在高通货膨胀国家，企业很难做到这一点。因为企业本身的经营就非常困难，并且由于企业账面利润的增加，因而所需交纳的所得税提高，但企业新的存货周期成本以及设备改良成本大大提高，导致现金流以后的短缺。缺乏对通货膨胀的警惕性，将会给企业带来一定的财务风险和投资风险，因此对跨国公司母公司而言，有两种方案可供选择：第一，每年都抽取额外的现金，不论原始财务报表是否表明该子公司盈利；第二，以高于通货膨胀率的比率提高销售价格。后者往往不可行，因为这样做会受到东道国政府的惩罚或者市场的不接受。

(3) 预期价格冻结。如果当地通货膨胀现象严重，地方政府往往会采取价格冻结的做法。如果预期当地政府会实行物价冻结，那么在进口存货时应制定较高的以当地货币计价的进口商品价格；在实际销售时，采用折扣的方式降低实际售价。

(4) 自由贸易区。自由贸易区源于以前的自由贸易港，港内的零售商或者制造商可以部分或完全免征关税，过去一般位于海港码头，那里的货物免征关税，直到货物被销往全国各地时才征收关税。现在的自由贸易区有三种类型：第一种类型，如前所述，它可能是一个商品的卸货地，以待随后销往国内。例如，丰田汽车在洛杉矶港的储货区，公司可以在区内存放大量的样品，直至经销商将它们从区内进口到美国进行销售。第二种类型，在自由贸易区内进行零部件组装，然后再销往国内。例如，梅赛德斯在亚巴拉马州的组装线，这是由于零部件的进口关税低于整车，这样有利于为进口国创造更多的就业机会。第三种类型，完整的旗舰式制造中心，如马来西亚的槟榔屿和马达加斯加，其大部分产品用于出口到国外。

五、流动负债管理

流动负债又称短期融资，是指需要在一年或者超过一年的一个营业周期内偿还的债务，主要包括短期借款、应付账款、应付职工薪酬、应交税费及应付股利等。从性质上讲，流动负债是用于满足企业短期资金需求的融资方式。

虽然流动负债的形式多样，各流动负债之间也有差别，但与长期负债相比，它们普遍具有速度快、弹性高、成本低、风险大的特点。因此，较多地使用流动负债，会导致较高的收益和较大的风险；较多地使用长期负债，则会导致较低的收益和较小的风险。特别是由于流动负债需要在近期偿还，它直接影响企业一系列的流动性和偿付能力指标的高低，也影响着企业的信誉。因此，必须加强流动负债管理，使企业保持良好的筹资能力。

（一）自然融资

自然融资是企业在生产经营过程中自发形成的资金来源，主要包括应付票据、应付账款、预收账款和应计费用等。它的优越性在于容易取得，因为不需办理任何融资手续，几乎没有成本，对企业的限制也较小。但不足之处在于期限较短，企业筹资的主动性较小。

应付账款是一种短期免息贷款，且在一定程度上可以延期。在比较发达的市场经济中，绝大多数购买者都不需要在收到货时就付款，供货商常常给予购买者一定的商业信用。因此，应付账款是企业短期筹资中最具诱惑力的短期资金来源，但企业不能滥用应付账款，否则会加大企业的债务负担，增加短期财务风险，影响企业信誉。此外，供货商为了保证款项的及时收回，往往提供现金折扣，作为鼓励购买者及时付款的优惠措施。此时，企业应将现金折扣与规定付款期限内的资金投资收益进行比较，并做出决策。一般情况下，放弃现金折扣对企业来讲是不划算的。

应付票据与应付账款类似，区别在于商业票据对于付款时间的要求更为严格。

预收账款是卖方企业在交付货物之前向买方预先收取部分或全部货款的信用形式。这相当于卖方借用资金后用货物抵债，一般用于生产周期长、销售成本高的货物。一般来说，企业不将其作为短期资金的主要来源。

应计费用一般包括应付职工薪酬、应交税费、应付股利和预提费用等。这些项目都已经发生但还没有支付，使得企业可以得到短期资金融通的机会。应计费用是一种无成本的融资方式，但对一般企业来讲，这些项目的资金总额相对较少，而且部分项目时间较短，尤其是应付职工薪酬，若过分延迟工资的发放，会引起职工的不满，对企业产生很大的消极作用。因此，企业周转利用这部分资金的操作难度较大，可能性不大。

（二）借款

除自然融资外，企业还可以通过协议融资筹集资金。协议融资主要包括短期借款、信用证和向社会公众发行应付短期债券。信用证主要适于从事国际贸易业务的企业，应付短期债券则只适于规模大、信誉好的企业。因此，一般企业主要向银行和其他非金融机构借入短期借款，作为短期融资来源。同时，金融机构针对企业营运资金周转过程中需要的不同层次、不同用途的资金提供了不同的金融产品，主要包括周转信贷、临时贷款、科技开发贷款、专项贷款、买方信贷等。企业可以根据不同的需要向银行申请不同形式的贷款。

■第六节　跨国公司税收管理

一、跨国公司税收管理

跨国公司税收管理是指跨国公司利用各国税法制度的差异、国际税收协定、税法制度本身存在的漏洞和真空，采取变更经营地点或转移收益等种种不违反税法规定的方法，进行财务管理和税务筹划，以规避或尽量减轻国际纳税义务。其基本目标是跨国公司价值最大化。

跨国公司在进行国际税收评估时，需要考虑以下国家特征：公司所得税、预提税、前转和后移条款、税收协定、税收抵免。

实现上述基本目标的思路，如图 8—4 所示。

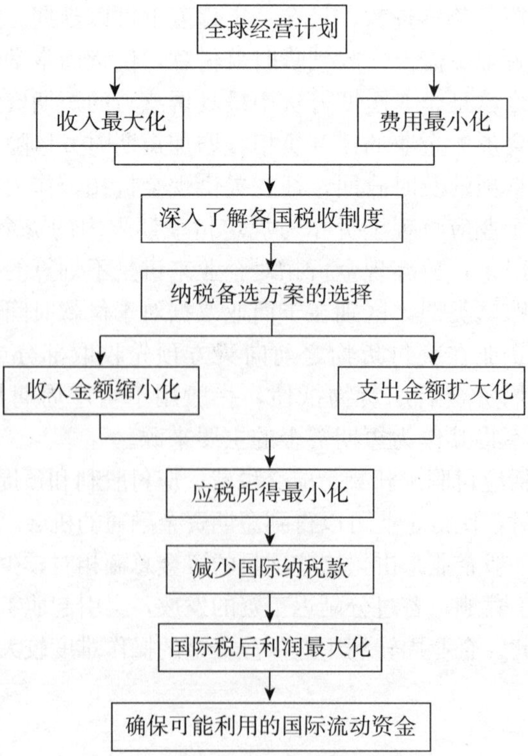

图 8—4　跨国公司税收管理思路

二、国际双重征税及豁免

（一）国际双重征税

国际双重征税是指两个或两个以上的国家对同一纳税人的同一项收入重复征收所得税的经济行为，它伴随着国际税收的出现而产生，主要出于以下原因：

1. 各国税收管辖权

当今世界上的税收管辖权有两种：收入来源地管辖权和居民（公民）管辖权。收入来源地管辖权是国际法中属地原则在国际税收上的反映，认为收入来源国有权对发生在该国疆界范围内的所得征税，即收入来源发生在哪个国家，就由哪个国家征税。居民（公民）管辖权是国际法中属人原则在国际税收中的反映，认为只要是本国居民或公民取得的，不论其来自境内或者境外，所在国均有权对其征税。管辖权是引起双重征税的重要原因：一个跨国纳税人可能同时是两个国家的居民，这样会因双重居民身份引起双重征税；一个跨国纳税人的收入来源在一国，而常设机构在另一国，这样也会引起双重征税。如果我们假设世界各国都统一使用一种税收管辖权，而且管辖权的范围规定一致，那么管辖交叉引起的双重征税自然就不复存在。如果全世界统一实行居民（公民）管辖权，发达国家将会十分满意，因为发达国家的居民拥有全世界的绝大部分收入，而发展中国家将丧失本国境内的大量外国公司的税收利益。如果全世界统一实行收入来源地管辖权，发展中国家将会十分满意，因为引进外资和技术而实现的税收利益没有外流，但发达国家会坚决抵制，因为它们失去了直接投资的税收利益，影响了以后资本和技术输出的积极性。因此，在现实中，这两种税收管辖权是长期并存的，各国只能积极寻求消除国际双重征税的途径。

2. 各国所得税税制的普及

所得税创建至今仅有200多年的历史。19世纪末，全球实行所得税的国家为数不多，除了创建国英国以外，只有意大利、印度、日本等几个国家，因此国际双重征税仅是个别现象。到了20世纪第一次世界大战后，各国纷纷进行以所得税为主体的税制改革，所得税征收范围不断扩大、税率不断提高，在各国税收中所占的比重也不断上升。这使得国际双重征税的范围和严重程度大大加深。

（二）国际双重征税的影响

国际双重征税将会给国际经济发展带来不利的影响，阻碍经济生活国际化的进程。

1. 违背了税负公平的原则

对于国际企业来说，一项所得只应承担一次纳税义务，但国际双重征税却是纳税人同一项所得多次被征税，造成同等地位的纳税人在税收及相关范围内处于不同等的竞争状态，这不利于跨国公司和国内企业的公平竞争。

2. 加重了纳税人的负担

同一项所得被双重征税后，跨国公司的税后所得必然减少，其进行国际经济和技术合作的积极性受挫，从而严重阻碍经济全球化的进程。

（三）国际双重征税的豁免

目前，国际上消除国际双重征税的基本方法有三种：抵免法、免税法和扣除法。其中，抵免法最为普遍。

1. 抵免法

抵免法是指承认收入来源地管辖权的优先地位，但并不放弃行使居民（公民）管辖权。对居住在本国的跨国纳税人来源于国外的所得向外国政府缴纳的那部分所得税，允许在居住国缴纳的税收中，给予一定的税收抵免。由于抵免法在较好地处理了国际税收关系的同时，还维护了居住国的正当权益，消除了双重征税，因此被世界上大部分国家采用。其计算公式为：

居住国所得税＝居民总所得×适用税率－允许抵免的已交来源国税款

2. 免税法

免税法是指承认收入来源地税收管辖权的独占地位，对居住在本国的跨国纳税人来自于外国并已由外国征税的那部分所得，完全放弃行使居民（公民）管辖权，从根本上消除重复征税。目前，国际上对国外来源收入实行免税的国家不多，主要有两种类型：一是只行使收入来源地管辖权的国家或地区，如巴拿马、中国香港、阿根廷、委内瑞拉等，以实行“避税地”模式的国家或地区为主；二是兼行两种税收管辖权，但对国外所得实行限定条件的免税，如在法国，其限定条件是纳税人必须把其在国外纳税后的全部所得汇回本国，并在股东间进行股息分配。

3. 扣除法

扣除法是指居住在本国的跨国纳税人在收入来源国缴纳的所得税被看做一般的费用支出，在计税所得中扣除。其计算公式为：

居住国应征所得税＝(居民总所得－国外已纳所得税)×适用税率

但是，居住国实行扣除法，不能完全免除由于税收管辖权重叠造成的双重征税，只能起到一定的缓解作用。究其原因，居住国并未完全承认收入来源国行使收入来源地管辖权的优先地位，只承认了一部分，因此国际双重征税问题不能得到彻底解决。

三、国际避税

跨国公司应善于利用各国税收法律的差别、税法制度本身存在的漏洞和真空、国际税收协定，采用合法或者不违法的手段，进行财务管理和税务筹划，以规避或尽量减轻国际纳税义务。跨国公司常见的避税方法包括以下五种。

（一）利用非常设机构

国际税法普遍承认收入来源地管辖权优先，即对跨国纳税人征税，收入来源国先行课征税款，随后居住国才能征税。按照国际惯例，所得来源国对于非居民纳税人在其境内营业所得的课税，以其有无常设机构作为判断的依据。所谓常设机构是指跨国纳税人在某国成立的并具有确定地点的生产经营场所。在《经合范本》中规定，只要一国非居民纳税人在一国中行使签订合同、接受订单的权利，就可以认定非居民纳税人在该国设有常设机构。常设机构的避税作用主要体现在跨国公司可以让非常设机构承担常设机构的活动。例如，西班牙一家服装公司在法国建立一个机构，负责为母公司搜集当地纺织服装的信息，此类搜集信息和情报的机构为非常设机构，不承担纳税义务。然而，该机构在实际运作中可以为母公司承担有关借贷和订货合同的谈判及协商，只是其未在合同或者订单上签字，因而当地部门没有权力对其征税。

常设机构是否存在及其认定是当今国际税收的重大难题之一，近年来的电子商务给常设机构的认定带来巨大困扰，因为传统认定以地理位置为依据，而电子商务却难以确定常设机构的所在地。

（二）选择有利的海外组织形式

跨国公司从事海外投资，其组织形态一般划分为子公司、分公司、办事处等模式。其中，子公司与母公司相对应，是按照东道国公司法的规定，在当地注册成立的独立法人组织；分公司则是总公司的一部分，受总公司管辖，并非独立的法人组织，是在东道国设立的分支机构，见表 8—6。

表 8—6　　海外分公司和海外子公司的区别

项目	海外分公司	海外子公司
设立及其退出程序	设立较为简便，东道国许可即可设立或者退出	设立手续较为复杂，遵从东道国公司法
最低资本额	一般无最低资本额投资限制	东道国一般根据不同行业的特点，设置最低资本额投资限制
法律责任	为总公司的一部分，业务上的任何法律诉讼，其诉讼效力及于总公司	为独立法人，依据其出资额承担有限责任，除非母公司有担保协议，否则母公司不为子公司之行为承担连带责任
融资能力	融资必须由总公司出面担保，发生纠纷会涉及东道国法律、总公司所在国法律甚至国际法，因此债权人放款时应相当谨慎，过程非常复杂	为独立法人，只需以自有资产办理抵押手续，即可放款，因此融资能力较强
分摊总部费用	为总公司的一部分，允许分摊总公司的管理费用，以降低所得税负担	具有独立的法人资格，无法分摊母公司费用
盈余汇出限制	分公司将利润汇回总公司，视为分、总公司之间营运资金往来，不需办理所得来源国扣缴税款	子公司将股利汇回母公司时，将被所得来源国扣缴税款
税款缴纳时间筹划	分公司必须将损益并入总公司合并申报纳税	子公司为独立法人，母公司在收到汇回股利时才需申报纳税，据此，子公司可以选择不发放股利，以达到延迟纳税的好处

续前表

项目	海外分公司	海外子公司
转移定价操作的便利性	分公司为子公司的一部分，其内部转移定价操作与调整极为方便	独立法人之间转移定价，影响两国关联方企业课税，容易引起各国的反避税制裁，一笔不合规交易常常被两国调整，风险大
行销能力	没有东道国国籍，产品行销容易受到东道国政治经济等诸多方面的限制	具有东道国国籍，比较容易进入东道国市场，行销能力较强

资料来源：李涛、余中福、何平林：《跨国财务管理理论与实务》，北京，水利水电出版社，2007。

（三）利用转移定价

转移价格是指国际企业从其总体经营战略目标出发，为实现公司利润最大化而制定的用于结算公司内部的母公司与子（分）公司、子（分）公司与子（分）公司之间购销产品或提供服务的价格，这种价格通常不受市场供求关系的影响。跨国公司在进行财务管理时，可以人为操纵有形资产或者无形资产的转移价格来逃避国际课税，通常使用高进低出、低进高出的策略，促使公司全球利益最大化，这就是转移定价。根据中央财经大学刘桓教授的研究，国内跨国公司60%～70%都不同程度地存在转移定价行为。根据普华永道会计师事务所估计，30%在华跨国公司从未交过所得税，80%的跨国公司逃税、漏税，40%的外资亏损企业虚亏实盈。根据国家税务总局估计，跨国公司每年通过跨国避税给中国造成的损失在300亿元以上，而这其中就有60%以上使用转移定价策略。

1. 转移定价的目的

（1）转移利润，规避外汇管制，减轻公司国际税收。母公司可以高价出售产品给别国子（分）公司，同时，以低价购进其产品，达到国外子公司利润回流，躲避子公司所在国利润汇回的管制。同时，如果子公司所在国所得税税率比母公司高，通过子公司所在高税率国少缴税、母公司所在低税率国多缴税，实现全球税收负担的减轻。

（2）提高产品在东道国的竞争力。利用转移定价，母公司可以按较低价格将产品卖给别国的子公司，使子公司在当地的竞争中拥有价格优势，从而达到提高市场占有率、扩大公司国际地位的目的。

（3）绕开关税。由于关税的存在，使得国外产品进口成本增加，压低了子公司的获利空间。跨国公司通过转移定价，可以绕开东道国关税的障碍，将商品和服务转移，增强子公司市场竞争力。此外，一些跨国公司还利用转移定价策略倾销商品，打压当地企业。

（4）规避外汇风险。当东道国货币预期贬值时，母公司利用转移价格将子公司利润尽快转移，避免汇率波动给公司带来外汇风险。

2. 转移定价的主要形式

（1）实物交易。实物交易中的转移定价包括原材料、半成品、产成品、固定资产等，这是目前转移定价中使用最频繁的一种方式，主要采取高进低出或者低进高出的策略，借此实现利润转移、税收减轻。

（2）劳务转移。劳务转移定价主要存在于境内外关联企业间相互提供劳务或租赁服务中，采取高报、低报甚至不报劳务费用，有的跨国公司将境外企业发生的庞大的管理费用摊销到境内公司，借以转移利润、规避税收。

（3）资本拆借。资本拆借主要是指关联企业之间资金借贷中采用的不正当定价，通过自行提高或降低利率，在跨国公司内部重新分配利润。

（4）无形资产转让。无形资产转让包括专用技术、注册商标、专利等无形资产转让。关联企业间的非专利技术和注册商标使用权的转让，由于其价格确定存在极大的困难，无可比市场价格，因此跨国公司利用无形资产转让的转移定价更为隐蔽，不易受到东道国或者母国的惩罚。

（四）利用避税港

避税港又称避税地、避税天堂和避税绿洲，是指那些可以被人们借以进行所得税或财产税国际避税活动的国家或地区。

1. 避税港常见分类

（1）完全不征收任何直接税的国家或地区，主要是不征收所得税、财产税、资本利得税等税种，如巴哈马、开曼群岛、摩洛哥、百慕大。

（2）低税率国家或地区，主要是对直接税课以较低税率，如维尔京群岛、奥地利、安迪加。

（3）豁免外国所得税款地区，主要是对本国所得课征部分直接税，对于境内的外国经营活动所得免税或者课以较低税率，如中国香港、巴拿马、列支敦士登。

2. 避税港主要特征

（1）较多的税收优惠。

（2）金融与商业资料的保密。大多数避税港都在法律上严禁泄露与避税港有来往的任何信息，使得他国难以了解其纳税人与避税港来往的真实情形。避税港还禁止本国或者外国税务人员调查银行账户，虽然有些避税港与其他国家签订了有关税收协定，协定中有税务咨询交换的相关规定，但外国税务当局仍无权调查银行账户资料。

（3）对非居民纳税人免除外汇管制或者完全免除外汇管制。

跨国公司通常都会在避税港设立子公司，将股票、债券等能带来收益的资产以及无形资产转移至在避税港建立的子公司，这些资产所带来的收益保留在避税港子公司，从而躲避了在居住国所要交的高额税金。这些收益或者借给母公司，或者再次进行投资，保证跨国公司国际税负的减轻。同时，避税港当地往往银行、保险业发达，当地政府为企业提供严格的隐私保护，没有外汇管制，也为跨国公司提供了良好的金融环境。

（五）利用离岸金融中心

根据英国学者理查德·罗伯茨（Richard Roberts）的研究，将金融中心划分为4个层次，包括国内金融中心、地区性金融中心、离岸金融中心、全球性国际金融中心。其中，离岸金融中心是指经营可自由兑换货币、交易发生在货币发行国境内或境外、在非居民间进行、基本不受市场所在国法规和税制限制，同时享受一定优惠待遇的独立的自由交易中心，离岸金融中心为国际资金融通活动提供中介服务，一般与中心所在国国内金融体系无联系或联系很少。相较其他三类金融中心而言，离岸金融中心金融服务辐射的层面比较复杂，并不属于国内、地区和全球这个地理分类范畴，各项金融业务的开展在很大程度上并不依托该中心的实体经济发展状况，并且与全球性国际金融中心和区域型金融中心相比，其在税收制度和监管环境等方面更为宽松。

国际离岸金融市场最初集中于欧洲地区，以伦敦为中心。20 世纪七八十年代以后，以开曼群岛、巴哈马群岛等为代表的避税港型离岸金融中心逐渐崛起。根据世界银行 1999 年的统计，全球范围内离岸金融中心的数目已达 69 个，其中避税港型离岸金融中心占据了半数以上，在国际离岸金融市场结构中处于重要地位，见表 8—7。据估算，目前世界货币存量的 50%通过离岸金融市场周转，约 20%的私人财富投资于离岸金融市场，银行资产的 22%投资于离岸金融市场。在经历了 20 世纪 70—80 年代中期的快速增长后，避税港型离岸金融中心的发展速度有所放缓。同时，20 世纪 80 年代以来，由于美国和日本相继建立了离岸金融市场，世界主要金融市场在税收、管理制度、优惠政策和法律环境等方面逐步融合在岸和离岸金融市场，使得金融业务重新向纽约、伦敦、东京等传统功能型国际金融中心和中国香港、新加坡等新兴功能型金融中心回归。避税港型离岸金融中心的跨国资产和负债在世界离岸金融市场中的份额出现了较大幅度的下滑。

表 8—7　　主要离岸金融中心的全球分布

非洲	亚太地区	欧洲	中东	美洲
吉布提	澳大利亚	奥地利	巴林	阿鲁巴岛
塞舌尔	库克群岛	安道尔	迪拜	巴哈马
丹吉尔	瑙鲁	卢森堡	以色列	巴巴多斯
利比里亚	纽埃岛	马耳他	科威特	伯利兹城
毛里求斯	菲律宾	摩纳哥	黎巴嫩	开曼群岛
	新加坡	荷兰		百慕大
	关岛	俄罗斯		波多黎各
	中国澳门	瑞士		乌拉圭
	瓦努阿图	塞浦路斯		格林纳达
	西萨摩亚	泽西岛		巴拿马
	日本(JOM)	直布罗陀		安提瓜岛
	中国香港	匈牙利		安圭拉岛
	马来西亚（纳闽岛）	根西岛		哥斯达黎加
	马里亚纳群岛	列支敦士登		多米尼加
	马绍尔群岛	马德拉群岛		凯科斯群岛
	密克罗尼西亚	英国（伦敦）		英属维尔京群岛
	泰国(BIBFS)	爱尔兰（都柏林）		蒙特塞拉特岛
	新德里	海峡群岛		荷属安的列斯群岛
		萨克和马恩岛		美国（IPFS）
				圣基茨和尼维斯
				圣卢西亚
				圣文森特和格瑞纳丁
				特克斯和凯科斯群岛

资料来源：国际清算银行；IMF Staff；Ghosh and Ortiz（1994），Cassard（1994），Doggart（1993）；U. N. Office for Drug Control and Crime Prevention（1998）。

离岸金融中心是提供国际金融新型融资方式的场所，其业务范围几乎涉及当代金融的每个领域：

1. 国际银行业务

国际银行业务作为离岸金融业务最大的组成部分，涵盖了传统的存贷款和贸易融资等银行业务，包括短期资金的拆借、中长期资金借贷以及辛迪加贷款等业务。此外，像百慕大这样的离岸中心还将银行业务领域拓展到投资管理及相应的附属服务。当然，真正对这些金融机构富有吸引力的地方还在于其离岸市场自由的金融制度和优惠的金融税收政策。

2. 证券业务

离岸市场发行证券的主体进入条件比较自由，诸如利率、发行单位的资信等级（按国际惯例，发行公司债的最低等级由各国国内的债券市场决定）、担保抵押、货币种限、偿还方式等发债条件基本自由制定，而且通常公司债免交利息预扣税。国际商务公司作为离岸证券化的有效载体，以其低廉的成本优势和优惠的税收便利赢得了众多跨国公司及金融机构（特别是投资基金）的青睐。

3. 避税业务

一些金融机构在离岸金融中心建立了离岸公司、信托和基金，跨国公司在离岸金融中心设立子公司，可以充分利用离岸金融中心优惠的税收政策，实现国际税收最小化。

4. 保险业务

对于跨国公司在海外投资，若它在母国参加保险，则需支付高额的保险费用，而且保险公司在国内的总公司和国外的分公司均受到所在国的限制。因此，许多保险公司在离岸市场专门建立从事海外投资保险业务的专业保险公司，用以扩大保险分保、再保险分保的业务范围以及降低保险费用。当然，这与离岸金融中心提供的优惠税收不无相关。

5. 其他业务

各类非银行金融机构，如控股公司、投资公司、金融公司、信托公司、船舶公司以及不动产公司在离岸金融市场可以经营投资信托、共同基金、不动产投资等金融业务。

四、国际主要避税港①

（一）开曼群岛

开曼群岛由三个岛屿构成，位于迈阿密及佛罗里达以南 237.5 公里，牙买加西北 90 公里，总人口 25 000 人，官方语言为英语，货币为开曼元（开曼元兑美元为 1∶1.2）。开曼群岛为英国殖民地，由英女皇委任总督总领行政会主持国会。开曼群岛的国际声誉日益提高，尤其在亚洲受到跨国公司的欢迎，因其是中国香港证券交易

① 参见崔学刚：《国际财务管理》，北京，机械工业出版社，2009。

所仅有的两个获准上市的离岸法区之一。

开曼群岛的公司一般分为三类：当地营业公司、非居民公司、豁免公司。其中，豁免公司主要被各国企业、个人用来做财务方面的规划，公司的最低注册资本额为50 000美元，中国香港及新加坡股票交易市场接受开曼群岛注册豁免公司到当地股票交易市场挂牌交易。开曼群岛仅次于百慕大，也是世界主要的保险业务中心。

开曼群岛唯一的税项为印花税，即任何转让或按揭房地产均需交付印花税，没有利润税、财产税；没有附加条例限制贸易发展；没有外汇管制；公司类型为豁免公司的名称，无需加“有限”结尾；保密性良好，公司相关信息被视为商业机密，任何人如果披露该信息或者试图获取该信息或通过非法途径获取了该信息都将触犯刑律。

（二）英属维尔京群岛

英属维尔京群岛位于大西洋和加勒比海之间，面积153平方公里，主要支柱产业是旅游业和金融服务业，是政治、经济和贸易环境非常稳定的地方。在英属维尔京群岛，各企业受到政府的隐私保护，一个人可以完全拥有一家有限公司，仅对直接税征收较低税率，在境外的投资所得全部免税。岛内企业可以在世界各地开立银行账户，无须递交财务报表和举行周年董事及股东会议，无须委任当地居民作为董事。但是，在当地经营需要避开以下情形：不可在当地从事任何投资交易，不可从事信托、银行、保险等其他中介业务，不得在当地作为其他公司代理人及提供注册地址。

（三）巴拿马

巴拿马共和国位于中美洲哥斯达黎加及南美洲哥伦比亚之间，面积大约77 000平方公里，人均国民收入为2 509美元，香蕉种植业发达。巴拿马第二大城市哥朗市的哥朗自由贸易区是继中国香港之后世界最大的免税区。巴拿马政府要求离岸公司的最低注册资本为10 000美元，公司名称必须含有“有限责任”意思的字样；除非经过特许，公司名称不能出现银行、信托、共同基金、保险等字眼。巴拿马采用属地主义原则征税，离岸公司只要在巴拿马当地没有任何营业行为，不用缴纳税收，即使跨国公司在当地设立办公室，进行全球财务运作，只要不含巴拿马境内利润亦无须课税。因此，巴拿马吸引了众多跨国公司在此设立财务机构。

（四）百慕大群岛

百慕大群岛位于纽约东南方1 247公里的大西洋中，是OECD成员国之一，国民收入排名世界第三，仅次于瑞士和卢森堡，当地银行、会计、保险业发达，其再保险业务仅次于伦敦、纽约，居世界第三。百慕大群岛对离岸公司的注册资金要求为12 000美元，公司名称必须含有“有限”字眼，不能含有银行、信托、保险、再保险、投资基金等字眼，必须提供幕后股东数据给政府，政府保证这些数据的私密性，公司在当地必须聘雇秘书或代理，不必缴纳任何税项。

本章小结

1. 跨国公司和国内企业最大的区别，就在于其面对各国不同的国内环境和更广泛的国际环境，将带来许多国内公司不会面临的问题。随着经济全球化的推进，跨国公司在对外贸易、利润转移、国际投资、国际融资等方面都会遇到汇率波动所带来的一系列问题，正确认识、防范和规避外汇风险，是跨国公司财务管理的重要环节。

2. 融资策略是跨国公司经营总体战略的一个重要组成部分。不同的融资渠道和融资方式决定了融资成本的高低，将直接影响跨国公司的经营成本和理财效果，与融资机会相对应的融资风险会影响跨国公司整体的风险水平。融资结构的合理与否，会直接影响跨国公司的后续融资能力，进而影响其成长程度与发展水平。跨国公司对外投资和国内企业投资受大致相同的目标影响，即追求利润的最大化。但是，跨国公司对东道国进行投资，所面临的市场比国内市场有更大的不确定性，存在着更高的风险和更高的交易成本。因此，跨国资本在进行海外投资决策时会追求比在国内更高的利润水平。

3. 当企业成长为大规模、多样化的跨国公司时，子公司和各分支机构日益庞大，业务类型更加复杂多样，资金流量也会相应加大，此时资金的管理和效率变得十分突出。在这种情况下，跨国公司母公司几乎变成了资产管理公司，主要负责管理各个子公司和下属分支机构的投入和产出。跨国公司利用各国税法制度的差异、国际税收协定、税法制度本身存在的漏洞和真空，采取变更经营地点或转移收益等种种不违反税法规定的方法，进行财务管理和税务筹划，以规避或尽量减轻国际纳税义务。

复习与思考题

1. 外汇风险的概念和种类。
2. 跨国公司规避外汇风险的措施主要有哪些?
3. 股权融资和债务融资对跨国公司资本结构的影响。
4. 简述证券组合投资的概念及基本程序。
5. 现金集中管理有哪些优势?
6. 简述跨国公司现金管理的几种模式。
7. 简述抵免法、免税法、扣除法各自的特点。
8. 国际避税港有哪些类型?

第九章

跨国公司文化管理

本章提要

经济的全球化发展使越来越多的企业在跨文化环境中从事经营活动。跨国企业的成功通常在很大程度上依赖于企业管理多元文化的能力。企业文化差异不但影响跨国经营的战略，还影响其经营管理，只有进行跨文化的沟通与管理，企业才能在国际市场上建立起良好的声誉，实现成功经营。本章阐述和分析了跨国公司文化差异与文化冲突、跨国公司文化管理方法与策略、跨国公司跨文化管理与竞争优势等重要问题。

关键术语　文化冲突　跨文化培训　文化多样性　文化相容策略

美国学者戴维·A·利克斯曾指出："大凡跨国公司大的失败，几乎都是仅仅因为忽视了文化差异这一基本的或微妙的理解所招致的结果。"美国著名管理学家德鲁克也认为，国际企业的经营管理"基本上就是把政治上、文化上的多样性结合起来而进行统一管理的问题"。国外管理学家的经验表明，大约有35%～45%的跨国企业是以失败而告终的，其中约有30%是由于技术、资金和政策方面的原因引起的，有70%是由于文化差异引起的。另有调查显示：目前有1/3的著名跨国企业因为跨文化管理不利而面临内部关系紧张的状况。例如，1994年投资的广州标致，由于中、法两国管理人员融合艰难，文化观念冲突难以消除，到1997年时累积亏损到29亿元人民币。

经济的全球化发展使越来越多的企业在跨文化环境中从事经营活动。跨国企业的成功通常在很大程度上依赖于企业管理多元文化的能力。随着世界经济一体化进程的加速，跨国公司在世界经济活动中的作用日益明显。文化因素对跨国经营战略的影响不言而喻，因此跨文化管理问题成为国际化经营管理中的重要课题。

文化差异是影响跨国公司成功管理的主要障碍，如何应对由文化差异引发的文化冲突是跨国公司管理中的重要任务。企业文化差异对跨国经营的影响是多方面的，不但影响跨国经营的战略，还影响其经营管理。只有进行跨国文化的沟通与管理，企业才能在国际市场上建立起良好的声誉，实现成功经营。

小案例

迪士尼的文化遭遇

美国洛杉矶迪士尼乐园的巨大成功，在世界上引起了强烈的反响。日本和法国先后从美国引进了迪士尼乐园，但其经营结果却大相径庭。东京迪士尼从1983年建立开业以来，盈利年年大幅递增，每年吸引游客1 600多万人次，销售总额13亿美元，重返率达到85%。巴黎迪士尼自1992年春建立开业以来，却连续两年严重亏损，上市股票价格直线猛跌，经营惨淡，难以为继。为什么会有如此巨大的差异呢？最根本的原因在于迪士尼在扩张过程中没有注意到当地的文化特点和创新。

巴黎迪士尼乐园的经营危机在某种程度上反映了欧洲文化的一种回归倾向。一些游乐项目都是取材于古老的欧洲童话，如灰姑娘、白雪公主等，但因其与电动化的娱乐融合，形成了鲜明的美国特征，使得欧洲人感到是对自己传统文化的一种亵渎，自然就萌发出一种排外的文化心理。

反观东京的迪士尼，就充分考虑了东方社会的文化传统。乐园内除了辟有浏览观光区，还把各国独具特色的古建筑按比例缩制为“世界一周”。每个民族的游客在游览世界文明的同时，也可面对自己的优秀文化，与自己的祖先开展对话，从而产生出一种自豪感和自信心，达到与自己文化的沟通，与世界文化的协调。这正是进行企业文化创新移植的真正含义和魅力。

■第一节　文化管理

跨国经营的国别障碍主要表现为文化的差异。在引起环境差异的众多因素中，物质形态的因素容易测度，政策和法律透明度也日益提高，唯有文化因素难以捉摸却无处不在、无时不在。文化因素最为根深蒂固，不是短时间内可以改变的。

一、文化的内涵

（一）文化的定义

文化是一个复杂的整体，包括知识、信念、艺术、道德、习俗和其他作为社会成员的人们具有的能力与习惯。从管理的角度来看，文化是将一个社会与另一个社会区分开的人们思维的集体化程序或“思维的软件”。作为一种知识或“思维的软件”，文化为人们提供了结果检验、解释行为、陈述意义、解决问题的思维工具。人类学家曾以各种方式来观察文化，它可被视为某些人群的生活习惯和方式，文化在某种程度上是通过语言和模仿、历代相传的行为模式。在概括了100个关于文化的定义后，人类学家克罗伯（Kroeber）和克拉克洪（Kluckonh）提供了一个最具普遍意义、被广为认同的定义：文化可以有许多明确或模糊的表达方式，可以包含某些特定的行为或传达某种象征意义，因而成为某些人群特有的风格。文化的核心内涵包括传统观念以及与之相应的价值观。一方面，文化系统被认为是过去行为的结果；另一方面，文化系统也将指导人们将来的行为。

因此，文化是：被某些人群中几乎所有成员都认可的价值观；是上一代人试图传递给下一代人的传统；可以约束某些行为，并影响一个人的世界观，如道德、法律和习俗。而管理人员常常将文化看做区分不同人群的集体思维模式，它是影响该人群对外部环境所做反应的群体特征。一般来说，如果人们的生活方式有较大差异，则可以认为他们具有不同的文化背景。

（二）文化的取向

一个社会文化的取向是其社会成员的价值观、态度和行为相互作用的复杂结果。个人是通过群体共有的价值观来表现文化和规范特质的，这些价值观反过来又会影响他们在某种特定场合下对某些行为的态度。个体与群体这种连续不断的相互影响和适应，最终形成了一个社会的文化。

那么，价值观、态度和行为有什么区别呢？首先，价值观。它是个人和群体的某种意愿，它影响人们的生活方式、工作方式以及所有活动的最终结果。价值观既可以存在于人们的潜意识中，也可以随时被人们意识到。因此，价值观反映了人们判断对错的信念或喜好倾向。研究表明，个人的价值可以对一个企业的战略产生影响，而管理人员的价值观可以影响到包括选拔、奖励制度、上下级关系、群体行为、沟通方式、领导艺术和冲突管理模式等组织行为的各个方面。其次，态度。态度是人们价值观的表达形式，它指导人们的行为倾向和情绪反映。态度存在于人与某个客体的关系中。最后，行为。行为是人们活动的表现方式。图9—1可以更形象地表示以上三者与文化的关系。

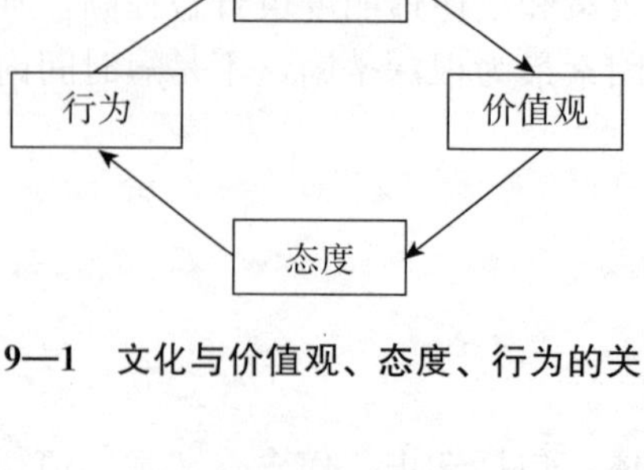

图9—1　文化与价值观、态度、行为的关系

（三）文化的特性

文化之所以可以把不同的人群区别开来，是因为文化有很多特征，这里着重论述与管理有关的特征。

1. 文化的习得性

文化是一种习得的行为模式，即人们通过后天学习及经验获得的。每个人都在一种文化中诞生，他们必须学习如何在这种文化中生活与行动。根据发展心理学的理论，个体价值观及信念大约在10岁左右已经基本形成，而影响个体价值观及信念形成的最重要因素就是作为“文化产品”的家庭、学校与社区。在国际经营与管理过程中，这些习得性的行为模式的共享系统将影响雇员或管理者对于权力、领导、工作团体和伦理实践的感知。

2. 文化的继承性

文化是通过与他人的相互作用而学习得到的，文化通过代代相传的社会化学习过程而得以传播。文化的代代传递现象是社会文化稳定和延续的基本条件，但文化的传递与生物遗传现象具有本质的不同，文化可以在同代之间传递，甚至可以由年轻人传给老年人。文化的学习不仅保证了社会文化的延续，更重要的是它提供了学习的社会环境和人文环境，让个体在学习过程中适应环境。

3. 文化的群体性

文化不是一种个体特征，而是某些群体所共有。如果只有一个人在做某件事，这只能代表他的个体行为。如果一种思想、一种行为或一件事被认为是文化，它肯定为一群人或一个团体的人们所共同接受或共同享有。

4. 文化的约束力

文化总是通过一定的载体来体现的，但文化一旦形成，又有其独立性，不依赖于个人而独立存在。在特定的社会情境中，文化可以直接影响甚至决定人的行为。在人与社会的关系中，文化会成为对个体施加强大约束的力量。但是，文化的约束力并不是否定个体在文化发展中的自由度和空间。一般来说，文化提供了相对宽松的环境，个体在其界限之内有发展的自由度和个体差异，只有在超越这个界限时，才会感受到其约束力。此外，需要指出的是，人类并不是一味被动地受着文化的制约，人在学习文化、适应文化的同时，还在积极地发展和创造文化。

5. 文化的差异性和共性

文化的差异性，即文化的相对性。由于历史条件、自然条件、经济水平、社会制度等的差异，形成了世界上丰富多彩的文化种类。如中国人和美国人的文化不同，中国人崇尚“天人合一”、“以人为本”等，美国人崇尚“平等”、“自我奋斗”、“冒险”等。同在中国，北方人和南方人的文化特点也有不同，北方人粗犷、大气，南方人细腻、婉约等。我们在生活中随处可以感到与另一文化群体的文化差异，如宗教信仰、语言、教育模式等的不同。文化差异是造成跨国公司、合资企业员工遭遇文化困惑、文化震撼的根本原因。

文化差异不仅存在于不同文化单元中，也存在于同一文化单元中。由于个体的教育水平、生活经历、人际关系不一样，个体所接受的文化整合和强化程度不同，对文化的了解和理解就会不同，文化在每个人身上的表现和发展也不一样，因而同一文化单元内会呈现出丰富多彩的性格、行为等。但是，文化的差异性并不否定文化的共性，人类生存环境的有限及人类在生理上的相似，是人类文化共性的基础。

二、文化与管理

（一）文化与管理的辩证关系

美国著名管理学家彼得·德鲁克（Peter Drunk）在《管理学》一书中说，管理不只是一门学科，还是一种文化，有它自己的价值观、信仰、工具和语言；管理是一种社会职能，隐藏在价值、习俗、信念的传统里，以及政府的政治制度中；管理是受文化制约的；管理就是文化。一个特定民族、社会、文化圈的特定文化对管理过程的渗透和反映，就形成了所谓的“管理文化”，它主要是指管理的指导思想、管理哲学和管理风格。

在人的发展过程中，文化扮演着制约的作用。在企业的管理过程中，内化为“企业文化”或“组织文化”的文化也是一种管理的手段：企业文化是用来培训职工、增加凝聚力的良好手段，也是对职工进行激励的动力之一，是企业进行改革创新、适应环境的思想基础，是公司对外宣传、提高声誉的工具。

管理是人类文化的一个组成部分。管理水平的提高，促进了生产力的发展，丰富了文化的内容，如企业文化在一定文化背景下形成，作为一种“亚文化”，丰富了文化的内涵。东、西方管理可以运用相同的管理技术，但其管理思想、管理哲学截然不同，根本原因就在于所依存的东、西方文化不同。从这点上说，世界上不存在最佳的管理方法，只有与文化背景、企业成长情况最佳匹配的管理。

（二）文化对管理影响的主要方面

理查德·M·霍吉茨和弗雷德·鲁散斯根据国际管理学领域中的大量研究成果，总结概括了文化对于管理影响的一些主要方面：

（1）集中决策和分散决策。在一些社会中，公司与政治的所有重要组织决策都是由最高管理者做出的，下属只承担决策执行者的角色，决策具有高度集中化特征；在其他一些社会中，公司与组织的中层与低层管理者被鼓励参与决策，高层管理者常常授权下属进行决策，决策具有高度的非集中化特征。

（2）安全与风险。在一些社会中，公司与组织的管理者在进行决策的过程中尽量回避风险，尤其是在环境具有不确定性的情景下，管理者会感到决策非常困难；在另一些社会中，公司与组织鼓励承受风险，在不确定性条件下进行决策是非常普遍的。

（3）个体奖励与群体奖励。在一些国家中，公司与组织对那些做出突出贡献的个人给予金钱和物质奖励，并鼓励个体之间的竞争；而在其他一些国家中，公司和组织文化的规范要求对群体进行奖励，而不提倡对个体的奖励。

（4）正式程序与非正式程序。在一些社会中，公司和组织在进行沟通或发布命令时，大多通过非正式渠道或程序进行；相反，有的公司也建立了非常严格的正式沟通渠道与指令发布程序，而且必须严格遵守。

（5）高度组织忠诚与低度组织忠诚。在一些社会中，公司和组织里的人们对组织的认同感非常强烈，高度组织认同是获得组织信任、获得提升机会的条件之一；在另一些社会中，人们对组织的认同感非常单薄，对于专业群体的认同感则非常强烈，跳槽是非常正常的事情，雇员的离职率和流动率相当高。

（6）合作与竞争。在一些社会中，公司和组织强调公司与公司之间的竞争，而在一个公司内部则鼓励雇员之间的相互合作，不赞成他们之间的竞争；反之，公司与组织既强调公司与公司之间的竞争，也鼓励内部雇员之间的相互竞争，并对此有针对性地进行奖励。

（7）短期视野与长期视野。在一些社会中，公司和组织常常有短期视野，重视短期利润目标的最大化与组织的效率；而在另一些社会中，公司和组织更强调长期视野，重视组织长期目标的达成。

（8）稳定与变革。在一些社会中，公司和组织强调和鼓励稳定，回避变革；而在另一些社会中，公司和组织则支持和鼓励革新。

小案例

美国企业和日本企业的不同特色

美、日企业由于环境不同、资金来源不同，因此在企业经营策略、工资制度和企业领导人的选拔上都大不相同。例如，美国企业的资金主要来自私人集资和股票市场，其来源不稳定，所以经营中侧重近期利益及资金利用率的提高，在工资制度上看重职工近期表现。日本企业的资金主要来自银行贷款，由于资金来源相对稳定，所以比较侧重长期利益，重视市场渗透和占有率，并采用年功序列制、终身雇用制。美国企业更强调个性，重视个人；日本企业则强调团队精神，主张“内和外争”。

小案例

沃尔玛的“吹口哨工作”

沃尔玛是全球最大的零售企业，其创始人萨姆·沃尔顿也曾是世界首富。沃尔顿的成功有以下两点：一是注重管理人才；二是重视企业文化。沃尔顿曾使用很多方法来营造员工愉快的工作氛围。例如，在每周五早上的“商品会议”和周六早上的“业务会议”上，沃尔顿贯彻所谓的“吹口哨工作”哲学，即营造轻松愉快的会议气氛、调动大家的活力与激情、畅所欲言、集思广益，使每一个人都感到自己是大家庭的一分子。在“吹口哨”中，大家兴奋地探讨和辩论经营思想、管理战略，对各方面的工作提出改进意见。员工的整个工作变得兴趣盎然，生机勃勃。

■第二节　跨国公司文化差异与文化冲突

一、跨国公司文化差异

影响跨国公司文化管理的文化差异因素有很多，主要包括语言、宗教、教育、价值观、风俗习惯等。

（1）语言差异。语言是人们思维的表达，即人类固有文化的表现。语言是人们进行沟通的重要工具，沟通又是企业管理的一大职能。在跨国公司里，如何克服语言障碍，达到准确无误的沟通是相当重要的问题。如总部设在美国加州的一家跨国公司，在加拿大有制造子公司，在中国台湾有一家合资企业，在印度、日本等国有若干销售分公司，这样的公司需要大量的跨语言沟通，包括母公司与子公司管理人员的沟通，母公司与外国合作伙伴的沟通，母公司与外国消费者、销售者的沟通，以及各级公司与所在地政府的沟通。

（2）宗教信仰差异。不同的国家有不同的宗教信仰。在很多方面，宗教信仰会影响人们的生活，如上下班时间、节假日、典礼仪式、食品等。对企业而言，更重要的是，宗教信仰会影响到商机的把握、生产的安排及产品的销售。同时，企业在宗教上所犯的错误是不为当地人所容忍的，因此跨国公司必须重视这些宗教因素，做好各项计划安排，从而进行有效的管理。

（3）价值观差异。不同国家和社会的价值观有着很大的差异，表现在对待自然、人性、人与人、人与社会的态度上，跨国公司必须高度重视这些差异对企业的运营管理所带来的影响。例如，在认为人性善的社会里，容易形成合作与参与这种良好的氛围。又如，一些社会在人与人之间的关系上是一种直线型的关系，权力机构以等级制为基础，这会在一定程度上影响企业的组织结构。

（4）教育水平及方式差异。教育是一国国民接受知识、培养技能的过程。显而易见，一个国家的教育水平决定了该国人民的文化和技能水平。跨国公司在招聘当地员工时提供的培训程度、时间和费用取决于此。

二、跨国公司文化冲突

跨国企业内部的“文化差异”必然导致“文化冲突”。所谓“文化冲突”是指不同形态的文化要素之间相互对立、相互排斥的过程，它既包含跨国企业在他国经营时与东道国的价值观念不同而产生的冲突，又包含在一个企业内部由于员工分属不同文化背景的国家而产生的冲突。

根据各类文化差异的易改变性，我们可以将文化冲突分为正式性文化冲突、非正式性文化冲突和技术性文化冲突三类。

（1）正式性文化冲突是指由于人们的价值观、宗教信仰等为核心的文化差异而引起的文化冲突。价值观具有持久性和不易改变性的特征，它可以确定人们的行为方式和交往准则。美国管理学家彼得斯和沃特曼指出："我们观察的所有优秀公司都很清楚它们主张什么，并认真地建立以及形成了公司的价值标准。事实上，如果一个公司缺乏明确的价值准则或价值观念不明确，我们很怀疑它是否有可能获得经营上的成功。"因此，找到两种文化的结合点，发挥两种文化的优势，可以逐步在企业内部建立起共同的价值观。当员工基于共同的价值观所形成的凝聚力、向心力，为了共同的目标而奋斗时，往往忽视了其他的冲突因素。

（2）非正式性文化冲突来自语言及风俗习惯的差异。语言的差异极大地影响着跨国公司与外部以及跨国公司内部的沟通，而沟通障碍会导致合作的失败。众多跨国公司，尤其是小语种跨国公司，都内部聘有翻译或从外部聘请专家来解决语言问题。但是，当企业进行商业谈判或某项技术开发时，不仅需要语言方面的知识，而且需要专业方面的知识——为了避免严重的翻译失误，有必要对某些核心技术人员进行语言培训。

（3）技术性文化冲突是由于人们所接受的某一专业方面的教育内容不同而引起的工作方式的差异性。例如，不同文化背景的会计人员往往具有不同的工作方式。当然，由于技术人员具有相同的专业背景，这种冲突通过技术知识的学习很容易达成一致，尤其是在加入 WTO 以后，统一的规则会使这种冲突更容易协调。

总之，跨国公司文化管理就是在跨国经营中，对不同种族、不同文化类型、不同文化发展阶段的子公司所在国的文化冲突进行协调和融合，找出超越文化冲突的公司目标，创造出公司独特文化的管理过程，维系不同文化背景的员工共同的行为和观念准则。

小案例

弄巧成拙

一位英国男子为取悦他的中国女友，特地买了一束白色的菊花带到她家。不料，女青年的父亲一见，勃然大怒，把他轰了出去，他感到莫名的委屈。在英国男子看来，白色象征纯洁无瑕，但他根本不会想到，在中国，白色的菊花是用来吊唁死者的。

小案例

为何怠慢了一个埃及客户

加拿大一家重要的高科技生产商和埃及一个公共部门进行深入谈判。副主席保罗·怀特高兴地了解到开罗公司领导将带领一个代表团到多伦多来进行谈判的最后签字阶段。令怀特更高兴的是，穆哈默德·阿穆德博士刚到达就明确地暗示，将要进行的讨论会进展顺利并且结果令人欣喜。毕竟，这笔合同代表了怀特公司目前所进行的规模最大和最赚钱的生意。意识到建立关系的重要性，保罗邀请埃及代表团在著名的豪华宾馆参加一流的招待会和轻松的宴会，并把阿穆德博士视为尊敬的访问者。

阿穆德博士富有魅力、态度和蔼，他到达宴会时，与怀特亲切地握手。几分钟的寒暄后，加方带领重要的客人到一个餐桌旁，上面摆放有葡萄酒、白酒、果汁和软饮料。“阿穆德博士，请随便饮用?”保罗邀请道。

“噢，我现在什么都不想喝。”埃及人微笑答道。两个人愉快地讨论着运动、音乐和其他相互感兴趣的话题，过了一会儿，怀特将客人带到另一张摆有各种美味佳肴的桌旁，他们已了解到阿穆德博士很喜欢吃这些。当阿穆德博士再一次礼貌地说不饿而拒绝时，保罗非常惊讶。更令他不解的是，阿穆德博士早早离开宴会。保罗想知道是哪里出了问题。接下来，在第二天的谈判会上，阿穆德博士态度冷漠而疏远，协议没有一点儿进展。下午，保罗听到埃及公司对他的同事大声抱怨，说在宴会上他们受到了“粗鲁、无礼的接待”，又听到“我坚决不同这样无礼的人做生意”。但是，在代表团离开三天后，保罗还不知道在哪里冒犯了阿穆德博士。

在阿拉伯，要被连续邀请三次才能入席，连续拒绝三次才是真拒绝，而西方人对埃及人的一次客气当了真。

第三节　文化差异对跨国公司的影响

布莱克（J. Stewart Black）和格雷格森（Hal B. Gregersen）在《世界经营人文摘》1996年10月上发表文章，称“全世界的驻外经理都不约而同地发现他们处于两难境地，夹在总公司和当地办事处之间不知所从”。以他们的一家全球性化妆品公司驻吉隆坡的地区经理沃森（John Watson）所处的困境为例，说明总公司和分支机构对待当地文化的不同态度。总公司要求他将新产品系列摆上货架，但马来西亚的消费者并不热衷于这类产品。当地人不喜欢他们的香皂气味，又嫌唇膏太贵。怎样适应当地文化是摆在沃森面前的棘手管理问题。跨国公司管理过程中的文化困境随着跨国经营业务的进一步发展日益明显，以至于如何摆脱这种困境成为跨国公司全球战略的重要组成部分。

美国未来学家奈斯比特在《大趋势》一书中指出：“在日常生活中，随着越来越相互依赖的全球经济的发展，我认为语言和文化特点的复兴即将来临。简言之，瑞典人会更瑞典化，中国人会更中国化，而法国人也会更法国化。”也就是说，在当代全球化的世界里，同时存在着两种不同的趋势：一是人类越来越具有全球化的共性；二是在全球化的世界中，人类越来越坚持保留各自原有文明的特色或个性。

国际文化差异是客观存在的现实，在跨国经营过程中，跨国文化包容显得尤其重要。无视这一客观存在，势必会给跨国公司的经营活动带来困难，甚至最终导致失败。这样一来，就自然引出“跨文化管理”。跨文化管理就是跨国公司在跨国经营过程中，对不同种族、不同文化类型、不同文化发展阶段的子公司所在国的文化采取包容的管理方法，并据此创造出公司独特文化的管理过程。

著名的管理学专家、荷兰文化协作研究所所长霍夫施泰德（G. Hofstede）根据他对 40 个国家的企业工作人员所做的大量问卷调查，从管理心理学的角度将文化定义为在一个环境中人的共同的心理程序。他认为，文化不是一个个体特征，而是具有相同的教育和生活经验的许多人所共有的心理程序。不同的群体、地域或国家的程序互有差异，这是因为他们的心理程序是在多年的生活、工作、教育下形成的，具有不同的思维。可见，文化是一个群体在价值观念、信念、态度、行为准则、风俗习惯等方面所表现出来的区别于另一个群体的显著特征。由于国际公众的文化差异所造成的相互沟通上的困难，一般称为跨文化差异，即母国与东道国之间的文化距离。有调查显示，约 82%的跨国公司的失败是因为跨文化管理失败而导致的。跨文化差异对跨国公司企业经营管理活动的影响是多方面的。

一、企业经营理念

跨国公司内部存在至少两种以上的文化。不同的文化在如何权衡经济效益与社会福利、短期获利与长远发展等问题的时候，会表现出很大差异。例如，美国、德国等国的管理者，他们的经营观念都是围绕市场需求而形成的，重视生产更重视营销，给予员工充分发展的空间，重视横向信息交流并建立信息管理系统；而中国等一些亚洲国家的管理者大多还是停留在注重生产而忽视营销，经营趋于保守，缺乏创新。

二、决策原则

由于文化差异产生信息不对称，经常导致沟通和交流的失误和误解。为保证组织的决策能体现全体员工的希望和要求，作为决策的重要一环，往往在决定之前要征求和听取员工对方案的意见和建议，而缘于文化差异的交流失误使得这一点无法做到。同时，决策方案的实施和统一行动也较为困难。比如美国人强调自我，注重思维清楚明白的文化传统和直率的表达方式。他们强调时间在决策过程中的重要性，认为征求大家意见以求得共识的决策方式是低效率的。而中国公司有明显的集体主义倾向，存在对上级的崇拜和服从，同时又强调达成共识，因而决策过程冗长。

三、管理模式和企业战略

因文化背景不同引起的管理方式差异，也是影响跨国公司有效管理的重要因素。西方管理者强调严密的组织结构和控制手段，由于崇尚自我、强调独立，西方的管理体制是强有力的。许多企业往往依靠严密的组织机构、健全的控制手段实施管理。日本公司管理模式的特点是终身雇用制，提倡公司精神，定期进行工作轮换，发扬团队精神，实行民主方式。

首先，由于文化差异，国际企业中经常会出现沟通和交流不畅问题，加上不同文化下企业员工的工作动机、期望、激励不同，导致国际企业的决策更为复杂；其次，决策者往往依据自身文化对来自不同文化背景的信息做出价值判断，虽然他们可能会有意识地尽量使自己全面、公正地进行分析，但在很多情况下，仍然无法避免犯经验主义的错误。对于国际企业的决策方案，不同文化背景下的员工往往有着不同的理解，因而在工作中采取不同的行为。因此，在跨国公司中，常常会出现子公司不理解母公司的总体战略和宗旨，母公司制定的战略目标也不能充分考虑子公司的实际情况，使母、子公司之间难以形成统一的经营目标。这也是为什么在其他条件相近的情况下，海外投资者总是先钟情于与本国文化相近的国家和地区的原因。例如，美国跨国公司的海外投资主要集中在加拿大和西欧这些文化背景相似的国家，因为便利的文化沟通不仅能够大大节约国际交易的费用，而且可以尽量降低因文化差异而可能导致的管理风险。

四、人力资源

现在，很多公司都把人力资源看成公司的核心竞争力。文化差异造成招募雇员、社会化、管理和培训、绩效考核等方面的不同实施原则。例如，微软公司的招募原则是，需要人力时立即到市场上去找现成的、最短时间就能担当某个最具体工作的求职者，培训5%的人员，另外95%靠自学和在职学习，公司业务成长而员工未能跟着成长，就会被淘汰。所以，当吴士宏主动帮助员工跟着企业成长、在中国实行可持续发展的人力资源策略时，由于不能适应文化差异而辞职。跨文化差异的影响不仅局限于此，它还体现在公司目标、管理费用、规模等方面。

五、市场需求

文化对人们的消费需求欲望和消费行为有着强烈和广泛的影响，因为大部分人尊重他们的文化，接受他们文化中共同的价值观和态度，遵循他们文化的道德规范和风俗习惯。这些特定的历史文化背景和社会价值观主导着消费者的行为方式和行为特征，而行为方式和行为特征又引发并最终决定消费者对产品的需求。因此，人们的消费选择不仅以商品的价值和效用函数为基础，更重要的是受制于他们的文化和价值观。由于世界各国之间客观存在着文化差异，所以不同文化的消费者往往具有独特的消费需求，这种独特的需求可能表现为独特的产品，也可能表现为独特的消费方式或独特的消费习俗等。例如，自选商场在欧美各国受到普遍欢迎，但在西班牙却无法发展，原因是当地人认为无人销售是对顾客的冷漠，因而不愿光顾。由此可见，忽视文化差异，仅从自身文化观点出发来进行国际经济活动的跨国经营企业将难以生存和发展。文化差异虽然给跨国经营企业带来一定的困难和挑战，同样也给其带来了机遇和优势。管理者如果能够自觉地进行角色转换，恰当地理解另一文化下消费者的价值观、需求和欲望，并据此制定出针对企业顾客的、具有民族特点的市场战略，开发出受顾客欢迎的、具有文化特色的产品和服务，跨国经营企业就能得到消费者的承认，其产品和服务就能为消费者所接受。比如肯德基的炸鸡行销全世界，但这个公司在伊斯兰国家开设第一家分号时，就做了一次很大的改动，公司第一次供应按穆斯林宗教习俗进行处理的烤鸡。

六、经营风险和发展机遇

影响国际企业开展经营活动的文化因素有东道国的政治哲学、经济哲学、社会结构、语言、风俗习惯、宗教、教育等诸多方面。这些差异的存在，使得国际企业的外部经营环境更加复杂，从而加大了市场经营风险。例如，各国政府会对国际企业的当地公司采取不同的管理模式，消费者具有不同的消费心理和消费习惯，因此国际企业必须认真分析各国的不同情况，有针对性地采取措施。在外部经营中，由于文化差异的存在，致使跨国公司要花费很长的时间和精力去研究市场、适应市场，有时由于文化摩擦还会导致市场机会的损失或经营失败，这种例子是屡见不鲜的。

文化差异不仅给国际企业带来了挑战，也可以为国际企业提供更多的发展机会。在不同的文化背景下，不同的社会风俗习惯、信仰、技术水平、人力资源的条件，能给国际企业创造丰富的市场机会和丰厚的利润回报，这就是所谓的跨文化优势。能否正确地处理文化差异是能否发挥跨文化优势的基础条件。如果能处理好跨文化冲突，就能利用多元文化的潜能，集思广益，制定出更具前瞻性的全球化战略，使其在全球化经营中立于不败之地。

小案例

麦当劳的中国领导者发展计划

中国麦当劳必须拥有一个自己的CEO，一个了解中国传统文化、懂得中国经商之道的本土CEO，这是麦当劳今后在中国这个蓬勃上的市场上取胜的关键。因为对中国传统文化的了解有助于企业和政府之间的沟通。在不久的将来，中国麦当劳将实现百分之百管理经营本土化。为了确保培养、建立一个合格的足以胜任现有外籍高层职位的CEO人才库，麦当劳在近期已经创建了"中国领导者发展计划"，指导潜在的CEO们如何经营、管理麦当劳的各个分支机构。

小案例

联邦快递中国区的企业文化

联邦快递有限公司总经理钟国仪说："联邦快递自30多年前创立以来一贯秉承以人为本的企业文化。我们自己独特的P-S-P经营理念，即员工（people）、服务（service）、利润（profit）经营理念，保证了公司取得今天的成就。""P-S-P文化的宗旨就是保证员工有更好的发展空间。这不只是高工资、好福利就能等同的，而是给予员工在工作、学习上有更多的机会进步，适应整个行业的变化。具体说来，联邦快递为它的全球员工设计了一系列培训计划。联邦快递的每一个员工每年都可以申请

2 500美元的奖学金，员工可充分运用这笔奖学金提高自己的文化素质，以便在公司更好地发展。”

■第四节　跨国公司文化管理方法与策略

文化管理又称交叉文化管理，是指涉及不同文化背景的人、物、事的管理。跨文化管理的研究重点就是在跨文化条件下如何克服异质文化的冲突，进行卓有成效的管理。其目的在于，如何在不同形态的文化氛围中，设计出切实可行的组织机构和管理体制，最合理地配置资源，特别是最大限度地挖掘和利用企业的潜力和价值，从而最大化地提高企业的综合效益。西方国家十分重视跨文化管理的研究，并在实施中取得了很好的效果。加拿大管理学家南希·爱德勒提出跨文化管理的三个战略：①凌驾。组织内的一种文化凌驾于其他文化而成为统治文化，按这种文化背景下的工作模式来运行公司日常业务。当一种文化处于明显的优势地位时可以采用这种战略，其优势是可以在短期内形成统一的文化并纳入正常的经营和管理轨道。②折中。即不同的文化采取妥协与退让的方式，有意忽略、回避文化差异，从而实现组织内的和谐与稳定。这种策略可以避免文化的直接冲突。③融合。即不同文化在承认、重视彼此差异的基础上，相互尊重、补充、协调，从而形成一种合二为一、全新的组织文化。这种文化不仅具有较强的稳定性，而且极具杂交的跨文化优势。对大多数公司来说，通过融合的方法吸收异质文化中的精华，形成自身特有的企业文化和管理方式，是适应跨文化、降低文化障碍成本、提高企业经济效益的最佳选择。跨国公司可根据本公司目前所处的国际化发展阶段、与东道国当地文化的差异程度以及企业综合实力等具体情况选择具体的战略。但是，无论采取哪种战略，都必须辅之以具体有效的措施。

一、跨文化管理方法

如何有效地实施跨文化管理有以下几方面：

1. 识别文化差异

由于文化冲突是由文化差异造成的，因而进行跨文化管理首先要分析和识别文化差异。当跨国公司的管理人员到具有不同文化的东道国工作时，往往会因为东道国的语言、价值观念、思维方式等差异而遇到很多困难，甚至产生冲突，从而影响跨国经营战略的实施。理解文化差异是提高管理人员跨文化管理能力的一个必要条件。理解文化差异有两层含义：一是理解东道国文化如何影响当地员工的行为；二是理解母国文化如何影响母公司派去的管理人员的行为。只想了解东道国文化的差异而不想了解自己文化的差异是不够的。跨国公司的管理人员可以通过自我分析法、劣势或优势分析法、心理需求满足法等方法来分析文化差异。

不同类型的文化差异可以采用不同的措施克服。按美国人类学家爱德华·郝尔的观点，文化可以分为三个范畴：正式规范、非正式规范和技术规范。正式规范是人的基本价值观、判断是非的标准，它能抵抗来自外部企图改变它的强制力量，因此正式规范引起的摩擦往往不易改变。非正式规范是人们的生活习惯和风俗等，由此引起的文化摩擦可以通过较长时间的文化交流克服。技术规范可通过人们技术知识的学习而获得，很容易改变。可见，不同规范的文化所造成的文化差异和文化摩擦的程度及类型是不同的。将不同类型的文化差异区分开来，就可以有针对性地提出解决文化冲突的措施。

只有首先正确识别各种文化差异，才能从中寻求发展的共同点。一位跨国公司的美国经理说得直截了当，你不得不把自己的文化弃之一边，时刻准备接受你将面对的另一种观念。这就是不同文化冲突和融合的过程。例如，美国公司重视法，而中国是以人情为特质进行管理。文化差异可以分为三种：基本价值观差异、生活习惯差异、技术知识差异。人们基本价值观念的差异往往难以改变；生活习惯和风俗不同造成的差异可以通过文化交流解决，但需要较长的时间；由管理风格、方法或技能的不同而产生的差异可以通过相互传授和学习来克服，较容易改变。因此，只有首先识别文化差异，才能采取针对性的管理措施。

2. 强化跨文化理解

理解是培养跨文化沟通能力的前提条件。跨文化理解包括两方面的意义：一是理解其他文化。首先要理解自己的文化，对自己的文化模式，包括优缺点演变的理解，能够促使文化关联态度的形成。这种文化的自我意识，使管理者在跨文化交往中能够识别自己和有关文化之间存在的文化上的类同和差异。二是善于文化移情，理解其他文化。文化移情要求人们在某种程度上摆脱自身的本土文化，克服心理的认知类同，摆脱原来自身的文化约束，从另一个参照系反观原来的文化，同时又能对其他文化采取一种较为超然的立场，而不是盲目地落到另一种文化俗套中。

3. 锻造跨文化沟通能力

国际企业经营的经验证明，一个跨国公司的成功取决于该公司的集体技能，即公司基于跨文化理解，在统一的价值观体系条件下产生的核心技能，而跨文化沟通正是促成此核心技能的中介。跨文化沟通能力，简单地讲，就是能与来自不同文化背景的人有效交往的能力。跨国公司必须有意识地建立各种正式和非正式的、有形和无形的跨文化沟通组织与渠道，着力培养有较强跨文化沟通能力的高素质国际化人才。例如，日本富士通公司为了开拓国际市场，早在1975年就在美国檀香山设立培训中心，开设跨文化沟通课程，培养国际人才。

4. 进行跨文化培训

跨文化培训是为了加强人们对不同文化传统的反应和适应能力，促进不同文化背景的人之间的沟通和理解。跨文化培训的主要内容包括：对对方民族文化及原公司文化的认识和了解；文化的敏感性、适应性的训练；语言学习；跨文化沟通与冲突的处理能力培训；地区环境模拟等。一项对跨文化培训的全面调查显示，培训促进了跨文化沟通技能的提高，改进了管理人员与当地员工及政府之间的关系，还明显降低了与外国合作伙伴、客户和竞争对手进行谈判时失败的比率，使管理者更快地适应新文化、新环境。许多公司将经理人派到海外工作或学习，使其亲身体验不同文化的冲击，或者让他留在国内，与来自不同文化背景的人相处。一些大型跨国公司，如宝洁、英特尔公司、摩托罗拉公司，都建立了跨文化培训机构，将不同企业文化背景下的经营管理人员和普通员工结合在一起进行多渠道、多种形式的培训，从而加强每个员工对新文化的适应性。

跨文化培训是解决文化差异、搞好跨文化管理最基本、最有效的手段。跨文化培训的目的：一方面，是使员工具有文化差异意识，加强人们对不同文化环境的反应和适应能力，促进不同文化背景的人们相互之间的沟通和理解，从而保证组织内部良好、稳定的人际关系；另一方面，通过跨文化培训，将国际企业共同的文化传递给员工，形成企业强大的文化感召力和凝聚力。跨文化培训的主要内容有对文化的认识、文化的敏感性训练、语言学习、跨文化沟通及冲突的处理等。随着国际企业对跨文化管理的重视，越来越多的公司开展了文化敏感性训练。

文化敏感性训练的目的是加强人们对不同文化环境的反应和适应能力。文化敏感性训练有两个主要内容：一是系统培训有关母国文化背景、文化本质和有别于其他文化的主要特点；二是培训外派管理人员对东道国文化特征的理性和感性分析能力。具体做法包括把具有不同文化背景的员工集中在一起进行专门的文化培训、实地考察、情景对话、角色扮演等，以便打破每个人心中的文化障碍和角色束缚。实践证明，比较完善的文化敏感性训练可以在较大程度上代替实际的国外生活体验，使外派管理人员在心理和应付不同文化冲击的手段上做好准备，减轻他们在东道国陌生文化环境中的不适应或痛苦的感觉。

系统的跨文化培训虽然可以提高学员对东道国文化的反应和适应能力，但并不能使他们在东道国有效应付不同文化的各种冲击。外派管理人员必须学会以尊重的态度对待异国文化，切忌用本国文化标准随便批评异国文化，更不能用本国的文化标准要求东道国公民。另外，在遇到挫折时要善于忍耐和克制自己，把自己当做东道国文化的承受者，灵活地处理因文化差异产生的各种摩擦和冲突，在建立良好工作关系和生活关系中不断增强对不同文化的适应能力。

5. 利用文化差异，实行多样化战略

一个真正的跨国公司能够利用并且明确估计出多样性的价值，而不仅仅是包容这种多样性。利用文化差异的战略能够产生竞争优势。公司应重视并利用员工的多样化，以提高他们的沟通能力、适应性和接受差异的水平，并把差异资本化，使之成为促进公司效益提高的主要手段。例如，惠普公司认为多样化是其经营战略的重要组成部分。公司的员工队伍多样化，并通过强力的多样化企业政策，鼓励跨文化理解和对文化差异的积极态度。

进入一个新市场必须充分考虑国际文化差异，在此基础上才能决定具体的进入方法。在进入方法选择中，文化问题自始至终是决定方案取舍的关键因素。与此同时，跨国公司的子公司遍布世界各地，员工往往达数万甚至数十万。如何统率好这些不同民族、不同价值观念的人员，是跨国公司的管理方式必须解决的问题。首先，跨国公司应明确提出自己的创业精神，即公司文化。例如，美国 IBM 公司的创业精神是“IBM 意味着服务”；日本松下公司的最高原则是“认清我们身为企业家的责任，追求进步，促进社会大众的福祉，致力于世界文化的长远发展”。在一个非常复杂、权力分散的公司里，企业文化成为激励公司进步的内在动力，这使得即使技术原则被破坏，公司暂时面临困境，但公司仍能继续存在，并保持旺盛的生命力。

6. 优化跨文化人力资源的配置与开发

跨文化管理的侧重点主要在于具有不同文化的“人”，在于隐含在“人”的大脑中的“文化”——人的灵魂、人的情感、人的需要、人的价值观、人的能动性、人的潜能发挥以及人与组织之间的关系等。因此，国际企业的海外管理人员必须能够贯彻总部的战略，忠实代表和维护总部的利益，同时还需要具备丰富的专业知识、管理经验和较强的管理能力，尤其要具备在多元文化环境下工作所必需的特定素质。因此，在忠诚和才干的标准之外，海外管理人员的选拔应侧重于考察其能否承受异国文化的冲击，是否善于控制和调节自身去适应不同的民族文化，即对不同文化的适应和协调能力，包括民族优越感倾向、对多元文化的体验、认识承受能力、行为承受能力、专门的文化知识、一般的文化知识、文化行为和人际交往的敏感性等。海外管理人员的选拔不外乎有三个渠道，即从母国外派、从东道国选拔和从第三国选拔，这三种方式各有利弊。

跨文化人力资源管理是跨国企业为了保持竞争优势，在人员招聘、任用、工作分析、绩效考核、薪酬管理等方面，根据文化差异的特点进行合理控制和管理，从而提高人力资源配置与使用效率和效益的管理活动。据 Selection Research International 咨询公司称，对跨国公司而言，一项失败的外派任职的直接经济损失大约为 2 550 万美元，还有可能造成业务机会丧失、关系网络破坏等等无法估量的间接损失。所以，海外管理人员的选聘尤其重要，可以通过母国外派、东道国选聘、第三国选聘三种渠道来选聘具有跨文化背景和丰富跨文化管理技能的高级人才。总之，跨文化的管理关键是对人的管理，因此必须通过熟悉企业文化的高级管理人员将不同的文化进行融合，形成一种新型的文化，并根植于企业所有成员中，通过企业成员的思想、价值观、行为体现出来，才能真正实现跨文化管理的目的，提高跨国企业在跨国经营中的竞争力。

7. 建立共同价值观和企业文化

经过识别文化差异和跨文化培训，公司员工提高了对不同文化的鉴别和适应能力，在对文化共性认识的基础上，应建立起与公司跨国经营战略一致的文化。这种文化把每个员工的行动和企业的经营业务和宗旨结合起来，加强了国外子公司和母公司的联系，增强了企业在不同国家文化环境中的适应能力。这种公司文化的建立需要一个比较长的时间，这就需要不同文化的员工的积极参与以及与不同国家的消费者、供应商、分销商等外部环境保持长期的、良好的沟通关系。只有形成集体的力量，建立共同的价值观，才能提高员工的凝聚力和向心力，从而使企业立于不败之地。

二、跨文化管理策略

目前，国际企业对跨文化管理的策略主要有以下几种方式：

（1）本土化策略。要本着“思维全球化和行动当地化”的原则来进行跨文化的管理。通常说来，跨国企业在海外进行投资，就必须雇用相当一部分的当地职员。这主要是因为当地雇员熟悉当地的风俗习惯、市场动态以及政府方面的各项法规，而且和当地的消费者容易达成共识，雇用当地雇员无疑方便了跨国企业在当地拓展市场、站稳脚跟。“本土化”有利于跨国公司降低海外派遣人员和跨国经营的高昂费用、与当地社会文化融合、减少当地社会对外来资本的危机情绪；有利于东道国在任用管理人员方面，主要考虑该雇员的工作能力及与岗位的匹配度，选用最适合该岗位的职员。

（2）文化相容策略。根据不同文化相容的程度，文化相容策略可以细分为以下两个不同层次：①文化的平行相容策略。这是文化相容的最高形式，习惯上称为“文化互补”，就是在跨国公司的子公司中并不以母国的文化或是东道国的文化作为子公司的主体文化。母国文化和东道国文化之间虽然存在着巨大的文化差异，却并不互相排斥，反而互为补充，同时运行于公司的操作中，充分发挥跨文化的优势。一种文化的存在可以充分地弥补另一种文化的许多不足及其比较单调的单一性。美国肯德基公司在中国经营的巨大成功可谓是运用跨文化优势、实现跨文化管理成功的典范。②隐去两者的主体文化，和平相容策略。虽然跨国公司中的母国文化和东道国文化之间存在着巨大的文化差异，而两者文化的巨大不同也很容易在子公司的日常运作中产生“文化摩擦”，但是管理者在经营活动中却刻意模糊这种文化差异，隐去两者文化中最容易导致冲突的主体文化，保存两者文化中比较平淡和微不足道的部分。由于失去了主体文化那种对不同国籍的人所具有的强烈影响力，使得不同文化背景的人可以在同一公司中和睦共处，即使发生意见分歧，也很容易通过双方的努力得到妥协和协调。

（3）文化创新策略。文化创新策略是指母公司的企业文化与国外分公司当地的文化进行有效的整合，通过各种渠道，促使不同的文化相互了解、适应、融合，从而在母公司和当地文化基础之上构建一种新型的国外分公司企业文化，并以这种新型文化作为国外分公司的管理基础。这种新型文化既保留着强烈的母公司企业文化特点，又与当地的文化环境相适应，既不同于母公司企业文化，又不同于当地企业文化，是两种文化的有机整合。因为要从全世界角度来衡量一国或一地区文化的优劣是根本不可能的，其间存在一个价值标准的问题。只有将两种文化有机地融合在一起，才能既含有母公司的企业文化内涵，又能适应国外文化环境，从而体现跨国企业的竞争优势。

（4）文化规避策略。当母国的文化与东道国的文化之间存在着巨大的不同，母国的文化虽然在整个公司的运作中占了主体，可又无法忽视或冷落东道国文化存在的时候，由母公司派到子公司的管理人员，就必须特别注意在双方文化的重大不同之处进行规避，不要在这些“敏感地带”造成彼此文化的冲突。特别是在宗教势力强大的国家，更要特别注意尊重当地的信仰。

（5）文化渗透策略。文化渗透是一个需要长时间观察和培育的过程。跨国公司派往东道国工作的管理人员，基于其母国文化和东道国文化的巨大不同，并不试图在短时间内迫使当地员工服从母国的人力资源管理模式，而是凭借母国强大的经济实力所形成的文化优势，对公司当地的员工进行逐步的文化渗透，使母国文化在不知不觉中深入人心，东道国员工逐渐适应了这种母国文化并慢慢地成为该文化的执行者和维护者。

（6）借助第三方文化策略。跨国公司在其他国家和地区进行发展时，由于母国文化和东道国文化之间存在着巨大的不同，而跨国公司又无法在短时间内完全适应由这种巨大的“文化差异”而形成的完全不同于母国及东道国的经营环境，此时，跨国公司所采用的人事管理策略通常是借助比较中性的、与母国文化已达成一定程度共识的第三方文化对设在东道国的子公司进行控制管理。用这种策略可以避免母国文化与东道国文化发生直接的冲突。如欧洲的跨国公司要想在加拿大等美洲地区设立子公司，就可以先把子公司的海外总部设在思想和管理比较国际化的美国，然后通过在美国的总部对在美洲的所有子公司实行统一的管理。而美国的跨国公司要想在南美洲设立子公司，就可以先把子公司的海外总部设在与国际思想和经济模式较为接近的巴西，然后通过巴西的子公司总部对南美洲其他的子公司实行统一的管理。这种借助第三国文化对母国管理人员所不了解的东道国子公司进行管理的做法，可以避免资金和时间的无谓浪费，使子公司在东道国的经营活动迅速有效地取得成果。

（7）占领式策略。占领式策略是一种比较偏激的跨文化管理策略，是跨国公司在进行国外直接投资时，直接将母公司的企业文化强行注入国外的分公司，对国外分公司的当地文化进行消灭，国外分公司只保留母公司的企业文化。这种方式一般适用于强弱文化对比悬殊，并且当地消费者能对母公司的文化完全接受的情况，但从实际情况来看，这种模式采用得非常少。

总之，跨国公司在进行跨文化管理时，应在充分了解本企业文化和国外文化的基础上，选择自己的跨文化管理模式，从而使不同的文化达到最佳的结合，形成自己的核心竞争力。

我们认为，跨文化的管理，绝不是文化的同一化，而应该是在保持本土文化的基础上兼收并蓄、不断创新，建立既有自己特色又充分吸纳人类先进文化成果的管理模式。因此，跨国公司必须以各国文化的优点为导向，结合本公司的发展特点，提出公司独特的企业文化，公司员工以这种文化为准则，自觉地规范自己的行为，并以此作为公司的发展动力。

企业文化作为一种组织文化，对企业的发展和经营管理具有导向、激励、规范的作用。对于跨国企业而言，企业文化的作用更有其特殊性。以共同经营观为核心的企业文化体现出的组织的共同价值观成为不同文化的职员思维和行为的基本规范，并引导企业成员朝着同一目标努力；企业文化给不同文化的职员以共同的价值观、共同的思维和行为方式，因而它将促使企业形成凝聚力，消除内部的矛盾和冲突，起到调节器的作用。企业文化还有支持职员满足自我实现愿望的机能，使职员理解自己工作的意义，促进他们自觉地行动。此时，人们的动力不是来自纪律制度的约束和奖励的诱惑，而是来自对理想目标的自发追求。企业文化还具有体现企业对外形象的机能，是国际企业的一个重要组成部分，也是跨国企业发展的一个重要条件。因此，建立共同的经营观和企业文化是跨文化管理的关键一环。

需要强调的是，跨国公司的文化是母国文化与东道国文化甚至是多国文化之间的耦合，是多元文化的融合，故要考虑不同文化对各国职员的影响，要考虑母国文化与东道国文化，要考虑公司的战略，使得所建立的企业文化不仅能被企业内不同文化背景的职员所接受，并且能使整个企业团结协作，创造性地、高效率地进行工作。德鲁克说："在管理结构、管理职务和人事政策上完全超越国家和文化的界限也不可取，真正需要的是在相互决定的各种需要和要求之间求得一种动态的平衡。"跨国企业的企业文化就是在跨国企业的多元文化中寻求的一种平衡。

■第五节 跨文化管理与竞争优势

我们可以看到文化差异在跨国企业中是客观存在的，文化差异对企业经营管理既有积极影响也有消极影响。企业要想获得竞争优势，就必须针对文化差异进行跨文化管理，规避文化差异产生的不利影响，发挥其积极作用，把文化差异看成是一种优势而不只是一种劣势，恰当、充分地利用不同文化所表现的差异，为企业发展创造契机。任何事物都有两面性。文化也是一把双刃剑。文化给企业开展国际运营带来了机遇，但更多的却是巨大的挑战。广州本田汽车公司总经理门胁轰二先生曾说："我们企业内部的矛盾颇多，但这也正是本田好的一面。我们在中国选择合作伙伴时，总是喜欢挑选一些与我们想法不同的合作者，这使我们经常发生意见的碰撞，这种不同思想的碰撞就会产生新的想法，从而创造出本田新的企业文化。"在广州本田看来，矛盾和冲突的正确对待，不仅不会形成障碍，反而会是企业发展的动力、企业创新的源泉。

从文化差异中得到竞争优势。利用文化差异的战略能够产生竞争优势，所以，与其让一种文化控制另一种，或是采取与哪一方都不对立的折中安全解决方案，不如让我们面临一个挑战——采取积极的解决文化差异的方法，使得总体共同作用产生的结果优于各部分作用的简单加总。多样性就是将来自不同背景、具有不同期望、处于不同生活阶段的人们集合到一起，在给公司带来盈利性和竞争力这一力量的驱使下共同工作。文化多样性的优势在于：①市场方面，提高公司对于地方市场上文化偏好的应变能力；②资源获取方面，提高公司从具有不同国家背景的人中聘用员工、充实当地公司人力资源的能力；③成本方面，减少了公司在周转和聘用非当地人士担任经理方面花费的成本；④解决问题方面，更广阔的视角范围和更严格的分析提高了制定决策的能力和决策质量；⑤创造性方面，通过视角的多样性和减少关于一致性的要求来提高公司的创造力；⑥系统灵活方面，提高了组织在面临多种需求和环境变化时的灵活应变能力。

跨文化管理又称交叉文化管理，就是在跨国经营中对不同种族、不同类型、不同发展阶段的公司所在国的文化采取包容的管理方法，其研究的是在跨文化条件下克服异质文化冲突，并据此创造公司独特文化，从而形成竞争优势的管理过程。跨文化管理使企业在学习和接受其他文化理念的同时创造自身的竞争优势。这些优势主要表现在：

1. 降低公司经营成本

实施跨文化管理加强对东道国文化的理解，可以更快、更便捷地择取信息，减少市场开拓的盲目性，增强市场的介入能力，从而降低信息成本，也可以大大降低谈判费用。

2. 增强公司的管理创新

企业的跨文化管理使企业具有多元文化、合作文化和共享文化的理念，易于突破有限的市场空间和社会结构，实现资源的优势互补，在市场竞争中做到“双赢”乃至“多赢”。跨文化管理有利于企业成员理解和掌握不同的信仰和价值观，面对全球化、多变的市场和客户以及竞争对手，激发企业的技术及管理创新，提高企业在面临多种需求和环境变化时的灵活应变能力。

3. 提高公司人力资源的效率

跨国公司要保持竞争优势，就必须认识到文化差异的存在，并进行跨文化管理，使之促进人力资源的效率和效益。跨国公司的经营管理只有通过类似的企业精神、价值观念等企业文化内容，通过以文化为导向的知识管理，才能不断融合多元文化，融合世界优秀文化理念和企业管理思想，以提高企业的竞争力。

4. 提高公司的国际竞争力

跨文化管理有利于融合不同国家经理、职员之间的文化传统和思想差异，形成跨文化沟通与和谐的具有东道国特色的经营理念，有利于企业开拓国际市场，增强企业的国际竞争力。

■第六节　应用案例

案例1

日本电器企业的“秘密武器”

从20世纪70年代初期起，日本企业大肆进军美国，或直接投资办厂，或收购兼并美国企业。1974年，松下电器接管了芝加哥电视机厂，三洋电器公司收购了阿肯色州富利士的瓦利克电器公司。在接管这些风雨飘摇、难以维持的企业过程中，日本人摸索出一套日、美混合的经营管理方式，使这些产品质量低劣、经营不善而行将破产的工厂迅速恢复了生机。为什么同样的技术、设备，同样的员工和产品，只是增加了几个日本的管理人员，企业的面貌就会有如此的变化？人们不禁要问，日本人究竟启用了什么样的“秘密武器”？答案很简单，是用了企业文化这一新式武器。

日本企业领导上任后，烧了“三把火”：一是“以美治美”。这两家美国工厂都拥有2 000名员工，人心涣散、士气低落。日本人决定改变原来的经营方式，但并不采取“大换血”，而是要“掺沙子”。松下和三洋分别派出了30名和40名经理人员，而多数日常管理事务由美国人来进行。二是从质量入手。三是上下打成一片。一位老员工称赞日本经理说，他们很会照顾工人的感情，强调产品质量和清洁卫生；还征询工人的意见，共同商议提高生产效率的方法，很信任大家。可以说寥寥数语，却概括出对日本企业文化的感性体会。松下、三洋两家日本大公司在美国的实践，一方面说明了美、日之间在企业经营管理上存在着差异，另一方面也显示了日本企业文化有其独到之处和优势。在激烈的市场竞争条件下，对于企业的生存发展来说，到底什么因素最重要、最关键？有人说奖金最关键，钱最灵验；也有人说，要靠严格的管理制度。事实上，一些企业奖金没少发、管理也不可谓不严格，但重奖、重罚并未见到明显的长远效果。也有人说，企业资金设备或市场要件最关键。可有的企业资金设备条件并不差，市场也比较广阔，却倒闭垮台了。那么，到底什么最重要？什么是企业自下而上发展的内在动力呢？国内外成功企业的经验可以回答这个问题。美国的IBM公司、摩托罗拉公司，日本的松下公司，我国的邯钢、海尔等企业，无不对人的因素、对文化观念的神奇力量有深切的感受。它们获得成功最重要的诀窍在于真正重视人的因素，激发人的潜能，充分发挥企业员工的积极性和创造性，增强企业的凝聚力。

资料来源：摘自应焕红：《公司文化管理：永续经营的动力源》，北京，中国经济出版社，2001。

案例2

NEC的跨文化管理团队

2004年5月，NEC通信（中国）有限公司一改多数日本企业保守的作风，大胆启用了此前一直供职于欧美企业的职业经理人卢雷担任公司总裁，并且随之组建了一支跨文化的管理团队。截至目前，这支成员来自美国、加拿大、日本、中国等地的16人管理团队已经正式到位就职。

虽然这种多国部队式的管理团队架构在跨国公司中并不算是十分稀奇，但这类团队构建的过程和其中每个人的感受依然非常令人好奇。

1. 多国部队

企业应该构建单一文化管理团队还是跨文化管理团队，这取决于公司如何定义自己的顾客。如果以顾客为中心，公司就必须采取一种“等距离”的观点，防止“总部主义”，这就需要对世界各地的顾客需求有详细的了解，而要做到这一点，最容易的办法就是建立跨文化管理团队。

NEC通信（中国）有限公司的管理团队就是一个比较标准的跨文化管理团队，一共16位高层管理者，其中有3位分别是美国籍、加拿大籍，5位是来自NEC本部的日籍人员，其他8位都是中国人。为什么NEC的管理组织会如此构建？已经在NEC工作了13年时间的NEC通信（中国）有限公司人力资源总监曹来京这样理解：“这是市场的需求。”事实的确如此，NEC在3G领域拥有优秀的技术，目前它在全球3G终端的占有率达52%，网络设备的占有率也有41%，但处于中国市场2.5G时代的NEC显得光芒不足。“NEC一直也想求变，它在日资企业中是一个比较革命的企业。”由技术导向转向市场导向的一个关键问题就是必须搭配好领导团队，最容易的办法就是建立跨文化管理团队。“这是自上而下的改变，如果是自下而上地构建跨文化团队，恐怕就没有这样顺利了。”

这个16人管理团队成员于最近全部到位，曹来京说，这个规模是NEC在华企业绝无仅有的。“以前都是五六个人，成员的增加与扁平化管理有关，公司进行了一系列组织改革，打破了以前几个人各自分担一部分业务的状况，将各部门的职能细分化、专业化。从人力资源角度讲，如果公司的各个成员都只重视自我的发展，无法形成一个集体价值的企业文化，这样的细分也便于对管理团队进行绩效评估和管理。”

对于这16个人的背景、职位以及职能的具体情况介绍，曹来京表示：出于商业竞争的原因，不便于全部透露。他笑着说：“据说，一些著名的咨询公司都在分析研究我们这个16人管理团队，也包括竞争对手。”

NEC的跨文化管理团队首先选择了解中国通信市场的卢雷担任NEC通信（中国）有限公司总裁。曾在摩托罗拉工作了多年的卢雷深受摩托罗拉跨文化管理的影响，“这是一个技术主导的公司，也是一个典型的日本文化主导的公司，我进来以后感觉到NEC是过分谦虚了，如果他们有10只会说5”。他说：“我在摩托罗拉的团队也有欧洲的、亚洲的还有本土的，团队的混合其实很重要，都是一样的人，做事也不一定会有很大提高。而混杂型的团队，大家可以从不同的角度考虑问题，不同的想法会让思路更加开阔，应该更能擦出火花。”国际化成为卢雷选择管理团队的标准之一，另外两点则是专业、有抱负。

NEC通信（中国）有限公司常务副总裁山崎耕司向记者描述了他在这个跨文化管理团队中的切身感受，他于2002年下半年来到中国，一直参与NEC手机产品的开发工作。山崎认为，NEC通信目前的管理层给他的最大感受就是既国际化又本土化。说是国际化，是因为这个团队由来自美国、日本、中国等不同国家的精英组成，完全发挥多样性的优势。在中国有一个说法是，学技术到美国，学应用到韩国、日本，学商务到中国。我们同时拥有来自这三个国家的专家。说它本土化，是因为我们都在按照中国的商业方法做事，并不断努力开发适合中国市场的产品。与具有各种各样的价值观和商业经验的精英在一起共事，对他来说是非常宝贵的经验。

NEC通信（中国）有限公司副总裁、市场总监王善齐是跨文化管理团队的新成员，在过去十几年中，他一直在欧美著名企业任重要职务。在提到新团队的磨合时，王善齐说：“磨合二字给人的开始感觉通常是不配套的东西在一起磨，一起合，其实我们的磨合并不是这样，我的感触是正面的互相配合。”他认为NEC原有的员工与新来的员工不是在划分各自的职能地盘，也不是在冷眼旁观新来的员工怎样做，而是积极地参与这个团队的改革。

2. 关键在沟通

在NEC工作多年的曹来京这样总结中、日文化差异：日本人与中国人有本质的区别，日本人善于用右脑，中国人善于用左脑，这是民族的差异。右脑在想象方面有特长，左脑在逻辑推理方面有特长。因此，日本人更善于执行，中国人比较善于谋略。他认为，这次新公司成立改变了以往日本人当领导、中国人做执行的不太完美的组合，由中国人当领导、日本人做执行，各得其所。这样至少在理论上说是一个完美的组合，因为现阶段处于市场灵活多变的时期，需要快速反应的机制，谋略性组织能够适应市场，而当处于市场比较稳定的时期，按部就班执行可能更好一些。

谈到文化磨合，曹来京的体会是，自己原来的观念中认为西方文化与日本文化相对：西方企业注重结果、个人、创新，而日本企业注重过程、团队、改善，这种跨文化也许会造成合作起来的不便利。但事实相反，由于实行扁平化管理，分工细致后每个人的团队依赖性更强，每一个人都在强调与谁配合、怎样配合。“好像有一种内在合作的动力促使大家更多的沟通，合作的结果是一种互补。”

当然，跨文化管理不仅是文化的冲突与磨合，可能会面临一些不可避讳的敏感事实，比如各个国家由于文化不同而导致对工资的态度和政策不同。沟通在此显得很重要。“我们都知道，日资企业薪酬与欧美企业相比较低，这些从欧美知名企业过来的企业精英的薪酬必须得到保障，但这无疑会成为一件容易产生矛盾的事情，怎样说服日本员工接受这一点显得很重要。我必须告诉他们，这些从欧美知名企业过来的员工的价值以及市场行情。这样的沟通最后使招聘工作平稳完成。”作为人力资源总监的他表示，要尽可能做好润滑剂。“增加设计工作之外的沟通机会，通过这种活动增加了解、融洽关系。”

本章小结

1. 文化差异与冲突始终伴随着跨国经营的全过程，跨文化管理是减少文化冲突、创建企业竞争优势的有效手段。企业应该识别文化差异，把握和运用文化差异，尊重文化多样性，重视跨文化沟通，进行跨文化培训，创建学习型组织，用科学的方法和务实的态度探索出既达到跨文化和谐目的，又具有本国特色，同时又与东道国文化相适应的经营管理模式，从而使跨国企业能够创造和保持国际竞争优势。

2. 跨文化管理是一项管理艺术，它不是静止的，而是在管理过程中不断发生变化的。对于跨国企业中的各方员工，应通过不断的沟通接触，逐步建立起以企业共同价值观为核心的企业文化，使不同的文化得到有效交流、沟通，形成具有优势的、独特的企业文化体系。只有这样，跨国经营才能走向成功。

3. 文化差异在跨国企业中是客观存在的，文化差异对企业经营管理既有积极影响也有消极影响。企业要想获得竞争优势，就必须针对文化差异进行跨文化管理，规避文化差异产生的不利影响，发挥其积极作用。把文化的差异看成是一种优势而不是一种劣势，恰当、充分地利用不同文化所表现的差异，为企业发展创造契机。

复习与思考题

1. 影响跨国公司文化差异的因素有哪些?
2. 如何有效地实施跨文化管理?
3. 如何理解把跨文化差异转变为竞争优势的问题?
4. 如何理解跨国公司文化冲突?
5. 跨文化差异对跨国公司企业经营管理活动会产生什么影响?

第十章

跨国公司合资子公司管理

本章提要

随着国际经济形势的最新发展以及跨国公司自身发展的新变化，如何实现对国际合资子公司的有效控制，使其成为一个经济增长点或者利润源，已成为跨国公司管理领域中的热点问题。然而，实现对国际合资子公司的有效控制并不容易，因而该问题也是跨国管理领域的难点问题。本章深入阐述与分析了国际合资子公司内部控制、外部控制、收益控制以及国际合资子公司的控制机制框架。

关键术语　股权控制　非股权控制　网络控制　战略导向　利润导向

近年来，随着跨国公司（multinational corporation，MNC）的新发展，如何对国际合资子公司（international joint venture，IJV）进行有效的控制，使其成为一个经济增长点或者利润源，已经成为人们十分关注的问题。针对该问题，国内外学者已经进行了研究，本章在已有的研究基础上进行了归纳和增减，勾勒出一个较为完整的控制机制框架（control mechanism framework），把 MNC 母公司对国际合资子公司的控制机制分为三部分：内部控制（internal control）、外部控制（external control）和收益控制（proceeds control）。

内部控制分为股权控制（equity control）和非股权控制（nonequity control），股权控制和非股权控制之间存在着互动关系。现有文献对股权控制和非股权控制的研究比较多，本章在现有的基础上进行归纳，并依据母公司对合资子公司实施控制机制的最新发展补充和提炼一些新的内容；对两者之间互动关系的探讨，目前的研究还比较少，本章把此问题提了出来，并做了一些研究尝试。股权控制和非股权控制以及两者之间的相互影响是国际合资子公司在内部进行控制的问题，因而把这些内容概括为内部控制。同时，国际合资子公司的一些外部因素也会影响和制约对其的控制问题，本章把这种情况概括为外部控制，并进行一些基本的探讨。

在有些情况下，跨国公司组建国际合资子公司是为了获得利润。如果国际合资子公司不能带来利润，或者预期在国际合资子公司经营期间不能带来利润，跨国公司就会停办该合资子公司。在这种情形下，跨国公司母公司考察国际合资子公司的目标就是收益指标：如果达到了母公司的收益指标要求，就可以得到母公司的支持，从而持续经营下去；否则，国际合资子公司就会终止。我们把跨国公司母公司对国际合资子公司的这种策略称为收益控制。在跨国公司目前的发展中，收益控制是比较明显的一个现象，很多跨国公司到其他国家和地区进行经营，一个重要的战略目标就是追求利润。当一个跨国公司把获得利润作为经营国际合资子公司的首要目标时，内部控制和外部控制都将服务于国际合资子公司的利润获取。如果不能获取足够的利润，母公司对国际合资子公司进行内部控制和外部控制就没有必要了。

内部控制、外部控制和收益控制的有机结合，构成对国际合资子公司的控制系统。本章运用系统性思维，构建出比较系统的框架，为 MNC 母公司对国际合资子公司的控制机制提供了一个比较完整的视角。

■第一节　国际合资子公司内部控制

一、跨国公司母公司对国际合资子公司的股权控制

股权控制是指跨国公司合资方依据对国际合资子公司的股权比例所形成的控制。股权比例将直接影响企业利润分配比例、在董事会的董事名额和对公司经营活动的投票权，还将影响经理人员的任命。但在某些情况下，股权比例不决定对企业经济活动的实际控制以及企业利益的实际分配，这些方面将受到非股权控制等方面实际权限的掌握和控制。由于这种情况，股权比例在合资企业控制中有“基础性作用”。杨忠（2001）对基础性作用的观点主要是：持有股权是控制的前提，如果不持有企业的股份，就不能介入企业的生产经营活动，更无从谈起影响和控制；按照股权比例分享合资企业的表决权；如果股权比例比较低，达不到控股的比例，持股者就不能在董事会中获取具有支配地位的席位数，因而不能获得对董事会的控制；如果不能获得对董事会的控制，母公司就必须借助于其他资源获取对合资企业的控制。可见，股权对控制起着重要作用，但又不是唯一的重要因素。

下面依据不同的股权比例在一般情况下所导致的股权控制进行分类，并把它所带来的可能优势或者带来的控制通过列表进行简单归纳（见表 10—1）。

表 10—1　　股权控制的分类框架

序号	股权控制分类	股权比例	主要特征	备注
1	全部股权（独资）	[95%，100%]	—	不属于合资子公司范畴

续前表

序号	股权控制分类	股权比例	主要特征	备注
2	多数股权 （控股）	[51%，95%)	在董事会中拥有多数席位，因为董事名额的分配由合资方持有的股权比例决定，并派人担任董事长；总经理一般也是由控股方担任，并占据较多的经理职位；从总体来看，拥有突出优势的决策权和经营管理权。	属于合资子公司范畴
3	对等股权 （股权对半）	50%	在董事会中拥有半数席位，因为合资双方各拥有对半的股权，一般是一方指派董事长，另一方指派总经理，或者轮换担任这两个职务；经理职位一般也是平均分配；从总体来看，双方均分决策权和经营管理权。	属于合资子公司范畴
4	少数股权	(0%，49%)	在董事会中拥有少数席位，因为处于少数股权地位，一般不能指派董事长和总经理，只能占据少数的经理职位；从总体来看，部分参与决策权和经营管理权。	属于合资子公司范畴
5	无股权 （非股权安排）	0%	—	不属于合资子公司范畴

Pien et al.（1999）对中国—新加坡的国际合资子公司进行了实证研究，指出当新加坡的合资方拥有更高的股权比例或者更先进的管理技能，就会获得更多的权力委派董事会成员和经理人员，也因此对公司的经营和战略获得更大程度的控制。在中国不允许外资控股的产业中，新加坡的公司依靠其先进的管理技能和强大的资金优势，仍可获得对关键职位人事的任命（见表 10—2），比如总经理、财务经理、质量管理经理等，它们通过建立政策、流程、审计等，帮助己方的母公司对国际合资子公司进行控制。

从表 10—2 可以直观地看出股权控制的作用，比如在新加坡合资方拥有多数股权地位（equity position）的子公司里，委派董事长和总经理的比例都比较高（分别为 81.3%，80.0%），同时又并不是全部委派，说明还受其他因素的影响。在拥有少数股权地位的子公司里，享有几乎近一半的总经理的任命权（48.5%），这也说明了股权控制虽然有着重要作用，但不是唯一的决定性因素。Child and Faulkner（1998）在实证研究中得出的结论与上述观点是一致的，MNC 母公司的股权比例可以影响对国际合资子公司的战略性控制，而对经营领域的控制要依赖其他因素。

表 10—2　新加坡母公司在国际合资子公司中拥有的委派权

职位	多数股权（75 家 JVs）	股权对半（20 家 JVs）	少数股权（33 家 JVs）
董事长	61（81.3%）	5（25.0%）	6（18.2%）
副董事长	15（20.0%）	12（60.0%）	25（75.8%）
总经理	60（80.0%）	13（65.0%）	16（48.5%）
副总经理	23（30.7%）	5（25.0%）	11（33.3%）
财务经理	49（65.3%）	8（40.0%）	12（36.4%）
人力资源经理	18（24.0%）	2（10.0%）	5（15.2%）
营销经理	26（34.7%）	1（5.0%）	6（18.2%）
生产经理	24（32.0%）	2（10.0%）	4（12.1%）
采购经理	23（30.7%）	1（5.0%）	5（15.2%）

二、股权配置的影响因素分析

根据国外有关文献的研究，跨国公司母公司对国际合资子公司进行控制主要有两种方式：股权控制和非股权控制。股权控制的核心内容之一是对国际合资子公司的股权比例进行配置的问题，跨国公司在组建和运营国际合资子公司时，要采取多高的股权比例不仅是关键的战略性问题，也是关键的具体经营管理问题。因为股权比例将影响到国际合资子公司的利润分配比例、对经营活动的控制权、化解不确定性、执行战略要求、保护技术、获取资源等等。

由于国际合资子公司股权比例的重要性，国外学者对此进行了大量的研究，国外的研究侧重于从某些视角进行，即侧重于从一个或几个影响因素分析股权比例配置应该是高或低的问题。本章对有关的文献研究进行了系统的梳理和综述。同时，根据现阶段跨国公司配置国际合资子公司股权比例要系统地分析多种因素的现实，对以往的理论研究和成果进行了归纳，提出了具有普遍性的决策分析思路。

国外学者对有关国际合资子公司股权比例的研究非常多，很多研究是从不同的视角进行的，得到了不同的研究成果。下面把国外的研究归纳为十个视角进行综述。

（一）从获取互补性资源的视角进行的研究

Anand and Delios（1997，2002）的研究表明，在配置国际合资子公司的股权比例时要考虑获得本地互补性资产（complementary asset）的需要。在进入新市场的时候，国外投资者与本地竞争者相比处于劣势，而组建国际合资子公司时获取的本地互补性资产，可以减少所面对的不确定性。Delios and Beamish（1999）的研究得出，国际合资子公司的股权比例反映了获取互补性资产的需要，这种需要越大，外资的股权比例就越低。当跨国公司强烈地需要当地合资方的互补性资源（complementary resources）时，会对合资方产生依赖关系［Inkpen and Beamish（1997）］。在这种情况下，跨国公司在要求股权控制方面的谈判能力较弱，为了从当地的合资方获得互补性资源，会做出妥协，牺牲股权控制。当获得互补性资源的重要性超过维持高股权控制时，跨国公司就愿意应允当地合资方的高股权要求，自己接受低股权比例。Banai et al.（1999）在对俄罗斯、美国国际合资子公司的研究中，发现多数情况下是美国母公司提供技术性知识（the technological know-how），俄罗斯母公司则为子公司提供与当地政治、经济、文化有关的技能与资源，比如劳动力、分销渠道、现有的经济规模、基础设施、政治关系等。俄罗斯和美国双方关注的焦点问题是对方能为子公司提供的资源。

国际合资子公司对市场知识的获取是获得互补性资源时值得关注的问题之一，Lu and Hebert（2005）的研究结论表明，市场专有知识（marketing expertise）和品牌识别与技术能力相比，具有较弱的可替代性。实际上，市场能力具有很强的地方专有性［Anand and Delios（2002）］。有些跨国公司与本土合作方组建国际合资子公司，主要是为了克服市场方面的劣势和获得现有的市场知识［Hamel et al.（1989）］，而不是开发以本地市场为基础的优势。

（二）从股权控制和国际合资子公司绩效之间的关系进行的研究

在这方面的研究指出，股权控制和国际合资子公司绩效之间的关系存在三种可能：两者正相关，高的股权控制可以带来良好的公司治理效果；两者负相关，控制方对子公司的高股权控制程度会伤害子公司的最大成功和潜在利益；根本没有明确的相关关系，股权控制程度的高与低不能确定是公司绩效好与坏的原因。总的来看，股权控制和国际合资子公司绩效之间的关系是难以确定的，不同的观点都有自己的理由。例如，有些研究指出，被一方控股的国际合资子公司往往具有科层组织（hierarchical organization）的治理特征，具备较好的监督机制、激励机制和目标协调机制，因而可以最小化合资方的利己主义和机会主义行为，提升合同执行效率。然而，高度的控制会产生显著的治理成本和官僚成本，这可能要消耗掉巨大的管理资源和经理人员精力［Anderson and Gatignon（1986）］。治理成本和官僚成本会限制国际合资子公司的效率，抵消合资所带来的优势［Hill and Kim（1988）］，以及产生冲突。还有的学者对新兴经济国家进行了研究，得出国外母公司对国际合资子公司进行股权控制，比东道国进行股权控制更重要［Luo et al.（2001）］。

（三）从优势控制、共同控制与公司绩效的关系进行的研究

优势控制（majority ownership control，majority control）是凭借控股地位对国际合资子公司实现的控制。共同控制（shared ownership control，shared control）是基于股权对半或接近股权对半，合资方对国际合资子公司进行共同参与的控制。一部分学者认为，优势控制可以实现突出的公司治理绩效，认为多数股权（majority equity ownership）是合资经营有吸引力的方式，可以给控股的母公司带来显著的利益，如最小化决策冲突和协调成本、有效限制合资方的机会主义行为。Lewis（1990）指

出，拥有多数股权可以极大地减少决策过程中的复杂性，提高组织对环境变化做出反应的灵活性和速度。交易成本理论为优势控制提供了有力的支持，采取的组织结构要有利于最小化交易成本。例如，在国际合资子公司中，合同履行成本、监督合资方行为的成本、防止技术模仿的成本等，这些成本是较高的，居于控股地位后，合资方可以采取有效措施预防这些成本。

另一部分学者则坚持共同控制会带来优秀的公司绩效的观点。Bleeke and Ernst（1991）认为，共同控制是促使国际合资子公司稳定和成功的重要因素，因为合资双方承担同等的职责；在一方拥有主要控制权的公司里，控制方可能采取机会主义行为，把自己的利益置于公司利益之上，因而危害潜在的成功。还有些研究得出严格的股权对半会使合资双方建立和谐的合作关系，具有为公司发展进行贡献的同样激励，最终获得双赢。共同控制可使双方相互信任，减少机会主义的动机。共同控制还可以使合资双方平等地参与关键的战略决策，双方都会熟悉公司的运营，因此合资方通过他们的合作努力获得显著的协同效应，使公司的经营状况更好［Lynch（1989）］。Banai et al.（1999）在实证研究中指出，来自发达国家的合资双方会有较多的共同控制，而发达国家和发展中国家之间的国际合资子公司——如果外资方需要控制技术、品牌知名度等无形资产，外资方则很有必要对公司进行主要控制；如果当地知识对公司成功是关键的，可能东道国的合资方会掌握主要控制权。

（四）从技术与知识保护的视角进行的研究

进行技术和知识保护是跨国公司配置国际合资子公司股权比例的重要因素。保护公司的私有竞争力（proprietary competencies，包括技术、技能、品牌、商标、版权、专利等），防止泄露给当地的合作方，是国际合资子公司获得成功的头等管理任务［Kogut and Zander（1992）］。在其他条件相同的情况下，高股权控制将较好地保护公司的隐性知识（tacit knowledge）和战略资源。股权控制可以使该方获得较强的竞争地位和谈判能力，保证更多地获得从拥有的私有知识中产生的经济收益，提高利润分配份额［Gomes and Casseres（1989）；Yan and Gray（1994）］。私有知识越多，或者产生于私有知识的经济收益越多，就越需要维持高的股权比例。股权水平因而可以看做保护知识和资源的一种必要功能。

Lu and Hebert（2005）在研究中认为，模仿风险（appropriability hazards）是考虑控制的关键因素，尤其是在拥有技术性资产的情况下，有两种方式可以预防模仿风险：一是依靠东道国的保护制度，限制模仿、保护技术性资产所产生的租金；二是设计合理的治理结构来防止模仿风险。他们发现，对拥有技术性资产的国际合资子公司来说，在技术保护较弱的东道国里，较高的控制程度是有效预防模仿风险的途径。此外，我们要考虑控制的成本，比如资源的有限性、缺乏灵活性、本土合作方缺乏为国际合资子公司奉献的动机等问题。他们的研究结果还发现，当存在别的可以监督合作方行为的方法时，控制不是最有效率的选择。特别地，母公司可以运用自己长期积累的社会知识来替代股权控制，跨国公司可以通过降低股权比例来节约大量的资金，并取得较好的绩效。

（五）从学习效应的视角进行的研究

根据国外的研究，学习效应对跨国公司确定国际合资子公司股权比例的影响是不确定的。有些学者认为，经过学习可以降低股权比例，而有些学者认为，具有经验的跨国公司会增加股权比例。Sohn（1994）从社会知识（social knowledge）这个概念探讨了学习效应问题，他把社会知识定义为理解和预测合作方行为模式的能力。根据这个定义，社会知识可以减少认知本地合作伙伴行为的不确定性。由于对本地合作方的不确定性减少，国外母公司可以降低对股权控制的依赖，同样可以确保国际合资子公司的管理和经营符合母公司的整体战略。Sohn（1994）还认为，产生于跨国公司在东道国和目标产业经历的社会知识，能够有效地替代股权控制。Gomers Casseres（1989，1990）的研究表明，跨国公司对东道国的熟悉程度与其在海外投资公司的股权比例正相关。还有一些学者（Delios，Beamish，Caves，Mehra）的研究支持了该观点，如果以跨国公司在东道国经营年限衡量其海外经营经验，经营年限与股权比例正相关；如果以跨国公司涉足海外经营的国家个数衡量其海外经营经验，则海外经营的国家数越多，跨国公司越倾向于运用独资方式来进行海外投资。Lu（2002）也指出，跨国公司在东道国或某个产业的投资经历越多，公司在该领域遇到的不确定性就越少。为此，跨国公司愿意持有高股权比例。

（六）从产业状况的视角进行的研究

Agarwal（1994）研究发现，当东道国的市场规模比较大时，跨国公司将采取高度控制的进入方式。一些学者（Gomes Casseres，Hennart，Hennart，Park，Hill，Hellriegel）把产业因素和股权分配联系起来进行了研究，发现产业增长、产业规模、资产密集度、竞争集中度、规模的经济性、产业利润率等产业因素对股权的分配有强大的影响。这些因素影响跨国公司的投资回报、资源的充裕程度、潜在的增长和竞争地位，所有这些因素都会影响国际合资子公司的经济收益，因而会牵涉股权的安排问题［Kogut and Singh（1988）］。一般情况下，在产业增长迅速、利润回报较高、竞争强度不是很高等良好状况下的产业中，跨国公司倾向于采取高股权比例，以尽可能最大化地获取利润；当产业状况不是很好或者具备别的一些特征时，比如竞争充满不确定性、经营风险很大、产业的成长前景不是很看好、具有很强的规模经济性，跨国公司更倾向于与东道国的合资方进行合资经营，自己拥有比较低的股权比例。

（七）从国际合资子公司战略地位的视角进行的研究

Luo（2001）的研究指出，国际合资子公司的股权配置会受到合资经营期间母公司的战略影响，比如战略目标、战略定位、资源依赖关系、所需要的知识产权保护和全球一体化策略等，股权配置的最优水平是根据以上因素的战略需要所得出的权变性结果。该研究把股权配置作为实现知识保护、落实全球一体化策略和实现战略目标的一种功能。相关的研究表明，跨国公司在特定阶段会制定该阶段的全球战略，在海外设置国际合资子公司是全球战略的体现方式之一，是在执行全球战略。因此，国际合资子公司的定位必然要服从全球战略，要与它的战略地位相匹配，其中国际合资子公司的股权比例通常是在海外增设国际合资子公司所需解决的重要问题。如果跨国公司根据全球战略需要和国际合资子公司的战略重要性有必要加强对其的控制，一般要占据高股权地位，否则会考虑低股权比例的情况。

（八）从东道国环境的视角进行的研究

Luo（2001）的研究表明，国际合资子公司的股权配置会受到合资经营期间所面临的东道国环境的影响，来自东道国环境的友善程度、复杂性和动态变化会影响跨国公司的经济目标和风险偏好。股权配置可以作为一种机制来保护跨国公司的投资份额和控制来自于环境冲击的脆弱性，因而与东道国市场的友善程度、复杂性和动态变化相关联。跨国公司不需要在所有的环境中都维持高股权水平，股权水平的高低应反映所承担的职责和相关的风险，因此股权配置是在预期收益和预期成本与风险之间的一种最优平衡。研究环境对跨国经营影响的文献指出，东道国的环境对国际合资子公司的影响可能是多方面的，可能来自于政治、经济、文化、习俗、宗教信仰等多个方面，有时政府政策和法律法规的影响显著，有时人们的经济行为方式的影响显著，有时文化习俗等因素的影响显著；跨国公司可以通过调整国际合资子公司的股权比例来适应环境因素。例如，当跨国公司利用国际合资子公司绕过东道国市场的进入障碍，或者获得东道国的稀缺资源时，会考虑接受低股权比例。当跨国公司允许当地合资方进行控股时，国际合资子公司会更容易地从东道国政府获得资源［Child et al.（1997）］。Gao（1996）研究中国市场时得出中国是个大市场，而且不同区域的市场明显不同，存在地区分割和地方保护主义，进入中国市场，要解决和适应中国的特定环境。Padmanabhan and Cho（1996）发现，日本对外投资在文化距离大时采用高度控制的进入模式。

（九）从经营不确定性的视角进行的研究

国际直接投资（FDI）所面临的不确定性比国内市场多，为了防范和化解不确定性，许多跨国公司把如何调整国际合资子公司的股权比例作为解决问题的措施之一，因此如何应对不确定性成为了配置海外国际合资子公司股权比例不可或缺的考虑因素之一。如果设计国际合资子公司是为了与当地公司分享投资风险和经营不确定性，跨国公司采取低股权比例是比较明智的。这样，跨国公司不仅能够降低责任和贡献，从而分散风险［Shan（1991）］，而且可以与合资方在进行管理控制（managerial control）时创造出良好的关系，促进彼此间的合作［Blodgett（1991）］。因此，当其他条件相同时，跨国公司为了分散风险和不确定性会采取低股权比例。跨国公司母公司采取低股权比例，意味着东道国子公司的股权比例较高，在国际合资子公司中承担更大的职责和更多的资本等付出，因而会承担较多的风险，同时也有更大的动机和激励来负责经营与管理；由于东道国子公司的本土经营经验更丰富和在本土的资源更丰富，可以在一定程度上减少经济不确定性和经营风险。

（十）从谈判能力的视角进行的研究

在国际合资子公司中，多数母公司会努力争取高股权地位，这个结果依赖于它们之间相对的谈判能力［Blodgett（1991）］，在这个方面发展出了谈判力理论（the bargaining power perspective）。根据谈判力理论，谈判能力取决于合资方对国际合资子公司核心资源的依赖程度［Yan and Gray（1994）；Inkpen and Beamish（1997）］。拥有强大谈判能力的合资方将获得对子公司的高水平控制，这将有利于它控制国际合资子公司的活动和实现自己的目标［Beamish and Banks（1987）］。谈判力理论还认为谈判对象不仅是合资伙伴，有时还要与东道国政府进行讨价还价，进而决定其海外投资子公司的股权结构。如果跨国母公司可以为国际合资子公司提供富有竞争力的核心资源，就会具备强大的谈判能力，可以在与东道国母公司和政府的谈判中争取到有利于自己的筹码，实现高水平控制。同时，有关研究也得出，奉献核心资源的母公司更有必要采取高股权比例和高程度控制，以保持独有的核心竞争力和获取从核心资源中产生的收益。

本章在对国外文献和材料进行研究时，发现国外研究侧重于从不同的视角或不同的因素来研讨国际合资子公司的股权比例问题。与此同时，本章认为跨国公司如何对配置国际合资子公司股权比例进行决策，受到相关的多种因素的影响（见表10—3），而且不同的因素所影响的程度和方面也不相同。实际上，一家跨国公司进行海外合资子公司的股权比例决策时，要考虑有关的一系列因素，通常不是只从一个视角得出实际操作方案。由于这种现实情况的推动，需要从综合的视角来思考跨国公司配置国际合资子公司股权比例的问题，对有可能带来影响的多个因素进行综合考虑，本章从这个角度出发，对跨国公司母公司持有国际合资子公司股权比例的决策进行建模。

表10—3　　因素内容细分

因素	内容
获取的互补性资源	技术、劳动力、管理技能、资本、分销渠道、品牌、公共关系、经济规模、市场知识、自然资源……
经营不确定性	不确定性可能来自投资回报、市场需求、内部管理、融资渠道、技术研发、原材料供应、竞争状况、突发事件……
东道国环境	政府法律法规、经济政策、利率汇率变动、劳动力市场、基础设施、人文环境、资源环境、社会稳定性……
进入壁垒	关税壁垒、非关税壁垒、市场进入壁垒……
JV战略地位	战略地位可能来自R&D、生产制造、分销营销、投融资管理、多种功能的混合、分总部……
需保护的技术与知识	技术、管理技能、品牌、商标、版权、专利……
产业状况	产业增长、产业规模、资本与技术密集度、竞争集中度、规模经济性、进入与退出壁垒、产业利润率……

根据我们的研究，影响跨国公司配置国际合资子公司股权比例的因素在不同的情况下对配置高股权比例或低股权比例都会有影响。比如不确定性强的情况下，适合采

取低股权比例，而不确定性弱的情况下则可以采取高股权比例。本书对国外文献研究的影响因素进行了分类整理，形成了影响高、低股权比例的两个大类：①持有高股权比例的驱动因素——JV 战略地位重要，技术与知识需要保护，进入的产业状况好，母公司谈判能力强大，母公司跨国经验丰富；②持有低股权比例的驱动因素——获取互补性资源的需求大，合资经营易于管理，经营不确定性强，东道国环境复杂，绕过进入壁垒。在这些因素当中，有些因素所包含的内容还可以进一步细分（见表 10—3）。这里需要解释的是，经营不确定性和东道国环境的区别在于经营不确定性强调的是与公司具体经营管理密切相关的微观层面上的问题，东道国环境强调的是公司活动宏观层面上的情况。以上因素对持有股权比例的影响，在逻辑上契合双螺旋结构的内在机理，为此，本书构建出“MNC 母公司设置 JV 股权比例驱动因素的双螺旋模型”（见图 10—1）

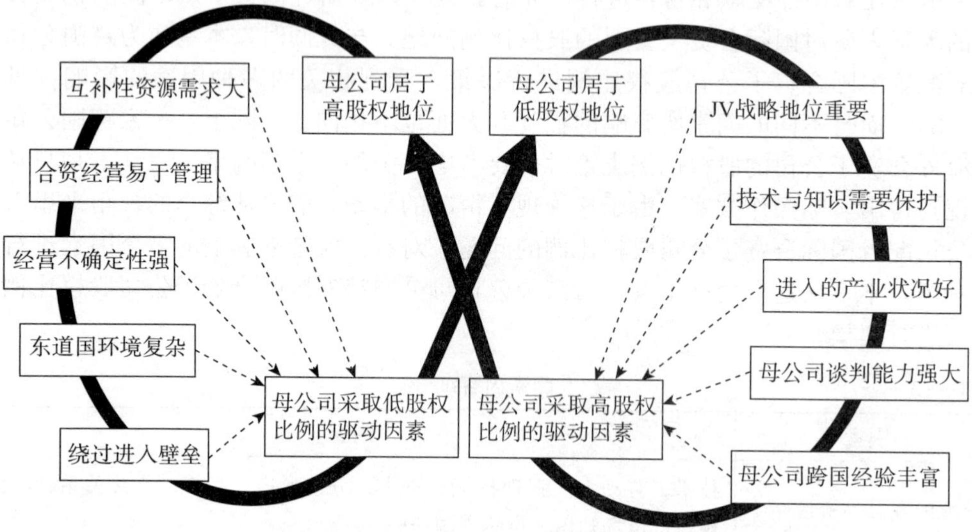

图 10—1　MNC 母公司设置 JV 股权比例驱动因素的双螺旋模型

该模型可以对持有高股权比例或低股权比例进行模型分析。跨国公司母公司对国际合资子公司采取高股权比例是由于有关的驱动因素在起作用，主要驱动因素为 JV 战略地位重要、技术与知识需要保护、进入的产业状况好、母公司谈判能力强大、母公司跨国经验丰富。对于单个的因素来讲，当国际合资子公司战略地位重要时，母公司就倾向于采取高股权比例，战略地位越重要，这种倾向越强烈；其他因素的情况类同。与此同时，采取高股权比例还受到双螺旋模型另一侧因素的影响，即获取互补性资源的需求大、合资经营易于管理、经营不确定性强、东道国环境复杂、绕过进入壁垒，这些因素是影响采取高股权比例的负面因素，采取高股权比例就要面对来自这些因素的风险或潜在利益损失，比如当经营不确定性强时，持有高股权比例所面临的风险就大。当这些因素是反方向的情况时，即获取互补性资源的需求不大、合资经营不易于管理、经营不确定性弱、东道国环境不复杂、不需要绕过进入壁垒，才有利于采取高股权比例。

上面分析了持有高股权比例是否是跨国公司母公司的最优决策。如果能实现持有高股权比例的决策意图，则决策目标成为了现实，即母公司占据高股权地位。该结果在双螺旋模型的顶部。

跨国公司持有低股权比例的模型分析与持有高股权比例的情况类似，不再过多论述。

本节通过对国外文献和跨国公司持有国际合资子公司股权比例实践的研究，构建了"MNC 母公司设置 JV 股权比例驱动因素的双螺旋模型"，为跨国公司母公司持有多少国际合资子公司股权比例的问题提供了具有普遍性的决策分析模式。依据该模型，可以对持有高股权比例或低股权比例进行模型分析。该模型的决策模式在跨国公司持有国际合资子公司股权比例的问题上，指出了具体的影响因素以及应在综合系统地考虑一系列影响因素的基础之上进行决策。这种决策模式符合跨国公司持有国际合资子公司的股权比例要受到多种因素影响的现实。

三、跨国公司母公司对国际合资子公司的非股权控制

非股权控制是指跨国公司依据股权比例以外的因素对国际合资子公司形成的控制，与股权控制相对应。国内外也有一些学者把非股权控制称为管理控制（managerial control）。上面的分析已经指出，虽然股权比例与控制存在较高程度的相关，但不是唯一的决定因素。对此，国外的学者已经有较多的研究，Friedman and Begiun（1971）和 Glaister and Wang（1994）的研究表明，控制不是股权自然导致的结果。Schaan（1988）的研究结果更为具体，他指出少数股权方可以对国际合资子公司实现各种程度的控制，有时与他们所拥有的股份比例大相径庭。Lee et al.（1998）的研究发现，在国际合资子公司中的股权比例和经营控制实际上是分别决定的，股权和控制的实际配置可能是不对称的。Ji-Ren et al.（2003）在研究国际合资子公司的治理结构（governance structure）时，也得出了类似的结论。他们指出，国际合资子公司的治理结构是合资方谈判所导致的结果，具有很大的偶然性，合资方的股权比例和实际控制取决于双方相对的谈判力，这种谈判力来源于各自的文化背景、制度环境以及给国际合资子公司贡献的资源。此外，他们还指出，国际合资子公司的治理结构在发展中国家的设计中，股份比例分配和管理权力决策是可以分开决定的。他们根据对 700 个中外合资公司的调研，发现股权地位和控制地位的背离现象，即东道国方拥有多数股权地位但外方享有实际控制权，以及外方拥有多数股权地位但东道国方享有实际控制权，并称之为非对称的治理结构（asymmetric governance structure）。以上学者的研究结论告诉我们，非股权控制在对国际合资子公司的控制中发挥着不可轻视的作用，而且与股权控制在方式、过程和程度等方面都有所不同，我们对股权控制和非股权控制应同时进行关注。

进行非股权控制的方式和途径是比较多的，每个跨国公司所运用的非股权控制方式有可能明显不同。下面对非股权控制进行比较系统的分类，并通过表 10—4 简单描述。

表 10—4　　非股权控制的分类框架

序号	非股权控制分类	含义	操作对策	效应分析
1	经理权控制①	通过对总经理和各个职能部门以及经营部门经理人员的任命和掌控，控制企业的日常经营管理活动。	争取经理权控制主要通过三个途径：①根据股权比例争取尽可能多的经理职位；②根据己方在公司中承担的责任和任务争取相应的经理职位②；③根据己方的各种优势来争取相应的经理职位③。	日常的经营管理活动是由经理人员负责的④，重要管理部门和经营部门经理权的控制程度与对国际合资子公司的实际控制程度高度相关。
2	技术控制	通过对关键技术的独占，扼制国际合资子公司的技术命脉，进而影响和控制公司的经营管理活动。	技术控制主要是通过两个途径来实现的：①技术拥有方只允许国际合资子公司向该方或该方的独资子公司购买运用关键技术所生产的零部件，不允许国际合资子公司直接使用该技术进行生产；②对合资方实施技术封锁政策，国际合资子公司的技术部门由技术拥有方控制。	可控制正常生产经营活动的命脉，防止技术扩散。当某种技术失去竞争优势，或合资方通过“干中学”掌握的情况下，通过技术的更新换代，重新实施控制。技术控制具有长期性，效果也较显著。
3	关键资源控制	通过对关键的原材料、能源、自然资源等资源供应的控制，影响和控制企业的生产经营活动。	实现关键资源控制的主要途径是：某合资方拥有相关关键资源的供应垄断，依据垄断优势谋求对国际合资子公司的生产经营活动进行控制。	控制关键资源，意味着控制公司生产经营活动的资源供应问题，这些资源又非常重要，因而享有了较大的实际控制权。
4	提供融资控制	向国际合资子公司提供一定形式的融资，通过融资合同的限制性条款以及凭借债权人的地位来影响管理和经营活动。	提供融资控制的途径一般有两条：①向国际合资子公司提供贷款等资金供应；②国际合资子公司向银行等金融机构或者其他商业性机构进行融资时，母公司提供信用担保。	无论是提供贷款还是信用担保等融资行为，母公司都可以在合同中制定限制性条款来控制资金的使用，控制相应的管理经营业务。此外，还可获得债权人的地位，施加相应的影响。⑤
5	管理技能控制	合资某方拥有明显优势的管理技能，同时这种技能又是公司特别需要的，可以通过实施这些管理技能来形成控制。	管理技能控制实现的途径为：一方面，合资某方要拥有显著优势的管理技能；另一方面，把这种管理技能引入公司的管理和经营当中，对公司非常重要。⑥	实施管理的过程就是控制的过程，管理技能控制在组织结构、人事安排、培训活动、管理制度等方面都会有体现。⑦

续前表

序号	非股权控制分类	含义	操作对策	效应分析
6	文化控制	合资一方把自己的企业文化渗透到国际合资子公司，形成一种软性控制。	文化控制的途径是：合资一方把自己企业文化的一些精神、理念、思维、行事风格、道德准则等因素渗透到国际合资子公司，让广大职员真正地认可和接受，并在实践中自我遵循和履行。	文化控制是对职员内在心理的一种影响，而后再外化为行为，以思想指导行动。文化控制具有难以量化、过程缓慢、形成控制后比较稳固等特点。
7	分权决策控制	这是通过对决策机制的构建来争取控制的方法，通常是少数股权方主张设置分权决策机制，以获得部分控制权。	分权决策控制的途径是：少数股权方通过设置合理的分权决策机制，根据自身的优势，尽可能地争取分设的决策权和控制权，形成对局部管理和经营活动的实际控制。	分权决策控制可以使少数股权方获得公司局部管理和经营，或特定活动相对独立的决策权和控制权，分割出自己的"自由王国"。
⋮	⋮	⋮	⋮	⋮

注：①从母公司的角度来说，对国际合资子公司高层管理人员的委任是关键的战略性控制机制［Geringer and Frayne（1990）］，经理权控制是非股权控制中最主要、最常用的控制方式。

②在经理权的争夺中，根据己方在公司中承担的责任和任务争取相应的经理职位，是很重要的操作对策，也是比较有效的。这是因为，为了更科学地对国际合资子公司的经营管理活动进行管理，合资双方需要根据各方在国际合资子公司中承担的任务和角色来担任相对应的高级管理职务。例如，承担营销部门的合资方，可以争取任命负责营销的部门经理以及主管营销部门的副总经理。其他的各个职能部门和经营部门都可以采取同样的策略。

③经理权控制是非股权控制中最主要的内容，如果其他的许多非股权控制形式通过获得经理权来体现的话，就会带有经理权控制的内涵，即根据己方的各种优势来争取相应的经理职位。例如，如果己方在技术、营销、自然资源、HR、R&D、PR或者其他方面拥有带给公司发展显著收益的优势，便可以争取任命这些方面的主管人员。这里需要指出的是，虽然经理权控制会涉及多个方面，但其他的非股权控制仍有自己的方式，比如技术控制、管理技能控制等。

④总经理通常被认为是最关键的，控制效果也十分显著。因为总经理负责公司的日常经营，执行董事会的战略决策，还可能被授权选拔和任命其他经理人员。

⑤母公司向国际合资子公司提供贷款，而不是增加股份，通常是出于对多种不同因素的考虑。当合资双方对股份比例要求比较严格，国际合资子公司又需要母公司的资金支持时，母公司会选择提供贷款的行为；当国际合资子公司的经营前景存在较大的不确定性时，母公司也倾向于提供贷款，这样可以及时获取债务的固定收益以及公司破产清算时优先获得清偿；母公司意图参与国际合资子公司有一定回收期限的高收益项目时，也会采取提供贷款方式进行投资。很显然，母公司提供上述贷款时，将自然而然地加强对贷款资金使用的控制和监督，影响和限制对应的投资和经营活动。

⑥当母公司拥有显著优势的管理技能时，经常会使用管理控制，它们通过建立管理部门或者提供培训来达到对国际合资子公司的控制［Chen（1988）］。控制需要知识技能，如果母公司委派关键的人员，负责国际合资子公司的经营，或者负责重要的职能部门，如营销和财务，这些人员必须具有相应的专业知识和管理技能［Lu and Wang（1996）］。

⑦这方面的例子还是比较多的。在中外合资公司中，外方在质量管理方面往往比较内行，通常由外方人员负责质量管理；而中方对中国的市场比较熟悉，并且具备适应当地市场的能力，通常由中方人员负责营销计划和管理。管理技能控制在组织结构、人事安排、管理制度等方面的体现也比较明显，比如某方在特定领域拥有显著优势的管理技能，董事会可能会把该领域的管理权交给该方控制的董事会分会来管辖，任命该方人员为公司这方面的高级主管以及各级管理人员，而后制定管理流程和措施、组织培训、开展审计等，最终形成管理制度。

四、股权控制和非股权控制的互动关系

高股权地位或者有效的股权控制有利于实施非股权控制，进而更有利于最终的整体控制，但高股权地位并不意味着有效的股权控制，也不意味着有效的非股权控制和最终的整体控制；有效的非股权控制并不一定以高股权地位为前提，但在实施提高或降低股权地位的战略意图时，有效的非股权控制有利于改变现有的股权地位，朝有利于自己的方向发展。

由于这种互动关系，在实施控制时，应兼顾股权控制和非股权控制，一般考虑三种策略：一是在获得高股权地位和控股的情况下，如何有效地运用非股权控制，提升整体的控制水平；二是如果能够实施有效的非股权控制，可以考虑放弃高股权地位，以节余投入资本；三是在股权控制和非股权控制都处于弱势的境况下，由于股权安排不宜改变，应先着眼于争取最大限度的非股权控制。

把股权控制和非股权控制的互动关系提出来进行研究和考察，具有较强的实践意义，要打破股权比例高就理所当然地获得实际控制权的盲目信仰，树立起实际控制权的获得是综合的较量的观点。此前，我国不少国有企业在与国外的跨国公司建立国际合资子公司时，谋求到了控股的地位，但在实际控制方面往往处于下风。举一个比较典型的例子：GA宜昌电力设备有限公司于1997年底成立时，中方占51%的股份，外方GA公司占49%的股份；董事会设董事七名，中方四名，GA方三名，董事长由中方担任，副董事长由GA方担任；外方选派公司的总经理、财务总监、技术经理、生产经理、销售经理，中方选派副总经理、质量经理、人事经理、客户服务经理、采购经理。虽然GA宜昌公司为中方控股，但由于中方有关成员多数缺少管理技能和经营经验，致使外方经理人员掌握了实际的决策权和执行权。由于公司投资巨大以及采用低价进入市场，公司运转初期的数年处于亏损。外方依据将欧洲的管理模式引入公司，从公司的销售收入中提取2%的管理费；依据将先进的技术引入公司，从公司销售收入中提取2%的“技术转让费”；依据通过GA公司在华的销售网络销售产品，从公司销售收入中提取4%的销售费用；依据GA公司欧洲总部的供应部代理采购进口设备，进行采购代理提成。在该例中，外方成功地运用了多种非股权控制的策略，即使合资公司处于亏损期，外方仍可获得约高于公司销售收入8%的收益，而中方只有受制于人。

■第二节　国际合资子公司外部控制

如前所述，针对控制的问题，国内外学者已经进行了大量的研究，多数研究集中在如何处理国际合资子公司的内部关系来加强对国际合资子公司的控制，如股权控制和非股权控制。目前，少数学者已开始关注通过国际合资子公司的外部关系也可以实施和加强对国际合资子公司的控制，比如卢昌崇等。我们在对国家自然科学

基金课题有关海外合资子公司的控制问题进行深入研究时发现，随着跨国公司在目前的发展，通过外部关系对国际合资子公司，乃至国际子公司，甚至业务伙伴进行控制的行为已经十分明显。这些外部关系有的是横向的，有的是纵向的，有的呈现网络化。

本节把通过国际合资子公司外部关系进行控制的外部控制作为一个新的研究视角，研究跨国公司对国际合资子公司目前的这种控制行为，同时把通过横向外部关系进行的控制界定为横向外部控制，把通过纵向外部关系进行的控制界定为纵向外部控制，把通过企业网络进行的控制界定为网络控制，并把这三种控制作为外部控制的三种主要方式。我们在对跨国公司控制国际合资子公司的实践进行分析时，发现很多跨国公司在运用以股权控制和非股权控制为内容的内部控制时，也运用外部控制对一个国际合资子公司实施控制，两者有机结合，达成了更为有效的控制机制。基于跨国公司对国际合资子公司控制行为的新发展，本节试探性地对外部控制进行了研究和分析，以期逐步认识和掌握外部控制的有关问题。

一、横向外部控制

横向外部控制是指凭借单个国际合资子公司以外的市场状况、竞争格局、跨国公司的整体发展布局等因素，影响和制约国际合资子公司的权力配置，促成对其管理和经营活动的控制。外部控制的要点在于凭借外部因素削弱或瓦解合资对方的优势来实现控制。跨国公司可以安施多点合作，通过减少对单一点的依赖，化解某一点的优势，尤其是各个点之间是竞争关系时。驱动横向外部控制的因素往往是资源、研发、市场等。在这些方面，横向外部控制的正确运用会产生显著的意义，可以利用各个合资主体进行制衡，削弱或化解合资对方在资源、研发、市场方面的优势，达到对各个国际合资子公司的活动进行控制的目的。

对于资源产业，跨国公司往往会推行来源多元化战略，以拓宽资源渠道。跨国公司与多国或多个企业在资源产业中进行合资经营，实现多国多地区的资源利用权。在资源渠道多元化的战略下，跨国公司可以加强对其中单个国际合资子公司的控制，化解本地公司对资源的垄断优势或其他优势。例如，中国石油天然气集团公司（中石油集团）近年来加强了向世界级能源公司挺进的步伐，日益寻求在全球获取资源，实现来源多元化的能源战略。自 2004 年以来，与埃及、阿尔及利亚、俄罗斯等国签署了一系列的合作协议，以北非的苏丹、南美的委内瑞拉、中东的两伊为基础，逐步延伸与其周边地区的合作，扩大中石油集团在这三大战略区的影响，俄罗斯和中亚五国是中石油集团投资海外油气合作项目努力争取的地区。中石油集团可以利用多点合作，在一定程度上遏制单个国家的单个公司本国能源方面的优势，加强对国际合资子公司的管理和控制。

对于未来的发展，未来不确定性较强的技术研发有多个可能方向，跨国公司在每个方向上和一家公司合作，可分散未来研发的风险（见图 10—2）。跨国公司可以利用这种合作格局来加强对单个国际合资子公司的控制。由于有多个合作研发的渠道，单个合资对方的讨价还价优势就会弱得多，跨国公司可以通过多个合作方的制衡来达到对它们的有效控制。

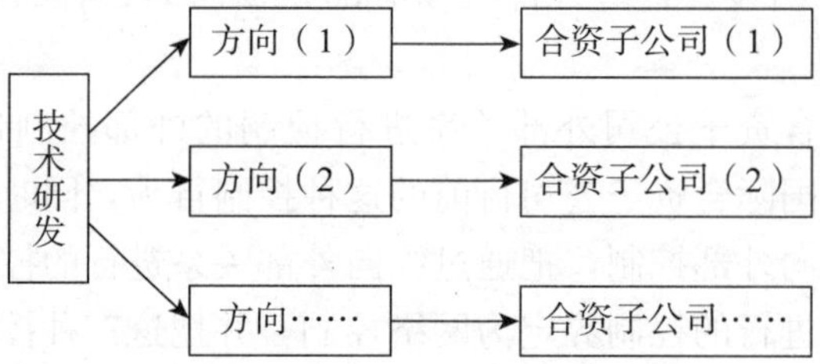

图 10—2　强不确定性下的研发模式

在国际合资子公司的各个合资方中，东道国的合资方在本国市场中一般具有市场优势，该方可以凭借市场优势争取控制权。如果外方出于产业特征和业务发展的要求，需要与多家企业进行合作来迅速扩大市场，此时就可以凭借多家国际合资子公司来削弱单个东道国公司的市场优势，进而加强对各个子公司的控制。

卢昌崇等（2003）提出，通过“增加合资企业数量并划分销售区域”来限制子公司的活动，并以百事可乐为例加以说明。“百事可乐公司在中国有 14 个灌装厂，每个灌装厂所在的城市或省份就是它的市场‘势力范围’，其他灌装厂不得跨区销售。另外，划分销售区域也是排挤或打压拥有较大控制权或‘不听话’企业的一个有力手段，这些企业的市场活动空间将被限定在那些无利可图的区域。例如，由中方控股和掌管控制权（董事长和总经理均由中方出任）的四川百事公司就只分得了成都以西人烟稀少的阿坝、凉山等地区，而云南省和成都以东富庶的平原地区则被划归到由百事（中国）公司控制的重庆百事的名下。”

二、纵向外部控制

由于经济全球化和技术革命的发展，越来越多的跨国公司开始重新调整其全球业务，它们从全球供应链的战略视角出发，在全球范围内布局业务，进行集成的管理和控制，纵向外部控制便逐步出现在我们面前。纵向外部控制主要是指跨国公司通过供应链的方式，对其业务单元进行纵向整合，把国际合资子公司纳入整个业务体系，成为整体的一部分；一旦脱离整体，单个国际合资子公司的价值就会下降，这样便可达到控制的目的。

供应链管理是一种集成的管理思想和方法，由供应商、生产商、分销商、零售商和消费者组成的供需链条或供需网络，往往围绕核心企业形成对物流、信息流、资金流的计划和控制，并通过分析、整合价值链进行供应链管理。跨国公司在进行全球供应链的设计和管理中，会形成供应链中的一系列职能：供应职能、生产职能、销售职能、研发职能等核心职能，不同的职能由不同的业务单元来完成，如相对应的供应单元、生产单元、销售单元、研发单元等。跨国公司在进行全球供应链的设计时，其全球业务单元可以是子公司或孙公司，也可能是外部企业，还可能是通过业务外包形成的具有一定战略关系的业务合作伙伴。

对于跨国公司全球供应链的控制作用，下面通过图 10—3 的情景模式来揭示。跨国公司在进行全球供应链整合时，在全球范围内，把供应链的四大单元和七大职能进行集成，通过科学地配置三流（即物流、信息流和资金流），满足可能的四种不同市场类型消费者的需求。也就是说，通过世界各地的供应单元、生产单元、销售单元、研发单元的合理分工和合作，完成跨国采购、跨国生产、跨国装配、跨国分销、跨国零售、跨国仓储与运输、跨国研究与开发，使物流、信息流和资金流在全球范围内进行配置。以上各个活动的目标是满足消费者，这些消费者可能来自于全球市场、区域市场、国别市场或离散市场。在该模式中，跨国采购、跨国仓储与运输一般是由有关的供应单元来承担，跨国生产与跨国装配由有关的生产单元来承担，跨国分销与零售由销售单元来承担，跨国研究与开发由研发单元来完成。跨国研究与开发、跨国仓储与运输可运用于不同的活动之中，比如跨国研究与开发可用来改进各个职能领域的技术、工作方法和管理技能。

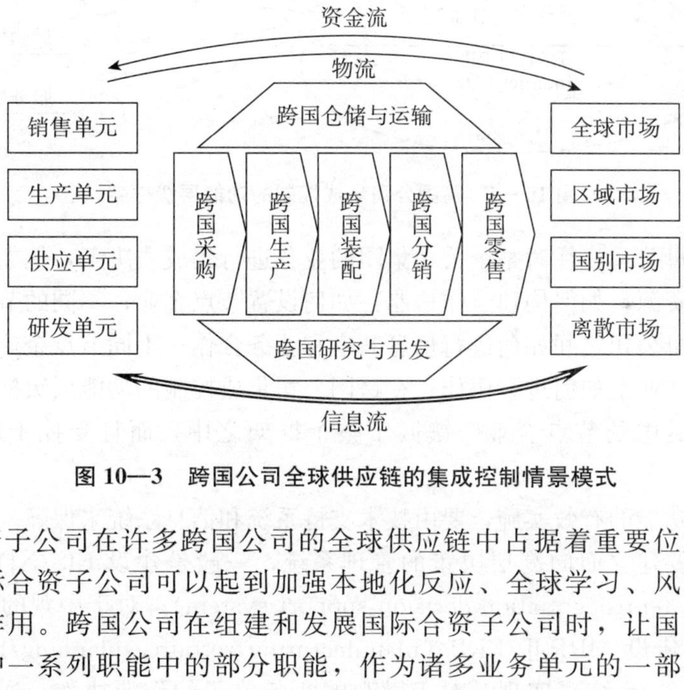

图 10—3　跨国公司全球供应链的集成控制情景模式

国际合资子公司在许多跨国公司的全球供应链中占据着重要位置，因为跨国公司利用国际合资子公司可以起到加强本地化反应、全球学习、风险分担、利用国外资源等作用。跨国公司在组建和发展国际合资子公司时，让国际合资子公司承担供应链中一系列职能中的部分职能，作为诸多业务单元的一部分；这样，各种职能和各个业务单元相互牵连、相互支持，就把国际合资子公司联结到供应链条中来，受整体链条的牵制和约束，跨国公司就可以实现对国际合资子公司的有效控制。

跨国公司的集成控制是通过一定功能实现的，这些功能设置得合理与否，将直接影响整个业务的效率。本节把功能的设置情况归纳为“跨国公司集成控制的功能层级框架”（见图 10—4），以反映不同层级的功能、各功能相互之间的关系以及每个层级功能所需的技术支持系统。整个跨国公司的功能大致可以分为三个层级，从母公司的业务集成决策到具体各个业务单元的作业协作，每个层级又细分为不同的数个功能，这样就形成了一种分工协作的决策和合作机制，保证系统效能的发挥。

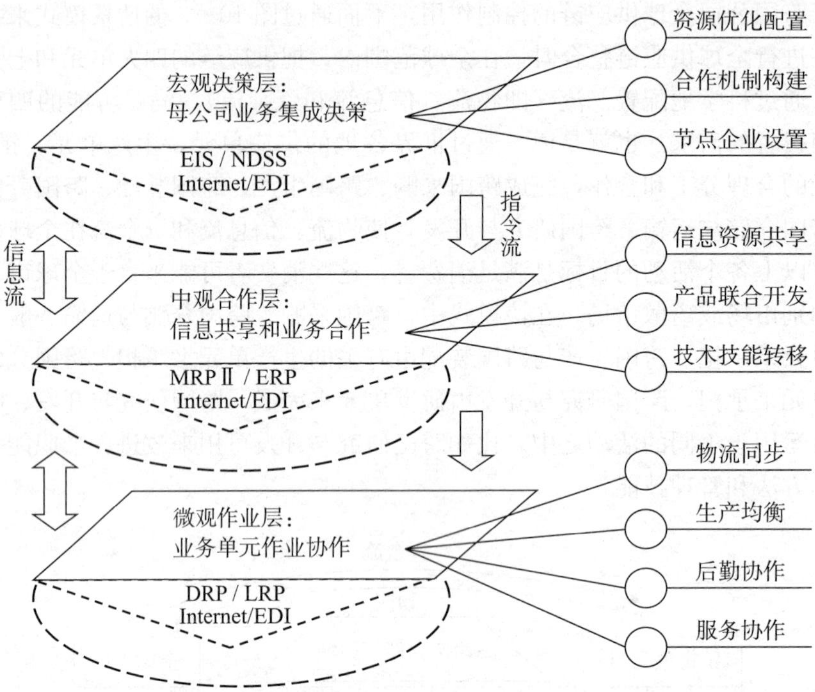

图 10—4　跨国公司集成控制的功能层级框架

跨国公司母公司往往对整个公司集团的业务进行集成式决策，例如，如何配置整个公司集团的资源，如何构建合作机制，如何设置节点企业；不同的节点企业之间以及节点企业和母公司之间如何进行信息共享和业务合作；不同节点企业之间在一些具体的业务单元作业上如何进行协作。在跨国公司集成控制的功能层级框架中，国际合资子公司作为其中的节点企业，镶嵌于整个框架之中，而且受控于母公司的集成决策。

每个层级功能的有效实施，要由技术支持系统和信息系统来保障。对于母公司的宏观决策，需要建立面向高层决策的管理系统，一般是建设 EIS/NDSS（executive information system/negotiation decision support system）；对于中观的不同节点之间的合作，通过建设 MRPⅡ/ERP（manufacturing resource planning/nenterprise resource planning）系统来实现；对于微观的业务单元的作业协作，通过建设 DRP/LRP（distribution requirement planning/logistic resource planning）来实现；以上各个层级都要基于 Internet/EDI（electronic data interchange）的运用。不同的技术支持系统为复杂跨国业务的管理和决策提供了有效的工具，没有这些工具，跨国公司很难对空间跨度很广的业务进行集成化管理。

三、网络控制

20 世纪 90 年代以来，随着全球竞争的日益激烈，以信息技术革命为代表的新技术革命导致全球各行业的竞争重组；跨国公司把不同的子公司统一起来，通过全球经营网络来实现公司的总体战略目标［薛求知（2001）］。跨国公司为了适应新的全球竞争环境，逐渐采取网络化管理模式进行全球经营。

对于网络化管理模式的探索已获得较大的进展。到目前为止，有关研究把跨国公司的网络主要分为两个：内部网络和外部网络。内部网络是指跨国公司本身所具有的网络，外部网络是指跨国公司外部环境中存在的并与之有关联的社会网络，比如与跨国公司有关系的政府、供应商、消费者、竞争对手、合作伙伴、行业协会、股东、金融机构、其他主体所形成的网络。对国际合资子公司具有控制约束力的是内部网络。较早的研究指出，跨国公司本身就是一种由外部组织网络所涵盖的内部差异化的网络组织，子公司是内部网络中的重要组成部分［Hedlund（1986）；Bartlett and Ghoshal（1989）］。Zanfei（2000）认为，跨国公司具有内部网络和外部网络两个网络，其中的内部网络是指在海外直接投资的基础，由跨国公司母公司、姊妹公司以及有关的分支机构之间通过各种联系组成的网络。根据 Manev（2002）的研究，内部网络又包括两个层次：一是组织单位之间的网络，是指母公司与子公司之间的网络，由它们之间的资本、资源和知识流动组成；二是管理人员之间的网络，是指母、子公司的经理人员相互之间的关系网络，资本、资源和知识流动通过人与人之间的关系来实现。

在网络中，母公司不是唯一的中心，子公司也不是孤立的存在，它不仅与母公司发生垂直联系，而且在母公司与子公司之间、子公司与子公司之间都存在广泛的资源、信息等方面的沟通与共享。

网络控制主要是通过母公司与诸多子公司相互之间的关系来实现的，国际合资子公司镶嵌于整个企业网络中，受各种关系的牵制和约束，形成对国际合资子公司的网络控制（见图 10—5）。由于网络中具有各种不同的关系，网络控制也体现出各种不同的方式，根据 Bartlett and Ghoshal（1989，2000）以及其他学者的研究，本章对网络控制的方式进行了归整（见表 10—5）。在网络结构中，单个的独资子公司和国际合资子公司既要接受母公司的协调和控制，还要与别的子公司进行多方面的交流和合作，实现在技术诀窍、管理经验、资本资源、人力资本、基础设施等方面的合作或共享。网络中的关系以及这些关系的默契与信任程度，对整个网络和单个公司具有重大影响，制约着业务活动和管理决策的效率和科学性。对于技术、经验、诀窍的共享，网络关系的良好程度更为重要。例如，根据 Kogut and Zander（1992）的研究，知识与能力具有高度的意会性，通过市场难以转移这些意会知识，只有在信任的环境中才能有效地转移。Hallen et al.（1991）的研究指出，子公司之间密集的依赖关系不仅是促进知识与能力的转移所必需的，也是创造新知识和新能力的工具。在复杂的网络关系中，国际合资子公司受到与之联系的各种关系的制约，脱离了这些关系或脱离了网络，单个的国际合资子公司的业务能力和价值就要大打折扣，跨国公司可以利用这种制约关系来实施对国际合资子公司的控制。

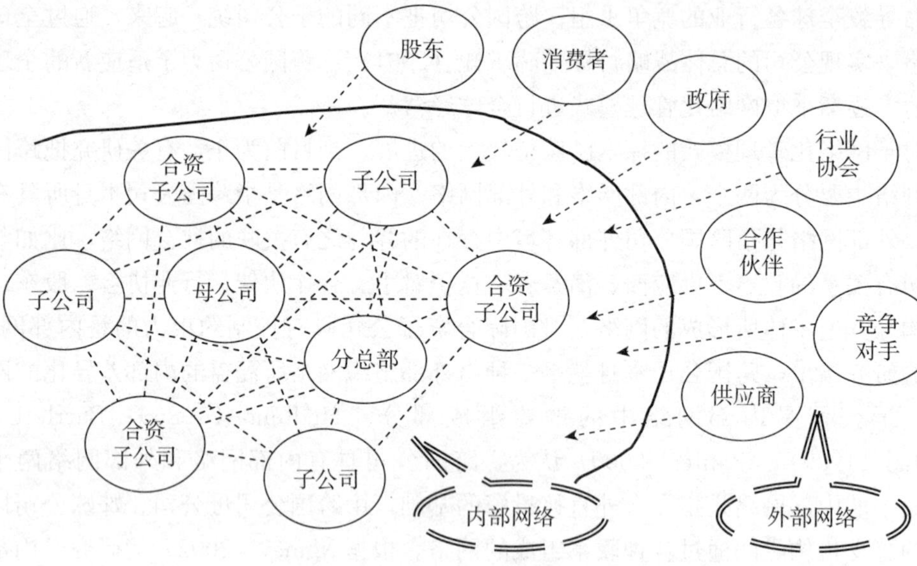

图 10—5 跨国公司对合资子公司的网络控制情景模式

表 10—5 **网络控制**

分项	内容
整体战略	推行整合的全球战略，分布于全球的各个子公司（独资子公司或国际合资子公司）服从和服务于母公司的全球战略，共同组成协调高效的全球企业网络，在分工合作的基础上承担不同的角色。
资源配置	各个子公司（独资子公司或国际合资子公司）拥有专业化或分布式的资源和能力，同时在资源和能力上存在着相互依赖性，通过资源整合，可以发挥最大的整体效能。
组织结构	母、子公司之间以及子公司之间是多维度的网络联结，强调多边协调与合作。单独看一个子公司，是镶嵌于整个网络中的一个节点，它通过不同的渠道与整个网络发生联系。
关联与共享	母公司与子公司之间不同程度、不同维度地在有形资源（固定设备等）、无形资源（商标、技术等）、销售渠道等方面存在关联与共享，这样可以增强谈判力、影响力，并提升知名度。单个子公司在与母公司或别的子公司的关联与共享中能够降低成本、提高效率。

■第三节　国际合资子公司收益控制

一、收益控制

跨国公司组建国际合资子公司，在有些情况下是为了获得利润，如果国际合资子公司不能带来利润，或者预期在国际合资子公司经营期间不能带来利润，跨国公司就会停办该国际合资子公司。在这种情形下，跨国公司母公司考察国际合资子公司的目标就是收益指标。如果国际合资子公司达到了母公司的收益指标要求，就可以得到母公司的支持，从而持续经营下去；否则，国际合资子公司就会终止。我们把跨国公司母公司对待国际合资子公司的这种策略称为收益控制。在跨国公司目前的发展中，收益控制是比较明显的一个现象，很多跨国公司到其他国家和地区进行经营，就是追求利润，它们对国际合资子公司的各种管理举措，都是围绕着利润最大化的目标来安排的。如果一个国际合资子公司不能产生利润，该国际合资子公司的经营就是失败的。在这种背景下，研究和分析收益控制，或者说从收益控制的视角来考察跨国公司母公司对待国际合资子公司的策略，具有特定的意义。当一个跨国公司把获得利润作为经营国际合资子公司的首要目标时，内部控制和外部控制都将服务于国际合资子公司的利润获取。如果不能获取足够的利润，母公司就没有必要对国际合资子公司进行内部控制和外部控制。

当跨国公司母公司对国际合资子公司进行收益控制时，如果国际合资子公司达不到收益目标，母公司就会终止该国际合资子公司。如果一个跨国公司决定在某国进行投资经营，并打算或者选择国际合资子公司，或者选择国际独资子公司，此时，如果合资的收益高于独资，跨国公司母公司则会选择国际合资子公司；否则，母公司不会选择国际合资子公司，而是选择独资经营。国际合资子公司的盈利状况是随着时间动态变化的，可能在某一段时期是盈利的，或者是预期能够盈利的；但在某些阶段发现国际合资子公司是亏损的，并且盈利无望。在盈利无望的情况下，如果母公司出于收益控制的考虑，往往会把国际合资子公司转变为国际独资子公司，或者干脆从国际合资子公司撤资。这样一来，国际合资子公司在母公司的收益控制策略下，在时间跨度上会呈现出不同的发展路径，有的国际合资子公司盈利良好，就会持续下去，具有完整的企业生命周期；有的国际合资子公司在发展过程中可能就会被独资子公司所替代；对于其他的一些国际合资子公司，母公司可能就会直接撤资。下面从国际合资子公司和独资子公司的相互对比中，对上述情况加以分析。

二、母公司基于收益控制的决策

对于跨国公司母公司来讲，当独资比合资更加有利可图时，母公司会做出退出合资，进行独资经营的决策。Kogut（1989）、Beamish and Inkpen（1995，1997）的研究曾表明，许多大型公司在开拓海外经营时，会由国际合资子公司过渡到独资子公司；或者，当合资经营变得不经济时，母公司也会采取退出合资经营的撤资计划。撤资和独资的发生，导致大量国际合资子公司中途失败。Kogut（1988）发现，在其研究的 92 家国际合资子公司中，截至合资经营的第六年，大约有一半已经失败或分散。Roy Chowdhury（2001）也在研究中指出，在 20 世纪末，国际合资子公司的组建不断加速，但当时的研究表明，国际合资子公司更易于失败。当然，成功的国际合资子公司也不在少数，甚至在后来的发展中赢得了新的扩张。

从收益控制的视角来看，跨国公司母公司进行独资、撤资、持续合资经营，主要是依据收益指标。在这里，我们把投资回报率作为衡量收益的指标。对于投资回报率，会存在一系列的影响参数，最终的投资回报率大小将是这些影响参数共同作用的结果。如果用 R 表示投资回报率，则有 $R=R(x_1, x_2, x_3, \cdots)$，其中，$x_1$，$x_2$，$x_3$，…为不同的影响参数。同时，需要说明的是，投资回报率是特定投资回收期间的一个相对平均值，不是每个具体时间点的回报率数值。比如在资本投入期，一般只有投资没有回报，该时间点的回报率显然很低，如果按这样的逻辑推算，就永远没有投资发生了。我们可以通过对投资回报率的变动分析，描述跨国公司母公司在什么情形下会持续合资经营，在什么情形下会由合资向独资转换，或者撤资。

(一) 母公司持续合资经营的决策

在有些形势下，跨国公司母公司一直进行合资经营，并在衰退期到来之际进行革新，以维持合资规模不变或促使规模扩张。母公司持续经营国际合资子公司，是由于合资回报率在特定期间一直比独资回报率高（见图 10—6）。由于合资回报率一直比较高，母公司将坚持合资经营的最优决策，因此其战略意图会一直是合资经营。母公司保持合资经营决策的影响参数一般包括合资方之间具有良好的协同效应、能够实现资源互补和优势互补、文化氛围和谐、履行互惠互利的行为、各方人员之间友好信任等等。由于这些良性原因，国际合资子公司会一直保持良好的发展势头，遵循正常的生命周期往前发展，并可能通过革新实现新的扩张。

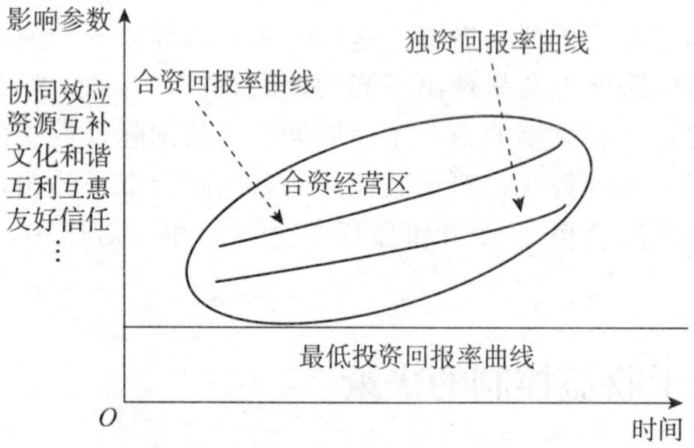

图 10—6　母公司持续合资经营的决策

当国际合资子公司进入衰退期之际，合资方为了继续保持公司的发展势头和利润收入，将针对公司已经出现的问题和潜在的问题进行革新，甚至是脱胎换骨式的公司再造，给公司带来新的演化路径。根据已有的研究，这种新路径的主要表现形式有三种：维持规模不变、双峰发展和圆扇形扩张（见图 10—7）。对于维持规模不变来说，国际合资子公司为了避开即将到来的衰退市场，利用现有的规模或生产能力，转向一种利润收入比较稳定的细分市场；同时，母公司并不谋求该子公司有更大的发展，因此出现了规模相对平稳的发展态势。对于双峰发展，国际合资子公司将在衰退期前后进行革新或公司再造，使公司重新焕发生机和活力，出现新一轮的成长。此阶段的成长比此前的成长时间往往要短，而后达到一个新的成熟期，形成具有两个成熟期的双峰发展态势。对于圆扇形扩张，当公司在衰退期来临、导致发展迟缓的时候，公司进行革新，以加速公司的发展，到革新后期、发展速度放慢，公司再进行革新，再加速发展，如此连续不断，形成一个革新发展链条：公司发展缓慢→革新→加速发展→发展速度放慢→再革新→再加速发展……一次革新会带来一个圆扇形的发展，只要这个链条不间断，公司的发展就会呈现出圆扇形扩张的轨迹。生命周期中的第一个成长期和成熟期也构成了一个圆扇形，与以后的圆扇形连在一起，形成连续的圆扇形状态。当然，公司的扩展并不都是以双峰发展或圆扇形扩张的方式进行的，实际的发展态势肯定是多种多样的，但仍然可以把它们作为典型代表，这是因为当一个公司即将度过成熟期，在进入衰退期之前，仍保持了成长，乃至市场销量和利润率等指标仍保持了良好的势头，其一般原因在于公司进行了革新；具有革新传统和革新能力的公司往往在面临发展滑坡时进行革新，因而出现双峰发展和圆扇形扩张的演化轨迹。

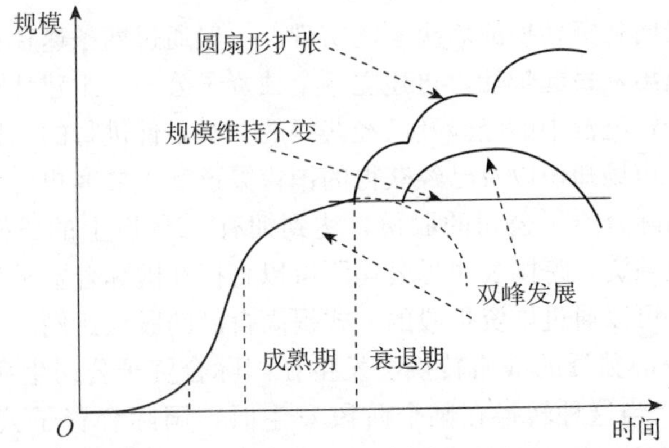

图 10—7　保持合资和规模扩张的演化路径

组建国际合资子公司后，随着公司的发展变化，其内部的股权比例可能会发生变化，有的合资方的股权比例会提升，而别的合资方则下降。比如近阶段，在中外合资的子公司中，出现了外资控股或独资化倾向，外资所占的股权比例有大幅上升。如果合资方中任何一方的股权比例不超过 95%，仍属于国际合资子公司的概念范畴，在国际合资子公司的演化过程中，其内部股权比例可能会发生变化；如果超过了 95%，则应视为属于独资的概念范畴。

（二）母公司转合资为独资的决策

跨国公司母公司实施由合资向独资转换，是由于独资回报率在某一时点上超过了合资回报率（见图 10—8）。由于回报率的高低形势发生了逆转，母公司进行独资经营比原来的合资经营更加科学合理，故由最初的合资经营区进入后来的独资经营区，实行战略转换。导致这种战略转换的影响参数一般包括母公司海外经营经验的积累、东道国市场规模扩大、从事的产业利润率增高、东道国投资环境改善、经营不确定性降低、投资技术需要保护、政府政策允许或鼓励等等。当跨国母公司进入一个重要的市场时，若与本土的合资伙伴进行合资经营很艰难，导致合资屡受挫折、合资经营难以盈利，也会迫使母公司进行独资经营。

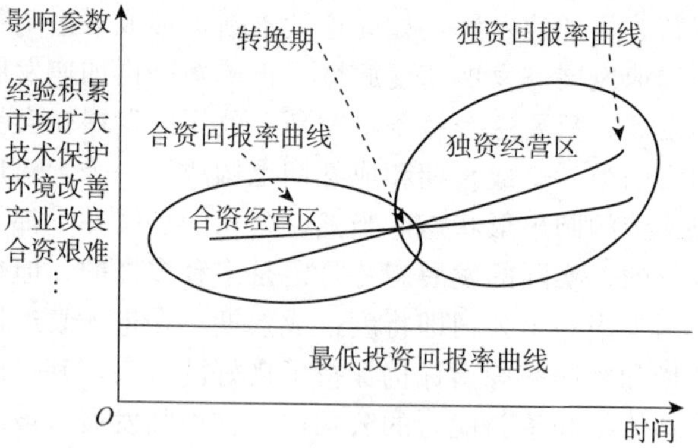

图 10—8　母公司转合资为独资的决策

母公司由合资向独资转换战略决策的实现，一般通过两条途径：一是从原来的国际合资子公司中退出，另起炉灶，再建立一个独资子公司。组建独资子公司往往是利用和借鉴在原来合资经营中的经验及已经获得的一些条件进行的，比如在合资中学到的内部管理经验、市场知识以及已经获得的销售渠道和重要客户、原材料供应等。二是通过提高在原国际合资子公司的股份，达到拥有 95%以上的股权，实现独资经营的目的。为了实现独资，跨国公司母公司既可以直接在国际合资子公司内部收购其他合资方的股份，也可以通过增资扩股的方式提高自己的股权比例。

母公司由合资向独资的战略转换会发生在国际合资子公司生命周期内的任何阶段（见图 10—9）。当这种转换在某个阶段发生时，国际合资子公司的生命就要终止，因此其在各个阶段都有因被独资替代而终止的可能，从而出现一种新的演化路径，即合资向独资转换的演化路径。在磨合期，一方面，因为国际合资子公司需要高投入和面临高不确定性；另一方面，合资方之间的冲突也是最大的时期，较容易致使合资失败，转向独资运作。在成长期和成熟期，应该说国际合资子公司的发展态势看好，但可能会由于一些原因，致使进行独资更加有利可图，导致母公司进行重大战略取舍——转向独资经营；在这种形势下，母公司最可能采取的战略行动是，保持原有的合资经营，从中获取利润，不再投入更多的资源。此外，自己另立门户，组建国际独资子公司，把战略重心转移到独资经营上来。在衰退期，国际合资子公司可以说已经穷途末路、问题重重，母公司会考虑从泥沼中撤出，把资本投向盈利较高的业务。

以上分析可用来解释许多中外合资企业独资化的问题。中国加入 WTO 后，外部环境得到极大改善，同时此前合资经营中的治理问题也显现出来，内外部因素导致了跨国公司母公司战略决策中的合资回报率曲线和独资回报率曲线与合资时的初始对比值发生转变，一些母公司从收益控制的视角对国际合资子公司做出独资经营的调整已成必然。

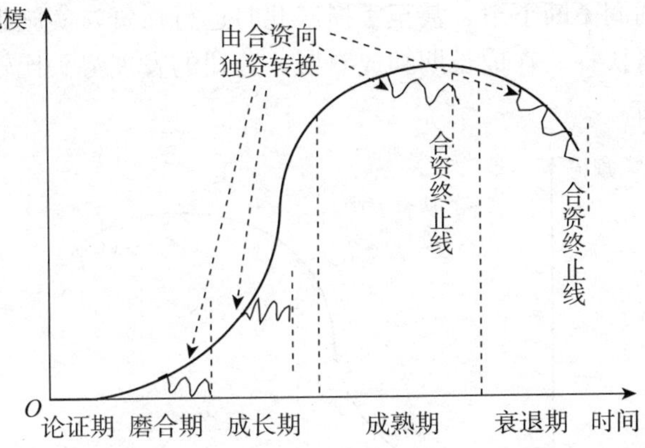

图 10—9　合资向独资转换的演化路径

（三）母公司从合资中撤资的决策

母公司之所以做出从合资中撤资的决策，是由于合资回报率随着时间的推移，下降到比最低投资回报率还低的位置（见图 10—10）。在进行合资经营的初期，合资回报率是高于最低投资回报率的，但后来严重下降，不仅低于最低投资回报率，甚至可能为负值，即发生亏损，所以母公司只能撤出投资，由最初的合资经营区进入后来的撤资经营区。母公司在撤资时，之所以没有做出独资决策，是因为独资回报率曲线高于最低投资回报率曲线，但低于合资回报率曲线；在低于最低投资回报率曲线的部分，即使独资回报率曲线高于合资回报率曲线，母公司也不会进行独资投资。导致母公司进行撤资的影响参数一般包括原有的市场份额丧失、产业状况恶化、同业竞争强度增高、内部管理失败、合资方之间冲突严重等等。一旦发生撤资行为，可能说明原来的合资是失败的，缺乏对未来的预测和远见。

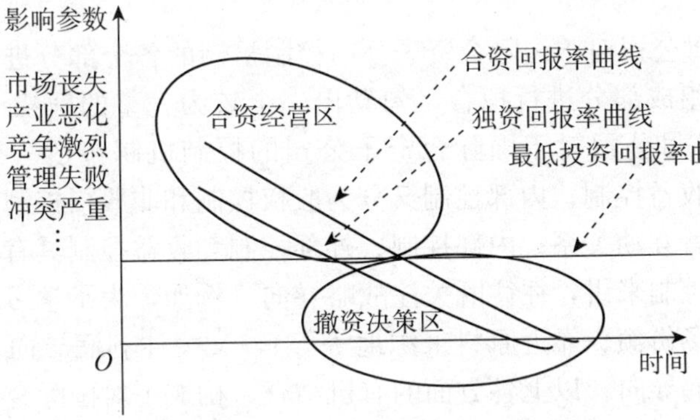

图 10—10　母公司从合资中撤资的决策

母公司从合资中进行撤资一般会发生在生命周期的磨合期和衰退期（见图 10—11）。在磨合期，合资方之间的管理难度比较大，许多情况需要磨合；同时，外部市场等因素的不确定性也比较大，是比较容易出现危机的时期，严重的危机往往导致撤资的重大行动。在衰退期，国际合资子公司已经承载了在原来发展中遗留下来的许多问题，导致公司利润不断下滑，甚至亏损。此时进行撤资，实施收割战略，也许是母公司最明智的战略抉择。在成长期和成熟期，公司的发展势头比较良好，一般情况下不会出现撤资行为。

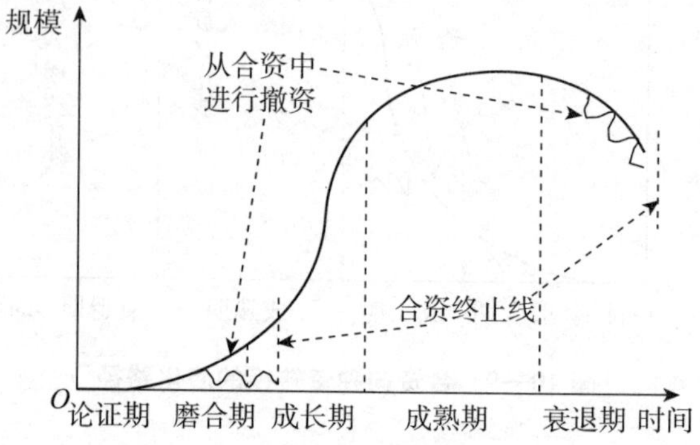

图 10—11　从合资中撤资的演化路径

外方或中方从中外合资子公司中撤资的原因，可以依据上述分析进行解释。比如上海的一家合资保险公司，双方的管理摩擦在磨合期日益凸现，中方股东判断投资回报不容乐观，致使增资计划搁浅，最后双方分道扬镳。更多的是外方撤资的情况，外资在中国的经营遭遇一系列问题后，对盈利前景变得悲观，无奈之下，撤资成为了上策。

■第四节　国际合资子公司控制机制框架

一、控制机制框架的拟合

前文对 MNC 母公司对于国际合资子公司控制机制的各个部分进行了分析，现在把控制机制的各个组成部分进行拟合，勾勒出一个较为完整的框架（见图 10—12）。该框架指出，MNC 母公司对于国际合资子公司的控制机制包括三大部分：内部控制、外部控制以及收益控制；内部控制又分为股权控制和非股权控制；股权控制和非股权控制之间存在着互动关系；内部控制、外部控制和收益控制具有不同的导向，对于内部控制和外部控制来讲，往往既关注战略导向（例如，为了学习当地知识、牵制竞争对手、获取市场份额、靠近原料来源地等等），又关注利润导向，而对于收益控制来讲，只关注利润导向。以上各方面的有机结合，构成了对国际合资子公司的控制系统。

控制机制框架的提出，在一定程度上提供了 MNC 母公司对国际合资子公司进行控制的实践操作和理论研讨的系统性，把有关的各个方面进行梳理，并搭建在一个框架之中。在该框架中，过去探讨比较多的是内部控制，外部控制和收益控制是随着跨国公司的新发展，在实践中出现得比较多的新现象和新问题；这两种控制使跨国公司对国际合资子公司的控制行为变得更为多样化。实施内部控制是通过两种方式进行的，即股权控制和非股权控制，这两种方式又包含了多种多样的内容，在本章的前面对这些内容做了较为系统的归纳和补充。同时，股权控制和非股权控制之间存在着微妙的互动关系，两者不是毫无关系的，而是可以相互影响和促进的，这种互动关系应给予重视。在一些产业或一些跨国公司中，MNC 母公司对国际合资子公司进行控制，不仅有内部控制的因素，还受到单个国际合资子公司以外因素的影响，即外部控制问题，我们可以把外部控制也作为探讨的对象纳入控制机制框架之中。在现阶段，有些跨国公司在全球布点，包括国际合资子公司、国际独资子公司、国际合作企业等形式，它们最主要的目标是获得利润，因此母公司采取收益控制的策略来决定是否组建和发展国际合资子公司。虽然母公司追求利润时，也会对国际合资子公司采取内部控制或外部控制，但内部控制和外部控制都服从于收益控制，如果不能实现预期的收益，母公司就会终止该国际合资子公司；这一点是收益控制与内部控制、外部控制的根本区别，也是我们提出收益控制的重要原因。该框架由以上内容进行有机的组合，从一定程度上体现了探讨控制机制的系统性。

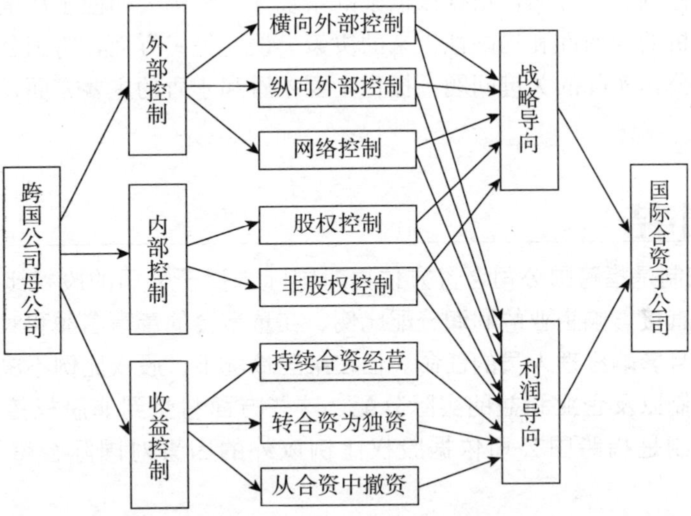

图 10—12　跨国公司母公司对国际合资子公司的控制机制框架

二、控制机制的系统性

对控制机制系统性的关注，国外学者也有一个逐步深入的过程。在早期的一些研究中，如 Stopford and Wells（1972）认为，在建立国际合资子公司时，股权和控制几乎是同义词，因此应把股权作为进行控制的直接前提。这类观点坚持股权比例有多高，控制程度就有多高，两者之间高度相关。随着研究的深入，人们发现股权直接导致控制的结论有很大的局限，Geringer and Heber（1989）的研究中表明，MNC 母公司对国际合资子公司的控制是一个包含多种维度的现象，多方面的因素都会影响控制决策，而且各方面是相互影响的；Yan and Gray（1994）指出，国际合资子公司的母公司对如何实施控制可能会有不同的认识。此时的主流观点认为，控制是比较复杂的，对于控制的研究应考虑多种相关因素，体现出对系统性的重视，而不只是考察单个因素对控制的影响。本章在构建框架的过程中，试图对相关的因素进行较为全面的概括，这是对控制的研究在系统性方面的一次尝试。

从实际操作层面来看，该框架为MNC母公司对国际合资子公司进行控制提供了选择的多种可能性，但不是面面俱到地运用，而是根据各自的实际情况有选择地运用。正如Geringer and Hebert（1989）指出的那样，母公司应选择关键的部分对国际合资子公司进行控制，而不是试图在所有的领域进行全方位的实施控制，因为运用于实施控制的资源是有限的。Child and Faulkner（1998）也认为，国际合资子公司的成功运营，关键是合资方的股权比例和管理控制的安排所形成的公司治理结构能否达到共同的目标。从他们的观点中，我们认识到：MNC母公司进行实际控制时，应根据自身的资源选择最重要的控制方式；同时，对股权控制、非股权控制以及外部控制进行综合地考虑，使各个部分有机地结合在一起，形成合理的控制机制，达到最佳的控制效果。总体来讲，MNC母公司可以根据该框架的内容来论证和实施对国际合资子公司的具体控制。一方面，根据该框架的系统性，跨国公司便于从全局的角度思考问题，减少分析的片面性和局限性带来的决策失误；另一方面，跨国公司可以在框架中梳理出切合公司实际的关键问题，抓住主要矛盾和矛盾的主要方面，对其进行重点解决。

本章小结

1. 股权控制是指跨国公司合资方依据对国际合资子公司的股权比例所形成的控制。股权比例直接影响企业的利润分配比例、在董事会的董事名额和对公司经营活动的投票权，并且影响经理人员的任命。但在某些情况下，股权比例不决定对企业经济活动的实际控制以及企业利益的实际分配，这些方面将受到非股权控制等方面的控制。非股权控制是指跨国公司依据股权比例以外的因素对国际合资子公司形成的控制。

2. 通过国际合资子公司的外部关系进行的控制为外部控制。通过横向外部关系进行的控制为横向外部控制，通过纵向外部关系进行的控制为纵向外部控制，通过企业网络进行的控制为网络控制，这三种控制为外部控制的三种主要方式。在有些情形下，跨国公司母公司考察国际合资子公司的目标是收益指标。如果国际合资子公司达到了母公司的收益指标要求，就可以得到母公司的支持，从而持续经营下去；否则，国际合资子公司就会终止。跨国公司母公司对待国际合资子公司的这种策略为收益控制。

3. 跨国公司母公司对国际合资子公司的控制机制包括三大部分：内部控制、外部控制以及收益控制；内部控制又分为股权控制和非股权控制；股权控制和非股权控制之间存在着互动关系；内部控制、外部控制和收益控制具有不同的导向，对于内部控制和外部控制来讲，往往既关注战略导向，又关注利润导向，而对于收益控制来讲，只关注利润导向。以上各方面的有机结合，构成对国际合资子公司的控制系统。

复习与思考题

1. 在国际合资子公司中，如何理解股权控制的作用?

2. 非股权控制的方式和途径有哪些? 如何使用这些方式实现控制权?

3. 股权配置的影响因素有哪些? 它们怎样影响股权配置?

4. 外部控制有哪三种方式? 这三种方式为什么有助于实现对一个国际合资子公司的控制?

5. 如何理解国际合资子公司的控制系统?

参考文献

[1] Anderson E, Gatignon H., "Modes of Entry: A Transaction Cost Analysis and Propositions", *Int Bus Stud*, 1986, 17 (3): 1-26

[2] Banai M., Chanin M., Bing-Sheng Teng, " Russian Managers' Perceptions of Prospective Russian-US Joint Ventures", *International Business Review*, 1999, 8: 17-37

[3] Bartlett, Ghoshal, *Managing Across Borders: the Transnational Solution*, Boston: Harvard Business School Press, 1989

[4] Beamish, P. W., Inkpen, A. C., "Keeping International Joint Ventures Stable and Profitable", *Long Range Planning*, 1995, 28 (3): 26-36

[5] Child J, Faulkner D., *Strategies of Cooperation: Managing Alliances, Networks, and Joint Ventures*, Oxford (UK): Oxford University Press, 1998

[6] Friedman, W. G., & Begiun, J. P., *Joint International Business Venture in Developing Countries*, New York: Columbia University Press, 1971

[7] Gao, S., *China's Economic Reform*, St. Martin's Press, New York, 1996

[8] Geringer, J. M., "Strategic Determinants of Partner Selection Criteria in International Joint Ventures", *Journal of International Business Studies*, 1991, 1st Quarter: 41-62

[9] Kogut, B., Zander, U., "Knowledge of the Firm, Combinative Capabilities, and the Replication of Technology", *Organ. Sci*, 1992, 3 (2): 383-397

[10] Lu, Y. B., & Wang, X. J., "Research on the Strategies and Management of Multinational Companies' Joint Ventures in China", *Management World*, 1996 (2): 139-147, 150

[11] Luo Y., "Equity Sharing in International Joint Ventures: An Empirical Analysis of Strategic and Environmental Determinants", *Journal of International*

Management, 2001 (7): 31-58
[12] Luo YD, Shenkar O, Nyaw MK, "A Dual Parent Perspective on Control and Performance in International Joint Ventures", *Int Bus Stud*, 2001, 32 (1): 41-58
[13] Lynch, R., *The Practical Guide to Joint Ventures and Corporate Alliances: How to Form, How to Organize, How to Operate*, New York: Wiley, 1989
[14] Padmanabhan, P., Cho, K. R., "Ownership Strategy for Foreign Affiliate: An Empirical Investigation of Japanese Firms", *Management International Review*, 1996, 36 (1): 45-65
[15] Pien Wang, Chow Hou Wee, Peck Hiong Koh, "Establishing a Successful Sino-foreign Equity Joint Venture: The Singapore Experience", *Journal of World Business*, 1999, 34 (3): 287-305
[16] Williamson, O. E., "The Economics of Organization: The Transaction Cost Proach", *American Journalof Sociology*, 1981, 87 (3): 548-577
[17] Yan A, Gray B., "Bargaining Power, Management Control, and Performance in United States-Chinese Joint Ventures: A Comparative Case Study", *Acad Manage J*, 1994, 37 (6): 1478-517
[18] 卢昌崇，李仲广，郑文全．从控制权到收益权：合资企业的产权变动路径．中国工业经济，2003 (11)
[19] 薛求知．全球学习效应：跨国公司行为新解释．复旦学报（自然科学版），2001 (2)
[20] 薛求知，罗来军．合资子公司的演化路径．开放导报，2006 (4)
[21] 薛求知，罗来军．跨国公司对合资子公司的外部控制．经济管理，2006 (13)
[22] 薛求知，罗来军．跨国公司控制合资子公司的机制探析．财贸研究，2006 (4)
[23] 薛求知，罗来军．跨国公司技术研发与创新的范式演进——从技术垄断优势范式到技术竞争优势范式．研究与发展管理，2006 (6)
[24] 杨忠，跨国公司控制合资企业的股权控制方式研究．南京大学学报（哲学·人文科学·社会科学），2001，38 (143)
[25] 赵景华，于鹏．跨国公司海外子公司的理论新发展．经济管理新管理，2005 (10)
[26] 周健临. 国际企业管理. 上海：立信会计出版社，2009
[27] 马春光. 国际企业跨文化管理. 北京：对外经济贸易大学出版社，2004
[28] 陈晓萍. 跨文化管理. 北京：清华大学出版社，2009
[29] 潘素昆. 跨国公司经营与管理. 北京：中国发展出版社，2009
[30] 蔡建生. 跨文化生存，在外企的成功之路. 广州：南方日报出版社，2004
[31] 尼格尔·霍尔顿. 跨文化管理，一个知识管理的视角. 北京：中国人民大学出版社，2006
[32]（美）库伦，帕伯替阿．国际企业管理战略要径．北京：清华大学出版社，2007
[33] 邱立成．跨国公司人力资源管理．天津：天津教育出版社，2006

［34］赵曙明．国际企业：人力资源管理．南京：南京大学出版社，2005
［35］赵曙明，彼得·J·道林，丹尼斯·E·韦尔奇．跨国公司人力资源管理．北京：中国人民大学出版社，2001
［36］（美）保罗·埃文斯，弗拉基米尔·帕希拉，琼·路易斯·巴苏科斯．国际人力资源管理．北京：机械工业出版社，2007
［37］崔学刚．国际财务管理．北京：机械工业出版社，2009
［38］张超英，吴海燕．国际财务管理．北京：北京大学出版社，2005
［39］黄梅波．世界经济学．上海：复旦大学出版社，2010
［40］张素芳．跨国公司与跨国经营．北京：经济管理出版社，2009

图书在版编目（CIP）数据

跨国公司经营与管理/关雪凌，罗来军等编. —北京：中国人民大学出版社，2012.9
国际商务系列教材
ISBN 978-7-300-15884-6

Ⅰ.①跨… Ⅱ.①关… Ⅲ.①跨国公司-经营管理-高等学校-教材 Ⅳ.①F276.7

中国版本图书馆 CIP 数据核字（2012）第 108675 号

国际商务系列教材
跨国公司经营与管理
关雪凌　罗来军　等编
Kuaguo Gongsi Jingying yu Guanli

出版发行	中国人民大学出版社		
社　　址	北京中关村大街 31 号	**邮政编码**	100080
电　　话	010－62511242（总编室）		010－62511770（质管部）
	010－82501766（邮购部）		010－62514148（门市部）
	010－62515195（发行公司）		010－62515275（盗版举报）
网　　址	http://www.crup.com.cn		
经　　销	新华书店		
印　　刷	北京密兴印刷有限公司		
规　　格	185mm×260mm　16 开本	**版　　次**	2012 年 12 月第 1 版
印　　张	19.25　插页 1	**印　　次**	2019 年 7 月第 4 次印刷
字　　数	437 000	**定　　价**	36.00 元

教学支持说明

中国人民大学出版社经济分社与人大经济论坛（www.pinggu.org）于2007年结成战略合作伙伴后，一直以来都以种种方式服务、回馈广大读者。

为了更好地服务于教学一线的任课教师与广大学子，现中国人民大学出版社经济分社与人大经济论坛做出决定，凡使用中国人民大学出版社经济分社教材的读者，填写以下信息调查表后，发送电子邮件、邮寄或者传真给我们，经过认证后，我们将会向教师读者赠送人大经济论坛论坛币200个，向学生读者赠送人大经济论坛论坛币50个。

教师信息表	学生信息表
姓名：	姓名：
大学：	所读大学：
院系：	所读院系：
教授课程：	所读专业：
联系电话：	入学年：
E-mail：	QQ等联系方式：
论坛id：	E-mail：
使用教材：	论坛id：
论坛识别码（请抄下面的识别码）：	使用教材：
	论坛识别码（请抄下面的识别码）：

我们的联系方式：

E-mail：gaoxiaofei11111@sina.com

邮寄地址：北京市中关村大街甲59号文化大厦1506室中国人民大学出版社经济分社，100872

传真号：010－62514775

附：人大经济论坛（www.pinggu.org）简介

人大经济论坛依托中国人民大学经济学院，于2003年成立，致力于推动经济学科的进步，传播优秀教育资源。目前已经发展成为国内最大的经济、管理、金融、统计类在线教育和咨询网站，也是国内最活跃和最具影响力的经济类网站：

- 拥有国内经济类教育网站最多的关注人数，注册用户以百万计，日均数十万经济相关人士访问本站。
- 是国内最丰富的经管类教育资源共享数据库和发布平台。
- 提供学术交流与讨论的平台、经管类在线辞典、数据定制和数据处理分析服务、免费的经济金融数据库、完善的经管统计类培训和教学相关软件。

论坛识别码：pinggu_com_1545967_4210768